王蘧常文集

吳曉明 王興孫 主編

第六冊

中國歷代思想家傳記匯詮
（四）

王蘧常 主編

復旦大學出版社

本書由上海文化發展基金會資助出版

元

姚　　樞（1203—1280）

　　姚樞，字公茂，柳城人⁽¹⁾。少力學，內翰宋九嘉識其有王佐略⁽²⁾，後從中書楊惟中南伐，得名儒趙氏復，以傳程朱之學。蒙古伊嚕斡齊在燕⁽³⁾，唯事賄賂，以樞為幕官長⁽⁴⁾，分及之。樞一切拒絕，因辭職去。攜家居輝州蘇門山⁽⁵⁾，為室奉孔子及周、程、張、邵、司馬六君子象。讀書鳴琴，若將終身。時許魯齋在魏，至輝，就錄程朱所注書，遂依先生以居焉。世祖在潛邸召之，待以客禮。詢治道，以治國平天下之大經，彙為八目，曰修身、力學、尊賢、親親、畏天、愛民、好善、遠佞⁽⁶⁾。次及救時之弊，分條而陳之。從征，則以不殺一人為規。佐世祖以定天下。累官翰林學士承旨。年七十八卒，諡文獻。

【注】
〔1〕柳城，今遼寧朝陽市。
〔2〕內翰，翰林學士，參預重要政務。王佐略，輔助君王成就王業的才略。
〔3〕伊嚕斡齊，蒙古族，元大臣。
〔4〕幕官長，將帥府中的官員。
〔5〕輝州，今河南輝縣。
〔6〕遠佞，遠離善以巧言獻媚的人。語出《論語·衛靈公》"放鄭聲，遠佞人。"

選自《宋元學案》卷九十《魯齋學案》

黃　　震（1212—1280）

　　黃震,字東發,慈溪人[1],學者稱爲於越先生,寶祐四年登第[2]。度宗時,爲史館檢閱,與修寧宗、理宗兩朝國史實錄。輪對,言當時之大弊,曰民窮,曰兵弱,曰財匱,曰士大夫無恥。乞罷給度僧人道士牒,使其徒老死即消弭之,收其田入,可以富軍國,紓民力。時宮中建内道場,故首及之。帝怒,批降三秩,即出國門。用諫官言,得寢。出通判廣德軍[3]。郡守賈蕃世以權相從子,驕縱不法,先生數與爭論是非,蕃世積不堪,疏先生撓政,坐解官。尋通判紹興府,獲海寇,戮之。撫州饑起,先生知其州,多善政。詔增秩遂,陞提舉常平,初,常平有慈幼局,爲貧而棄子者設,久而名存實亡。先生謂"收哺於既棄之後,不若先其未棄保全之"。乃損益舊法,凡當娩而貧者,許里胥請於官贍之,棄者,許人收養,官出粟給所收家,成活者衆。改提點刑獄。御史中丞陳堅以讒者言,劾去,遂奉雲臺祠。

【注】

〔1〕慈溪,今屬浙江。
〔2〕寶祐,南宋理宗年號(1253—1258)。
〔3〕廣德軍,轄境相當今安徽廣德、郎溪縣地。

賈似道罷相[1]，以宗正寺簿召，將與俞浙並爲監察御史，有内戚畏先生直，止之，而浙亦以直言去。移浙東提舉常平，時皇叔大父福王與芮判紹興府，遂兼王府長史。先生奏曰："朝廷之制，尊卑不同，而紀綱不可紊。外雖藩王，監司得言之。今爲其屬，豈敢察其非。奈何自臣復壞其法？"固不拜長史。命進侍左郎官及宗正少卿，皆不拜。嘗師王文貫，其語人曰："非聖賢之書不可觀，無益之詩文不作可也。"居官恒未明視事，事至立決。自奉儉薄，人有急難，則周之不少吝。所著《日鈔》一百卷[2]。宋亡，餓於寶幢而卒，門人私諡曰文潔先生。

【注】

[1] 賈似道（1213—1275），字師憲，台州（治今浙江臨海）人，理宗賈貴妃之弟。開慶元年（1259）以右丞相領兵救鄂州（今湖北武昌），私向蒙古乞和。度宗時，他封太師、平章軍國重事，元軍圍攻襄陽，他隱情不報。後兵敗被革職放逐，爲監送人鄭虎臣所殺。

[2]《日鈔》，即《黄氏日鈔》，又名《東發日鈔》，今存九十五卷。對歷代學說和人物皆有評議。如推崇朱熹，但對朱熹關於《周易》的解說不以爲然；對邵雍的"先天之說"駁斥甚多；反對禪學和陸九淵的心學等。提出"理無定形，隨萬變而不變"的觀點。

先生本貫定海，其後徙於慈溪。晚年自官歸，復居定海靈緒鄉之澤山，榜其門曰澤山行館，其室曰歸來之廬，已而僑寓鄞之南湖，已而遷寓桓溪，自署杖錫山居士,已而又避地同谷。先生没後,其子孫多居澤山者,澤山本名櫟山,先生始改名焉。元至正中,學者建澤山書院以祀之。

選自《宋元學案》卷八十六《東發學案》

許　衡（1209—1281）

　　許衡，字仲平，河內人[1]。七歲入學授章句，問其師曰："讀書何爲？"師曰："取科第耳。"曰："如斯而已乎？"每受書，即問其旨義，師詘而辭去[2]。如是者三師。流離世亂，嗜學不輟，人亦稍稍從之。訪姚樞於蘇門。得伊洛、新安遺書[3]，乃還，謂其徒曰："昔者授受，殊孟浪也[4]。今始聞進學之序。若必欲相從，當率棄前日所學，從事小學之灑掃應對，以爲進德之基。"衆皆曰："唯！"遂相與講誦，諸生出入惟謹。客至見之，惻然動念，皆漸濡而出。世祖出王秦中[5]，召爲京兆提學[6]。世祖即位，召至京師，授國子祭酒[7]。尋謝病歸。至元二年[8]，以安童爲右丞相，使先生輔之，乃上書言立國規模。四年又歸。五年復召，至七年又歸。明年，以爲集賢大學士兼國子祭酒。乃徵其弟子王梓、劉季偉、韓思永、邪律有尚、呂端善、姚燧、高凝、白棟、蘇郁、姚燉、孫安、劉安中十二人，分處各齋爲齋長。久之而歸。十三年，定《授時新曆》，以原官領太史院事[9]，曆成而還。十八年卒，年七十三，贈司徒，諡文正。皇慶二年[10]，從祀孔子廟廷。學者因其所署，稱魯齋先生。先生嘗曰："綱常不可亡於天下，苟在上者無以任之，則在下之任也。"故離亂之中，毅然以爲己任云。

【注】

〔1〕河内,今河南沁陽。

〔2〕詘,折服。

〔3〕伊洛,指二程(顥、頤)。新安,指朱熹。

〔4〕孟浪,謂言語輕率不當。

〔5〕世祖,即元朝皇帝忽必烈,1260—1294年在位。

〔6〕京兆提學,管理京兆府(路)所屬州縣學校和教育行政。京兆,今西安一帶。

〔7〕國子祭酒,國家最高學府的主持者。

〔8〕至元,元世祖忽必烈年號(1264—1294)。

〔9〕太史院,掌管國家典籍、天文曆法之官署。

〔10〕皇慶,元仁宗年號(1312—1313)。

選自《宋元學案》卷九十《魯齋學案》

趙　　復（元初）

　　趙復，字仁甫，德安人[1]。元師伐宋，屠德安，姚樞在軍前，凡儒、道、釋、卜占一藝者，活之以歸，先生在其中。姚樞與之言，奇之。而先生不欲生，月夜赴水自沈。樞覺而追之，方行積屍間，見有解髮脱屨呼天而泣者，則先生也，亟挽之出。至燕[2]，以所學教授學子，從者百餘人。當是時，南北不通，程朱之書，不及於北，自先生而發之。樞與楊惟中建太極書院，立周子祠[3]，以二程、張、楊、游、朱六君子配食[4]，貯集遺書八千餘卷[5]，請先生講授其中。先生以周、程而後，其書廣博，學者未能貫通，乃原羲、農、堯、舜所以繼天立極，孔子、顏、孟所以垂世立教，周、程、張、朱所以發明紹續者，作《傳道圖》[6]，而以書目條列於後。樞退隱蘇門，以傳其學。由是許衡、郝經、劉因皆得其書而崇信之。學者稱之曰江漢先生。

【注】
[1] 德安，今湖北安陸市。
[2] 燕，燕京（今北京）。
[3] 周子，周敦頤。
[4] 二程，程顥、程頤。張，張載。楊，楊時。游，游酢。朱，朱熹。
[5] 遺書，指道學家的著作。

〔6〕趙復的著作除《傳道圖》以外，還有《伊洛發揮》、《希賢錄》等。

　　世祖嘗召見曰："我欲取宋，卿可導之乎？"對曰："宋，父母國也，未有引他人之兵以屠父母者"世祖義之，不强也。先生雖在燕，常有江漢之思，故學者因而稱之。

　　　　　　選自《宋元學案》卷九十《魯齋學案》

竇　　默（元初）

　　竇默，字子聲，廣平肥鄉人[1]。幼嗜書，族祖望爲郡功曹[2]，欲使習刀筆[3]，不肯就，願卒儒業。金末，轉徙兵亂之中，業醫以自給。至德安，孝感令謝獻子授以伊洛性理之書[4]，先生自以爲昔未嘗學，而學自此始，中書楊惟中奉詔招集儒士，先生甫北歸[5]，隱於大名[6]，與姚公樞、許公衡朝暮講習，至忘寢食。久之，還肥鄉，以經術教授諸生，由是知名。世祖在潛邸[7]，遣使召之，問以治道，首舉綱常爲對，世祖曰："失此則無以自立於世矣。"默又言："帝王之道，在誠意正心，心既正，則朝廷遠近，莫敢不一於正。"後世祖即位，以先生爲翰林侍講學士，加昭文館大學士。年八十五卒。贈太師，封魏國公，諡文正。

【注】

〔1〕廣平肥鄉，今屬河北省南部。

〔2〕功曹，相當於郡守的總務長。

〔3〕刀筆，辦理文書、公牘。

〔4〕伊洛性理之書，指河南洛陽程顥、程頤闡述理學的著作。

〔5〕甫，開始，方才。

〔6〕大名，今屬河北。

〔7〕世祖，元世祖忽必烈。潛邸，皇帝即位前之所居。

選自《宋元學案》卷九十《魯齋學案》

劉　　因 (1249—1293)

　　劉因，字夢吉，雄州容城人[1]。初從國子司業硯彌堅[2]，視訓詁疏釋之説，輒嘆曰："聖人精義，殆不止此[3]。"後於趙江漢復得周、程、張、邵、朱、吕之書，始曰："我固謂當有是也。"至元十九年，詔徵爲承德郎右贊善大夫[4]，教近侍子弟。未幾，以母疾辭歸。二十八年，以集賢學士嘉議大夫召[5]，固辭不就，帝曰："古所謂不召之臣者，其斯人之徒與？"三十年卒，年四十五，贈翰林學士資德大夫上護軍，追封容城郡公，謚文靖，學者稱爲静修先生。許衡應召，道過真定[6]，先生謂曰："公一聘而起，無乃速乎？"衡曰："不如此，則道不行。"及先生不受集賢之命，或問之，乃曰："不如此，則道不尊。"

【注】

〔1〕雄州容城，今屬河北。
〔2〕國子司業，國子監副長官。
〔3〕殆，大概，恐怕。
〔4〕承德郎，正六品文官，無實職。
〔5〕嘉議大夫，正三品文官，無實職。
〔6〕真定，今河北真定。

選自《宋元學案》卷九十《静修學案》

鄧　　牧 (1247—1306)

　　鄧牧字牧心，錢塘人[1]。宋亡不仕，至元己亥入洞霄[2]，止於超然館，沈介石爲營白鹿山房居之[3]。後無疾而逝。牧與謝翱、周密等友善，二人皆抗節遯迹者[4]。嘗爲翱作傳，爲密作《蠟屐集序》，而翱傳敘交情尤篤。翱之臨卒，適牧出游，翱作詩有"謝豹花開桑葉齊，戴勝芊生藥草肥，九鎖山人歸不歸"之句。九鎖山人，牧別號也。其志趣可想見矣。密放浪山水，著《癸辛雜識》諸書，每述宋亡之由，多追咎韓、賈[5]，有"黍離詩人彼何人哉"之感。翱《西臺慟哭記》諸作，多記慷慨悲憤，發變徵之音[6]。牧則惟《寓屋壁記》、《逆旅壁記》二篇稍露繁華消歇之感[7]。餘無一詞言及興亡。而實侘傺幽憂[8]，不能自釋，故發而爲世外放曠之談，古初荒遠之論，宗旨多涉於二氏[9]。其《君道》一篇[10]，竟類許行並耕之説[11]。《吏道》一篇[12]，亦類老子剖斗折衡之旨[13]。蓋以宋君臣湖山游宴，紀綱叢脞，以致於亡，故有激而言之，不覺其詞之過也。

【注】

[1] 錢塘，今浙江杭州。關於鄧牧的身世，史籍上没有記載。《洞霄圖志》中附有《鄧文行先生傳》，其中説他少年時，"讀《莊》、

《列》,悟文法,下筆追古作者。及壯,視名利薄之。遍游方外,歷覽名山。逢寓止,輒杜門危坐,晝夜唯一食"。他自己在《逆旅壁記》中說:"余家世相傳,不過書一束。"表明出身於讀書人家。他生於宋理宗淳祐七年(1247),卒於元成宗大德十年(1306),自稱"三教外人"。

〔2〕元己亥,即元成宗大德三年(1299)。洞霄,浙江餘杭大滌山的洞霄宫。

〔3〕大德九年(1305),元朝派玄教大師吳全節請鄧牧出山做官,遭到了鄧牧的拒絕。

〔4〕抗節遯迹者,堅持高尚的志節,不與朝廷官府交往的隱士。

〔5〕韓,韓侂胄,見本書《葉適》傳注。賈,賈似道(1213—1275),字師憲,台州(治今浙江臨海)人。南宋理宗時任右丞相,度宗時權威更盛,封太師、平章軍國重事,朝廷大政,皆由他裁决。對元失利,均與之有關。

〔6〕發變徵之音,抒發亡國之恨。

〔7〕繁華消歇,指社會盛衰。

〔8〕侘傺,失意貌。《離騷》:"忳鬱邑餘侘傺兮,吾獨窮困乎此時也。"王逸《楚辭·九章·惜誦》注:"楚人謂失志悵然住立爲侘傺也。"

〔9〕二氏,佛教,道教。

〔10〕在《君道》篇中,鄧牧尖銳地抨擊了君主專制制度。説:"天生民而立之君,非爲君也,奈何以四海之廣是一夫之用邪?"國君"狀貌咸與人同,則夫人固可爲也。今奪人之所好,聚人之所争,'慢藏誨盜,冶容誨淫',欲長治久安,得乎?"

〔11〕許行,戰國時農家,楚國人。有學生數十人,皆穿粗布衣,以編草鞋,織草席爲生。晚年到滕國游説,主張君臣應當"並耕而食,饔飧而治"(《孟子·滕文公上》)。

〔12〕在《吏道》中,鄧牧猛烈地抨擊了官吏的橫行不法。説:"盜賊害民,隨起隨僕,不至甚焉者,有避忌故也。吏無避忌,白晝肆行,使天下敢怨而不敢言,敢怒而不敢誅。"

〔13〕《老子》十九章云:"絶聖棄智,民利百倍;絶仁棄義,民復孝慈;絶巧棄利,盜賊無有。"至於"剖斗折衡",實是莊子之語。《莊子·胠篋》云:"絶聖棄知,大盜乃止;擿玉毀珠,小盜不起;焚符破璽,而民樸鄙;掊斗折衡,而民不爭。"

　　是集爲牧所自編,皆滔滔清辨,而不失修潔,非晚宋諸人所及。前有自序,後有自跋,以知音難遇,故以《伯牙琴》爲名[1]。跋稱詩文六十餘篇,此本惟文二十四篇[2],並序跋爲二十六,蓋有其詩一卷也。末又附《衝天觀記》、《超然館記》、《清真道院碑記》三篇,題曰補遺。而《清莫道院碑記》末有"大德四年庚子錢塘鄧牧記,集賢直學士趙孟頫書"字[3],知後人從石刻鈔入,非集所本有。自跋稱平生爲文不止此,是一證矣。

【注】

〔1〕《伯牙琴》自序説:"伯牙雖善琴者,鍾子期死,終身不復鼓,知琴難也。今世無知音,余獨鼓而不已,亦愚哉!然伯牙破琴絶絃,以子期死耳。余未嘗遇子期,焉知其死不死也,故復存此。"

〔2〕此本,指《四庫全書總目》所收的"浙江巡撫採進本。"

〔3〕趙孟頫(1254—1322),字子昂,號松雪道人、水精宮道人,湖州(今浙江吳興)人,宋宗室。入元,經程巨夫薦舉,官刑部主事,後累官至翰林學士承旨,封魏國公。工書法,尤精行書和

小楷，學李邕而以王羲之、王獻之爲宗，所寫碑版甚多，圓轉遒麗，人稱"趙體"，又善畫畫，有《松雪齋集》。

選自《四庫全書總目》卷一六五

鄭思肖（1241—1318）

　　鄭思肖，字憶翁，號所南。連江人[1]。祖咸，卒於枝江主簿[2]。父震，字叔起。淳祐道學君子[3]，爲安定、和靖二書院山長。有《菊山詩集》[4]。景定壬戌[5]，卒於吳。葬長洲縣甑山[6]。思肖太學上舍，應博學宏詞科。侍父來吳。寓條坊巷。元兵南下，扣閽上太皇太后、幼主[7]，疏辭切直。忤當路，不報。初名某，宋亡，乃改今名。思肖即思趙，憶翁與所南，皆寓意也。素不娶，孑然一身。念念不忘君，形言於詩文中。如《過徐子方書塾》云："不知今日月，但夢宋山川。"《題鄭子封寓舍》云："此世但除君父外，不曾別受一人恩。"《寒菊》云："寧可枝頭抱香死，不曾吹落北風中。"《贈人》云："天下皆變，吾觀其不變。惟其不變，乃所以變。其變者物也，不變者道也。"又云："古人重立身，今人重養身。立身者蓋超乎千古之上，與天地周流於不知不識之天也。養身者，惜一粟以活微命，役於萬物，死於萬變者也，何足道哉？"遇歲時伏臘[8]，輒野哭，南向拜，人莫測識焉。聞北語，必掩耳亟走，人亦知其孤僻，不以爲異也。坐卧不北向。扁其室曰"本穴世界"，以本字之十置下文，則大宋也。精墨蘭。自更祚後[9]，爲蘭不畫土，根無所憑藉。或問其故，則云："地爲番人奪去，汝不知耶？不欲與，雖迫以勢權，不可得也。"天目本中峰禪林之白眉，聞思肖名,欲見未果,偶會於孝子梅應發家,一見各默不語,坐久之,本忽云:"所南何不説法。"思肖曰:"兩眼對兩眼,無法可説。"及別去,本又云:"博學老子。"思肖即曰:"世法和尚。"趙孟頫才名重當世,思肖惡其宗室而受元聘,遂與之絶。孟頫數往俟之,終不得見,嘆息而去。無何化其所居,得錢則周人之急。田亦舍諸刹,惟餘數畝爲衣食資。仍謂佃客曰:"我死則汝主之。"蓋不以家爲矣。自是無定迹,吴之名山、禪室、道宫,無不遍歷。多寓城之萬壽、覺報二刹。疾亟時,囑其友唐東嶼曰:"思肖死矣,煩爲書一位牌,當云大宋不忠不孝鄭思肖。"語訖而絶,年七十八。蓋其意謂不能死國與無後也。自贊其像曰:"不忠可誅,不孝可斬。可懸此頭於洪洪荒荒之表,以爲不忠不孝之榜樣。"宋社既墟,適意緇黄[10],自稱三外野人。嘗著《大無工十空經》一卷。空字去工而加十,宋字也。寓爲大宋經,造語奇澀如廋詞[11],莫可曉。自題其後云:"臣思肖嘔三斗血,方能書此,後當有具眼識之。"又著《釋氏施食心法》一卷,《太極祭煉》一卷,《謬餘集》二卷、《文集》一卷、《自敍一百二十圖詩》一卷[12]。

【注】

〔1〕連江,今屬福建。

〔2〕枝江,今屬湖北。

〔3〕淳祐,宋理宗年號(1241—1252)。

〔4〕《菊山詩集》,據《四庫全書簡明目録》爲:"《菊山清雋集》一卷,附題畫詩一卷。錦錢集一卷,雜文一卷。宋鄭震撰,元仇遠編。題

畫詩,錦錢集及雜文,皆其子思肖撰。震倦游稿元佚,遠所選錄,不愧清雋之目。思肖詩惟意所云,多如禪偈,然清風高節,接迹東籬,譬古柏蒼松,支離不中繩墨,終勝於桃李妖妍也。"

〔5〕景定,宋理宗年號(1260—1264)。

〔6〕長州縣,今屬江蘇蘇州。

〔7〕閽,宮門。

〔8〕伏,伏日;臘;臘日。舊時三伏和臘月中祭祀的日子。

〔9〕更祚,更換皇位,更換國統。

〔10〕緇黃,僧、道的代稱。和尚穿緇服,道士戴黃冠,故稱"緇黃"。

〔11〕庾詞,謎語的古稱。

〔12〕鄭思肖又有《心史》七卷,明崇禎十一年(1638)年蘇州承天寺浚井時發現,因封緘於鐵函中,又稱《鐵函心史》。其中《咸淳集》、《大義集》、《中興集》係各體詩文;《久久書》記宋亡時雜事。

選自《正德姑蘇志》卷五十五《卓行傳》

吳 澄（1249—1333）

吳澄，字幼清，撫州崇仁人[1]。年二十，應鄉試中選[2]，春省下第[3]。越五載而元革命[4]，程鉅夫求賢江南，起先生至京師，以母老辭歸。鉅夫請置先生所著書於國子監，左丞董士選薦授應奉翰林文字，至官而去。除江西提學副提舉[5]，居三月，又以疾去。至大元年[6]，召爲國子監丞，陞司業[7]，爲學者言："朱子於道問學之功居多，而陸子以尊德性爲主[8]。問學不本於德性，則其蔽必偏於語言訓釋之末，故學必以德性爲本，庶幾得之。"議者遂以先生爲陸氏之學，非許氏崇信朱子本意，然亦莫知朱、陸之爲何如也。先生一日謝去，未幾，以集賢直學士召，不果行。英宗即位[9]，遷翰林學士，進階太中大夫。泰定元年[10]，爲經筵講官[11]。至治末[12]，請老而歸。先生嘗曰："道之大原出於天[13]，神聖繼之，堯、舜而上，道之元也[14]。堯、舜而下，道之亨也。洙、泗、鄒、魯[15]，其利也。濂、洛、關、閩[16]，其貞也。分而言之，上古則羲皇其元[17]，堯、舜其亨，禹、湯其利，文、武、周公其貞乎？中古之統，仲尼其元，顏曾其亨，子思其利，孟子其貞乎？近古之統，周子其元也，程、張其亨也，朱子其利也，孰爲今日之貞乎？"其自任如此。元統元年卒[18]，年八十五，追封臨川郡公，謚文正。初，先生所居草屋數間，鉅夫題曰"草廬"，故學者稱草廬先生。

【注】

〔1〕撫州崇仁,今江西崇仁。

〔2〕鄉試,每三年一次在各省省城(包括京城)舉行的科舉考試。

〔3〕春省,在春季舉行的科舉會試。

〔4〕革命,古代以王者受命於天故稱王者易姓、改朝換代爲"革命"。

〔5〕提學,管理所屬州縣學校和教育行政的官員。

〔6〕至大,元武宗年號(1308—1310)。

〔7〕司業,國子監副長官,協助祭酒掌儒學訓導之政。

〔8〕陸子,即陸九淵,本書有傳。

〔9〕英宗,元朝皇帝,1320—1323 年在位。

〔10〕泰定,元泰定帝年號(1324—1327)。

〔11〕經筵講官,經筵爲皇帝聽講史書之處,凡侍讀、侍講學士等官均稱經筵講官。

〔12〕至治,元英宗年號(1321—1323)。

〔13〕道之大原出於天,語出董仲舒《舉賢良對策》。

〔14〕元,與下文的"亨"、"利"、"貞"出於《周易·乾卦》:"乾,元、亨、利、貞。"元,全善盡美;亨,極美;利,利物;貞,正。

〔15〕洙、泗、鄒、魯,泛指孔、孟。洙,洙水;泗,泗水。古水名,均在山東。洙、泗之間爲孔子聚徒講學之所,後世即以洙、泗稱孔子學校。鄒、魯,孟子生於鄒國,孔子生於魯國,故後世以鄒、魯稱孔、孟儒家。

〔16〕濂、洛、關、閩,分別以周敦頤、二程(顥、頤)、張載和朱熹爲代表的四個學派的合稱。"濂"指以濂溪先生周敦頤爲首的學派;"洛"指以洛陽二程爲首的學派;"關"指以陝西關中張載爲

首的學派;閩,指講學於福建的朱熹學派。
〔17〕羲皇,即伏羲氏,神話中人類始祖。
〔18〕元統,元順帝年號(1333—1334)。

選自《宋元學案》卷九十二《草盧學案》

鄭　玉（？—1357）

　　鄭玉，字子美，徽州歙縣人[1]。幼敏悟嗜學。既長，覃思六經[2]，尤邃於《春秋》。絶意仕進，而勤於教，學者門人，受業者衆，所居至不能容，學者相與即其地構師山書院以處焉。先生爲文章，不事雕刻鍛煉[3]，流傳京師，揭傒斯、歐陽玄咸加稱賞[4]。至正十四年[5]，朝廷除先生翰林待制奉議大夫，遣使者賜以御酒名幣，浮海徵之，先生辭疾不起，而爲表以進曰："名器者[6]，祖宗之所以遺陛下，使與天下賢者共之者，陛下不得私與人。待制之職，臣非其才，不敢受。酒與幣，天下所以奉陛下，陛下得以私與人。酒與幣，臣不敢辭也。"先生既不仕，則家居日以著書爲事，所著有《周易纂注》。十七年，明兵入徽州，守將將要致之，先生曰："吾豈事二姓者邪？"因被囚。久之，親戚朋友攜具餉之，則從容爲之盡歡，且告以必死狀，其妻聞之，使語之曰："君苟死，吾其相從地下矣。"先生使謂之曰："若果從吾死，吾其無憾矣。"明日，具衣冠，北面再拜，自縊而卒。

【注】

〔1〕徽州歙縣，今安徽歙縣。
〔2〕覃思，亦作潭思，深思。

〔3〕雕刻鍛煉,寫作時苦心鎚煉。
〔4〕揭傒斯,元文學家,曾參加編撰遼、金、宋三史。
〔5〕歐陽玄,元人,善詞章,通理學,著有《圭齋文集》。
〔6〕至正,元順帝年號(1341—1368)。
〔7〕名,爵號,泛指官職;器,車服。

選自《宋元學案》卷九十四《師山學案》

明

謝 應 芳 （明初）

　　謝應芳，字子蘭，武進人也[1]。自幼篤志好學，潛心性理[2]，以道義名節自勵。元至正初，隱白鶴溪上。構小室，顏曰"龜巢"，因以爲號。郡辟教鄉校子弟，先質後文，諸生皆循循雅飭。疾異端惑世，嘗輯聖賢格言、古今明鑒爲《辨惑編》[3]。有舉爲三衢書院山長者，不就。及天下兵起，避地吳中，吳人爭延致爲弟子師。

【注】
[1] 武進，今屬江蘇。
[2] 性理，宋明理學範疇，本於程頤"性即理也"一語，認爲人、物之性都是天理的體現。因理學家多談"性理"，故理學亦稱"性理之學"。
[3] 據《四庫全書簡明目録》："《辨惑編》四卷，附録一卷，因吳俗信鬼神。多拘忌，往往違禮而戾教，乃引古人事迹及先儒論説，條析而辨之，以糾正其失。凡十五類。又附録書及雜著八篇，言雖淺近，然申明禮教，闢邪説以正民風，是不愧儒者矣。"

　　久之，江南底定，始來歸，年逾七十矣。徙居芳茂山，一室蕭然，晏如也。有司徵修郡志，强起赴之。年益高，學行益劭[1]。達官縉紳過郡者，必訪於其廬，應芳布衣韋帶與之抗禮。議論必關世教，切民隱，而導善之志不衰。詩文雅麗蘊藉[2]，而所自得者，理學爲深。卒年九十七。

【注】

〔1〕劭，美。

〔2〕據《四庫全書簡明目錄》，謝應芳有《龜巢集》十七卷，"其集詩後有文，文後有詩，編次殊無條理。疑本正續兩集，傳寫者合爲一也。《明史》稱其詩文雅麗醖藉，今觀其集，詩頗雅潔，文則多應俗之作。惟其論時事利病者，多切於事理。"

選自《明史》卷二八二《儒林一》

劉　　基（1311—1375）

劉基，字伯溫，青田人[1]。曾祖濠，仕宋爲翰林掌書。宋亡，邑子林融倡義旅[2]。事敗，元遣使簿録其黨，多連染。使道宿濠家，濠醉使者而焚其廬，籍悉毁。使者計無所出，乃爲更其籍，連染者皆得免。基幼穎異，其師鄭復初謂其父燫曰："君祖德厚，此子必大君之門矣。"元至順間[3]，舉進士，除高安丞[4]，有廉直聲。行省辟之，謝去。起爲江浙儒學副提舉，論御史失職，爲臺臣所阻[5]，再投劾歸。基博通經史，於書無不窺，尤精象緯之學[6]。西蜀趙天澤論江左人物[7]，首稱基，以爲諸葛孔明儔也[8]。

【注】
〔1〕青田，今浙江青田縣。
〔2〕邑子，同縣的人。
〔3〕至順，元文宗年號（1330—1333）。
〔4〕除，授予官職。高安，今屬江西省。
〔5〕臺臣，諫官。
〔6〕象緯之學，解釋天象的學問。
〔7〕趙天澤，字鑒淵，生卒年不詳。元末明初畫家，善畫梅竹。
〔8〕儔，一類人。

方國珍起海上[1],掠郡縣,有司不能制。行省復辟基爲元帥府都事。基議築慶元諸城以逼賊[2],國珍氣沮。及左丞帖里帖木兒招諭國珍,基言方氏兄弟首亂,不誅無以懲後。國珍懼,厚賂基。基不受。國珍乃使人浮海至京,賄用事者。遂詔撫國珍,授以官,而責基擅威福,羈管紹興,方氏遂愈橫。亡何,山寇蜂起,行省復辟基勦捕,與行院判石抹宜孫守處州[3]。經略使李國鳳上其功,執政以方氏故抑之,授總管府判,不與兵事。基遂棄官還青田,著《郁離子》以見志[4]。時避方氏者爭依基,基稍爲部署,寇不敢犯。

【注】

[1] 方國珍(1319—1374),台州黃巖(今浙江黃巖)人。至正八年(1348)聚衆數千人打劫元漕運糧食,屢敗官兵。後受元招降,奉命討伐張士誠。至正二十七年(1367)歸順朱元璋,授廣西行省左丞,卒於京師。

[2] 慶元,在今浙江省龍泉市。

[3] 處州,州治在浙江麗水市。

[4] 《郁離子》,原爲四卷,分十八篇,一百九十五條。多以寓言表達思想,後分二卷收入《誠意伯集》中。

及太祖下金華,定括蒼[1],聞基及宋濂等名[2],以幣聘[3]。基未應,總制孫炎再致書固邀之,基始出。既至,陳時務十八策。太祖大喜,築禮賢館以處基等,寵禮甚至。初,太祖以韓林兒稱宋後[4],遙奉之。歲首,中書省設御座行禮,基獨不拜,曰:"牧豎耳[5],奉之何爲!"因見太祖,陳天命所在。太祖問征取計,基曰:"士誠自守虜[6],不足慮。友諒劫主脅下[7],名號不正,地據上流,其心無日忘我,宜先圖之。陳氏滅,張氏勢孤,一舉可定。然後北向中原,王業可成也。"太祖大悦曰:"先生有至計,勿惜盡言。"會陳友諒陷太平,謀東下,勢張甚,諸將或議降,或議奔據鐘山,基張目不言。太祖召入内,基奮曰:"主降及奔者,可斬也。"太祖曰:"先生計安出?"基曰:"賊驕矣,待其深入,伏兵邀取之[8],易耳。天道後舉者勝,取威制敵以成王業,在此舉矣。"太祖用其策,誘友諒至,大破之,以克敵賞賞基。基辭。友諒兵復陷安慶,太祖欲自將討之,以問基。基力贊,遂出師攻安慶。自旦及暮不下,基請徑趨江州[9],搗友諒巢穴,遂悉軍西上。友諒出不意,帥妻子奔武昌,江州降。其龍興守將胡美遣子通款[10],請勿散其部曲。太祖有難色。基從後蹴胡床[11]。太祖悟,許之。美降,江西諸郡皆下。

【注】

〔1〕括蒼,今浙江省麗水市。

〔2〕宋濂(1310—1381),字景濂,號潛溪,金華潛溪人。與劉基同爲朱元璋心腹謀士,明開國之典章制度多參加制定。後因牽入胡惟庸案,貶置茂州,病死途中。

〔3〕幣,禮物。

〔4〕韓林兒,元末農民起義首領韓山童之子。山童起義失敗後犧牲,韓林兒被救出,立爲小明王,國號宋,1366年卒。

〔5〕牧豎,牧童。
〔6〕士誠,張士誠(1321—1367),反元軍一派首領,活動於今江蘇、浙北一帶。後爲明將徐達、常遇春擒送金陵,縊死。自守虜,無擴張野心,只求自守。虜,敵人。
〔7〕友諒,陳友諒(1320—1363),反元軍一派首領,初從徐壽輝起義軍,1360年殺徐壽輝,併其部下,自立爲帝,國號漢。控制江西、湖廣之地,後在同朱元璋決戰中,中流矢死。
〔8〕邀,攔截、阻截。
〔9〕江州,今江西九江市。
〔10〕龍興,今江西南昌市。通款,講和,談判。
〔11〕蹋,同"踏"。胡床,一種可以摺叠的輕便坐具。

　　基喪母,值兵事未敢言,至是請還葬。會苗軍反,殺金、處守將胡大海、耿再成等,浙東搖動。基至衢,爲守將夏毅諭安諸屬邑,復與平章邵榮等謀復處州,亂遂定。國珍素畏基,致書啗,基答書,宣示太祖威德,國珍遂入貢。太祖數以書即家訪軍國事,基條答悉中機宜。尋赴京,太祖方親援安豐。基曰:"漢、吳伺隙。未可動也。"不聽。友諒聞之,乘間圍洪都[1]。太祖曰:"不聽君言,幾失計。"遂自將救洪都。與友諒大戰鄱陽湖,一日數十接。太祖坐胡床督戰,基侍側,忽躍起大呼,趣太祖更舟。太祖倉卒徙別舸,坐未定,飛砲擊舊所御舟立碎。友諒乘高見之,大喜。而太祖舟更進,漢軍皆失色。時湖中相持,三日未決,基請移軍湖口扼之,以金木相犯日決勝,友諒走死。其後太祖取士誠,北伐中原,遂成帝業,略如基謀。

【注】

〔1〕洪都,江西南昌的别稱。

吴元年[1],以基爲太史令,上《戊申大統曆》。熒惑守心[2],請下詔罪己。大旱,請決滯獄,即命基平反,雨隨注。因請立法定制,以止濫殺。太祖方欲刑人,基請其故,太祖語之以夢。基曰:"此得土得衆之象,宜停刑以待。"後三日,海寧降。太祖喜,悉以囚付基縱之。尋拜御史中丞兼太史令。

【注】

〔1〕吴元年,朱元璋在韓林兒死後所用吴王年號,是爲1367年。
〔2〕熒惑,火星;心,二十八宿中之心宿。古人以恒星爲背景來觀測日月五星的運行,二十八宿都是恒星。熒惑守心,是說火星居於心宿。根據象緯之學,此爲不祥之兆。

太祖即皇帝位,基奏立軍衛法。初定處州稅糧,視宋制畝加五合,惟青田命毋加,曰:"令伯温鄉里世世爲美談也。"帝幸汴梁,基與左丞相善長居守[1]。基謂宋、元寬縱失天下,今宜肅紀綱。令御史糾劾無所避,宿衛宦侍有過者,皆啟皇太子置之法,人憚其嚴。中書省都事李彬坐貪縱抵罪,善長素昵之,請緩其獄。基不聽,馳奏。報可。方祈雨,即斬之。由是與善長忤。帝歸,愬基僇人壇壝下[2],不敬。諸怨基者亦交譖之。會以旱求言,基奏:"士卒物故者,其妻悉處別營,凡數萬人,陰氣鬱結。工匠死,骼骸暴露,吳將吏降者皆編軍户,足干和氣。"帝納其言,旬日仍不雨,帝怒。會基有妻喪,遂請告歸。時帝方營中都〔3〕,又鋭意滅擴廓〔4〕。基瀕行,奏曰:"鳳陽雖帝鄉,非建都地。王保保未可輕也。"已而定西失利,擴廓竟走沙漠,迄爲邊患。其冬,帝手詔敍基勳伐,召赴京,賜賚甚厚,追贈基祖、父皆永嘉郡公。累欲進基爵,基固辭不受。

【注】

〔1〕善長,李善長(1314—1390),字百室,定遠人。輔佐朱元璋取天下,建立明帝國,官至左丞相,封韓國公。1390年因胡惟庸案被族誅。
〔2〕愬,同"訴"。僇,同"戮"。壝,壇周圍的短墻。
〔3〕中都,在安徽鳳陽。
〔4〕擴廓(?—1375),即王保保,元軍殘餘力量的首領。明太祖屢招之,不應。後病卒。

　　初,太祖以事責丞相李善長,基言:"善長勳舊,能調和諸將。"太祖曰:"是數欲害君,君乃爲之地耶? 吾行相君矣。"基頓首曰:"是如易柱,須得大木。若束小木爲之,且立覆。"及善長罷,帝欲相楊憲〔1〕,憲素善基,基力言不可,曰:"憲有相才無相器。夫宰相者,持心如水,以義理爲權衡〔2〕,而己無與者也,憲則不然。"帝問汪廣洋〔3〕,曰:"此褊淺殆甚於憲。"又問胡惟庸〔4〕,曰:"譬之駕,懼其僨轅也〔5〕。"帝曰:"吾之相,誠無逾先生。"基曰:"臣疾惡太甚,又不耐繁劇,爲之且孤上恩。天下何患無才,惟明主悉心求之,目前諸人誠未見其可也。"後憲、廣洋、惟庸皆敗。三年授弘文館學士。十一月大封功臣,授基開國翊運守正文臣、資善大夫,上護軍,封誠意伯,禄二百四十石。明年賜歸老於鄉。

【注】

〔1〕 楊憲(？—1370),字希武,太原陽曲人。參加朱元璋反元起義軍,曾出使張士誠、方國珍部。明建國後官至左丞,後爲李善長所劾,被殺。
〔2〕 以義理爲權衡,以義理爲行爲準則。
〔3〕 汪廣洋(？—1379),字朝宗,高郵人,元末舉進士。朱元璋起兵後召爲元帥府令史,累官至右丞相。後牽入胡惟庸案,自縊死。
〔4〕 胡惟庸(？—1380),定遠人,追隨朱元璋反元,明建國後官至左丞相,權傾一時。洪武十三年,以樹黨謀反罪被誅。
〔5〕 僨,顛覆。

　　帝嘗手書問天象。基條答甚悉而焚其草[1]。大要言霜雪之後,必有陽春,今國威已立,宜少濟以寬大。基佐定天下,料事如神。性剛嫉惡,與物多忤。至是還隱山中,惟飲酒弈棋,口不言功。邑令求見不得,微服爲野人謁基。基方濯足,令從子引入茆舍[2],炊黍飯令。令告曰:"某青田知縣也。"基驚起稱民,謝去,終不復見。其韜迹如此,然究爲惟庸所中。

【注】

〔1〕 焚其草,燒燬奏稿,以示慎密。
〔2〕 從子,侄子。茆舍,茅舍。

初,基言甌、括間有隙地曰談洋[1],南抵閩界,爲鹽盜藪[2],方氏所由亂,請設巡檢司守之。奸民弗便也。會茗洋逃軍反,吏匿不以聞。基令長子璉奏其事,不先白中書省。胡惟庸方以左丞掌省事、挾前憾,使吏訐基[3],謂談洋地有王氣,基圖爲墓,民弗與,則請立巡檢逐民。帝雖不罪基,然頗爲所動,遂奪基禄。基懼入謝,乃留京,不敢歸。未幾,惟庸相,基大戚曰[4]:"使吾言不驗,蒼生福也。"憂憤疾作。八年三月,帝親制文賜之,遣使護歸。抵家,疾篤,以《天文書》授子璉曰:"亟上之,毋令後人習也。"又謂次子璟曰:"夫爲政,寬猛如循環。當今之務在修德省刑,祈天永命。諸形勝要害之地,宜與京師聲勢連絡。我欲爲遺表,惟庸在,無益也。惟庸敗後,上必思我,有所問,以是密奏之。"居一月而卒,年六十五。基在京病時,惟庸以醫來,飲其藥,有物積腹中如拳石。其後中丞涂節首惟庸逆謀[5],並謂其毒基致死云。

【注】

[1] 甌,浙江温州的別稱。括,括蒼山簡稱,在浙江省東南部。隙地,荒地,閒田。

[2] 藪,原意爲大澤,引申爲人或物集聚的地方。

[3] 訐,攻擊別人的短處、揭發別人的陰私。

[4] 戚,憂愁,悲傷。

[5] 首,告發罪行。

基虬髯、貌修偉,慷慨有大節,論天下安危,義形於色。

帝察其至誠,任以心膂[1]。每召基,輒屏人密語移時。基亦自謂不世遇,知無不言。遇急難,勇氣奮發,計畫立定,人莫能測。暇則敷陳王道。帝每恭己以聽,常呼爲老先生而不名,曰:"吾子房也。"[2]又曰:"數以孔子之言導予。"顧惟幄語秘莫能詳,而世所傳爲神奇,多陰陽風角之説[3],非其至也。所爲文章、氣昌而奇,與宋濂並爲一代之宗。所著有《覆瓿集》、《犁眉公集》傳於世。子璉、璟。

【注】

[1] 心膂,心腹,骨幹。
[2] 子房,張良(?—前189)的字,輔佐劉邦滅秦、楚,建立漢朝。
[3] 陰陽風角,以占卦、觀察風,測吉凶的術數。

選自《明史》卷一二八

方 孝 孺 (1357—1402)

　　方孝孺,字希直,一字希古,寧海人〔1〕。父克勤,洪武中循吏〔2〕,自有傳。孝孺幼警敏,雙眸炯炯,讀書日盈寸,鄉人目爲"小韓子"。長從宋濂學,濂門下知名士皆出其下。先輩胡翰、蘇伯衡亦自謂弗如。孝孺顧末視文藝,恒以明王道、致太平爲己任。嘗臥病,絶糧。家人以告,笑曰:"古人三旬九食,貧豈獨我哉。"父克勤坐"空印"事誅〔3〕,扶喪歸葬,哀動行路。既免喪,復從濂卒業。

【注】

〔1〕寧海,今屬浙江。
〔2〕洪武,明太祖朱元璋年號(1368—1398)。循吏,奉職守法的官吏。
〔3〕空印事,明初地方官吏每年到户部核對錢糧軍需等事,以道遠預帶空印文書。部駁即改,率以爲常。後朱元璋疑有弊端,嚴加追究,主印官被殺數百人。

　　洪武十五年,以吴沉、揭樞薦,召見。太祖喜其舉止端整,謂皇太子曰:"此莊士,當老其才〔1〕。"禮遣還。後爲仇家所連,逮至京,太祖見其名,釋之。二十五年,又以薦召至。太祖曰:"今非用孝孺時。"除漢中教授,日與諸生講學不倦。蜀獻王聞其賢,聘爲世子師。每見,陳説道德。王尊以殊禮，名其讀書之廬曰"正學"。

【注】
〔1〕老其才，讓其經受磨煉。

及惠帝即位，召爲翰林侍講。明年遷侍講學士，國家大政事輒咨之。帝好讀書，每有疑即召使講解。臨朝奏事，臣僚面議可否，或命孝孺就扆前批答[1]。時修《太祖實錄》及《類要》諸書，孝孺皆爲總裁。更定官制，孝孺改文學博士。燕兵起[2]，廷議討之，詔檄皆出其手。

【注】
〔1〕扆，門窗間畫有斧形的屏風。
〔2〕燕兵起，指惠帝削藩，燕王朱棣以"清君側"爲名起兵奪取中央政權。

建文三年[1]，燕兵掠大名。王聞齊、黄已竄[2]，上書請罷盛庸、吳傑、平安兵。孝孺建議曰："燕兵久頓大名，天暑雨，當不戰自疲。急令遼東諸將入山海關攻永平[3]，真定諸將渡盧溝搗北平[4]，彼必歸救。我以大兵躡其後，可成擒也。今其奏事適至，宜且與報書，往返逾月，使其將士心懈。我謀定勢合，進而蹴之[5]，不難矣。"帝以爲然。命孝孺草詔，遣大理寺少卿薛嵓馳報燕，盡赦燕罪，使罷兵歸藩。又爲宣諭數千言授嵓，持至燕軍中，密散諸將士。比至，嵓匿宣諭不敢出，燕王亦不奉詔。

【注】

〔1〕建文,明惠帝年號(1399—1402)。

〔2〕王,燕王朱棣。齊,齊泰,任兵部尚書;黃,黃子澄,任太常寺卿,二人主張削藩。惠帝因討伐軍敗被迫罷免齊、黃,使人致書燕王,稱二人"已竄"。

〔3〕永平,今河北省盧龍縣。

〔4〕真定,今爲河北省正定縣。

〔5〕蹴,原意踐踏,引申爲消滅。

五月,吳傑、平安、盛庸發兵擾燕餉道。燕王復遣指揮武勝上書伸前請。帝將許之。孝孺曰:"兵罷,不可復聚,願毋爲所惑。"帝乃誅勝以絶燕。未幾,燕兵掠沛縣,燒糧艘[1]。時河北師老無功,而德州又饋餉道絶,孝孺深以爲憂。以燕世子仁厚,其弟高煦狡譎,有寵於燕王,嘗欲奪嫡,謀以計間之,使内亂。乃建議白帝,遣錦衣衛千户張安賫璽書往北平賜世子,世子得書不啓封,並安送燕軍前,間不得行。

【注】

〔1〕糧艘,糧船。

明年五月,燕兵至江北,帝下詔徵四方兵。孝孺曰:"事急矣。遣人許以割地,稽延數日,東南募兵漸集,北軍不長舟楫,決戰江上,勝負未可知也。"帝遣慶成郡主往燕軍,陳其説。燕王不聽。帝命諸將集舟師江上,而陳瑄以戰艦降燕,燕兵遂渡江,時六月乙卯也。帝憂懼,或勸帝他幸,圖興復。孝孺力請守京城以待援兵,即事不濟,當死社稷。乙丑,金川門啓,燕兵入,帝自焚。是日,孝孺被執下獄。

先是,成祖發北平,姚廣孝以孝孺爲託,曰:"城下之日,彼必不降,幸勿殺之。殺孝孺,天下讀書種子絶矣。"成祖頷之。至是欲使草詔。召至,悲慟聲徹殿陛。成祖降榻勞曰:"先生毋自苦,予欲法周公輔成王耳。"孝孺曰:"成王安在"? 成祖曰:"彼自焚死。"孝孺曰:"何不立成王之子?"成祖曰:"國賴長君。"孝孺曰:"何不立成王之弟?"成祖曰:"此朕家事。"顧左右授筆札,曰:"詔天下,非先生草不可。"孝孺投筆於地,且哭且罵曰:"死即死耳,詔不可草。"成祖怒,命磔諸市[1]。孝孺慨然就死,作絕命詞曰:"天降亂離兮孰知其由,奸臣得計兮謀國用猶[2]。忠臣發憤兮血淚交流,以此殉君兮抑又何求。嗚呼哀哉兮庶不我尤。"時年四十有六。其門人德慶侯廖永忠之孫鏞與其弟銘檢遺骸瘞聚寶門外山上[3]。

【注】

〔1〕磔,分裂肢體的酷刑,又名"車裂"。
〔2〕猶,計謀。
〔3〕瘞,埋葬。

孝孺有兄孝聞,力學篤行,先孝孺死。弟孝友與孝孺同就戮,亦賦詩一章而死。妻鄭及二子中憲、中愈先自經死,二女投秦淮河死。

孝孺工文章，醇深雄邁。每一篇出，海内爭相傳誦。永樂中[1]，藏孝孺文者罪至死。門人王稌潛錄爲《侯城集》[2]，故後得行於世。

【注】
[1] 永樂，明成祖朱棣年號（1403—1424）。
[2]《侯城集》，又名《遜志齋集》，侯城（也寫爲緱城）是方孝孺家鄉地名，在海寧。全集二十四卷，另有附錄。

　　仁宗即位，諭禮部："建文諸臣，已蒙顯戮[1]，家屬籍在官者，悉宥爲民，還其田土。其外親戍邊者，留一人戍所，餘放還。"萬曆十三年三月釋坐孝孺謫戍者後裔[2]，浙江、江西、福建、四川、廣東凡千三百餘人。而孝孺絶無後，惟克勤弟克家有子曰孝復。洪武二十五年嘗上書闕下，請減信國公湯和所加寧海賦，謫戍慶遠衛，以軍籍獲免。孝復子琬，後亦得釋爲民。世宗時，松江人俞斌自稱孝孺後，一時士大夫信之，爲纂《宗錄》。既而方氏察其僞，言於官，乃已。神宗初，有詔襃錄建文忠臣，建表忠祠於南京，首徐輝祖，次孝孺云。

【注】
[1] 顯戮，明正典刑，處決示衆。
[2] 萬曆，明神宗朱翊鈞年號（1573—1620）。

選自《明史》卷一四一

曹　端（1376—1434）

　　曹端,字正夫,澠池人[1]。永樂六年舉人。五歲見《河圖》、《洛書》[2],即畫地以質之父。及長,專心性理。其學務躬行實踐,而以靜存爲要。讀宋儒《太極圖》、《通書》、《西銘》[3],嘆曰:"道在是矣。"篤志研究,坐下著足處,兩甎皆穿。事父母至孝,父初好釋氏,端爲《夜行燭》一書進之[4],謂:"佛氏以空爲性,非天命之性。老氏以虛爲道,非率性之道。"父欣然從之。繼遭二親喪,五味不入口。既葬,廬墓六年。

【注】

〔1〕澠池,今河南省澠池縣。

〔2〕《河圖》、《洛書》,傳說伏羲時有龍馬從黃河出現,背負"河圖",伏羲據之圖成八卦;禹治水,有神龜負文從洛水出,是上帝所賜"洛書",一說即是《洪範》。後世將《河圖》、《洛書》畫成用星點表示的數字組成的方形圖,其中包含了某些古代的數學知識。

〔3〕《太極圖》,北宋周敦頤作,用圖象表示太極衍化出陰陽、五行、萬物的過程,另有二百五十餘字,說明"太極圖"。《通書》,北宋周敦頤著,原名《易通》,總一卷,分四十章,發揮《太極圖說》的中心論點。《西銘》,北宋張載著,又名《訂頑》,原爲《正蒙·乾稱篇》中之一部分,闡述張載的人生哲學。

〔4〕《夜行燭》,後收入《曹月川集》中。

端初讀謝應芳《辨惑編》[1],篤好之,一切浮屠、巫覡、風水、時日之説屏不用[2]。上書邑宰,毀淫祠百餘,爲設里社、里穀壇[3],使民祈報。年荒勸振,存活甚衆。爲霍州學正[4],修明聖學。諸生服從其教,郡人皆化之,恥爭訟。知府郭晟問爲政,端曰:"其公廉乎。公則民不敢謾[5],廉則吏不敢欺。"晟拜受。遭艱歸[6],澠池、霍諸生多就墓次受學。服闋[7],改蒲州學正[8]。霍、蒲兩邑各上章爭之,霍奏先得請。先後在霍十六載,宣德九年卒官[9],年五十九。諸生服心喪三年[10],霍人罷市巷哭,童子皆流涕。貧不能歸葬,遂留葬霍。二子瑜、琛,亦廬端墓,相繼死,葬墓側,後改葬澠池。

【注】

〔1〕謝應芳,本書有傳。
〔2〕時日,吉日,此處指以占筮定日期之吉凶。
〔3〕里社,古時鄉里祭祀土地神之處。里穀壇,向天祈求來年的場所。
〔4〕霍州,今屬山西省。
〔5〕謾,欺騙。
〔6〕遭艱,遭父母之喪。
〔7〕服闋,服喪期滿。
〔8〕蒲州,州治在今山西省永濟縣。
〔9〕宣德,明宣宗朱瞻基年號(1426—1435)。
〔10〕服心喪,弟子爲老師守喪,不穿喪服,只在心中悼念。

端嘗言："學欲至乎聖人之道，須從太極上立根脚。"又曰："爲人須從志士勇士不忘上參取。"又曰："孔、顔之樂仁也，孔子安仁而樂在其中，顔淵不違仁而不改其樂，程子令人自得之。"又曰："天下無性外之物，而性無不在焉。性即理也，理之別名曰太極，曰至誠，曰至善，曰大德，曰大中，名不同而道則一。"

初，伊、洛諸儒[1]，自明道、伊川後，劉絢、李籲輩身及二程之門[2]，至河南許衡、洛陽姚樞講道蘇門[3]，北方之學者翕然宗之。洎明興三十餘載[4]，而端起崤、澠間[5]，倡明絕學，論者推爲明初理學之冠。所著有《孝經述解》、《四書詳説》、《周易乾坤二卦解義》、《太極圖説通書西銘釋文》、《性理文集》、《儒學宗統譜》、《存疑錄》諸書。

【注】

[1] 伊，伊河；洛，洛河。程顥（被稱爲明道）、程頤（被稱爲伊川）兄弟講學其間，其學稱爲伊洛之學。
[2] 劉絢，字質夫，北宋河南人，二程弟子。曾爲長子令，京兆府教授，太學博士。李籲，北宋緱氏人，二程弟子，曾任秘書省校書郎。
[3] 許衡、姚樞，均爲元代學者，本書有傳。
[4] 洎，及，到。
[5] 崤，崤山，在河南洛寧縣北。澠，澠池，今屬河南省。

霍州李德與端同時，亦講學於其鄉。及見端，退語諸生曰："學不厭，教不倦，曹子之盛德也。至其知古今，達事變,末學鮮或及之。古云'得經師易,得人師難',諸生得人師矣。"遂避席去。端亦高其行誼,命諸生延致之,講明正學。初,端作《川月交映圖》擬太極,學者稱月川先生。及歿,私謚靜修。正德中[1],尚書彭澤、河南巡撫李楨請從祀孔子廟庭,不果。

【注】

[1] 正德,明武宗朱厚照年號(1506—1521)。

選自《明史》卷二八二《儒林一》

薛　　瑄（1389—1464）

　　薛瑄，字德温，河津人[1]。父貞，洪武初領鄉薦[2]，爲元氏教諭[3]。母齊，夢一紫衣人謁見，已而生瑄。性穎敏，甫就塾，授之《詩》《書》，輒成誦，日記千百言。及貞改任滎陽[4]，瑄侍行。時年十二，以所作詩賦呈監司，監司奇之。既而聞高密魏希文、海寧范汝舟深於理學，貞乃並禮爲瑄師。由是盡焚所作詩賦，究心洛、閩淵源[5]，至忘寢食。後貞復改官鄢陵。瑄補鄢陵學生，遂舉河南鄉試第一，時永樂十有八年也。明年成進士。從省親歸。居父喪，悉遵古禮。宣德中服除[6]，擢授御史。三楊當國[7]，欲見之，謝不往。出監湖廣銀場，日探性理諸書，學益進。以繼母憂歸。

【注】

〔1〕河津，縣名，位於山西省西南部、汾河下游。
〔2〕領鄉薦，唐代規定由州縣地方官推舉赴京師應禮部試，稱"鄉薦"。後來沿稱鄉試中式爲"領鄉薦"。
〔3〕教諭，學官名，宋明縣學皆設置，掌文廟祭祀、教育所屬生員。此處似指私家教席。
〔4〕滎陽，縣名，今屬河南省。
〔5〕洛，洛學，指程顥、程頤的理學。
〔6〕服，喪服禮制。

〔7〕三楊,指明代權臣楊士奇、楊溥、楊榮。明英宗初年,三人均以大學士輔政,因有此稱。

正統初還朝[1],尚書郭璡舉爲山東提學僉事。首揭白鹿洞學規[2],開示學者。延見諸生,親爲講授。才者樂其寬,而不才者憚其嚴,皆呼爲薛夫子。王振語三楊:"吾鄉誰可爲京卿者?"以瑄對,召爲大理左少卿[3]。三楊以用瑄出振意,欲瑄一往見,李賢語之。瑄正色曰:"拜爵公朝,謝恩私室,吾不爲也。"其後議事東閣,公卿見振多趨拜,瑄獨屹立。振趨揖之,瑄亦無加禮,自是銜瑄[4]。

【注】

〔1〕正統,明英宗朱祁鎮年號(1436—1449)。
〔2〕白鹿洞學規,宋初改江西廬山國學爲白鹿洞書院,朱熹講學其中,併手訂學規。
〔3〕大理左少卿,掌刑獄,爲九卿之一。
〔4〕銜,忌恨。

指揮某死,妾有色,振從子山欲納之,指揮妻不肯。妾遂訐妻毒殺夫,下都察院訊,已誣服。瑄及同官辨其冤,三却之。都御史王文承振意旨誣瑄及左、右少卿賀祖嗣、顧惟敬等故出人罪,振復諷言官劾瑄等受賄[1],並下獄。論瑄死,祖嗣等末減有差[2]。繫獄待決,瑄讀《易》自如。子三人,願一子代死,二子充軍,不允。及當行刑,振蒼頭忽泣於爨下[3]。問故,泣益悲,曰:"聞今日薛夫子將刑也。"振大感動。會刑科三覆奏,兵部侍郎王偉亦申救[4],乃免。

【注】

〔1〕諷,用含蓄、曲折的語言進行暗示。
〔2〕末減,定罪後減等處刑。
〔3〕蒼頭,即"倉頭",秦漢指私家所屬的奴隸,後沿用爲僕隸的通稱。
〔4〕申救,代爲申辯冤屈並加營救。

景帝嗣位,用給事中程信薦,起大理寺丞。也先入犯,分守北門有功。尋出督貴州軍餉,事竣,即乞休,學士江淵奏留之。景泰二年[1],推南京大理寺卿。富豪殺人,獄久不決,瑄執置之法。召改北寺。蘇州大饑,貧民掠富豪粟,火其居,蹈海避罪。王文以閣臣出視,坐以叛,當死者二百餘人,瑄力辨其誣。文恚曰[2]:"此老倔強猶昔。"然卒得減死。屢疏告老,不許。

【注】

〔1〕景泰,明代宗朱祁鈺年號(1450—1457)。
〔2〕恚,憤怒,怨恨。

英宗復辟[1],拜禮部右侍郎兼翰林院學士,入閣預機務。王文、于謙下獄,下羣臣議,石亨等將置之極刑。瑄力言於帝,後二日文、謙死,獲減一等。帝數見瑄,所陳皆關君德事。已,見石亨、曹吉祥亂政,疏乞骸骨[2]。帝心重瑄,微嫌其老,乃許之歸。

【注】

〔1〕英宗復辟,明正統十四年(1449)因土木之變,英宗被瓦剌軍俘去,次年被釋回京,景泰八年(1457)復辟。
〔2〕疏乞骸骨,向皇帝上疏乞求辭官返歸故鄉。

　　瑄學一本程、朱,其修己教人,以復性爲主[1],充養邃密[2],言動咸可法。嘗曰:"自考亭以還[3],斯道已大明,無煩著作,直須躬行耳。"有《讀書錄》二十卷[4],平易簡切,皆自言其所得,學者宗之。天順八年六月卒[5],年七十有二。贈禮部尚書,謚文清。弘治中[6],給事中張九功請從祀文廟,詔祀於鄉。已,給事中楊廉請頒《讀書錄》於國學,俾六館誦習。且請祠名,詔名"正學"。隆慶六年[7],允廷臣請,從祀先聖廟庭。

【注】

〔1〕復性,復返本來善性。如孟子説:"性無不善,而情欲害之。故聖人能及其性於初也。"朱熹説:"反之者,修爲以復其性而至於聖人也。"
〔2〕充養,充塞和善養浩然之氣。
〔3〕考亭,宋紹熙三年(1192)朱熹築室於福建建陽之考亭,宋理宗於淳祐四年(1244)賜名考亭書院,故稱朱熹學派爲考亭學派。
〔4〕《讀書錄》二十卷,有清刻本,文集名《薛文清集》,收入《四庫全書》。

〔5〕天順,明英宗朱祁鎮年號(1457—1464)。

〔6〕弘治,明考宗朱祐樘年號(1488—1505)。

〔7〕隆慶,明穆宗朱載垕年號(l567—1572)。

選自《明史》卷二八二《儒林一》

吴 与 弼 (1391—1469)

　　吴与弼,字子傅,崇仁人[1]。父溥,建文时爲國子司業,永樂中爲翰林修撰。与弼年十九,見《伊洛淵源圖》[2],慨然向慕,逐罷舉子業,盡讀四子、五經、洛閩諸錄[3],不下樓者數年。中歲家益貧,躬親耕稼,非其義,一介不取[4]。四方來學者,約己分少,飲食、教誨不倦。正統十一年,山西僉事何自學薦於朝,請授以文學高職。後御史涂謙、撫州知府王宇復薦之[5],俱不出。嘗嘆曰:"宦官、釋氏不除。而欲天下治平,難矣。"景泰七年,御史陳述又請禮聘与弼,俾侍經筵,或用之成均,教育冑子[6]。詔江西巡撫韓雍備禮敦遣,竟不至。

【注】

〔1〕崇仁,今江西崇仁。

〔2〕《伊洛淵源圖》,即《伊洛淵源錄》,共十四卷,南宋朱熹撰。記述理學的授受源流,以二程(顥、頤)爲理學正宗,以其講學之地(伊、洛)名之。所記以二程思想爲最詳,身列程門而言行無大影響的,亦具錄姓名備考。《宋史》中的"道學"、"儒學"兩傳,多根據此書。

〔3〕四子,即四書,《大學》、《中庸》、《論語》、《孟子》的合稱。五經,即《詩》、《書》、《禮》、《易》、《春秋》。洛閩諸錄,即程、朱語錄。

〔4〕一介,指輕微的東西。《孟子·萬章上》:"一介不以與人,一介

不以取諸人。"趙岐注:"一介草不以與人,亦不以取於人也。"
〔5〕撫州,府名,今屬江西省撫州市。
〔6〕冑子,《書·舜典》:"帝曰:'夔,命汝典樂,教冑子。'"長子也。古時天子至卿大夫之嫡子,皆入國學,謂之冑子。後泛稱國子學生爲冑子。

　　天順元年,石亨欲引賢者爲己重[1],謀於大學士李賢[2],屬草疏薦之。帝乃命賢草敕加束帛[3],遣行人曹隆[4],賜璽書,賫禮幣[5],徵與弼赴闕[6]。比至,帝問賢曰:"與弼宜何官?"對曰:"宜以官僚,侍太子講學。"遂授左春坊左諭德,與弼疏辭。賢請賜召問,且與館次供具。於是召見文華殿,顧語曰:"聞處士義高,特行徵聘,奚辭職爲?"對曰:"臣草茅賤士,本無高行,陛下垂聽虛聲,又不幸有狗馬疾[7]。束帛造門,臣慚被異數,匍匐京師[8],今年且六十八矣,實不能官也。"帝曰:"官僚優閒,不必辭。"賜文綺酒牢,遣中使送館次。顧謂賢曰:"此老非迂闊者,務令就職。"時帝眷遇良厚,而與弼辭益力。又疏稱:"學術荒陋,苟冒昧徇祿,必且曠官。"詔不許,乃請以白衣就邸舍,假讀秘閣書。帝曰:"欲觀秘書,勉受職耳。"命賢爲諭意。與弼留京師二月,以疾篤請。賢請曲從放還,始終恩禮,以光曠舉。帝然之,賜敕慰勞,賫銀幣,復遣行人送還,命有司月給米二石。與弼歸,上表謝,陳崇聖志、廣聖學等十事。成化五年卒,年七十九。

【注】

〔1〕石亨(? —1460),明陝西渭南人。正統十四年(1449)從于謙

守京師(今北京),擊退瓦剌軍,封鎮朔大將軍。景泰八年勾結宦官曹吉祥等發動政變,迎英宗復辟,殺害于謙。後恃功驕橫,權勢過高,爲英宗所忌,天順四年以圖謀不軌罪,下獄而死。

〔2〕李賢(1408—1466),字原德,今河南鄧縣人。宣德進士,景泰二年(1451)由文選郎超擢兵部右侍郎,轉戶部,復轉吏部。英宗復辟,命兼翰林學士,入直文淵閣,預機務,未幾,進尚書。是時石亨、曹吉祥用事,他顧忌不敢盡言,但每論對,多所裁抑。石亨事敗,乃進言勿用"奪門"字,並議革奪門冒功者四千餘人。

〔3〕草敕,起草皇帝的詔書。束帛,吉時聘問之禮物。

〔4〕行人,使者的通稱。

〔5〕賫,賞賜,贈送。

〔6〕闕,古時以爲天子所居之通稱。

〔7〕狗馬,臣對君自卑之辭。

〔8〕匍匐,伏地而行。

與弼始至京,賢推之上座。以賓師禮事之。編修尹直至,令坐於側。直大愠[1],出即謗與弼。及與弼歸,知府張瑱謁見不得,大恚[2],募人代其弟投牒訟與弼[3],立遣吏攝之[4],大加侮慢,始遣還。與弼諒非弟意,友愛如初。編修張元楨不知其始末,遺書誚讓[5],有"上告素王,正名討罪,豈容先生久竊虛名"語。直復筆其事於《瑣綴錄》。又言與弼跋享族譜,自稱門下士,士大夫用此訾與弼[6]。後顧允成論之曰:"此好事者爲之也。"與弼門人後皆從祀,而與弼竟不果。所著《日錄》,悉自言生平所得。

【注】

〔1〕愠,貪怒,怨恨。

〔2〕恚,憤怒。

〔3〕牒,訟詞。

〔4〕攝,追,捕。

〔5〕誚讓,譴責。

〔6〕訾,毀謗非議。

其門人最著者曰胡居仁、陳獻章、婁諒[1],次曰胡九韶、謝復、鄭伉[2]。

【注】

〔1〕胡居仁、陳獻章,本書有傳。婁諒,字克貞,號一齋,屬今江西上饒人。景泰四年舉於鄉,天順末,選為成都訓導。旋告歸,閉門著書,成《日錄》四十卷、《三禮訂訛》四十卷。

〔2〕胡九韶,字鳳儀,少從與弼學。諸生來學者,與弼令先見九韶,及與弼歿,門人多轉師之,成化中卒。謝復,字一陽,屬今安徽祁門人。聞與弼倡道,棄科舉業從之游,晚卜室西山之麓,學者稱西山先生,弘治末年卒。鄭伉,字孔明,屬今浙江常山人。為諸生,試有司,不偶,即棄去,師與弼,辭歸,日究諸儒論議,一切折衷於朱子。所著《易義發明》、《讀史管見》、《觀物餘論》、《蛙鳴集》,多燼於火。

選自《明史》卷二八二《儒林一》

胡 居 仁（1434—1484）

　　胡居仁，字叔心，餘干人[1]。聞吳與弼講學崇仁[2]，往從之游，絶意仕進。其學以主忠信爲先，以求放心爲要，操而勿失，莫大乎敬，因以敬名其齋。端莊凝重，對妻子如嚴賓，手置一册，詳書得失，用自程考。鶉衣簞食[3]，晏如也。築室山中，四方來學者甚衆，皆告之曰："學以爲己，勿求人知。"語治世，則曰："惟王道能使萬物各得其所。"所著有《居業錄》[4]，蓋取修辭立誠之義。每言："與吾道相似莫如禪學[5]。後之學者。誤認存心多流於禪，或欲屏絶思慮以求静。不知聖賢惟戒慎恐懼，自無邪思，不求静未嘗不静也。故卑者溺於功利，高者鶩於空虛，其患有二：一在所見不真，一在功夫間斷。"嘗作《進學箴》曰："誠敬既立，本心自存。力行既久，全體皆仁。舉而措之，家齊國治，聖人能事畢矣。"

【注】

[1] 餘干，今屬江西。

[2] 吳與弼，本書有傳。

[3] 鶉衣，鶉鳥尾禿，像補綻百結，故用以形容破舊的衣服。簞食，用竹籃盛着飯。鶉衣簞食，比喻生活簡約。

[4]《居業錄》，八卷，胡居仁的講學語録。分十二類：道體、爲學、

主敬、致知、力行、出處、治體、治法、教人、警戒、辨異端、觀聖賢,共千餘條。與薛瑄《讀書錄》相類,並爲學者所重。
〔5〕禪學,即佛教的禪定之學。指通過精神集中,觀想特定對象而獲得佛教悟解或功德的思維修習活動。

　　居仁性行淳篤^[1],居喪骨立^[2],非杖不能起,三年不入寢門。與人語,終日不及利祿。與羅倫、張元禎友善,數會於弋陽龜峰^[3]。嘗言,陳獻章學近禪悟^[4],莊㫤詩止豪曠,此風既成,爲害不細。又病儒者撰述繁蕪^[5],謂朱子注《參同契》、《陰符經》^[6],皆不作可也。督學李齡、鍾成相繼聘主白鹿書院^[7]。過饒城,淮王請講《易傳》,待以賓師之禮。是時吳與弼以學名於世,受知朝廷,然學者或有間言。居仁闇修自守,布衣終其身,人以爲薛瑄之後,粹然一出於正,居仁一人而已。卒年五十一。萬曆十三年從祀孔廟,復追諡文敬。

【注】

〔1〕淳篤,淳樸篤實。

〔2〕骨立,形容人消瘦到極點。

〔3〕弋陽,今江西弋陽。龜峰,在弋陽境內。

〔4〕學近禪悟,指陳獻章的學說近於禪學。

〔5〕繁蕪,雜亂,沒有條理。

〔6〕《參同契》,全名《周易參同契》,東漢魏伯陽著。書中借用坎、離、水、火、龍、虎、鉛、汞等法象,以明煉丹修仙之術。大旨是參同"大易"、"黃老"、"爐火"三家理法而會歸於一,能"妙契大道",故名。爲道家系統地論述煉丹的最早著作。後蜀彭曉有

《周易參同契通真義》三卷,宋朱熹有《參同契考異》一卷,此外注解尚有四十餘家。《陰符經》,舊題黃帝撰,一卷。有太公、范蠡、鬼谷子、張良、諸葛亮、李筌等六家注,一說是唐李筌所偽託。宋朱熹有《陰符經考異》一卷。歷代史志以此書入道家,此外,又以《周書陰符》入兵家。

〔7〕白鹿書院,在江西廬山五老峰東南。唐李勃隱讀於此,嘗蓄白鹿自娛,人稱白鹿先生。後勃任江州刺史,於其地建臺榭,遂以白鹿名洞。南唐於此建學館,稱廬山國學,宋初改名白鹿洞書院。朱熹爲南康軍守,講學其中。明清仍爲書院。

其弟子余祐最著。祐字子積,鄱陽人[1]。年十九,師事居仁,居仁以女妻之。弘治十二年舉進士[2]。爲南京刑部員外郎,以事忤劉瑾[3],落職。瑾誅,起爲福州知府。鎮守太監市物不予直[4],民羣訴於祐。涕泣慰遣之,云將列狀上聞。鎮守懼,稍戢[5],然恚甚[6],遣人入京告其黨曰:"不去余祐,鎮守不得自遂也。"然祐素廉,撼拾竟無所得[7]。未幾,遷山東副使。父憂,服闋[8],補徐州兵備副使。中官王敬運進御物入都[9],多挾商船,與知州樊準、指揮王良訐。良發其違禁物,敬懼,詣祐求解[10],祐不聽。敬誣奏準等毆己,遂并逮祐,謫爲南寧府同知[11]。稍遷韶州知府[12],投劾去[13]。嘉靖初,歷雲南布政使,以太僕寺卿召,未行,改禮部右侍郎,祐已先卒。

【注】

〔1〕鄱陽,今江西波陽。
〔2〕弘治,明孝宗朱祐樘年號(1488—1505)。

〔3〕忤,違逆,抵觸。劉瑾,陝西興平縣人,本姓談,明宦官。正德時掌司禮監,在東廠、西廠外,加設内行廠,使緝事人四出活動,鎮壓異己,斥逐大臣,引進私黨。正德五年(1510)宦官張永告他圖謀反叛,被處死。

〔4〕直,通"值",價值。

〔5〕戢,收斂。

〔6〕恚,憤怒,怨恨。

〔7〕摭拾,摘取。

〔8〕服闋,舊制,父母死後守喪三年,期滿除服,稱爲"服闋"。闋,是終了的意思。

〔9〕中官,宦官。

〔10〕詣,前往。

〔11〕南寧府,今廣西省南寧市。

〔12〕韶州,今廣東省韶關市。

〔13〕投劾,古代官員投呈彈劾自己,請求去職的狀子。

　　祐之學,墨守師説,在獄中作《性書》三卷。其言程、朱教人,專以誠敬入。學者誠能去其不誠不敬者,不患不至古人。時王守仁作《朱子晚年定論》,謂其學終歸於存養〔1〕。祐謂:"朱子論心學凡三變,存齋記所言〔2〕,乃少時所見,及見延平〔3〕,而悟其失。後聞五峰之學於南軒〔4〕,而其言又一變。最後改定已發未發之論,然後體用不偏〔5〕,動靜交致其力,此其終身定見也。安得執少年未定之見,而反謂之晚年哉?"其辨出,守仁之徒不能難矣。

【注】

〔1〕存養,存心養性,古代儒家的一種修養方法。語出《孟子·盡心上》:"存其心,養其性。"

〔2〕存齋,陸九淵別號,本書有傳。

〔3〕延平,即李侗,南宋學者,本書有傳。

〔4〕五峰,即胡宏;南軒,即張栻。均爲南宋學者,本書有傳。

〔5〕體用,指本體和作用。

選自《明史》卷二八二《儒林一》

陳 獻 章（1428—1500）

陳獻章，字公甫，新會人[1]。舉正統十二年鄉試，再上禮部，不第。從吳與弼講學[2]。居半載歸，讀書窮日夜不輟。築陽春臺，靜坐其中，數年無户外迹。久之，復游太學。祭酒邢讓試和楊時《此日不再得》詩一篇[3]，驚曰："龜山不如也。"颺言於朝，以爲真儒復出。由是名震京師。給事中賀欽聽其議論，即日抗疏解官，執弟子禮事獻章。獻章既歸，四方來學者日進。廣東布政使彭韶、總督朱英交薦。召至京，令就試吏部。屢辭疾不赴，疏乞終養，授翰林院檢討以歸。至南安[4]，知府張弼疑其拜官，與與弼不同。對曰："吳先生以布衣爲石亨所薦，故不受職而求觀祕書[5]，冀在開悟主上耳。時宰不悟，先令受職然後觀書，殊戾先生意，遂決去。獻章聽選國子生，何敢僞辭釣虛譽。"自是屢薦，卒不起。

【注】
[1] 新會，今屬廣東省。
[2] 吳與弼，本書有傳。
[3] 楊時，本書有傳。
[4] 南安，明代府名，府治在今江西省大餘縣。
[5] 祕書，宫廷中的藏書。

獻章之學,以靜爲主。其教學者,但令端坐澄心,於靜中養出端倪[1]。或勸之著述,不答。嘗自言曰:"吾年二十七,始從吴聘君學[2],於古聖賢之書無所不講,然未知入處。比歸白沙,專求用力之方,亦卒未有得。於是舍繁求約,靜坐久之,然後見吾心之體隱然呈露,日用應酬隨吾所欲,如馬之卸勒也。"其學灑然獨得,論者謂有鳶飛魚躍之樂,而蘭谿姜麟至以爲"活孟子"云[3]。

【注】
〔1〕端倪,原指頭緒,事物之本末始終。在心學中意爲體認本心。
〔2〕吴聘君,即吴與弼。
〔3〕姜麟,字仁夫,成化進士,以事使貴州,特取道新會白沙,師事陳獻章。

　　獻章儀幹修偉,右頰有七黑子。母年二十四守節,獻章事之至孝。母有念,輒心動即歸。弘治十三年卒,年七十三,萬曆初,從祀孔廟,追諡文恭。

　　　　　　　　　選自《明史》卷二八三《儒林二》

王　守　仁 (1472—1528)

王守仁,字伯安,餘姚人[1]。

父華,字德輝,成化十七年進士第一。授修撰。弘治中,累官學士、少詹事。華有器度,在講幄最久,孝宗甚眷之。李廣貴幸,華講《大學衍義》,至唐李輔國與張后表裏用事,指陳甚切。帝命中官賜食勞焉。正德初,進禮部左侍郎。以守仁忤劉瑾[2],出爲南京吏部尚書,坐事罷。旋以《會典》小誤,降右侍郎。瑾敗,乃復故,無何卒。華性孝,母岑年逾百歲卒。華已年七十餘,猶寢苫蔬食,士論多之[3]。

【注】

[1] 餘姚,今浙江餘姚。
[2] 忤,違逆,抵觸。
[3] 多,讚揚,夸獎。

守仁娠十四月而生。祖母夢神人自雲中送兒下,因名雲,五歲不能言,異人拊之,更名守仁,乃言。年十五,訪客居庸、山海關。時闌出塞,縱觀山川形勝。弱冠舉鄉試[1],學大進。顧益好言兵[2],且善射。登弘治十二年進士。使治前威寧伯王越葬,還而朝議方急西北邊,守仁條八事上之。尋授刑部主事。決囚江北[3],引疾歸。起補兵部主事。

【注】
[1] 弱冠,古代男子二十歲行冠禮,此指二十歲左右的年齡。
[2] 顧,却,但。
[3] 決囚江北,審決囚犯於江北。

正德元年冬,劉瑾逮南京給事中御史戴銑等二十餘人。守仁杭章救,瑾怒,廷杖四十,謫貴州龍場驛丞[1]。龍場萬山叢薄,苗、寮雜居。守仁因俗化導,夷人喜,相率伐木爲屋,以棲守仁。瑾誅,量移盧陵知縣。入覲,遷南京刑部主事,吏部尚書楊一清改之驗封。屢遷考功郎中,擢南京太僕少卿,就遷鴻臚卿。

【注】
[1] 驛丞,明清設置在各省個別州縣掌管驛站的小官。

兵部尚書王瓊素奇守仁才。十一年八月擢右僉都御史,巡撫南、贛。當是時,南中盜賊蜂起。謝志山據橫水、左溪、桶岡,池仲容據浰頭,皆稱王,與大庾陳曰能、樂昌高快馬、郴州龔福全等攻剽府縣[1]。而福建大帽山賊詹師富等又起。前巡撫文森托疾避去。志山合樂昌賊掠大庾,攻南康、贛州,贛縣主簿吳玭戰死。守仁至,知左右多賊耳目,乃呼老黠隸詰之[2]。隸戰栗不敢隱,因貰其罪[3],令詗賊[4],賊動静無勿知。於是檄福建、廣東會兵,先討大帽山賊。

【注】

〔1〕剽,劫。
〔2〕黠隷,機智的差役。詰,問。
〔3〕貰,通"赦",赦免。
〔4〕詗,偵察,刺探。

　　明年正月,督副使楊璋等破賊長富村,逼之象湖山,指揮覃桓、縣丞紀鏞戰死。守仁親率銳卒屯上杭。佯退師,出不意搗之,連破四十餘寨,俘斬七千有奇,指揮王鎧等擒師富。疏言權輕,無以令將士,請給旗牌,提督軍務,得便宜從事。尚書王瓊奏從其請。乃更兵制:二十五人爲伍,伍有小甲;二伍爲隊,隊有總甲;四隊爲哨,哨有長,協哨二佐之;二哨爲營,營有官,參謀二佐之;三營爲陣,陣有偏將;二陣爲軍,軍有副將。皆臨事委,不命於朝;副將以下,得遞相罰治。

　　其年七月進兵大庾。志山乘間急攻南安,知府季斆擊敗之。副使楊璋等亦生繫曰能以歸[1]。遂議討橫水、左溪。十月,都指揮許清、贛州知府邢珣、寧都知縣王天與各一軍會橫水,斆及守備郟文、汀州知府唐淳、縣丞舒富各一軍會左溪,吉安知府伍文定、程鄉知縣張戩遏其奔軼[2]。守仁自駐南康,去橫水三十里,先遣四百入伏賊巢左右,進軍逼之。賊方迎戰,兩山舉幟。賊大驚,謂官軍已盡犁其巢,遂潰。乘勝克橫水,志山及其黨肖貴模等皆走桶岡。左溪亦破。守仁以桶岡險固,移營近地,諭以禍福。賊首藍廷鳳等方震恐,見使至大喜,期仲冬朔降,而珣、文定已冒雨奪險入。賊阻水陣,珣直前搏戰,文定與戩自右出,賊倉卒敗走,遇淳兵又敗。諸軍破桶岡,志山、貴模、廷鳳面縛降。凡破巢八十有四,俘斬六千有奇。時湖廣巡撫秦金亦破福全。其黨千人突至,諸將擒斬之。乃設崇義縣於橫水,控諸瑤。還至贛州,議討浰頭賊。

【注】

〔1〕繫,拘囚。
〔2〕遏,阻止。奔軼,通"奔逸",逃走。

初,守仁之平師富也,龍川賊盧珂、鄭志高、陳英咸請降。及征橫水,浰頭賊將黃金巢亦以五百人降,獨仲容未下。橫水破,仲容始遣弟仲安來歸,而嚴爲戰守備。詭言珂、志高,讎也,將襲我,故爲備。守仁佯杖擊珂等[1],而陰使珂弟集兵待,遂下令散兵。歲首大張燈樂,仲容信且疑。守仁賜以節物,誘入謝。仲容率九十三人營教場,而自以數人入謁。守仁呵之曰:"若皆吾民,屯於外,疑我乎?"悉引入祥符宮,厚飲食之。賊大喜過望,益自安。守仁留仲容觀燈樂。正月三日大享,伏甲士於門,諸賊入,以次悉擒戮之。自將抵賊巢,連破上、中、下三浰,斬馘二千有奇。餘賊奔九連山。山橫亘數百里,陡絕不可攻。乃簡壯士七百人衣賊衣,奔崖下,賊招之上。官軍進攻,內外合擊,擒斬無遺。乃於下浰立和平縣,置戍而歸。自是境內大定。

【注】

〔1〕佯,假裝。

初,朝議賊勢強,發廣東、湖廣兵合剿。守仁上疏止之,不及。桶岡既滅,湖廣兵始至。及平浰頭,廣東尚未承檄。守仁所將皆文吏及偏裨小校,平數十年巨寇,遠近驚爲神。進右副都御史,予世襲錦衣衛百户,再進副千户。

十四年六月命勘福建叛軍。行至豐城而寧王宸濠反[1],知縣顧佖以告。守仁急趨吉安,與伍文定徵調兵食,治器械舟楫,傳檄暴宸濠罪,俾守令各率吏士勤王。都御史王懋中,編修鄒守益,副使羅循、羅欽德,郎中曾直,御史張鰲山、周魯,評事羅僑,同知郭祥鵬,進士郭持平,降謫驛丞王思、李中,咸赴守仁軍。御史謝源、伍希儒自廣東還,守仁留之紀功。因集衆議曰:"賊若出長江順流東下,則南都不可保。吾欲以計撓之,少遲旬日無患矣。"乃多遣間諜,檄府縣言:"都督許泰、郤永將邊兵,都督劉暉、桂勇將京兵,各四萬,水陸並進。南贛王守仁、湖廣秦金、兩廣楊旦各率所部合十六萬,直搗南昌,所至有司缺供者,以軍法論。"又爲蠟書遺僞相李士實、劉養正,敘其歸國之誠,令從臾早發兵東下,而縱諜泄之[2]。宸濠果疑。與士實、養正謀,則皆勸之疾趨南京即大位,宸濠益大疑。十餘日詗知中外兵不至,乃悟守仁紿之[3]。七月壬辰朔留宜春王拱橒居守,而劫其衆六萬人,襲下九江、南康,出大江,薄安慶。

【注】

〔1〕宸濠(？—1520),明宗室,襲封寧王,與李士實、劉養正等謀奪帝位,起兵南昌,聲言直取南京。僅四十三日即被俘,次年被殺。
〔2〕縱諜泄之,故意放出間諜泄露消息。
〔3〕紿,欺騙,謊言。

　　守仁聞南昌兵少則大喜,趨樟樹鎮。知府臨江戴德孺、袁州徐璉、贛州邢珣,都指揮余恩,通判瑞州胡堯元童琦、撫州鄒琥、安吉談儲,推官王暐、徐文英,知縣新淦李美、泰和李楫、萬安王冕、寧都王天與,各以兵來會,合八萬人,號三十萬。或請救安慶,守仁曰:"不然,今九江、南康已爲賊守,我越南昌與相持江上,二郡兵絕我後,是腹背受敵也。不如直搗南昌。賊精銳悉出,守備虛。我軍新集氣銳,攻必破。賊聞南昌破,必解圍自救,逆擊之湖中,蔑不勝矣。"衆曰"善"。己酉次豐城,以文定爲前鋒,先遣奉新知縣劉守緒襲其伏兵。庚戌夜半,文定兵抵廣潤門,守兵駭散。辛亥黎明,諸軍梯縆登,縛拱橒等,宮人多焚死。軍士頗殺掠,守仁戮犯令者十餘人,宥脅從,安士民,慰諭宗室,人心乃悅。

　　居二日,遣文定、珣、璉、德孺各將精兵分道進,而使堯元等設伏。宸濠果自安慶還兵。乙卯遇於黃家渡。文定當其前鋒,賊趨利。珣繞出賊背貫其中,文定、恩乘之,璡、德孺張兩翼分賊勢,堯元等伏發,賊大潰,退保八字腦。宸濠懼,盡發南康、九江兵。守仁遣知府撫州陳槐、饒州林城取九江,建昌曾璵、廣信周朝佐取南康。丙辰復戰,官軍却,守仁斬先却者。諸軍殊死戰,賊復大敗,退保樵舍,聯舟爲方陣,盡出金寶犒士。明日,宸濠方晨朝其羣臣,官軍奄至。以小舟載薪,乘風縱火,焚其副舟,妃婁氏以下皆投水死。宸濠舟膠淺,倉卒易舟遁,王冕所部兵追執之。士實、養正及降賊按察使楊璋等皆就擒。南康、九江亦下。凡三十五日而賊平。京師聞變,諸大臣震懼。王瓊大言曰:"王伯安居南昌上游,必擒賊。"至是,果奏捷。

帝時已親征,自稱威武大將軍,率京邊驍卒數萬南下。命安邊伯許泰爲副將軍,偕提督軍務太監張忠,平賊將軍左都督劉暉將京軍數千,溯江而上[1],抵南昌。諸嬖倖故與宸濠通[2],守仁初上宸濠反書,因言:"覬覦者非特一寧王,請黜姦諛以回天下豪傑心。"諸嬖倖皆恨。宸濠既平,則相與媢功[3]。且懼守仁見天子發其罪,競爲蜚語,謂守仁先與通謀,慮事不成,乃起兵。又欲令縱宸濠湖中,待帝自擒。

【注】

〔1〕溯,逆流而上。
〔2〕嬖倖,帝王所寵愛狎昵的人。
〔3〕媢,嫉妒。

守仁乘忠、泰未至,先俘宸濠,發南昌。忠、泰以威武大將軍檄邀之廣信。守仁不與,間道趨玉山[1],上書請獻俘,止帝南征。帝不許。至錢唐遇太監張永。永提督贊畫機密軍務,在忠、泰輩上,而故與楊一清善,除劉瑾,天下稱之。守仁夜見永,頌其賢,因極言江西困敝,不堪六師擾。永深然之,曰:"永此來,爲調護聖躬[2],非邀功也。公大勳,永知之,但事不可直情耳。"守仁乃以宸濠付永,而身至京口,欲朝行在。聞巡撫江西命,乃還南昌。忠、泰已先至,恨失宸濠。故縱京軍犯守仁,或呼名嫚罵。守仁不爲動,撫之愈厚。病予藥,死予棺,遭喪於道,必停車慰問良久始去。京軍謂王都堂愛我,無復犯者。忠、泰言:"寧府富厚甲天下,今所蓄安在?"守仁曰:"宸濠異時盡以輸京師要人,約內應,籍可按也[3]。"忠、泰故嘗納宸濠賄者,氣懾不敢復言。已,輕守仁文士,强之射。徐起,三發三中。京軍皆歡呼,忠、泰益沮[4]。會冬至,守仁命居民巷祭,已,上冢哭,時新喪亂,悲號震野。京軍離家久,聞之無不泣下思歸者。忠、泰不得已班師。比見帝,與紀功給事中祝續、御史章綸讒毀百端,獨永時時左右之。忠楊言帝前曰:"守仁必反,試召之,必不至。"忠、泰屢矯旨召守仁[5],守仁得永密信,不赴。及是知出帝意,立馳至。忠、泰計沮,不令見帝。守仁乃入九華山,日晏坐僧寺。帝覘知之[6],曰:"王守仁學道人,聞召即至,何謂反?"乃遣還鎮,令更上捷音。守仁乃易前奏,言奉威武大將軍方略討平叛亂,而盡入諸嬖倖名,江彬等乃無言。

【注】

〔1〕間道,小路。

〔2〕調護聖躬,護理皇帝身體的意思。

〔3〕籍可按,有文件資料可復查。

〔4〕沮,垂頭喪氣。

〔5〕矯旨,亦稱"矯詔",假託聖旨。

〔6〕覘,窺看。

　　當是時,讒邪構煽,禍變叵測,微守仁[1],東南事幾殆。世宗深知之。甫即位,趣召入朝受封。而大學士楊廷和與王瓊不相能。守仁前後平賊,率歸功瓊,廷和不喜,大臣亦多忌其功。會有言國哀未畢,不宜舉宴行賞者,因拜守仁南京兵部尚書。守仁不赴,請歸省。已,論功封特進光禄大夫、柱國、新建伯,世襲,歲禄一千石。然不予鐵券,歲禄亦不給。諸同事有功者,惟吉安守伍文定至大官,當上賞。其他皆名示遷,而陰絀之[2],廢斥無存者。守仁憤甚。時已丁父憂[3],屢疏辭爵,乞録諸臣功,咸報寢[4]。免喪,亦不召。久之,所善席書及門人方獻夫、黃綰以議禮得幸[5],言於張璁、桂萼,將召用,而費宏故銜守仁[6],復沮之[7]。屢推兵部尚書,三邊總督,提督團營,皆弗果用。

【注】

〔1〕微,無,沒有。

〔2〕陰,暗中,私下;絀,通"黜",貶退,排除。

〔3〕丁父憂,父親去世。

〔4〕咸報寢,上報後全部無結果的意思。

〔5〕黄綰,明朝學者,本書有傳。
〔6〕銜,忌恨。
〔7〕沮,阻止,敗壞。

　　嘉靖六年,思恩、田州土酋盧蘇、王受反[1]。總督姚鏌不能定,乃詔守仁以原官兼左都御史,總督兩廣兼巡撫。綰因上書訟守仁功,請賜鐵券歲禄,並敍討賊諸臣,帝咸報可。守仁在道,疏陳用兵之非,且言:"思恩未設流官,土酋歲出兵三千,聽官徵調。既設流官,我反歲遣兵數千防戍。是流官之設,無益可知。且田州鄰交阯[2],深山絶谷,悉瑶、僮盤據,必仍設土官,斯可借其兵力爲屏蔽。若改土爲流,則邊鄙之患,我自當之,後必有悔。"章下兵部,尚書王時中條其不合者五,帝令守仁更議。十二月,守仁抵潯州,會巡按御史石金定計招撫。悉散遣諸軍,留永順、保靖土兵數千,解甲休息。蘇、受初求撫不得,聞守仁至益懼,至是則大喜。守仁赴南寧,二人遣使乞降,守仁令詣軍門。二人竊議曰:"王公素多詐,恐紿我。"陳兵入見。守仁數二人罪,杖而釋之。親入營,撫其衆七萬。奏聞於朝,陳用兵十害,招撫十善。因請復設流官,量割田州地,別立一州,以岑猛次子邦相爲吏目,署州事,俟有功擢知州。而於田州置十九巡檢司,以蘇、受等任之,並受約束於流官知府。帝皆從之。

【注】
〔1〕思恩,地名,唐置州,明正統五年升爲府,轄境爲今廣西武鳴以

北地區。田州,地名,唐置州,明洪武初年改爲府,今爲廣西恩隆縣。
〔2〕交阯,即"交趾",古省名,明永樂五年置,治所交州府(今越南河内);舊時對安南、越南的別稱。

　　斷藤峽瑤賊,上連八寨,下通仙臺,花相諸洞蠻,盤亙三百餘里,郡邑罹害者數十年。守仁欲討之,故留南寧。罷湖廣兵,示不再用。伺賊不備,進破牛腸、六寺等十餘寨,峽賊悉平。遂循橫石江而下,攻克仙臺、花相、白竹、古陶、羅鳳諸賊。令布政使林富率蘇、受兵直抵八寨,破石門,副將沈希儀邀斬軼賊,盡平八寨。
　　始,帝以蘇、受之撫,遣行人奉璽書獎諭。及奏斷藤峽捷,則以手詔問閣臣楊一清等[1],謂守仁自誇大,且及其生平學術。一清等不知所對。守仁之起由璁、萼薦,萼故不善守仁,以璁强之。後萼長吏部,璁入内閣,積不相下,萼暴貴喜功名,風守仁取交阯[2],守仁辭不應。一清雅知守仁,而黃綰嘗上疏欲令守仁入輔,毁一清,一清亦不能無移憾。萼遂顯訾守仁征撫交失,賞格不行。獻夫及霍韜不平,上疏争之,言:"諸瑤爲患積年,初嘗用兵數十萬,僅得一田州,旋復召寇。守仁片言馳諭,思、田稽首。至八寨、斷藤峽賊,阻深巖絶岡,國初以來未有輕議剿者,今一舉蕩平,若拉枯朽。議者乃言守仁受命征思、由,不受命征八寨。夫大夫出疆,有可以安國家,利社稷,專之可也。況守仁固承詔得便宜從事者乎?守仁討平叛藩,忌者誣以初同賊謀,又誣其輦載金帛。當時大臣楊廷和、喬宇飾成其事,至今未白。夫忠如守仁,有功如守仁,一屈於江西,再屈於兩廣。臣恐勞臣灰心,將士解體,後此疆圉有事,誰復爲陛下任之!"帝報聞而已。

【注】

〔1〕楊一清(1454—1530)字應寧,明鎮江丹徒人。曾任吏部尚書、武英殿大學士,爲首輔,後被人攻訐去官。以揭發宦官劉瑾罪惡,致使劉瑾被殺之事而聞名。著有《關中奏議》、《石淙類稿》。

〔2〕風,暗示。

　　守仁已病甚,疏乞骸骨〔1〕,舉鄖陽巡撫林富自代,不俟命竟歸〔2〕。行至南安卒〔3〕,年五十七。喪過江西,軍民無不縞素哭送者。

【注】

〔1〕疏乞骸骨,上書皇帝請准予辭職回鄉。
〔2〕俟,等待;命,命令。
〔3〕南安,明時爲府,今江西大餘。

　　守仁天姿異敏。年十七謁上饒婁諒,與論朱子格物大指〔1〕。還家,日端坐,講續五經,不苟言笑。游九華歸〔2〕,築室陽明洞中。泛濫二氏學〔3〕,數年無所得。謫龍場,窮荒無書,日繹舊聞。忽悟格物致知,當自求諸心,不當求諸事物,喟然曰:"道在是矣。"遂篤信不疑。其爲教,專以致良知爲主。謂宋周、程二子後〔4〕,惟象山陸氏簡易直捷,有以接孟氏之傳。而朱子《集注》、《或問》之類[5],乃中年未定之說[6]。學者翕然從之,世遂有"陽明學"云。

【注】

[1] 朱子,南宋哲學家朱熹。
[2] 九華,今安徽九華山。
[3] 泛濫,廣博。二氏學,指佛、老。
[4] 周,周敦頤;程,程頤。
[5] 朱子,朱熹。《集注》,即《四書章句集注》,原爲《大學章句》、《中庸章句》、《論語集注》、《孟子集注》四部書匯集而成。《或問》,指《大學或問》二卷,《中庸或問》二卷,《論語或問》二十卷,《孟子或問》十四卷。
[6] 乃中年未定之說,是中年時未成熟的不固定的說法。王守仁認爲朱熹晚年思想纔是成熟固定的。

　　守仁既卒,桂萼奏其擅離職守。帝大怒,下廷臣議。萼等言:"守仁事不師古,言不稱師。欲立異以爲高,則非朱熹格物致知之論;知衆論之不予,則爲朱熹晚年定論之書[1]。號召門徒,互相倡和。才美者樂其任意,庸鄙者借其虛聲。傳習轉訛,背謬彌甚。但討捕劇賊,擒獲叛藩,功有足錄,宜免追奪伯爵以章大信,禁邪說以正人心。"帝乃下詔停世襲,恤典俱不行。隆慶初[2],廷臣多頌其功。詔贈新建侯,諡文成。二年予世襲伯爵。既又有請以守仁與薛瑄、陳獻章同從祀文廟者[3]。帝獨允禮臣議,以瑄配。及萬曆十二年,御史詹事講申前請。大學士申時行等言:"守仁言致知出《大學》,良知出《孟子》。陳獻章主靜,沿宋儒周敦頤、程顥。且孝友出處如獻章,氣節文章功業如守仁,不可謂禪,誠宜崇祀。"且言胡居仁純心篤行[4],衆論所歸,亦宜並祀。帝皆從之。終明之世,從祀者止守仁等四人。

【注】

[1] 朱熹晚年定論之書,正德九年(1514),王守仁著《朱子晚年定論》,説明朱熹在晚年思想的確定,并與論者王守仁的觀點一致。
[2] 隆慶,明穆宗朱載垕年號(1507—1572)。
[3] 薛瑄、陳獻章,均明學者,本書有傳。
[4] 胡居仁,明學者,本書有傳。

　　始守仁無子,育弟子正憲爲後。晚年,生子正億,二歲而孤。既長,襲錦衣副千户。隆慶初,襲新建伯。萬曆五年卒。子承勛嗣,督漕運二十年。子先進,無子,將以弟先達子業弘繼。先達妻曰:"伯無子,爵自傳吾夫。由父及子,爵安往?"先進怒,因育族子業洵爲後。及承勛卒,先進未襲死。業洵自以非嫡嗣,終當歸爵先達,且虞其争,乃誣先達爲乞養,而别推承勛弟子先通當嗣,屢争於朝,數十年不决。崇禎時,先達子業弘復與先通疏辨。而業洵兄業浩時爲總督,所司懼忤業浩,竟以先通嗣。業弘憤,持疏入禁門訴。自刎不殊,執下獄,尋釋。先通襲伯四年,流賊陷京師,被殺。

選自《明史》卷一九五

王　　艮 (1483—1541)

艮，字汝止。初名銀，王守仁爲更名。七歲受書鄉塾，貧不能竟學。父竈丁[1]，冬晨犯寒役於官。艮哭曰："爲人子，令父至此，得爲人乎！"出代父役，入定省[2]，惟謹。

【注】
[1] 竈丁，煮鹽爲業的人。
[2] 定省，子女早晚向親長問安。

艮讀書，止《孝經》、《論語》、《大學》，信口談説，中理解。有客聞艮言，詫曰："何類王中丞語[1]。"艮乃謁守仁江西，與守仁辨久之，大服，拜爲弟子。明日告之悔，復就賓位自如。已，心折，卒稱弟子。從守仁歸里，嘆曰："吾師倡明絶學，何風之不廣也！"還家，製小車北上，所過招要人士[2]，告以守仁之道，人聚觀者千百。抵京師，同門生駭異，匿其車，趣使返。守仁聞之，不悦。艮往謁，拒不見，長跪謝過乃已。王氏弟子遍天下，率都爵位有氣勢。艮以布衣抗其間，聲名反出諸弟子上。然艮本狂士，往往駕師説上之[3]，持論益高遠，出入於二氏[4]。

【注】
[1] 王中丞，即王守仁。他曾任右僉都御史、巡撫，這些官位也稱

中丞。

〔2〕招要,也作"招邀",邀約。

〔3〕駕師說上之,在傳佈老師的學問時把它發揮過頭。

〔4〕二氏,指佛學和老莊之學。

　　艮傳林春、徐樾[1],樾傳顔鈞,鈞傳羅汝芳、梁汝元[2],汝芳傳楊起元、周汝登、蔡悉[3]。

【注】

〔1〕林春(1498—1541),泰州人,字子仁,號東城。少孤貧,後曾任户部主事、文選郎中,著作有《東城文集》。徐樾,貴溪人,字子直,號波石。初學於王守仁,後受業於王艮,官至雲南左布政使,被叛亂土酋所殺。

〔2〕梁汝元,即何心隱。顔鈞、羅汝芳、何心隱,本書均有傳。

〔3〕楊起元,廣東歸善人,字貞復,號復所。幼受湛若水學影響,後拜羅汝芳爲師,官至國子監祭酒、禮部侍郎,著作有《證學編》、《楊文懿集》等。周汝登(1547—1629)嵊縣人,字繼元,別號海門。累官至南京尚寶司卿,其學術欲融合儒釋,輯有《理學宗傳》。蔡悉,合肥人,字士備。官至南京尚室卿,著作有《疇彝訓》、《大學注》。

選自《明史》卷二八三《儒林二》

何　　瑭（1474—1543）

　　何瑭，字粹夫，武陟人[1]。年七歲，見家有佛像，抗言請去之。十九讀許衡，薛瑄遺書[2]，輒欣然忘寢食。弘治十五年成進士，選庶吉士。閣試"克己復禮爲仁論"，有曰："仁者，人也。禮則人之元氣而已，則見侵於風寒暑濕者也。人能無爲邪氣所勝，則元氣復，元氣復而其人成矣。"宿學咸推服焉[3]。劉瑾竊政，一日贈翰林川扇，有入而拜見者。瑭時官修撰，獨長揖。瑾怒，不以贈。受贈者復拜謝，瑭正色曰："何僕僕也！"瑾大怒，詰其姓名。瑭直應曰："修撰何瑭。"知必不爲瑾所容，乃累疏致仕。後瑾誅，復官。以經筵觸忌諱[4]，謫開州同知[5]。修黄陵岡堤成，擢東昌府同知[6]，乞歸。

【注】

〔1〕武陟，今屬河南省武陟縣。
〔2〕許衡、薛瑄，本書均有傳。
〔3〕宿學，亦作"夙學"，積學之士。推服，推許心服。
〔4〕經筵，宋代爲皇帝講解經傳史鑒特設的講席。自大學士、翰林侍讀學士、翰林侍講學士至崇政殿說書皆得充任講官，其他官員亦有兼任之者。元明清三代仍之。
〔5〕開州，今重慶市開州區。
〔6〕東昌府，今屬山東聊城。

嘉靖初,起山西提學副使,以父憂不赴。服闋,起提學浙江。敦本尚實,士氣丕變[1]。未幾,晉南京太常少卿。與湛若水等修明古太學之法[2],學者翕然宗之。歷工、户、禮三部侍郎,晉南京右都御史,未幾致士。

【注】

[1] 敦本尚實,謂治本而崇尚實踐。士氣,舊指讀書人的氣概。丕,大。士氣丕變,即士氣大變。

[2] 湛若水,本書有傳。

是時,王守仁以道學名於時,瑭獨默如。嘗言陸九淵、楊簡之學,流入禪學,充塞仁義。後學未得游、夏十一[1],而議論即過顏、曾[2],此吾道大害也。里居十餘年,教子姓以孝弟忠信,一介必嚴[3]。兩執親喪,皆哀毀[4]。後諡文定。所著《陰陽律吕》、《儒學管見》、《柏齋集》十二卷,皆行於世。

【注】

[1] 游、夏,指子游(言偃)、子夏(卜商)。兩人都是孔子學生,長於文學。《論語·先進》:"文學子游、子夏。"

[2] 顏,顏淵(前521—前490),名回,字子淵,春秋末魯國人,孔子學生。曾,曾子(前505—前436),名參,字子輿,春秋末魯國南武城(今山東費縣)人,孔子學生。

[3] 一介,指輕微的東西。《孟子·萬章上》:"一介不以與人,一介不以取諸人。"趙岐注:"一介草不以與人,亦不以取於人。"

[4] 哀毀,舊謂居喪時因過度悲哀而損害健康。

選自《明史》卷二八二《儒林一》

王　廷　相（1474—1544）

　　王廷相，字子衡，儀封人[1]。幼有文名。登弘治十五年進士，選庶吉士，授兵科給事中。以憂去[2]。正德初，服闋至京[3]。劉瑾中以罪[4]，謫亳州判官[5]，量移高淳知縣。

【注】
[1] 儀封，今河南省蘭考縣。
[2] 憂，丁憂，指父母之喪。
[3] 服闋，舊制，父母死後守喪三年，期滿服除。
[4] 中，中傷。
[5] 謫，謫貶，降職。

　　召爲御史，疏言："大盜四起，將帥未能平。由將權輕，不能禦敵，兵機疏，不能扼險也。盜賊所至，鄉民奉牛酒，甚者爲效力。盜有生殺權，而將帥反無之，故兵不用命。宜假便宜，退却者必斬。河南地平曠，賊易奔，山西地險阻，亦縱深入，將帥罪也。若陳兵黃河之津[1]，使不得西，分扼井陘、天井[2]，使不得東，而主將以大軍蹙之[3]，則賊進退皆窮，可不戰擒矣。"帝切責總督諸臣，悉從其議。已，出按陝西，裁抑鎮守中官廖堂，被誣。時已改督京畿學校[4]，逮繫詔獄，謫贛榆丞。屢遷四川僉事，山東副使，皆提督學校。

【注】

〔1〕津,渡口。
〔2〕井陘,原爲地名,此似泛指四面皆山的通道。天井,古代軍事上稱四周高峻中間低窪的地形。
〔3〕蹙,迫促。
〔4〕京畿,國都。

　　嘉靖二年舉治行卓異[1],再遷山東右布政使。以右副都御史巡撫四川,討平芒部賊沙保。尋召理院事。歷兵部左、右侍郎,遷南京兵部尚書,參贊機務。初有詔,省進貢快船。守備太監賴義復求增,廷相請酌物輕重以定船數,而大減宣德以後傳旨非祖制者。龍江、大勝、新江、浦子、江淮五關守臣藉稽察權利[2],安慶、九江藉春秋閱視索賂,廷相皆請革之。草場、蘆課銀率爲中官楊奇、卜春及魏國公徐鵬舉所侵蝕。以廷相請,逮問奇、春,奪鵬舉禄。三月入爲左都御史,疏言南京守備權太重,不宜令魏國世官。給事中曾忭亦言之,遂解鵬舉兵柄。

【注】

〔1〕嘉靖,明世宗朱厚熜年號(1522—1566)。
〔2〕權利,專利。

　　居二年,加兵部尚書兼前官,提督團營,仍理院事。兩考滿,加太子少保。畿民盜天壽山陵樹,巡按楊紹芳引盜大祀神御物律斬。廷相言:"大祀神御物者,指神御在內祭器帷帳之物而言。律文盜陵木者,止杖一百,徒三年。今舍本律,非刑之平。"許旨[1],罰俸一月。帝將幸承天[2],廷相與諸大臣諫,不納。扈從還[3],以九年滿,加太子太保。雷震奉先殿,廷相言:"人事修而後天道順,大臣法而後小臣廉。今廉隅不立[4],賄賂盛行,先朝猶暮夜之私,而今則白日之攫[5]。大臣污則小臣悉效,京官貪則外臣無畏。臣職憲紀,不能絕其弊,乞先罷斥。"用以刺尚書嚴嵩、張瓚輩。帝但諭留而已。

【注】

〔1〕忤旨,違抗皇帝旨意。
〔2〕承天,府名。明嘉靖十年(1531)昇安陸州置,治所在鐘祥,轄境相當今湖北京山、天門、荊門、當陽、鐘祥、潛江、沔陽七地。
〔3〕扈從,隨從護駕。
〔4〕廉隅,本謂稜角,舊時用以比喻人品行端方,有志節。
〔5〕攫,奪取。

　　初,廷相請以六條考察差還御史[1]。帝令疏其所未盡,編之憲綱。乃取張孚敬、汪鋐所奏列,及新所定凡十五事以進,悉允行之。及九廟災[2],下詔修省[3],因敕廷相曰:"御史巡方職甚重。卿總憲有年,自定六條後,不考黜一人,今宜痛修省。"廷相惶恐謝。

【注】

〔1〕六條,漢設刺史,以六條問事。後歷代多以制定六條準則的形式,用以考核官吏。

〔2〕九廟,古時帝王立廟祭祀祖先,有太祖廟及三昭廟、三穆廟,共七廟。王莽增爲祖廟五、親廟四共九廟。此後歷代皇帝皆立九廟。
〔3〕修省,修身反省。

廷相掌内臺最久,有威重。督團營,與郭勛共事,逡巡其間,不能有所振飭。給事中李鳳來等論權貴奪民利,章下都察院,廷相檄五城御史覈實[1],遲四十餘日。給事中章允賢遂劾廷相徇私慢上。帝方詰責,而廷相以御史所覈聞,惟郭勛侵最多。帝令勛自奏,於是劾勛者羣起。勛復以領敕稽留觸帝怒,下獄。責廷相朋比阿黨,斥爲民。越三年卒。

【注】
〔1〕檄,古代官府用以徵召、曉喻或聲討的文書。

廷相博學好議論,以經術稱。於星曆、輿圖、樂律、河圖、洛書及周、邵、程、張之書,皆有所論駁,然其說頗乖僻。隆慶初,復官,贈少保,諡肅敏。

選自《明史》卷一九四

羅　欽　順（1465—1547）

　　羅欽順,字允升,泰和人[1]。弘治六年進士及第[2],授編修。遷南京國子監司業,與祭酒章懋以實行教士。未幾,奉親歸,因乞終養。劉瑾怒,奪職爲民。瑾誅,復官,遷南京太常少卿,再遷南京吏部右侍郎,入爲吏部左侍郎。世宗即位[3],命攝尚書事。上疏言久任、超遷,法當疏通,不報。大禮儀起,欽順請慎大禮以全聖孝,不報。遷南京吏部尚書,省親乞歸。改禮部尚書,會居憂未及拜。再起禮部尚書,辭。又改吏部尚書,下詔敦促,再辭。許致仕,有司給禄米。時張璁、桂萼以議禮驟貴[4],秉政樹黨,屏逐正人。欽順恥與同列,故屢詔不起。

【注】

〔1〕泰和,今江西泰和縣。
〔2〕及第,科舉考中之稱。列榜有甲乙次第,故稱。明清時只殿試一甲一、二、三名賜進士及第,餘稱進士或同進士出身,不稱及第。
〔3〕世宗,即朱厚熜（1507—1566）,明代皇帝,年號嘉靖。1522—1566年在位。
〔4〕張璁（1475—1539）,字秉用,後賜名孚敬,字茂恭,號羅峰,永嘉（今浙江溫州）人,正德進士。世宗即位,議"大禮",因合世宗意,擢南京刑部主事。嘉靖三年,"大禮"之議復起,他

與桂萼復上疏，迎合世宗，成《大禮集議》。五年，遷禮部尚書兼文淵閣大學士，入參機務。八年，攻逐楊一清，遂爲首輔。十四年，以疾辭歸。桂萼（？—1531），字子實，安仁（今江西餘江東北）人，正德進士。"大禮"之議，他與張璁同上疏，合世宗意，召赴京，由是受知，擢詹事兼翰林學士，繼進禮部右侍郎，尋擢禮部尚書。八年，以本官兼武英殿大學士，入參機務。秉權期間，排斥異己，後爲言官所劾，有所收斂。十年請歸。著有《桂文襄奏議》、《輿圖記敘》、《經世民事錄》等。

里居二十餘年，足不入城市，潛心格物致知之學。王守仁以心學立教，才知之士翕然師之。欽順致書守仁[1]，略曰："聖門設教，文行兼資，博學於文，厥有明訓。如謂學不資於外求，但當反觀內省，則'正心誠意'四字亦何所不盡，必於入門之際，加以格物工夫哉？"守仁得書，亦以書報，大略謂："理無內外，性無內外，故學無內外。講習討論，未嘗非內也。反觀內省，未嘗遺外也。"反復二千餘言。欽順再以書辨曰[2]："執事云[3]：'格物者，格其心之物也，格其意之物也，格其知之物也。正心者，正其物之心也。誠意者，誠其物之意也。致知者，致其物之知也。'自有《大學》以來，未有此論。夫謂格其心之物，格其意之物，格其知之物，凡爲物也三。謂正其物之心，誠其物之意，致其物之知，其爲物也一而已矣。就三而論，以程子格物之訓推之[4]，猶可通也。以執事格物之訓推之，不可通也。就一物而論，則所謂物，果何物耶？如必以爲意之用，雖極安排之巧,終無可通之日也。又執事論學書有云:'吾心之良知,即所謂天理,致吾心良知之天理於事物,則事事物物皆得其理矣。致吾心之良知者,致知也。事事物物各得其理者,格物也。'審如所言,則《大學》當云'格物在致知',不當云'致知在格物',與'物格而後知至'矣。"書未及達,守仁已殁〔5〕。

【注】

〔1〕羅欽順致王守仁書,作於明正德十五年(1520)夏。那時王守仁所著《大學古本》、《朱子晚年定論》及《傳習錄》,俱已刊出。羅欽順這書是反對王守仁重内而遺外的思想。

〔2〕羅欽順再書是在明嘉靖七年(1528)。

〔3〕執事,舊時書信中用以稱對方,謂不敢直陳,故向執事者陳述,表示尊敬。

〔4〕程子,即程頤。

〔5〕羅欽順再書未及寄達,王守仁已去世了。

　　欽順爲學,專力於窮理、存心、知性。初由釋氏入〔1〕,既悟其非,乃力排之,謂:"釋氏之明心見性,與吾儒之盡心知性相似,而實不同。釋氏之學,大抵有見於心,無見於性。今人明心之説,混於禪學,而不知有千里毫釐之謬。道之不明,將由於此,欽順有憂焉。"爲著《困知記》〔2〕,自號整庵。年八十三卒,贈太子太保,諡文莊。

【注】

〔1〕釋氏,指佛教。

〔2〕《困知記》,兩卷,有一百五十六章;又續記二卷,有一百十三章;附錄一卷,爲與人論學之書。記述作者由篤信佛教到斷然舍棄的過程,對佛學的剖析,切中弊病。

選自《明史》卷二八二《儒林一》

黄　　綰 (1477—1551)

　　黄綰,字宗賢,黄巖人[1],侍郎孔昭孫也。承祖蔭官後府都事。嘗師謝鐸、王守仁。嘉靖初,爲南京都察院經歷。

【注】
[1] 黄巖,今屬浙江。

　　張璁、桂萼争"大禮"[1],帝心向之。三年二月,綰亦上言曰:"武宗承孝宗之統十有六年,今復以陛下爲孝宗之子,繼孝宗之統,則武宗不應有廟矣。是使孝宗不得子武宗,乃所以絶孝宗也。由是,使興獻帝不得子陛下,乃所以絶興獻帝也。不幾於三綱淪,九法斁哉!"奏入,帝大喜,下之所司。其月,再上疏申前説。俄聞帝下詔稱本生皇考,復抗疏極辨。又與璁、萼及黄宗明合疏争,"大禮"乃定。綰自是大受帝知。及明年,何淵請建世室,綰與宗明斥其謬。尋遷南京刑部員外郎,再謝病歸。帝念其議禮功,六年六月召擢光禄少卿,預修《明倫大典》。

【注】
[1] 大禮,即大禮議。這裏指明代宫廷中争議世宗本生父尊號的

事件。武宗無子,世宗由藩王繼帝位,即位後,使禮臣議本生父興獻王祐杬的尊號。張璁、桂萼、黃綰等迎合帝意,議尊爲皇考。楊廷和認爲不合禮法,主張稱孝宗(武宗父)爲皇考,興獻王爲皇叔父。爭論三年,終於追尊興獻王爲皇考恭穆獻皇帝。羣臣哭闕力爭,因此下獄的達一百三十四人,廷杖致死的十餘人,此外尚有謫戍和致仕而去的。

王守仁中忌者,雖封伯,不給誥券歲祿;諸有功若知府邢珣、徐璉、陳槐,御史伍希儒、謝源,多以考察黜。綰訟之於朝,且請召守仁輔政。守仁得給賜如制,珣等亦敍錄。綰尋遷大理左少卿。其年十月,璁、萼逐諸翰林於外,引己所善者補之,遂用綰爲少詹事兼侍講學士,直經筵。以任子官翰林,前此未有也。

明年,《大典》成,進詹事。錦衣僉事聶能遷者,初附錢寧得官[1],用登極詔例還爲百户。後附璁、萼議"大禮",且交關中貴崔文,得復故職。《大典》成,諸人皆進秩,能遷獨不與,大恨。囑罷閒主事翁洪草奏,誣王守仁賄席書[2],得召用,詞連綰及璁。綰疏辨,且乞引避。帝優旨留之,而下能遷法司,遣之戍,洪亦編原籍爲民。

【注】

[1] 錢寧,明官吏,幼鬻太監錢能家爲奴,冒姓錢。正德初,曲事劉瑾,得寵於武宗,收爲義子。瑾敗,以計自免,累遷左都督,掌錦衣衛事,典京師獄,自稱皇庶子。武宗無子,他思結強藩自全,乃與寧王朱宸濠通。宸濠反,武宗親征,江彬乃揭其通宸濠之事,後籍其家。世宗即位,被殺。

〔2〕席書(1461—1527),字文同,今四川遂寧人。弘治進士,授鄭城知縣,正德中歷官河南僉事、貴州提學副使右副僉都御史、巡撫湖廣。世宗即位,"大禮"之議起,他揣帝意,草疏以宋英宗入繼大統爲例,議尊皇父興獻王爲皇考興獻帝。疏成,以示桂萼,萼遂上其疏,合帝意,賜召見,特旨授禮部尚書。後以疾乞休,賜第京師。撰有《大禮集議》。

縉與璁輩深相得。璁欲用爲吏部侍郎,且令典試南京,並爲楊一清所抑[1],又以其南音不令與經筵。縉大恚,上疏醜詆一清而不斥其名。帝心知其爲一清也,以浮詞責之。其年十月出爲南京禮部右侍郎,遍攝諸部印。十二年召拜禮部左侍郎。

【注】

〔1〕楊一清(1454—1530),字應寧,今江蘇鎮江人。成化進士,弘治末巡撫陝西。武宗立,受命總制三鎮(延綏、寧夏、甘肅)軍務,進右都御史。以不附劉瑾,得罪去官,瑾被殺後,任吏部尚書,兼武英殿大學士。嘉靖初,再起總制陝西諸地軍務,又召還京師,加華蓋殿大學士,爲首輔,被人攻訐去官。著作有《關中奏議》、《石淙類稿》。

初,縉與璁深相結。至是,夏言長禮部[1],帝方嚮用,縉乃潛附之,與璁左。其佐南禮部也,郎中鄒守益引疾,詔縉核實。久不報,而守益竟去。吏部尚書汪鋐希璁指疏發其事,詔奪守益官,令鋐覆覈,鋐遂劾縉欺蔽。璁調旨削三秩出之外。會禮部請祈穀導引官,帝留縉供事。璁於是再疏攻綰,且掇及他事,帝復命調外。綰上疏自理,因詆鋐爲璁鷹犬,乞賜罷黜以避禍。帝終念綰議禮功,仍留任如故。綰自是顯與璁貳矣。

【注】
〔1〕夏言(1482—1548),字公謹,號桂洲,今江西貴溪人。正德進士,嘉靖初爲諫官。十五年,任武英殿大學士,旋爲首輔執政。後爲嚴嵩所攻,奪官階,以尚書致仕,未幾,被殺。著有《桂洲集》等。

初,大同軍變[1],殺總兵官李瑾,據城拒守。總制侍郎劉源清、提督郤永議屠之。城中恟懼[2],外勾蒙古爲助,塞上大震。巡撫潘倣急請止兵,源清怒,馳疏力詆倣。璁及廷議並右源清,綰獨言非策,及源清罷,侍郎張瓚往代。未至,而郎中詹榮等已定亂。叛卒未盡獲,軍民瘡痍甚,代王請遣大臣綏輯之。疏下禮部,夏言以爲宜許,而極詆前用兵之謬,語侵璁。璁怒,力持不欲遣。帝委曲諭解之,乃特以命綰,且令察軍情,勘功罪,得便宜行事。綰馳至大同,宗室軍民牒訴官軍暴掠者以百數[3],無告叛軍者。綰一無所問,以安其心。有爲叛軍使蒙古歸者,綰執戮之,反側者復相煽。綰大集軍民,曉以禍福。罹害者陳牒,綰佯不問,而密以牒授給振官,按里核實,一日捕首惡數十人。卒尚欽殺一家三人,懼不免,夜鳴金倡亂,無應者,遂就擒。綰復圖形購首惡數人,軍民乃不復虞詿誤[4]。遂令有司樹木栅,設保甲四隅,創社學[5],教軍民子弟,城中大安。還朝,列上文武將吏功罪,極詆源清、永。綰以勞增俸一等,璁及兵部庇源清,陰抑綰。綰累疏論,帝亦意嚮之,源清、永卒被逮。綰尋以母憂歸。

【注】

〔1〕大同,今山西大同。
〔2〕恂懼,恐懼。
〔3〕牒,公文,訟詞。
〔4〕詿誤,貽誤,連纍。
〔5〕社學,元、明、清三代的地方學校。

　　十八年,禮官以恭上皇天上帝大號及皇祖諡號,請遣官詔諭朝鮮。時帝方議討安南[1],欲因以觇之[2],乃曰:"安南亦朝貢之國,不可以邇年叛服故,不使與聞。其擇大臣有學識者往。"廷臣屢以名上,皆不用。特起綰禮部尚書兼翰林學士爲正使,諭德張治副之。帝方幸承天[3],趣綰詣行在受命。綰憚往[4],至徐州[5],先馳使奏疾不能前,致失期。帝責綰不馳赴行在,而舟詣京師爲大不敬,令陳狀,已而釋之。綰數陳便宜,請得節制兩廣、雲、貴重臣[6],遣給事御史同事,吏、禮、兵三部擇郎官二人備任使。帝悉從之。最後爲其父母請贈,且援建儲恩例請給誥命如其官。帝怒,褫尚書新命,令以侍郎閒住,使事亦竟寢。久之卒於家。

【注】

〔1〕安南,本唐安南都護府地,五代晉時獨立,建國號爲瞿越、大越

等。北宋開寶八年(975)封其王爲交趾郡王,南宋隆興二年(1164)改封安南國王,此後即稱其國爲安南。清嘉慶七年(1802)又改國號爲越南,清政府對其亦改稱爲越南,但在中華人民共和國成立以前,中國民間仍沿稱其爲安南。
〔2〕覘,看,窺看。
〔3〕承天,府名。明嘉靖十年(1531)升安陸州置,治所在鐘祥,轄境相當今湖北京山、天門、荆門、當陽、鐘祥、潛江、沔陽七地。
〔4〕憚,怕,畏懼。憚往,畏懼前往。
〔5〕徐州,今江蘇徐州。
〔6〕兩廣,廣東和廣西的合稱。

綰起家任子[1],致位卿貳。初附張璁,晚背璁附夏言,時皆以傾狡目之。

【注】
〔1〕任子,西漢時,二千石以上的官吏,任滿一定年限可以保舉子弟一人爲郎,稱任子。東漢沿襲不改。後世以此爲由父任而得官之稱。

選自《明史》卷一九七

顏　　鈞（明代中期）

顏鈞，字山農，吉安人也[1]。嘗師事劉師泉[2]，無所得，乃從徐波石學[3]，得泰州之傳[4]。其學以人心妙萬物而不測者也，性如明珠，原無塵染，有何覩聞？著何戒懼？平時只是率性所行，純任自然，便謂之道。及時有放逸，然後戒慎恐懼以修之，凡儒先見聞，道理格式，皆足以障道，此大旨也。嘗曰："吾門人中與羅汝芳言從性，與陳一泉言從心。餘子所言，只從情耳。"

【注】
〔1〕吉安，今江西省吉安市。
〔2〕劉師泉，即劉邦采，字君亮，號師泉，安福人，王守仁弟子。曾任壽寧教諭、嘉興府同知，著作有《易蘊》。
〔3〕徐波石，即徐樾，字子直，號波石，貴溪人。初學於王守仁，後受業於王艮，官至雲南左布政使，被叛亂土酋所殺。
〔4〕泰州，指王艮，本書有傳。

　　山農游俠，好急人之難，趙大洲赴貶所[1]，山農偕之行，大洲感之次骨，波石戰沒沅江府[2]，山農尋其骸骨歸葬，頗欲自爲於世，以寄民胞物與之志。嘗寄周恭節詩云[3]："蒙蒙烟雨鎖江垓，江上漁人爭釣臺。夜静得魚呼酒肆，湍流和月掇將來[4]。若得春風遍九垓[5]，世間那有三歸臺[6]。君仁臣義民安堵[7],雉兔芻蕘去復來[8]。"然世人見其張皇[9],無賢不肖皆赴之。以他事下南京獄,必欲殺之,近溪爲之營救[10],不赴廷對者六年。近溪謂周恭節曰:"山農與相處餘三十年,其心髓精微,決難詐飾。不肖敢謂其學直接孔孟,俟諸後聖,斷斷不惑。不肖菲劣,已蒙門下知遇,又敢竊謂門下雖知百近溪,不如今日一察山農子也。"山農以戌出,年八十餘。

【注】

〔1〕趙大洲(1508—1576),即趙貞吉,字孟靜,號大洲,四川內江人。歷任監察御史、南京禮部尚書、文淵閣大學士,著作有《文肅集》。

〔2〕元江府,今雲南省元江縣。

〔3〕周恭節,即周怡(1506—1549),字順之,號訥溪,太平縣人。曾因彈劾嚴嵩而下獄,穆宗時官至南京司業。

〔4〕掇,取。

〔5〕九垓,猶言九州,指整個中國大地。

〔6〕三歸臺,春秋齊國管仲築,漢劉向《說苑・善說》說"管仲故築三歸之臺,以自傷於民"。

〔7〕安堵,安居。

〔8〕雉,野雞。雉兔,泛指野生動物。芻蕘,割草打柴的人,引申指草野之人。

〔9〕張皇,愛過問他人之事。

〔10〕近溪,即羅汝芳,本書有傳。

選自黃宗羲《明儒學案》卷三十二《泰州學案一》

歐 陽 德 (1496—1554)

　　歐陽德,字崇一,泰和人[1]。甫冠舉鄉試[2]。之贛州[3],從王守仁學[4]。不應會試者再。嘉靖二年策問陰詆守仁[5],德與魏良弼等直發師訓無所阿,竟登第。除知六安州[6],建龍津書院,聚生徒論學。入爲刑部員外郎。六年詔簡朝士有學行者爲翰林,乃改德編修。遷南京國子司業,作講亭,進諸子與四方學者論道其中。尋改南京尚寶卿。召爲太僕少卿。以便養,復改南京鴻臚卿。父憂,服闋[7],留養其母,與鄒守益、聶豹、羅洪先日講學[8]。以薦起故官。累遷吏部左侍郎兼學士,掌詹事府。

【注】

[1] 泰和,今江西泰和。
[2] 甫冠,年方二十。
[3] 贛州,今江西贛州。
[4] 王守仁,本書有傳。
[5] 策問,古代科舉考試以問題書之於策,令應舉者作答,稱爲"策問",也簡稱"策"。陰詆,背後毀謗。
[6] 六安州,今安徽六安。
[7] 服闋,舊制,父母死後守喪三年,期滿除服,稱爲"服闋"。
[8] 鄒守益、聶豹、羅洪先,本書均有傳。

母憂歸,服未闋,即用爲禮部尚書。喪畢之官,命直無逸殿。時儲位久虛[1],帝惑陶仲文"二龍不相見"之説,諱言建儲,德懇請。會有詔,二王出邸同日婚[2]。德以裕王儲貳不當出外[3],疏言:"曩太祖以父婚子[4],諸王皆處禁中[5]。宣宗、孝宗以兄婚弟[6],始出外府。今事與太祖同,請從初制。"帝不許。德又言:"《會典》醮詞[7],主器則曰承宗[8],分藩則曰承家[9]。今裕王當何從?"帝不悦曰:"既云王禮,自有典制。如若言,何不竟行册立耶?"德即具册立儀上。帝滋不悦,然終諒其誠,婚亦竟不同日。裕王母康妃杜氏薨,德請用成化朝紀淑妃故事,不從。德遇事侃侃[10],裁制諸宗藩尤有執。或當利害,衆相顧色戰,德意氣自如。

【注】

[1] 儲,儲君,即太子。

[2] 邸,古時稱王侯府第爲邸。

[3] 儲貳,猶儲副。指太子。

[4] 太祖,明洪武帝朱元璋(1328—1398)。

[5] 禁中,宮中。

[6] 宣宗,明宣德帝朱瞻基(1426—1435年在位)。孝宗,明弘治帝朱祐樘(1488—1505年在位)。

[7] 《會典》,書名,記載一代典制之書。明謂之《會典》,清仍之。

[8] 主器,器,祭器。《易·序卦》:"主器者莫若長子。"古代國君的長子主掌宗廟祭器,後因稱太子爲"主器"。

[9] 分藩,分封疆域以屏藩王室。

[10] 侃侃,剛直貌。黃宗羲《明儒學案》卷二十二引胡直《與唐仁

卿書》:"今之學者平居非不侃侃,其臨艱大之境,處非常之變,能不動心,有是乎?"

當是時,德與徐階、聶豹、程文德並以宿學都顯位[1]。於是集四方名士於靈濟宮,與論良知之學。赴者五千人。都城講學之會,於斯爲盛。

德器宇温粹,學務實踐,不尚空虚。晚見知於帝,將柄用[2],而德遽卒[3]。贈太子少保,謚文莊。

【注】

[1] 徐階(1494—1574),字子昇,今上海松江人。嘉靖進士,歷官禮部尚書、建極殿大學士等職。嘉靖四十一年(1562)他與嚴嵩争權,使御史鄒應龍劾嚴世蕃,終於推翻嚴氏父子,代嵩爲首輔,穆宗隆慶二年(1568)爲高拱所逐。著作有《世經堂集》、《少湖文集》。
[2] 柄用,掌握大權。
[3] 遽,急,驟然。

選自《明史》卷二八三《儒林二》

湛若水（1466—1560）

湛若水，字元明，增城人[1]。弘治五年舉於鄉，從陳獻章游[2]，不樂仕進。母命之出，乃入南京國子監。十八年會試，學士張元禎、楊廷和爲考官[3]，撫其卷曰："非白沙之徒不能爲此[4]。"置第二。賜進士，選庶吉士，授翰林院編修。時王守仁在吏部講學，若水與相應和。尋丁母憂[5]，廬墓三年。築西樵講舍，士子來學者，先令習禮，然後聽講。

【注】

[1] 增城，今廣東增城。

[2] 陳獻章，本書有傳。

[3] 張元禎(1437—1506)，字廷祥，今江西南昌人。天順四年進士，官至吏部左侍郎兼學士。曾奉命修《憲宗實錄》。楊廷和(1459—1529)，字介夫，號石齋，今四川新都人。成化進士，官至南京户部尚書，兼文淵閣大學士。曾參與修撰《憲宗實錄》、《會典》、《武宗實錄》，著作有《楊文忠公三録》、《石齋集》等。

[4] 白沙，即陳獻章。

[5] 尋，不久。

嘉靖初，入朝，上經筵講學疏，謂聖學以求仁爲要。

已,復上疏言:"陛下初政,漸不克終。左右近侍争以聲色異教蠱惑上心[1]。大臣林俊、孫交等不得守法,多自引去,可爲寒心。亟請親賢遠姦,窮理講學,以隆太平之業。"又疏言日講不宜停止,報聞。明年進侍讀,復疏言:"一二年間,天變地震,山崩川湧,人饑相食,殆無虚月。夫聖人不以屯否之時而後親賢之訓,明醫不以深錮之疾而廢元氣之劑,宜博求修明先王之道者,日侍文華,以裨聖學。"已,遷南京國子監祭酒,作《心性圖説》以教士。拜禮部侍郎。傲《大學衍義補》[2],作《格物通》,上於朝。歷南京吏、禮、兵三部尚書。南京俗尚侈靡,爲定喪葬之制頒行之。老,請致仕。年九十五卒。

【注】

〔1〕蠱惑、迷惑,使人迷亂。
〔2〕《大學衍義補》,書名,明邱濬著。以宋真德秀《大學衍義》於治國平天下條目未具,乃博採羣書補上,稱《大學衍義補》,共一百六十卷。

若水生平所至,必建書院以祀獻章。年九十,猶爲南京之游。過江西,安福鄒守益[1],守仁弟子也,戒其同志曰:"甘泉先生來,吾輩當憲老而不乞言,慎毋輕有所論辨。"若水初與守仁同講學,後各立宗旨,守仁以致良知爲宗,若水以隨處體驗天理爲宗。守仁言若水之學爲求之於外,若水亦謂守仁格物之説不可信者四。又曰:"陽明與吾言心不同。陽明所謂心,指方寸而言。吾之所謂心者,體萬物而不遺者也,故以吾之説爲外。"一時學者遂分王、湛之學。

【注】

〔1〕安福,今江西安福。鄒守益,明代學者,本書有傳。

湛氏門人最著者,永豐吕懷、德安何遷、婺源洪垣、歸安唐樞[1]。懷之言變化氣質,遷之言知止,樞之言求真心,大約出入王、湛兩家之間,而別爲一義。垣則主於調停兩家,而互救其失。皆不盡守師説也。懷,字汝德,南京太僕少卿。遷,字益之,南京刑部侍郎。垣,字峻之,溫州府知府。樞,刑部主事,疏論李福達事,罷歸,自有傳。

【注】

〔1〕永豐,今江西永豐。德安,今江西德安。婺源,今江西婺源。歸安,今浙江吴興。

選自《明史》卷二八三《儒林二》

鄒　守　益（1491—1562）

　　鄒守益，字謙之，安福人[1]。父賢，字恢才，弘治九年進士。授南京大理評事，數有條奏。歷官福建僉事，擒殺武平賊渠黃友勝。居家以孝友稱。

【注】
[1] 安福，今江西省安福縣。

　　守益舉正德六年會試第一，出王守仁門。以廷對第三人授翰林院編修。逾年告歸，謁守仁，講學於贛州。宸濠反[1]，與守仁軍事。世宗即位，始赴官。
　　嘉靖三年二月，帝欲去興獻帝本生之稱[2]。守益疏諫，忤旨，被責。逾月，復上疏曰：

【注】
[1] 宸濠，朱元璋第十七子寧王權的玄孫，封於南昌。1519 年反，後被王守仁戰敗，被俘後誅死。
[2] 興獻帝，指明世宗生父朱祐杬、明憲宗第四子。原封爲興王，死後因子入嗣孝宗繼帝位而被封爲"興獻帝"、"本生皇考恭穆獻皇帝"。本生，指出繼兒子的親生父母。世宗想歸宗尊父，故欲去其生父稱號中"本生"二字。

"陛下欲隆本生之恩,屢下羣臣會議,羣臣據禮正言,致蒙詰讓,道路相傳,有孝長子之稱。昔曾元以父寢疾,憚於易簀[1],蓋愛之至也。而曾子責之曰'姑息'。魯公受天子禮樂,以祀周公,蓋尊之至也。而孔子傷之曰'周公其衰矣[2]'。臣願陛下勿以姑息事獻帝,而使後世有其衰之嘆。

【注】

[1] 曾元,孔子弟子曾參之子。簀,竹席。元以父病重,不敢換竹席。曾參强使換掉,換後不久即去世。

[2] "周公其衰矣",語見《禮記·禮運》。

"且羣臣援經證古,欲陛下專意正統,此皆爲陛下忠謀,乃不察而督過之,謂忓且慢。臣歷觀前史,如冷襃、段猶之徒[1],當時所謂忠愛,後世所斥以爲邪媚也。師丹、司馬光之徒[2],當時所謂欺慢,後世所仰以爲正直也。後之視今,猶今之視古。望陛下不吝改過,察羣臣之忠愛,信而用之,復召其去國者,無使姦人動搖國是,離間宮闈。

【注】

[1] 冷襃、段猶,西漢哀帝時朝臣。前者曾官郎中令,後者曾爲黄門郎,兩人迎合哀帝心意,奏請在京師立廟祭祀哀帝生父定陶共王。

[2] 師丹(?—3),西漢末年大臣,字仲公,琅邪東武(今山東諸城)人。官至大司馬,封高樂侯。反對在京師主廟祭祀哀帝生父

定陶共王,哀帝借故將他免職奪爵,平帝即位後,恢復其官職爵位。

"昔先帝南巡,羣臣交章諫阻,先帝赫然震怒,豈不謂欺慢可罪哉。陛下在藩邸聞之[1],必以是爲盡忠於先帝。今入繼大統,獨不容羣臣盡忠於陛下乎。"

【注】
[1] 藩邸,指明世宗繼帝位前所居興王府邸。

帝大怒,下詔獄拷掠,謫廣德州判官[1]。廢淫祠,建復初書院,與學者講授其間。稍遷南京禮部郎中,州人立生祠以祀。聞守仁卒,爲位哭,服心喪[2],日與吕柟、湛若水、錢德洪、王畿、薛侃輩論學[3]。考滿入都,即引疾歸。

【注】
[1] 廣德州,今安徽省廣德市。
[2] 服心喪,弟子爲老師守喪,不穿喪服,只在心中悼念。
[3] 吕柟(1479—1543),陝西高陵人,字仲木,官至南京禮部右侍郎,宗程朱理學。薛侃,字尚謙,號中離,廣東揭陽人,師事王守仁於贛州,與其兄俊傳王學於嶺南,曾任行人、司正,因上疏請早定皇儲而被奪職。後居中離山講學,著作有《研幾錄》。

久之,以薦起南京吏部郎中,召爲司經局洗馬。守益以太子幼,未能出閣[1],乃與霍韜上《聖功圖》,自神堯茅茨土階、至帝西苑耕稼蠶桑,凡爲圖十三。帝以爲謗訕,幾得罪,賴韜受帝知,事乃解。明年遷太常少卿兼侍讀學士,出掌南京翰林院,夏言欲遠之也[2]。御史毛愷請留侍東宫,被謫。尋改南京祭酒。九廟災,守益陳上下交修之道,言:"殷中宗、高宗,反妖爲祥[3],享國長久。"帝大怒,落職歸。

【注】

[1] 出閣,皇子離開朝廷到自己的封地作藩王。
[2] 夏言(1482—1548),江西貴溪人,字公瑾。曾任武英殿大學士,首輔執政,後受嚴嵩陷害被殺,著作有《桂洲集》、《南宫奏稿》。
[3] 殷中宗,殷王太戊。高宗,殷王武丁。反妖爲祥,兩王在位時都遇不祥之兆,後因修政行德而化凶爲祥,事見《史記·殷本紀》。

　　守益天姿純粹。守仁嘗曰:"有若無,實若虚,犯而不校,謙之近之矣。"里居,日事講學,四方從游者踵至,學者稱東廓先生。居家二十餘年卒。隆慶初,贈南京禮部右侍郎,謚文莊。

　　先是,守仁主山東試,堂邑穆孔暉第一,後官侍講學士,卒,贈禮部右侍郎,謚文簡。孔暉端雅好學,初不肯宗守仁説,久乃篤信之,自名王氏學,浸淫入於釋氏。而守益於戒懼慎獨,蓋兢兢焉。

　　　　　　　　選自《明史》卷二八三《儒林二》

聶　　豹 (1487—1563)

聶豹,字文蔚,吉安永豐人[1]。正德十二年進士。除華亭知縣[2]。浚陂塘[3],民復業者三千餘户。

【注】
[1] 永豐,今江西省永豐縣。
[2] 華亭,今上海松江。
[3] 浚陂塘,疏通河道。

嘉靖四年召拜御史,巡按福建。出爲蘇州知府。憂歸[1],補平陽知府[2]。山西頻中寇,民無寧居。豹令富民出錢,罪疑者贖,得萬餘金,修郭家溝、冷泉、靈石諸關隘,練鄉勇六千守之。寇却,廷議以豹爲知兵。給事中劉繪、大學士嚴嵩皆薦之。擢陝西副使,備兵潼關。大計拾遺[3],言官論豹在平陽乾没[4],大學士夏言亦惡豹,逮下詔獄,落職歸。

【注】
[1] 憂,指父母之喪。
[2] 平陽,明府名,治所在今山西省臨汾市内。
[3] 大計,每三年一次對官吏的考績。拾遺,聽取意見。
[4] 乾没,侵吞公家或別人的私財。

二十九年秋,都城被寇。禮部尚書徐階,豹知華亭時所取士也,爲豹訟冤,言其才可大用。立召拜右僉都御史,巡撫順天[1]。未赴,擢兵部右侍郎,尋轉左。仇鸞請調宣、大兵入衞[2],豹陳四慮,謂宜固守宣、大,宣、大安則京師安。鸞怒。伺豹過無所得,乃已。三十一年召翁萬達爲兵部尚書,未至,卒,以豹代之。奏上防秋事宜,又請增築京師外城,皆報可。明年秋,寇大入山西,覆總兵官李淶軍,大掠二十日而去。總督蘇佑反以大捷聞,爲巡撫史毛鵬所發,章下兵部。豹言:"寇雖有所掠,而我師斬獲過當,實上玄垂佑[3],陛下威靈所致。宜擇吉祭告,論功行賞。"帝喜。進秩任子者數十人,豹亦加太子少保,蔭錦衣世千戶。京師外城成,進太子少傅。南北屢奏捷,及類奏諸邊功,豹率歸功玄祐。祭告行賞如初,豹亦進太子太保。

【注】

〔1〕順天,明朝府名,治所在今北京市。
〔2〕宣,宣府(今河北宣化)。大,大同。
〔3〕上玄垂祐,上天保佑。

當是時,西北邊數遭寇,東南倭又起,羽書日數至,豹本無應變才,而大學士嵩與豹鄉里,徐階亦入政府,故豹甚爲帝所倚。久之,寇患日棘,帝深以爲憂。豹卒無所謀畫,條奏皆具文[1],帝漸知其短。會侍郎趙文華陳七事致仕,侍郎朱隆禧請設巡視福建大臣,開海濱互市禁,豹皆格不行。帝大怒切責。豹震懾請罪,復辨增官、開市之非,再下詔譙讓[2]。豹愈惶懼，條便宜五事以獻。帝意終不懌，降俸二級。頃之，竟以中旨罷[3]，而用楊博代之。歸數年卒，年七十七。隆慶初，贈少保，諡貞襄。

【注】

〔1〕具文，徒具虛文。
〔2〕譙讓，譴責。
〔3〕中旨，不經內閣，而直接由宮廷發出的聖旨。

豹初好王守仁良知之說，與辨難，心益服。後聞守仁歿，爲位哭，以弟子自處。及繫獄，著《困辨錄》[1]，於王守仁說頗有異同云。

【注】

〔1〕《困辨錄》，八卷，是作者嘉靖二十六年於獄中所作札記，分《辨中》、《辨易》、《辨心》、《辨素》、《辨過》、《辨仁》、《辨神》、《辨誠》八個部分。羅洪先爲之批注。

選自《明史》卷二〇二

羅 洪 先（1504—1564）

羅洪先,字達夫,吉水人〔1〕。父循,進士。歷兵部武選郎中。會考選武職,有指揮二十餘人素出劉瑾門,循罷其管事。瑾怒罵尚書王敞,敞懼,歸部趣易奏。循故遲之,數日瑾敗,敞乃謝循。循歷知鎮江、淮安二府,徐州兵備副使,咸有聲〔2〕。

【注】

〔1〕吉水,今江西吉水。
〔2〕咸,都,皆。咸有聲,皆有聲譽。

洪先幼慕羅倫爲人〔1〕。年十五,讀王守仁《傳習録》好之〔2〕,欲往受業,循不可而止。乃師事同邑李中,傳其學。嘉靖八年舉進士第一,授修撰,即請告歸。外舅太僕卿曾直喜曰:"幸吾婿成大名。"洪先曰:"儒者事業有大於此者。此三年一人,安足喜也。"洪先事親孝。父每肅客,洪先冠帶行酒、拂席、授几甚恭。居二年,詔劾請告逾期者,乃赴官。尋遭父喪,苫塊蔬食〔3〕,不入室者三年。繼遭母憂、亦如之。

【注】

〔1〕羅倫,明永豐（今江西）人,成化進士,授修撰。爲人剛正,嚴於律己,義之所在,毅然必爲,於富貴名利泊如也。里居,築室金

牛山,著書其中,四方從學者甚衆。學者稱一峰先生。
〔2〕《傳習録》,明王守仁的哲學語録,由門人徐愛、錢德洪等輯録。編入《王文成公全書》作爲首篇,共上、中、下三卷。内容記載有關"致良知"、"知行合一"等論點的問答,是研究王守仁思想的主要資料。
〔3〕苫塊,苫,莫薦。塊,土塊。古禮,居親喪時,以草薦爲席,土塊爲枕。

十八年簡宫僚,召拜春坊左贊善。明年冬,與司諫唐順之、校書趙時春疏請來歲朝正後,皇太子出御文華殿,受羣臣朝賀。時帝數稱疾不視朝,諱言儲貳臨朝事[1],見洪先等疏,大怒曰:"是料朕必不起也。"降手詔百餘言切責之,遂除三人名。

【注】
〔1〕儲貳,指太子。

洪先歸,益尋求守仁學。甘淡泊[1],鍊寒暑,躍馬挽强,考圖觀史,自天文、地志、禮樂、典章、河渠、邊塞、戰陣攻守,下逮陰陽、算數,靡不精究。至人才、吏事、國計、民情,悉加意諮訪。曰:"苟當其任,皆吾事也。"邑田賦多宿弊,請所司均之,所司即以屬。洪先精心體察,弊頓除。歲饑,移書郡邑,得粟數十石,率友人躬振給[2]。流寇入吉安,主者失措。爲畫策戰守,寇引去。素與順之友善。順之應召,欲挽之出,嚴嵩以同鄉故[3],擬假邊才起用,皆力辭。

【注】

〔1〕淡泊,恬淡寡欲。

〔2〕振,"賑"的本字,救濟。鄭玄云:"振,猶救也。"《漢書·食貨志下》:"虛郡國倉廩以振貧。"

〔3〕嚴嵩(1480—1567),明江西分宜人,字惟中,一字介溪。明弘治進士,嘉靖二十一年(1542)任武英殿大學士,入閣,專國政二十年,官至太子太師。以子世蕃、趙文華等爲爪牙,操縱國事,晚年漸爲世宗疏遠。御史鄒應龍、林潤相繼彈劾世蕃,世蕃被殺,嵩也被革職,家產藉没,不久病死。

洪先雖宗良知學,然未嘗及守仁門,恒舉《易大傳》"寂然不動"、周子"無欲故靜"之旨以告學人[1]。又曰:"儒者學在經世,而以無欲爲本。惟無欲,然後出而經世,識精而力鉅。"時王畿謂良知自然[2],不假纖毫力。洪先非之曰:"世豈有現成良知者耶?"雖與畿交好,而持論始終不合。山中有石洞,舊爲虎穴,葺茅居之,命曰石蓮。謝客,默坐一榻,三年不出户。

【注】

〔1〕周子,即周敦頤,本書有傳。

〔2〕王畿,本書有傳。

初,告歸,過儀真[1],同年生主事項喬爲分司[2]。有富人坐死,行萬金求爲地,洪先拒不聽。喬微諷之,厲聲曰:"君不聞志士不忘在溝壑耶[3]?"江漲,壞其室,巡撫馬森欲爲營之,固辭不可。隆慶初卒,贈光祿少卿,謚文莊。

【注】

〔1〕儀真,縣名,今屬江蘇省儀徵市。
〔2〕同年,科舉制度中稱同科考中的人。明清鄉試、會試同時考中者,皆稱同年。
〔3〕溝壑,溪谷。《淮南子·説山訓》:"大蔡神龜,出於溝壑。"引申指野死之處。《孟子·萬章下》:"志士不忘在溝壑。"

選自《明史》卷二八三《儒林二》

陳　　建 (1497—1567)

　　陳公名建，廣東東莞人，以鄉舉爲縣尹。罷歸。建狀貌寒素，人望而輕之，然性縝密，積學習於當世。鄉人故翰林黃佐復資其載籍，以是究繹益邃，乃自洪武至正德末，編著行事，曰《皇明資治通紀》若干卷，又著世務宜興革者曰《治安要議》。時講學者皆尊陽明，排斥朱傳。建遂推本朱陸，條分縷析，爲《學蔀通辯》、《自序》[1]。先是羅整庵作《困知記》[2]，致書與陽明辯，其旨頗同於建。建後至南京，欲上所著書，會病卒。

【注】

〔1〕《學蔀通辯》，分前、後、續、終四篇，共十二卷。針對王陽明"朱子晚年定論"説，提出朱熹、陸九淵在學術上早年相同、晚年相異的論點，指責陸九淵"陽儒陰釋"。

〔2〕羅整庵，即羅欽順，本書有傳。《困知記》，包括正文二卷，續記二卷，附錄一卷，尖鋭地批判佛學和陸王心學。

選自《皇明詞林人物考》卷九

錢 德 洪 (1496—1574)

　　錢德洪,名寬,字德洪,後以字行,改字洪甫,餘姚人[1]。王守仁自尚書歸里,德洪偕數十人共學焉。四方士踵至,德洪與王畿先爲疏通其大旨,而後卒業於守仁。

【注】
[1] 餘姚,今浙江餘姚。

　　嘉靖五年舉會試,徑歸。七年冬,偕畿赴廷試,聞守仁訃,乃奔喪至貴溪。議喪服,德洪曰:"某有親在,麻衣布絰弗敢有加焉[1]。"畿曰:"我無親。"遂服斬衰[2]。喪歸,德洪與畿築室於場,以終心喪[3]。十一年始成進士。累官刑部郎中。郭勛下詔獄[4],移部定罪,德洪據獄詞論死。廷臣欲坐以不軌,言德洪不習刑名。而帝雅不欲勛死[5],因言官疏下德洪詔獄。所司上其罪,已出獄矣。帝曰:"始朕命刑官毋桎勛,德洪故違之,與勛不領敕何異。"再下獄。御史楊爵、都督趙卿亦在繫,德洪與講《易》不輟。久之,斥爲民。

【注】
[1] 絰,喪期結在頭上或腰間的帶子。
[2] 斬衰,舊時喪服中最重的一種,用粗麻布制成。子女對死去的

父母,妻對亡夫服斬衰。
〔3〕心喪,弟子爲老師守喪,不穿喪服,只在心中悼念。
〔4〕郭勛,明初功臣郭英六世孫。得寵於明世宗,擅朝權,爲非作歹,後下錦衣衛獄,死於獄中。
〔5〕雅,極,甚。

　　德洪既廢,遂周遊四方,講良知學。時士大夫率務講學爲名高,而德洪、畿以守仁高第弟子,尤爲人所宗。德洪徹悟不如畿,畿持循亦不如德洪[1],然畿竟入於禪,而德洪猶不失儒者矩矱云[2]。
　　穆宗立,復官,進階朝列大夫,致仕。神宗嗣位,復進一階。卒年七十九。學者稱緒山先生。

【注】
〔1〕持循,遵循。
〔2〕矩矱,規矩,法度。

選自《明史》卷二八三《儒林二》

何　心　隱（1517—1579）

　　梁汝元字柱乾〔1〕，號夫山，瑶田梁坊人〔2〕，少補縣學生，有異才，聞王心齋講學〔3〕，力以道自任。率同族建聚和堂，立率教、率養、輔教、輔養之人，各董其事，延師禮賢，以訓鄉族子弟，計畝收租，以贍公家糧税，捐千金，創義田，儲公廪〔4〕，以待冠婚喪祭鰥寡孤獨之用。數年間，一方幾於三代遺風。

【注】

〔1〕梁汝元，後更名何心隱，泰州學派代表人物之一，顔山農的弟子。鄒元標《梁夫山傳》、黄宗羲《明儒學案·泰州學案序》亦有其生平事迹的介紹。
〔2〕瑶田梁坊，今屬江西永豐。
〔3〕王心齋，即王艮，泰州學派的創立者。本書有傳。
〔4〕廪，米倉。

　　嘉靖辛酉〔1〕，粤寇將抵邑城，邑令及鄉紳議毁近城內外民居，汝元持不可，不從。汝元上書兵備馮某云："未遭賊寇之害，先被禦寇之慘。"衆恨之，遂傅以罪〔2〕。江浙總督胡宗憲聞其才〔3〕，聘入幕，以平倭之謀〔4〕，爲嚴嵩所忌〔5〕，陰使人羅織焉。乃變姓字爲何心隱，歷游江南北，所至聚徒講學。一時名流如羅汝芳、錢同文、夏道南、周良相、耿定向、定力、程學顏、學博兄弟[6]，皆與投契。

【注】

〔1〕嘉靖，明世宗年號(1522—1566)。辛酉，這裏指明嘉靖四十年(1561)。

〔2〕傅，通"附"，附會。

〔3〕胡宗憲(？—1565)，明徽州績溪(今屬安徽)人，字汝貞。曾用毒酒殺倭數百，後屢被彈劾爲嚴嵩的黨羽，下獄而死。著有《籌海圖編》。

〔4〕倭，古代稱日本人。

〔5〕嚴嵩(1480—1567)，見前注。

〔6〕羅汝芳，泰州學派代表人物之一，本書有傳。錢同文，字懷蘇，明福建興化(今蒲田)人，知祁門縣，入爲刑部主事，後累任郡守。與何心隱友善，嘗言："學道人堆堆，只在兄弟款中，未見有挣上父母款者。"耿定向(1524—1596)，字在倫，號天臺，湖北黃安人，嘉靖進士，官至太僕寺少卿右僉都御史、户部尚書。其學本王守仁，有《耿天台集》。定力，耿定向三弟，字子健，隆慶進士，官至兵部侍郎，其學以求仁爲宗。程學顏，字二蒲，號後臺，明湖北孝感人，官至太僕寺丞，自以此學不進，背地號泣。何心隱死，葬入其墓。學博，程學顏之弟，字近約，嘉靖進士，歷知重慶府、貴州參議。

學博官重慶知府，請汝元與俱。適白蓮賊發，佐之辦賊，未一月而撲滅。後卒爲湖廣巡撫王之垣誣以姦逆，杖死，人皆謂其承宰相張居正意[1]。蓋居正本媢嫉汝元[2]，又同郡御史傅應禎、劉臺、觀政進士鄒元標皆糾劾居正[3]。居正率疑爲汝元黨,而之垣又與學博有隙,欲借汝元以中之也。

【注】
[1] 張居正,明政治家,本書有傳。
[2] 媢嫉,妒忌。
[3] 鄒元標(1551—1624),字爾瞻,明江西吉水人。初爲出官,以得罪張居正,謫戍六年,旋任諫官,後爲東林黨首領之一。著有《願學集》。

初,汝元在京,客於耿氏[1],時居正爲國子司業,定向並奇居正與汝元[2],邀元會講,不合。居正語侵汝元,汝元退謂耿曰:"分宜欲滅道學[3],華亭欲興道學[4],而皆不能,能者此人也。此人有顯官,有隱毒,他日必將殺我。"後果然。

【注】
[1] 耿氏,即耿定向。
[2] 奇,驚異。
[3] 分宜,指嚴嵩,因其是江西分宜人。
[4] 華亭,指徐階,因其是松江華亭人,與嚴嵩同在朝十餘年,操縱朝政。

汝元既遭捕,其徒祁門胡時和隨侍數千里。汝元死,時和亦哀痛死。其兄時中受弟遺託,經理汝元身後之事,與學博收其遺骸,祔葬其兄學顔墓。所著有《原學》、《原講》諸篇[1]、《四書究正注解》、《重慶會稿》、《聚和堂日新記》。

【注】

[1]《原學》、《原講》諸篇,爲《梁夫山遺集》或名《爨桐集》的篇目,今改名爲《何心隱集》,1981年由中華書局出版。《四書究正注解》、《重慶會稿》等,未見,恐已佚。

選自《何心隱集》附錄《縣誌》

張 居 正（1525—1582）

　　張居正，字叔大，江陵人[1]。少穎敏絕倫，十五爲諸生。巡撫顧璘奇其文，曰："國器也。"未幾，居正舉於鄉，璘解犀帶以贈，且曰："君異日當腰玉，犀不足溷子[2]。"嘉靖二十六年，居正成進士，改庶吉士。日討求國家典故。徐階輩皆器重之。授編修，請急歸，亡何還職。

【注】
[1] 江陵，今湖北江陵。
[2] 溷，原意混濁、侮辱，此處意爲配稱。

　　居正爲人，頎面秀眉目，鬚長至腹。勇敢任事，豪傑自許。然沉深有城府，莫能測也。嚴嵩爲首輔，忌階，善階者皆避匿。居正自如，嵩亦器居正。遷右中允，領國子司業事。與祭酒高拱善[1]，相期以相業。尋還理坊事[2]，遷侍裕邸講讀[3]。王甚賢之，邸中中官亦無不善居正者。而李芳數從問書義，頗及天下事。尋遷右諭德兼侍讀，進侍講學士，領院事。

【注】
[1] 高拱（1512—1578），字肅卿，新鄭人。嘉靖二十年進士，官至大學士，後因劾宦官馮保被逐。

〔2〕理坊事,擔任太子官署的職務。
〔3〕裕邸,明世宗第三子裕王載坖(後爲穆宗)的住所。

階代嵩首輔,傾心委居正。世宗崩,階草遺詔,引與共謀。尋遷禮部右侍郎兼翰林院學士。月餘,與裕邸故講官陳以勤俱入閣,而居正爲吏部左侍郎兼東閣大學士。尋充《世宗實錄》總裁,進禮部尚書兼武英殿大學士,加少保兼太子太保,去學士五品僅歲餘。時徐階以宿老居首輔,與李春芳皆折節禮士[1]。居正最後入,獨引相體[2],倨見九卿,無所延納[3]。間出一語輒中肯,人以是嚴憚之,重於他相。

【注】
〔1〕折節,原意爲彎折腰肢,此處喻爲謙恭待人,屈己下人。
〔2〕引相體,顯示宰相的器識和風度。
〔3〕延納,接納。

高拱以很躁被論去[1],徐階亦去,春芳爲首輔。亡何趙貞吉入,易視居正。居正與故所善掌司禮者李芳謀,召用拱,俾領吏部,以扼貞吉,而奪春芳政。拱至,益與居正善。春芳尋引去,以勤亦自引,而貞吉、殷士儋皆爲所構罷,獨居正與拱在,兩人益相密。拱主封俺答[2],居正亦贊之,授王崇古等以方略。加柱國、太子太傅。六年滿,加少傅、吏部尚書、建極殿大學士。以遼東戰功,加太子太師。和市成,加少師,餘如故。

【注】

〔1〕很,通"狠"。
〔2〕俺答(1507—1582),韃靼部首領,爲元室之後,隆慶四年受封爲"順義王"。

初,徐階既去,令三子事居正謹。而拱銜階甚[1],嗾言路追論不已[2],階諸子多坐罪。居正從容爲拱言,拱稍心動。而拱客構居正納階子三萬金,拱以誚居正[3]。居正色變,指天誓,辭甚苦。拱謝不審[4],兩人交遂離。拱又與居正所善中人馮保郄[5]。穆宗不豫[6],居正與保密處分後事,引保爲内助,而拱欲去保。神宗即位,保以兩宮詔旨逐拱,事具《拱傳》,居正遂代拱爲首輔。帝御平臺[7],召居正獎諭之,賜金幣及繡蟒斗牛服。自是賜賚無虛日。

【注】

〔1〕銜,怨恨。
〔2〕嗾,唆使。
〔3〕誚,責備。
〔4〕謝不審,爲自己不慎重而道歉。
〔5〕中人,宦官。郄,通"隙",不和。
〔6〕不豫,身體不適,有病。
〔7〕平臺,明代紫禁城内皇帝召見羣臣之所。

帝虛己委居正,居正亦慨然以天下爲己任,中外想望丰采。居正勸帝遵守祖宗舊制,不必紛更,至講學、親賢、愛民、節用皆急務。帝稱善。大計廷臣[1]，斥諸不職及附麗拱者。復具詔召羣臣廷飭之，百僚皆惕息。帝當尊崇兩宮。故事，皇后與天子生母並稱皇太后，而徽號有別。保欲媚帝生母李貴妃，風居正以並尊[2]。居正不敢違，議尊皇后曰"仁聖皇太后"，皇貴妃曰"慈聖皇太后"，兩宮遂無別。慈聖徙乾清宮，撫視帝，內任保，而大柄悉以委居正。

【注】
〔1〕大計，每三年一次對官吏的考績。
〔2〕風，微言勸告，暗示。

居正爲政，以尊主權、課吏職、信賞罰、一號令爲主。雖萬里外，朝下而夕奉行。黔國公沐朝弼數犯法，當逮，朝議難之。居正擢用其子，馳使縛之，不敢動。既至，請貸其死[1]，錮之南京。漕河通[2]，居正以歲賦逾春，發水橫溢，非決則涸，乃採漕臣議，督艘卒以孟冬月兌運[3]，及歲初畢發，少罹水患。行之久，太倉粟充盈，可支十年。互市饒馬，乃減太僕種馬[4]，而令民以價納，太僕金亦積四百餘萬。又爲考成法以責吏治[5]。初，部院覆奏行撫按勘者，嘗稽不報。居正令以大小緩急爲限，誤者抵罪。自是，一切不敢飾非，政體爲肅。南京小奄醉辱給事中[6]，言者請究治。居正謫其尤激者趙參魯於外以悅保，而徐說保裁抑其黨，毋與六部事。其奉使者，時令緹騎陰訶之[7]。其黨以是怨居正，而心不附保。

【注】

〔1〕貸,寬免。
〔2〕漕河,運送糧食至京師的水道。
〔3〕孟冬,農曆十月。兌運,以軍隊運送民糧。
〔4〕太僕,官署名,掌管輿馬及牧畜之事。
〔5〕考成法,考核官吏成績的辦法。
〔6〕小奄,小太監。
〔7〕緹騎,負責皇帝安全、京師治安的官役。陰訶之,暗中監視他。

居正以御史在外,往往凌撫臣,痛欲折之。一事小不合,詬責隨下,又敕其長加考察。給事中余懋學請行寬大之政。居正以爲風己,削其職。御史傅應禎繼言之,尤切。下詔獄,杖戍。給事中徐貞明等擁入獄,視具橐饘[1],亦逮謫外。御史劉臺按遼東,誤奏捷。居正方引故事繩督之,臺抗章論居正專恣不法,居正怒甚。帝爲下臺詔獄,命杖百,遠戍。居正陽具疏救之,僅奪其職。已,卒戍臺。由是,諸給事御史益畏居正,而心不平。

【注】

〔1〕橐饘,衣食。

當是時,太后以帝沖年[1],尊禮居正甚至,同列呂調陽莫敢異同。及吏部左侍郎張四維入,恂恂若屬吏,不敢以僚自處。

【注】

〔1〕沖年,幼小。指明神宗朱翊鈞十歲即位。

居正喜建豎[1],能以智數馭下,人多樂爲之盡。俺答款塞[2],久不爲害。獨小王子部衆十餘萬,東北直遼左[3],以不獲通互市,數入寇。居正用李成梁鎮遼,戚繼光鎮薊門。成梁力戰却敵,功多至封伯,而繼光守備甚設。居正皆右之,邊境晏然。兩廣督撫殷正茂、凌雲翼等亦數破賊有功。浙江兵民再作亂,用張佳胤往撫即定,故世稱居正知人。然持法嚴。覈驛遞[4],省冗官,清庠序[5],多所澄汰。公卿羣吏不得乘傳[6],與商旅無別。郎署以缺少[7],需次者輒不得補[8]。大邑士子額隘,艱於進取。亦多怨之者。

【注】

〔1〕建豎,提拔中下級官吏。
〔2〕款塞,叩關門,指塞外部族來通好或內附。
〔3〕直,臨,到達。
〔4〕覈,清查,同"核"。
〔5〕清庠序,整頓學校。
〔6〕乘傳,乘坐驛站的馬車。
〔7〕郎署,朝廷各部衙門內的屬官。缺少,職位空缺。
〔8〕需次者,候補官吏。

時承平久,羣盜蝟起,至入城市劫府庫。有司恒諱之,居正嚴其禁。匿弗舉者,雖循吏必黜。得盜即斬決,有司莫敢飾情。盜邊海錢米盈數,例皆斬,然往往長繫或瘐死[1]。居正獨亟斬之,而追捕其家屬,盜賊爲衰止。而奉行不便者,相率爲怨言,居正不恤也。

【注】
〔1〕瘐死,囚死於獄中。

慈聖太后將還慈寧宮,諭居正謂:"我不能視皇帝朝夕,恐不若前者之向學、勤政,有累先帝付託。先生有師保之責,與諸臣異。其爲我朝夕納誨,以輔台德[1],用終先帝憑几之誼[2]。"因賜坐蟒、白金、綵幣。未幾,丁父憂[3]。帝遣司禮中官慰問[4],視粥藥,止哭,絡繹道路,三宮賻贈甚厚。

【注】
〔1〕台德,我德。
〔2〕憑几之誼,帝王臨終前對大臣的期望和託付。
〔3〕丁父憂,遭父親之喪。
〔4〕中官,宦官。

戶部侍郎李幼孜欲媚居正,倡奪情議[1]。居正惑之。馮保亦固留居正。諸翰林王錫爵、張位、趙志皋、吳中行、趙用賢、習孔教、沈懋學輩皆以爲不可,弗聽。吏部尚書張瀚以持慰留旨[2],被逐去。御史曾士楚、給事中陳三謨等遂交章請留。中行、用賢及員外郎艾穆、主事沈思孝、進士鄒元標相繼爭之。皆坐廷杖,謫斥有差。時彗星從東南方起,長亘天。人情洶洶,指目居正[3],至懸謗書通衢。帝詔諭羣臣,再及者誅無赦,謗乃已。於是使居正子編修嗣修與司禮太監魏朝馳傳往代司喪,禮部主事曹誥治祭,工部主事徐應聘治喪。居正請無造朝,以青衣、素服、角帶入閣治政,侍經筵講讀,又請辭歲俸。帝許之。及帝舉大婚禮,居正吉服從事。給事中李淶言其非禮,居正怒,出爲僉事。時帝顧居正益重,常賜居正札,稱"元輔張少師先生",待以師禮。

【注】

〔1〕奪情,服喪期間朝廷强令出仕。
〔2〕持慰留旨,指扣住慰問並挽留張居正的聖旨不發。
〔3〕指目,在旁邊議論。

居正乞歸葬父,帝使尚寶少卿鄭欽、錦衣指揮史繼書護歸,期三月,葬畢即上道。仍命撫按諸臣先期馳賜璽書敦諭。範"帝賚忠良"銀印以賜之[1],如楊士奇、張孚敬例,得密封言事。戒次輔呂調陽等"有大事毋得專決,馳驛之江陵,聽張先生處分"。居正請廣內閣員。詔即令居正推。居正因推禮部尚書馬自強、吏部右侍郎申時行入閣。自強素迕居正,不自意得之,頗德居正,而時行與四維皆自昵於居正,居正乃安意去。帝及兩宮賜賚慰諭有加禮,遣司禮太監張宏供張餞郊外,百僚班送。所過地,有司飭廚傳[2],治道路。遼東奏大捷,帝復歸功居正。使使馳諭,俾定爵賞。居正爲條列以聞。調陽益內慚,堅臥,累疏乞休不出。

【注】
〔1〕範,鑄造。
〔2〕廚傳,即驛站。

居正言母老不能冒炎暑,請俟清涼上道。於是內閣、兩都部院寺卿、給事、御史俱上章,請趣居正亟還朝[1]。帝遣錦衣指揮翟汝敬馳傳往迎,計日以俟;而令中官護太夫人以秋日由水道行。居正所過,守臣率長跪,撫按大吏越界迎送,身爲前驅。道經襄陽,襄王出候,要居正宴。故事,雖公侯謁王執臣禮,居正具賓主而出。過南陽,唐王亦如之。抵郊外,詔遣司禮太監何進宴勞,兩宮亦各遣大璫李琦[2]、李用宣諭,賜八寶金釘川扇、御膳、餅果、醪醴、百僚復班迎。入朝,帝慰勞懇篤,予假十日而後入閣,仍賜白金、彩幣、寶鈔、羊酒,因引見兩宮。及秋,魏朝奉居正母行,儀從煊赫,觀者如堵。比至,帝與兩宮復賜賚加等,慰諭居正母子,幾用家人禮。

【注】
〔1〕趣,催促。
〔2〕大璫,宦官中位高者。

時帝漸備六宮,太倉銀錢多所宣進。居正乃因户部進御覽數目陳之,謂每歲入額不敷所出,請帝置坐隅時省覽,量入爲出,罷節浮費。疏上,留中。帝復令工部鑄錢給用,居正以利不勝費止之。言官請停蘇、松織造,不聽。居正爲面請,得損大半。復請亻修武英殿工,及裁外戚遷官恩數,帝多曲從之。帝御文華殿,居正侍講讀畢,以給事中所上災傷疏聞,因請振。復言:"上愛民如子,而在外諸司營私背公,剥民罔上,宜痛鉗以法。而皇上加意撙節[1],於宮中一切用度、服御、賞賚、布施、裁省禁止。"帝首肯之,有所蠲貸[2]。居正以江南貴豪怙勢及諸奸猾吏民善逋賦[3],選大吏精悍者嚴行督責。賦以時輸,國藏日益充,而豪猾率怨居正。

【注】

[1] 撙節,節制,節約。
[2] 蠲貸,減免。
[3] 逋賦,拖欠賦税。

居正服將除,帝召吏部問期日,敕賜白玉帶、大紅坐蟒、盤蟒。御平臺召對,慰諭久之。使中官張宏引見慈慶、慈寧兩宮,皆有恩賚,而慈聖皇太后加賜御膳九品,使宏侍宴。

帝初即位,馮保朝夕視起居,擁護提抱有力,小扞格,即以聞慈聖。慈聖訓帝嚴,每切責之,且曰:"使張先生聞,奈何!"於是帝甚憚居正。及帝漸長,心厭之。乾清小璫孫海、客用等導上遊戲,皆愛幸。慈聖使保捕海、用,杖而逐之。居正復條其黨罪惡,請斥逐,而令司禮及諸內侍自陳上裁去留。因勸帝戒遊宴以重起居，專精神以廣聖嗣，節賞賚以省浮費，却珍玩以端好尚，親萬幾以明庶政[1]，勤講學以資治理。帝迫於太后，不得已，皆報可，而心頗嗛保、居正矣[2]。

【注】

[1] 萬幾，也作"萬機"，指帝王日常紛繁的政務。
[2] 嗛，怨恨。

　　帝初政，居正嘗纂古治亂事百餘條，繪圖，以俗語解之，使帝易曉。至是，復屬儒臣紀太祖列聖《寶訓》、《實錄》分類成書，凡四十：曰創業艱難，曰勵精圖治，曰勤學，曰敬天，曰法祖，曰保民，曰謹祭祀，曰崇孝敬，曰端好尚，曰慎起居，曰戒遊佚，曰正宮闈，曰教儲貳[1]，曰睦宗藩，曰親賢臣，曰去奸邪，曰納諫，曰理財，曰守法，曰儆戒[2]，曰務實，曰正紀綱，曰審官，曰久任，曰重守令，曰馭近習[3]，曰待外戚，曰重農桑，曰興教化，曰明賞罰，曰信詔令，曰謹名分，曰裁貢獻，曰慎賞賚，曰敦節儉，曰慎刑獄，曰褒功德，曰屏異端，曰飭武備，曰御戎狄。其辭多警切，請以經筵之暇進講。又請立起居注，紀帝言動與朝內外事，日用翰林官四員入直，應制詩文及備顧問。帝皆優詔極許。

【注】

[1] 儲貳，即儲君，君主的繼承者。

〔2〕儆戒，戒備。
〔3〕近習，君主所親幸的人。

居正自奪情後，益偏恣。其所黜陟，多由愛憎。左右用事之人多通賄賂。馮保客徐爵擢用至錦衣衛指揮同知，署南鎮撫。居正三子皆登上第。蒼頭游七入貲爲官[1]，勳戚文武之臣多與往還，通姻好。七具衣冠報謁，列於士大夫。世以此益惡之。

【注】
〔1〕蒼頭，奴僕。

亡何，居正病。帝頻頒敕諭問疾，大出金帛爲醫藥資。四閱月不愈[1]，百官並齋醮爲祈禱。南都[2]、秦、晉、楚、豫諸大吏，亡不建醮。帝令四維等理閣中細務，大事即家令居正平章[3]。居正始自力，後憊甚不能徧閱，然尚不使四維等參之。及病革[4]，乞歸。上復優詔慰留，稱"太師張太岳先生"。居正度不起，薦前禮部尚書潘晟及尚書梁夢龍，侍郎余有丁、許國、陳經邦，已，復薦尚書徐學謨、曾省吾、張學顏，侍郎王篆等大可用。帝爲黏御屏。晟，馮保所受書者也，强居正薦之。時居正已昏甚，不能自主矣。及卒，帝爲輟朝，諭祭九壇，視國公兼師傅者。居正先以六載滿，加特進中極殿大學士；以九載滿，加賜坐蟒衣，進左柱國，廕一子尚寶丞；以大婚，加歲禄百石，録子錦衣千户爲指揮僉事；以十二載滿，加太傅；以遼東大捷，進太師，益歲禄二百石,子由指揮僉事進同知。至是,贈上柱國,諡文忠,命四品京卿、錦衣堂上官、司禮太監護喪歸葬。於是四維始爲政,而與居正所薦引王篆、曾省吾等交惡。

【注】
〔1〕閱,經歷,經過。
〔2〕南都,指南京。
〔3〕平章,商量處理。
〔4〕病革,病重。

初,帝所幸中官張誠見惡馮保斥於外,帝使密詗保及居正[1]。至是,誠復入,悉以兩人交結恣橫狀聞,且謂其寶藏逾天府。帝心動。左右亦浸言保過惡,而四維門人御史李植極論徐爵與保挾詐通奸諸罪。帝執保禁中,逮爵詔獄。謫保奉御居南京,盡籍其家金銀珠寶鉅萬計。帝疑居正多蓄,益心豔之。言官劾篆、省吾并劾居正,篆、省吾俱得罪。新進者益務攻居正。詔奪上柱國、太師,再奪諡。居正諸所引用者,斥削殆盡。召還中行、用賢等,遷官有差。劉臺贈官,還其產。御史羊可立復追論居正罪,指居正構遼庶人憲𤐜獄[2]。庶人妃因上疏辯冤,且曰:"庶人金寶萬計,悉入居正。"帝命司禮張誠及侍郎丘橓偕錦衣指揮,給事中籍居正家。誠等將至,荆州守令先朝錄人口,錮其門,子女多遁避空室中。比門啓,餓死者十餘輩。誠等盡發其諸子兄弟藏,得黃金萬兩,白金十餘萬兩。其長子禮部主事敬修不勝刑,自誣服寄三十萬金於省吾[3]、篆及傅作舟等，尋自縊死。事聞，時行等與六卿大臣合疏，請少緩之；刑部尚書潘季馴疏尤激楚。詔留空宅一所、田十頃，贍其母。而御史丁此呂復追論科場事，謂高啓愚以舜、禹命題，爲居正策禪受[4]。尚書楊巍等與相駁。此呂出外，啓愚削籍。後言者復攻居正不已。詔盡削居正官秩，奪前所賜璽書、四代誥命，以罪狀示天下，謂當剖棺戮屍而姑免之。其弟都指揮居易，子編修嗣修，俱發戍烟瘴地。

【注】
〔1〕詗，偵察，刺探。
〔2〕憲㸅，太祖第十五子遼王朱植的後裔。隆慶初年因犯罪被彈劾，廢爲庶人，禁錮於高墙之中。張居正家與之有隙，居正死，朱憲㸅翻案，並籍没設張氏家産。
〔3〕誣服，無辜服罪。
〔4〕禪受，逼君主退位以取而代之。

　　終萬曆世，無敢白居正者。熹宗時，廷臣稍稍追述之。而鄒元標爲都御史，亦稱居正。詔復故官，予葬祭。崇禎三年，禮部侍郎羅喻義等訟居正冤。帝令部議，復二廕及誥命。十三年，敬修孫同敞請復武廕，併復敬修官。帝授同敞中書舍人，而下部議敬修事。尚書李日宣等言："故輔居正，受遺輔政，事皇祖者十年。肩勞任怨，舉廢飭弛，弼成萬曆初年之治。其時中外乂安[1]，海內殷阜，紀綱法度莫不修明。功在社稷，日久論定，人益追思"。帝可其奏，復敬修官。

【注】
〔1〕乂安,天下太平無事。

選自《明史》卷二一三

王　　畿（1498—1583）

　　王畿,字汝中,山陰人[1]。弱冠舉於鄉,跌宕自喜[2]。後受業王守仁,聞其言,無底滯[3],守仁大喜。嘉靖五年舉進士,與錢德洪並不就廷對歸。守仁征思、田[4],留畿、德洪主書院。已,奔守仁喪,經紀葬事,持心喪三年。久之,與德洪同第進士。授南京兵部主事,進郎中。給事中戚賢等薦畿。夏言斥畿僞學[5],奪賢職,畿乃謝病歸。畿嘗云:"學當致知見性而已,應事有小過不足累。"故在官弗免干請,以不謹斥。

【注】

〔1〕山陰,地名,秦置縣,今浙江紹興。
〔2〕跌宕,亦作"跌蕩"、"佃儻",灑脱不拘。
〔3〕底,通"抵",抵滯,流暢無礙。
〔4〕思,地名,指思恩府,轄境今廣西武鳴以北。田,地名,指田州,轄境相當今廣西百色、田陽等地。
〔5〕夏言(1482—1548),江西貴溪人,字公謹。嘉靖初爲諫官,後任武英殿大學士、首輔執政,被嚴嵩排擠去官,後被殺。著有《桂洲集》等。

　　畿既廢,益務講學,足迹遍東南,吴、楚、閩、越皆有講舍,年八十餘不肯已。善談説,能動人,所至聽者雲集。每講,雜以禪機[1],亦不自諱也。學者稱龍溪先生。其後,士之浮誕不逞者,率自名龍溪弟子。而泰州王艮亦受業守仁,門徒之盛,與畿相垺,學者稱心齋先生。陽明學派,以龍溪、心齋爲得其宗。

【注】

[1] 禪機,佛教名詞,禪宗認爲凡悟道者的言行皆含有啓示制人的"機要秘訣",或指悟入禪定的關竅。

選自《明史》卷二八三《儒林二》

胡　　直 (1517—1585)

　　胡直,字正甫,號廬山,吉之泰和人[1]。嘉靖丙辰進士[2],初授比部主事[3],出爲湖廣僉事,領湖北道,晉四川參議。尋以副使督其學政,請告歸。詔起湖廣督學,移廣西參政、廣東按察史。疏乞終養,起福建按察史。萬曆乙酉五月卒官[4],年六十九。

【注】
[1] 吉,吉安。泰和,今江西省泰和縣。
[2] 嘉靖丙辰,1556年。
[3] 比部,指刑部司官。
[4] 萬曆乙酉,1585年。

　　先生少駘蕩[1],好攻古文詞。年二十六,始從歐陽文莊問學[2],即語以道藝之辨。先生疾惡甚嚴,文莊曰:"人孰不好惡人,胡以能好能惡歸之仁者？蓋不得其本心,則好惡反爲所累,一切忿忿不平,是先已失仁體而墮於惡矣。"先生聞之,撫然汗背。年三十,復從學羅文恭[3]。文恭教以靜坐,及其入蜀,文恭謂之曰:"正甫所言者見也,非實也。自朝至暮,不漫不執[4],無一刻之暇,而時時覿體[5],是之謂實,知有餘而行不足,常若有歉於中,而絲毫不盡,是之謂見。"歸蜀以後,先生之淺深,文恭不及見矣。

【注】

〔1〕駘蕩,放縱。
〔2〕歐陽文莊,即歐陽德,文莊爲謚號。本書有傳。
〔3〕羅文恭,即羅洪先,文恭爲謚號。本書有傳。
〔4〕不漫不執,既不放縱,又不過於循規蹈矩。
〔5〕覿,顯示。

先生著書,專明學的大意,以理在心,不在天地萬物,疏通文成之旨[1]。夫所謂理者,氣之流行而不失其則者也。太虛中無處非氣,則亦無處非理。孟子言萬物皆備於我,言我與天地萬物一氣流通,無有礙隔,故人心之理,即天地萬物之理,非二也。若有我之私未去,墮落形骸,則不能備萬物矣。不能備萬物,而徒向萬物求理,與我了無干涉,故曰理在心,不在天物萬物,非謂天地萬物竟無理也。先生謂:"吾心者,所以造天地萬物者也。匪是則黝没荒忽,而天地萬物熄矣。故鳶之飛、魚之躍,雖曰無心,然不過爲形氣驅之使然,非鳶魚能一一循乎道也。"此與文成一氣相通之旨,不能相似矣。先生之旨,既與釋氏所稱"三界惟心,山河大地爲妙明心中物"不遠,其言與釋氏異者:釋氏雖知天地萬物不外乎心,而主在出世,故其學止於明心,明則雖照乎天地萬物,而終歸於無有;吾儒主在經世,故其學盡心,盡心則能察乎天地萬物,而常處於有,只在盡心與不盡心之分。義則以爲不然[2],釋氏正認理在大地萬物,非吾之所得有,故以理爲障而去之。其謂山河大地爲心者,不見有山河大地。山河大地,無礙於其所爲空,則山河大地爲妙明心中物矣。故世儒之求理,與釋氏之不求理,學術雖殊,其視理在天地萬物則一也。

【注】

〔1〕文成,指王守仁,王守仁死後謚"文成"。本書有傳。
〔2〕羲,指《明儒學案》的作者黃宗羲。本書有傳。

選自黃宗羲《明儒學案》卷二二
《江右王門學案七》

羅 汝 芳（1515—1588）

汝芳[1]，字惟德，南城人[2]。嘉靖三十二年進士。除太湖知縣[3]。召諸生論學，公事多決於講座。遷刑部主事，歷寧國知府。民兄弟爭產，汝芳對之泣，民亦泣，訟乃已。創開元會[4]，罪囚亦令聽講。入覲[5]，勸徐階聚四方計吏講學。階遂大會於靈濟宮，聽者數千人。父艱[6]，服闋[7]，起補東昌，移雲南屯田副使，進參政，分守永昌，坐事爲言官論罷。初，汝芳從永新顏鈞講學[8]，後鈞繫南京獄當死[9]，汝芳供養獄中，鬻產救之[10]，得減戍[11]。汝芳既罷官，鈞亦赦歸。汝芳事之，飲食必躬進，人以爲難。鈞詭怪猖狂，其學歸釋氏[12]，故汝芳之學亦近釋。

【注】

〔1〕汝芳，即羅汝芳，明泰州學派代表人物之一。事迹另見《明儒學案・泰州學案》。
〔2〕南城，地名，位於江西南部宜黃水域右側。
〔3〕除，拜官授職。
〔4〕開元會，一種講學的會議。
〔5〕入覲，入朝晉見君主或會見大臣。
〔6〕艱，指親喪。
〔7〕服闋，舊制，父母死後守喪三年，期滿服除。
〔8〕顏鈞，明泰州學派代表人物之一，本書有傳。

〔9〕繫,拴縛,拘囚。
〔10〕鬻,賣。
〔11〕戍,指戍徭,發配邊疆服役賦稅。
〔12〕釋氏,指佛教,因創始人是釋迦牟尼,故稱。

選自《明史》卷二八三《儒林二》

李　　贄 (1527—1602)

　　李温陵者[1]，名載贄[2]。少舉孝廉，以道遠，不再上公車，爲校官[3]，徘徊郎署間。後爲姚安太守[4]。公爲人中燠外冷，丰骨稜稜，性甚卞急[5]，好面折人過，士非參其神契者不與言。強力任性，不強其意之所不欲。初未知學，有道學先生語之曰："公怖死否？"公曰："死矣，安得不怖？"曰："公既怖死，何不學道？學道所以免生死也。"公曰："有是哉！"遂潛心道妙。久之自有所契，超於語言文字之表，諸執筌蹄者了不能及[6]。爲守，法令清簡，不言而治。每至伽藍[7]，判了公事，坐堂皇上，或置名僧之間，簿書有隙[8]，即與參論虛玄。人皆怪之，公亦不顧。禄俸之外，了無長物，陸績鬱林之石[9]，任昉桃花之米[10]，無以過也。久之，厭圭組[11]，遂入雞足山閲龍藏不出[12]。御史劉維奇其節，疏令致仕以歸。

【注】

[1] 李温陵，即李贄，號卓吾（篤吾），又稱宏甫，別號温陵居士，泉州晉江（今屬福建）人。

[2] 載贄，李贄原姓林，名載贄。中舉後改姓李，因避明穆宗朱載垕的名諱，改名贄。

[3] 校官，古代負責偵察刺探的官。

〔4〕姚安太守,指雲南姚安府的知府,據考李贄於萬曆五年至萬曆八年(1577—1580)充任此職。

〔5〕卞急,急躁。

〔6〕筌蹄,筌爲捕魚竹器,蹄爲捕兔罟,後來比喻爲"道"(方法)。

〔7〕伽藍,焚文"僧伽藍摩"的略稱,意譯"衆園"或"僧院",佛教寺院的通稱。

〔8〕簿書,官署中的文書簿册。有隙,有空暇時。

〔9〕陸績(187—219),仕吴,官至鬱林太守。鬱林,州郡名,轄境相當於今廣西桂林、梧州一帶。

〔10〕任昉(460—508),南朝梁文學家,歷任義興、新安太守等職。

〔11〕圭,長形玉器,爲古代貴族和官吏的禮器;組,絲織帶。圭組,指佩印綬帶。

〔12〕雞足山,地名,在今雲南賓川縣西北。

初與楚黄安耿子庸善[1],罷郡遂不歸。曰:"我老矣,得一二勝友[2],終日晤言以遣餘日,即爲至快,何必故鄉也。"遂攜妻女客黄安。中年得數男,皆不育[3]。體素癯,澹於聲色,又癖潔,惡近婦人,故雖無子,不置妾婢。後妻女欲歸,趣歸之。自稱"流寓客子"。既無家累,又斷俗緣,參求乘理[4],極其超悟,剔膚見骨,迥絶理路。出爲議論,皆爲刀劍上事,獅子進乳,香象絶流,發詠孤高,少有酬其機者。

【注】

〔1〕耿子庸,即耿定理,號楚倥,爲耿定向仲弟,與李贄友善。

〔2〕勝友,高明的朋友。

〔3〕不育,不活。
〔4〕乘理,佛法。

　　子庸死,子庸之兄天臺公惜其超脱[1],恐子侄效之,有遺棄之病,數至箴切。公遂至麻城龍潭湖上,與僧無念、周友山、丘坦之、楊定見聚,閉門下鍵,日以讀書爲事。性愛掃地,數人縛帚不給。衿裙浣洗,極其鮮潔,拭面拂身,有同水淫。不喜俗客,客不獲辭而至,但一交手,即令之遠坐,嫌其臭穢。其忻賞者[2],鎮日言笑[3],意所不契,寂無一言。滑稽排調,衝口而發,既能解頤,亦可刺骨。所讀書皆鈔寫爲善本,東國之秘語,西方之靈文,《離騷》、馬、班之篇[4],陶、謝、柳、杜之詩[5],下至稗官小説之奇,宋元名人之曲,雪籘丹筆,逐字讎校,肌襞理分,時出新意。其爲文不阡不陌,攄其胸中之獨見,精光凛凛,不可迫視。詩不多作,大有神境,亦喜作書[6],每研墨伸楮,則解衣大叫,作兔起鶻落之狀。其得意者亦甚可愛,瘦勁險絶,鐵腕萬鈞,骨稜稜紙上。一日惡頭癢,倦於梳櫛,遂去其髮,獨存鬢鬚。公氣既激昂,行復詭異,斥異端者日益側目。與耿公往復辯論[7],每一札,累累萬言,發道學之隱情,風雨江波,讀之者高其識,欽其才,畏其筆,始有以幻語聞當事[8],當事者逐之。

【注】

〔1〕天臺,明學者耿定向(1524—1596),號楚侗。其學與李贄相違,李贄著書對他多加批駁。

〔2〕忻,同"欣"。
〔3〕鎮日,整天。
〔4〕《離騷》,書名,屈原著;馬,指司馬遷,班,指班固。
〔5〕陶,陶潛;謝,謝靈運;柳,柳宗元;杜,杜甫。
〔6〕書,書法。
〔7〕耿公,即耿定向。
〔8〕幻語聞當事,製造流言蜚語並報告當權者。

於時左轄劉公東星迎公武昌,舍蓋公之堂。自後屢歸屢游:劉公迎之沁水,梅中丞迎之雲中,而焦公弱侯迎之秣陵[1]。無何,復歸麻城。時又有以幻語聞當事,當事者又誤信而逐之,火其蘭若,而馬御史經綸遂躬迎之於北通州。又會當事者欲刊異端以正文體,疏論之。遣金吾緹騎逮公[2]。

【注】

〔1〕焦公弱侯,明學者焦竑(1540—1620),字弱侯,號漪園,又號澹園。師事耿定向,但篤信李贄之學,著有《澹園集》等。本書有傳。
〔2〕金吾,又稱"執金吾",官名,手執兩端塗金的銅棒的長官,明清時常以金吾爲步兵統領的別稱;緹騎,原指騎士,後用以稱逮捕犯人的禁衛吏役。

初公病,病中復定所作《易因》[1],其名曰《九正易因》[2]。常曰:"我得《九正易因》成,死快矣。"《易因》成,病轉甚。至是逮者至,邸舍匆匆,公以問馬公[3],馬公曰:"衛士至。"公力疾起,行數步,大聲曰:"是爲我也。爲我取門片來[4]!"遂臥其上,疾呼曰:"速行!我罪人也,不宜留。"馬公願從。公曰:"逐臣不入城,制也。且君有老父在。"馬公曰:"朝廷以先生爲妖人,我藏妖人者也。死則俱死耳。終不令先生往而己獨留。"馬公卒同行。至通州城外,都門之牘尼馬公行者紛至[5],其僕數十人,奉其父命,泣留之。馬公不聽,竟與公偕。明日,大金吾置訊,侍者掖而入,卧於階上。金吾曰:"若何以妄著書?"公曰:"罪人著書甚多,具在,於聖教有益無損。"大金吾笑其崛强,獄竟無所置詞,大略止回籍耳。久之旨不下,公於獄舍中作詩讀書自如。一日,呼侍者薙髮[6]。侍者去,遂持刀自割其喉,氣不絶者兩日。侍者問:"和尚痛否?"以指書其手曰:"不痛。"又問曰:"和尚何自割?"書曰:"七十老翁何所求!"遂絶。時馬公以事緩,歸覲其父,至是聞而傷之,曰:"吾護持不謹,以致於斯也。傷哉!"乃歸其骸於通,爲之大治冢墓,營佛刹云。

【注】

[1]《易因》,李贄研究《周易》的著作,有明刻本。
[2]《九正易因》,有抄本藏中國社科院哲學所。
[3] 馬公,即"馬經綸",爲李贄友,時任北通州(今北京通州)御史。
[4] 門片,門板。
[5] 牘,文件;尼,阻止。
[6] 薙,同"剃"。

公素不愛著書,初與耿公辯論之語,多爲掌記者所録,遂哀之爲《焚書》[1]。後以時義詮聖賢深旨,爲《説書》。

最後理其先所詮次之史,焦公等刻之於南京,是爲《藏書》。蓋公於誦讀之暇,尤愛讀史,於古人作用之妙,大有所窺。以爲世道安危治亂之機,捷於呼吸,微於縷黍[2]。世之小人既僥倖喪人之國,而世之君子理障太多[3],名心太重,護惜太甚,爲格套局面所拘,不知古人清净無爲、行所無事之旨,與藏身忍垢、委曲周旋之用。使君子不能以用小人,而小人得以制君子。故往往明而不晦,激而不平,以至於亂。而世儒觀古人之迹,又概繩以一切之法,不能虛心平氣,求短於長,見瑕於瑜,好不知惡,惡不知美。至於今,接響傳聲,其觀場逐隊之見,已入人之骨髓而不可破。於是上下數千年之間,別出手眼,凡古所稱爲大君子者,有時攻其所短;而所稱爲小人不足齒者,有時不没其所長。其意大抵在於黜虛文,求實用;舍皮毛,見神骨;去浮理,揣人情。即矯枉之過,不無偏有重輕,而舍其批駁譃笑之語,細心讀之,其破的中窾之處[4],大有補於世道人心。而人遂以爲得罪於名教,比之毁聖叛道,則已過矣。

【注】

〔1〕裒,聚集。
〔2〕縷,布絲;黍,高粱米。
〔3〕理障,善理阻塞。
〔4〕破的中窾,射中要害的意思。

選自《焚書》卷首袁中道《李溫陵傳》

顧 憲 成 (1550—1612)

顧憲成[1],字叔時,無錫人[2]。萬曆四年舉鄉試第一。八年成進士,授户部主事。大學士張居正病,朝士羣爲之禱,憲成不可。同官代之署名,憲成手削去之。居正卒,改吏部主事。請告歸三年,補驗封主事。

【注】
〔1〕顧憲成,東林書院的創建者,著作有《顧端文公遺書》。
〔2〕無錫,今屬江蘇省。

十五年大計京朝官[1],都御史辛自修掌計事。工部尚書何起鳴在拾遺中[2],自修坐是失執政意[3]。給事中陳與郊承風旨並論起鳴、自修[4],實以攻自修而庇起鳴。於是二人並罷,並責御史糾起鳴者四人[5]。憲成不平,上疏語侵執政、被旨切責,謫桂陽州判官。稍遷處州推官。丁母憂[6],服除,補泉州推官。舉公廉第一。
擢吏部考功主事,歷員外郎。會有詔三皇子并封王。憲成偕同官上疏曰:

【注】
〔1〕大計,每三年一次對官吏的考績。
〔2〕在拾遺中,指何起鳴被排在考核過失的官員之列。

〔3〕坐是,由此。坐是失執政意,因這件事有違執政者之意。
〔4〕承,秉承。風旨,指皇帝的旨意。
〔5〕責,責備。糾,檢舉。四人,指檢舉何起鳴的四位御史。
〔6〕丁母憂,遭母喪。

"皇上因《祖訓》立嫡之條,欲暫令三皇子並封王,以待有嫡立嫡,無嫡立長。臣等伏而思之,"待"之一言,有大不可者。太子,天下本。豫定太子,所以固本。是故有嫡立嫡,無嫡立長,就見在論是也[1],待將來則非也。我朝建儲家法,東宮不待嫡[2],元子不並封[3]。廷臣言甚詳,皇上概弗省,豈皇上創見有加列聖之上乎?有天下者稱天子,天子之元子稱太子。天子繫乎天,君與天一體也;太子繫乎父,父子一體也。主鬯承祧[4],於是乎在,不可得而爵。今欲並封三王,元子之封何所繫乎?無所繫,則難乎其爲名;有所繫,則難乎其爲實。

【注】
〔1〕見在,現在。
〔2〕東宮,太子所居之宮,此處指太子。
〔3〕元子,天子和諸侯的嫡長子。
〔4〕主鬯,原指祭祀用的酒,此處指太子。承祧,本指承奉祖廟的祭祀,此處指建皇儲。

"皇上以爲權宜云耳。夫權宜者,不得已而行之也。元子爲太子,諸子爲藩王,於理順,於分稱,於情安,有何不得已而然乎?耦尊鈞大[1],逼所由生。皇上以《祖訓》爲法,子孫以皇上爲法。皇上不難創其所無,後世詎難襲其所有[2]。自是而往,幸皆有嫡可也,不然,是無東宮也。又幸而如皇上之英明可也,不然,凡皇子皆東宮也。無乃啓萬世之大患乎?皇后與皇上共承宗祧,期於宗祧得人而已。皇上之元子諸子,即皇后之元子諸子。恭妃、皇貴妃不得而私之,統於尊也。豈必如輔臣王錫爵之請,須拜皇后爲母,而後稱子哉?

【注】
[1] 耦尊鈞大,尊卑失序。
[2] 詎,豈何。

"況始者奉旨,少待二三年而已,俄改二十年,又改於二十一年,然猶可以歲月期也。今曰'待嫡',是未可以歲月期也。命方布而忽更,意屢遷而愈緩。自並封命下,叩閽上封事者不可勝數[1],至里巷小民亦聚族而竊議,是孰使之然哉,人心之公也。而皇上猶責輔臣以擔當。錫爵夙夜趣召[2],乃排羣議而順上旨,豈所謂擔當;必積誠感悟納皇上於無過之地,乃真擔當耳。不然,皇上且不能如天下何,而況錫爵哉!

【注】
[1] 叩閽,向朝廷上書。封事,機密的奏章。

〔2〕夙夜,早晚。趣召,接受皇帝召見。

"皇上神明天縱,非溺寵狎昵之比。而不諒者,見影而疑形,聞響而疑聲,即臣等亦有不能爲皇上解者。皇上盛德大業,比隆三五[1]。而乃來此意外之紛紛,不亦惜乎。伏乞令皇元子早正儲位,皇第三子、皇第五子各就王爵。父父子子,君君臣臣,兄兄弟弟。宗廟之福,社稷之慶,悉在是矣。"

【注】
〔1〕比隆三五,與三王五霸相比配。

憲成又遺書錫爵,反復辨論。其後並封議遂寢[1]。
二十一年京察[2]。吏部尚書孫鑨、考功郎中趙南星盡黜執政私人,憲成實左右之。及南星被斥,憲成疏請同罷,不報。尋遷文選郎中。所推舉率與執政牴牾。先是,吏部缺尚書,錫爵欲用羅萬化,憲成不可,乃用陳有年。後廷推閣臣,萬化復不與。錫爵等皆恚,萬化乃獲推,會帝報罷而止[3]。及是,錫爵將謝政,廷推代者。憲成舉故大學士王家屏,忤帝意,削籍歸。事具《有年傳》。

【注】
〔1〕寢,停息。
〔2〕京察,對在京官吏定期進行的考績。
〔3〕報罷,不批准。

憲成既廢,名益高,中外推薦無慮百十疏[1],帝悉不報,至三十六年,始起南京光祿少卿,力辭不就。四十年卒於家。天啓初[2],贈太常卿。魏忠賢亂政,其黨石三畏追論之,遂削奪。崇禎初,贈吏部右侍郎,謚端文。

【注】
[1] 無慮,大略,大概。
[2] 天啓,明熹宗朱由校年號(1621—1627)。

　　憲成姿性絶人,幼即有志聖學。暨削籍里居[1],益覃精研究,力辟王守仁"無善無惡心之體"之説。邑故有東林書院,宋楊時講道處也,憲成與弟允成倡修之,常州知府歐陽東鳳與無錫知縣林宰爲之營構。落成,偕同志高攀龍、錢一本、薛敷教、史孟麟、于孔兼輩講習其中,學者稱涇陽先生,當是時,士大夫抱道忤時者,率退處林野,聞風響附,學舍至不能容。憲成嘗曰:"官輦轂[2],志不在君父,官封疆,志不在民生,居水邊林下,志不在世道,君子無取焉。"故其講習之餘,往往諷議朝政,裁量人物。朝士慕其風者,多遥相應和。由是東林名大著,而忌者亦多。

【注】
[1] 暨,及,至。
[2] 輦轂,天子的車輿,用以代指天子,此處指朝廷。

　　既而淮撫李三才被論,憲成貽書葉向高、孫丕揚爲延譽[1]。御史吳亮刻之邸抄中，攻三才者大譁。而其時于玉立、黃正賓輩附麗其間，頗有輕浮好事名。徐兆魁之徒遂以東林爲口實。兆魁騰疏攻憲成[2]，恣意誣詆。謂澨墅有小河，東林專其稅爲書院費；關使至，東林輒以書招之，即不赴，亦必致厚饋；講學所至，僕從如云，縣令館穀供億[3]，非二百金不辦；會時必談時政，郡邑行事偶相左，必令改圖；及受黃正賓賄。其言絶無左驗。光禄丞吳炯上言爲一一致辨，因言："憲成貽書救三才，誠爲出位[4]，臣嘗咎之，憲成亦自悔。今憲成被誣，天下將以講學爲戒，絶口不談孔、孟之道，國家正氣從此而損，非細事也。"疏入，不報。嗣後攻擊者不絶，比憲成殁，攻者猶未止。凡救三才者，爭辛亥京察者，衛國本者，發韓敬科場弊者，請行勘熊廷弼者[5]，抗論張差梃擊者[6]，最後爭移宮、紅丸者[7]，忤魏忠賢者，率指目爲東林，抨擊無虛日。借魏忠賢毒焰，一網盡去之。殺戮禁錮，善類爲一空。崇禎立，始漸收用。而朋黨勢已成，小人卒大熾，禍中於國，迄明亡而後已。

【注】

〔1〕延譽，播揚聲譽。

〔2〕騰疏，驛遞奏疏。

〔3〕館穀，延館招待。供億，供應所需物品。

〔4〕出位，越出本分。

〔5〕勘，審問。熊廷弼(1569—1625)，明江夏人，字飛白。經略遼東，因後金兵入撫順，被劾罷官。天啓初年被起用後，因與巡撫意見不一，兵敗退回關内，被魏忠賢誣陷論死，斬於西市，傳

首九邊。

〔6〕張差梃擊，事指明神宗時，有名叫張差的持梃入太子所居慈慶宫，被執訊問，供爲内監劉成、龐保所指使，張、劉、龐三人論死。

〔7〕移宫，明光宗死，其寵妃李選侍仍居乾清宫，熹宗即位後，大臣劉一燝、周嘉謨等奉熹宗暫居慈慶宫，迫李選侍移宫至仁壽殿，是爲移宫之案。紅丸，光宗即位後，遇疾，内侍崔文昇與鴻臚寺官李可灼進紅丸，帝服之而死。"紅丸"案與"梃擊"、"移宫"合稱爲明三案。

選自《明史》卷二三一

吕　　坤（1536—1618）

　　吕坤，字叔簡，寧陵人[1]。萬曆二年進士。爲襄垣知縣，有異政。調大同[2]，徵授户部主事，歷郎中。遷山東參政、山西按察使、陝西右布政使。擢右僉都御史，巡撫山西。居三年，召爲左僉都御史。歷刑部左、右侍郎。

【注】
[1] 寧陵，今河南寧陵。
[2] 大同，今山西大同。

　　二十五年五月疏陳天下安危。其略曰：
　　"竊見元旦以來，天氣昏黄，日光黯淡，占者以爲亂徵。今天下之勢，亂象已形，而亂勢未動。天下之人，亂心已萌，而亂人未倡。今日之政，皆播亂機使之動，助亂人使之倡者也。臣敢以救時要務，爲陛下陳之。自古幸亂之民有四。一曰無聊之民。飽温無由，身家俱困，因懷逞亂之心，冀緩須臾之死。二曰無行之民。氣高性悍，玩法輕生，居常愛玉帛子女而不得，及有變則淫掠是圖。三曰邪説之民。白蓮結社[1]，遍及四方，教主傳頭，所在成聚。倘有招呼之首，此其歸附之人。四曰不軌之民。乘釁蹈機，妄思雄長。惟冀目前有變，不樂天下太平。陛下約己愛人，損上蓋下，則四民皆赤子，否則悉爲寇讎。

【注】

〔1〕白蓮，白蓮教，也叫白蓮社。元、明、清三代，常被農民利用爲組織鬥爭的工具，以"明王出世"、"彌勒降生"相號召，發動起義。明代有聞香教、大乘教清茶門等名目。

"今天下之蒼生貧困可知矣。自萬曆十年以來，無歲不災，催科如故。臣久爲外吏，見陛下赤子凍骨無兼衣，飢腸不再食，垣舍弗蔽，苫藁未完；流移日衆，棄地猥多；留者輸去者之糧，生者承死者之役。君門萬里，孰能仰訴。今國家之財用耗竭可知矣。數年以來壽宮之費幾百萬[1]，織造之費幾百萬，寧夏之變幾百萬[2]，黃河之潰幾百萬[3]，今大工、採木費，又各幾百萬矣。土不加廣，民不加多，非有雨菽湧金，安能爲計。今國家之防禦疏略可知矣。三大營之兵以衛京師也，乃馬半羸敝，人半老弱。九邊之兵以禦外寇也，皆勇於挾上，怯於臨戎。外衛之兵以備征調資守禦也，伍缺於役占，家累於需求，皮骨僅存，折衝奚賴。設有千騎橫行，兵不足用，必選民丁。以怨民鬥怨民，誰與合戰。

【注】

〔1〕壽宮，舊指皇帝生前預築的墳墓。文中係指明神宗爲營建自

己的陵墓(定陵)，據記載，大約用了六年時間，每天役使軍匠、民工多達三萬餘人，共耗費白銀八百餘萬兩。

〔2〕寧夏之變，指神宗萬曆二十年二月，寧夏致仕副總兵哱拜之亂。

〔3〕黃河之潰，神宗萬曆三年，黃河決高郵、碭山。五年決崔鎮，河水四溢，淤塞清河口，影響淮河水向南傾瀉，使高郵、寶應等縣全被洪水淹沒，田園、房屋盡毀，人民顛沛流離。遭殃受苦，農業生產也受到嚴重破壞。後張居正起用潘季馴治河，歷三載，至萬曆八年黃、淮二河治理工程完成。

"人心者，國家之命脈也。今日之人心，惟望陛下收之而已。關、隴氣寒土薄〔1〕，民生實艱。自造花絨，比戶困趣逼。提花染色，日夜無休，千手經年，不成一匹。他若山西之綢，蘇、松之錦綺〔2〕，歲額既盈，加造不已。至饒州磁器〔3〕，西域回青〔4〕，不急之須，徒累小民敲骨。陛下誠一切停罷，而江南、陝西之人心收矣。

【注】

〔1〕關、隴，今陝、甘地區。
〔2〕蘇、松，今江蘇蘇州、上海松江。
〔3〕饒州，今屬江西波陽。
〔4〕西域，漢以後對於玉門關(今甘肅敦煌西北)以西地區的總稱，始見於《漢書·西域傳》。

"以採木言之。丈八之圍，非百年之物。深山窮谷,蛇虎雜居,毒霧常多,人烟絕少,寒暑飢渴瘴癘死者無論矣。乃一木初卧,千夫難移,倘遇阻艱,必成傷殞。蜀民語曰'入山一千,出山五百',哀可知也。至若海木,官價雖一株千兩,比來都下,爲費何止萬金。臣見楚、蜀之人[1],談及採木,莫不哽咽。苟損其數,增其直,多其歲月,減其尺寸,而川、貴、湖廣之人心收矣[2]。

【注】

[1] 楚,今湖南、湖北。蜀,今四川。
[2] 湖廣,元置湖廣等處行省,實統今之兩湖、兩廣而言。明分爲湖廣、廣東、廣西三市政使司,自此專指兩湖之地曰湖廣。

"以採礦言之。南陽諸府[1],比歲饑荒。生氣方蘇,菜色未變。自責報殷戶,而半已驚逃。自供應礦夫工食、官兵口糧,而多至累死。自都御史李盛春嚴旨切責,而撫按畏罪不敢言。今礦沙無利,責民納銀,而奸人仲春復爲攘奪侵漁之計。朝廷得一金,郡縣費千倍。誠敕戒使者,毋散砂責銀,有侵奪小民若仲春者,誅無赦,而四方之人心收矣。

【注】

[1] 南陽,府名,元至元八年升申州置,治所在南陽(今市)。明、清轄境相當今河南方城山、伏牛山以南,舞陽、桐柏以西地。

"官店租銀收解,自趙承勛造四千之説,而皇店開。自朝廷有內官之遣,而事權重。夫市井之地,貧民求升合絲毫以活身家者也,陛下享萬方之富,何賴於彼?且馮保八店[1],爲屋幾何,而歲有四千金之課。課既四千,徵收何止數倍。不奪市民,將安取之?今豪家遣僕設肆,居民尚受其殃,況特遣中貴,賜之敕書,以壓卵之威,行竭澤之計,民困豈顧問哉。陛下撤還内臣,責有司輸課,而畿甸之人心收矣[2]。

【注】

[1] 馮保,字永亭,號雙林,今河北深州人,明朝宦官。嘉靖中,入宮爲中官,隆慶初,提督東廠兼掌御馬監事。因事與大學士高拱不協,乃深結張居正,以謀去拱。穆宗死,他言於后妃,斥孟冲而奪其位。自後,既掌司禮,又督東廠,兼總内外,遂與居正共逐高拱。神宗時,他倚太后勢,嘗罰皆出其口,及居正死,太后歸政,遂爲舊閹張鯨、張誠排擠,謫爲奉御,於南京安置。

[2] 畿甸,指京城管轄的地區。

"天下宗室,皆九廟子孫[1]。王守仁、王錦襲蓋世神姦。籍隔數千里,而冒認王弼子孫;事隔三百年,而妄稱受寄財產。中間僞造絲綸[2],假傳詔旨,明欺聖主,暗陷親王,有如楚王銜恨自殺,陛下何辭以謝高皇帝之靈乎?如兩賊者,罪應誅殛,乃止令回籍,臣恐萬姓驚疑。誠急斬二賊以謝楚王,而天下宗藩之心收矣。

【注】

〔1〕九廟,古時帝王立廟祭祀祖先,有太祖廟及三昭廟、三穆廟,共七廟,見《禮記·王制》。王莽地皇元年,增爲祖廟五,親廟四,共九廟,見《漢書·王莽傳下》。此後歷朝皇帝皆立九廟。

〔2〕絲綸,《禮記·緇衣》:"王言如絲,其出如綸。"絲,細縷;綸,粗繂。舊時臣下諛頌帝王權勢極盛,用以比喻帝王的一句極微細的話也會產生很大的影響。後稱帝王的詔書爲"絲綸"。

"崇信伯、費甲金之貪,十厢珠寶之誣,皆通國所知也。始誤於科道之風聞,嚴追猶未爲過。今真知其枉,又加禁錮,實害無辜。請還甲金革去之祿,復五城廠衛降斥之官,而勳戚之人心收矣。

"法者,所以平天下之情。其輕其重,太祖既定爲律,列聖又增爲例。如輕重可以就喜怒之情,則例不得爲一定之法。臣待罪刑部三年矣,每見詔獄一下,持平者多拂上意,從重者皆當聖心。如往年陳恕、王正甄、常照等獄,臣等欺天罔人,已自廢法,陛下猶以爲輕,俱加大辟。然則律例又安用乎!誠俯從司寇之平〔1〕,勉就祖宗之法,而囹圄之人心收矣。

【注】

〔1〕司寇,官名,掌管刑獄、糾察等事。舊時以大司寇爲刑部尚書的別稱,侍郎則稱少司寇。

"自古聖明之君,豈樂誹謗之語。然而務求言賞諫者,知天下存亡,係言路通塞也。比來驅逐既多,選補皆罷。天閽邃密[1],法座崇嚴[2],若不廣達四聰,何由明照萬里。今陛下所聞,皆衆人之所敢言也,其不敢言者,陛下不得聞矣。一人孤立萬乘之上,舉朝無犯顏逆耳之人,快在一時,憂貽他日。陛下誠釋曹學程之繫,還吳文梓等官,凡建言得罪者,悉分別召用,而士大夫之心收矣。

【注】

〔1〕天閽,舊時帝王之宮門。邃密,深遠之意。
〔2〕法座,正座。舊時帝王聽朝之處。

"朝鮮密邇東陲[1],近吾肘腋,平壤西鄰鴨綠,晉州直對登、萊[2]。倘倭夷取而有之,籍衆爲兵,就地資食,進則斷我漕運,退則窺我遼東[3]。不及一年,京城坐困,此國家大憂也。乃彼請兵而二三其說,許兵而延緩其期;力窮勢屈,不折入爲倭不止。陛下誠早決大計,并力東征,而屬國之人心收矣。

【注】

〔1〕密邇,貼近。陲,邊疆。
〔2〕登,明登州府,位山東半島東端,爲通遼東及朝鮮半島海道交通起點。萊,明萊州府。
〔3〕遼東,都司名。明洪武四年置定遼都衛,八年改爲遼東都司。

治所在定遼中衛（今遼陽市），轄區相當今遼寧大部。自正統後因兀良哈諸族南移，漸失遼河套（今遼河中游兩岸地）；天啓元年（1621）至崇禎十五年（1642）間，全境爲後金（清）所并。

"四方輸解之物，營辦既苦，轉運尤艱。及入内庫，率至朽爛，萬姓脂膏，化爲塵土。倘歲一稽核，苦窳者嚴監收之刑[1]，朽腐者重典守之罪。一整頓間，而一年可備三年之用，歲省不下百萬，而輸解之人心收矣。

【注】
[1] 苦窳，指物粗劣多疵病。

"自抄没法重，株連數多。坐以轉寄，則並籍家資。誣以多贓，則互連親識。宅一封而雞豚大半餓死，人一出則親戚不敢藏留。加以官吏法嚴，兵番搜苦，少年婦女，亦令解衣。臣曾見之，掩目酸鼻。此豈盡正犯之家、重罪之人哉。一字相牽，百口難解。姦人又乘機恐嚇，挾取資財，不足不止，半年之内，擾遍京師，陛下知之否乎？願慎抄没之舉，釋無辜之繫，而都下之人心收矣。

"列聖在御之時，豈少宦官宮妾，然死於箠楚者，未之多聞也。陛下數年以來，疑深怒盛。廣廷之中，狼籍血肉，宮禁之内，慘戚啼號。厲氣冤魂，乃聚福祥之地。今環門守户之衆，皆傷心側目之人。外表忠勤,中藏險毒[1]。既朝暮不能自保,即九死何愛一身。陛下卧榻之側,同心者幾人,暮夜之際,防患者幾人,臣竊憂之。願少霽威嚴,慎用鞭扑,而左右之人心收矣。

【注】

〔1〕險,邪佞。險毒,姦毒。

"祖宗以來,有一日三朝者,有一日一朝者。陛下不視朝久,人心懈弛已極,姦邪窺伺已深,守衛官軍衹應故事。今乾清修造[1],逼近御前。軍夫往來,誰識面貌。萬一不測,何以應之。臣望發宮鑰於質明,放軍夫於日昃。自非軍國急務,慎無昏夜傳宣。章奏不答,先朝未有。至於今日,強半留中。設令有國家大事,邀截實封,揚言於外曰'留中矣',人知之乎?願自今章疏未及批答者,日於御前發一紙,下會極門,轉付諸司照察,庶君臣雖不面談,而上下猶無欺蔽。

【注】

〔1〕乾清,明乾清宮。

"臣觀陛下昔時勵精爲治,今當春秋鼎盛,曾無夙夜憂勤之意,惟孜孜以患貧爲事。不知天下之財,止有此數,君欲富則天下貧,天下貧而君豈獨富。今民生憔悴極矣,乃采辦日增,誅求益廣,斂萬姓之怨於一言,結九重之讎於四海[1],臣竊痛之。使六合一家[2],千年如故,即宮中虛無所有,誰忍使陛下獨貧。今禁城之內,不樂有君。天下之民,不樂有生。怨讟愁嘆[3],難堪入聽。陛下聞之,必有食不能咽,寢不能安者矣。臣老且衰,恐不得復見太平,籲天叩地,齋宿七日,敬獻憂危之誠。惟陛下密行臣言,翻然若出聖心警悟者,則人心自悅,天意自回。苟不然者,陛下他日雖悔,將何及耶。"

【注】

[1] 九重,謂天子所居之處,或用以稱天子。
[2] 六合,指天地四方。
[3] 怨讟,痛恨而有怨言。《左傳·昭公八年》:"民力雕盡,怨讟並作。"

疏入,不報。坤遂稱疾乞休,中旨許之。於是給事中戴士衡劾坤機深志險,謂石星大誤東事,孫鑛濫殺不辜,坤顧不言,曲爲附會,無大臣節。給事中劉道亨言往年孫丕揚劾張位,位疑疏出坤手,故使士衡劾坤。位奏辨。帝以坤既罷,悉置不問。

初,坤按察山西時。嘗撰《閨範圖說》,內侍購入禁中。鄭貴妃因加十二人[1],且爲制序,屬其伯父承恩重刊之。士衡遂劾坤因承恩進書,結納宮掖[2],包藏禍心。坤持疏力辨。未幾,有妄人爲《閨範圖說》跋,名曰憂危竑議,略言:"坤撰《閨範》,獨取漢明德后者,后由貴人進中宮,坤以媚鄭貴妃也。坤疏陳天下憂危,無事不言,獨不及建儲,意自可見。"其言絶狂誕,將以害坤。帝歸罪於士衡等,其事遂寢。

【注】

〔1〕鄭貴妃,明神宗妃,屬今北京人。萬曆初入宫,生皇三子朱常洵,進皇貴妃,爲神宗所寵。廷臣疑她有立己子之謀,乃有争言立儲之事,即所謂"争國本"。萬曆四十三年(1615),張差手執木棍打入太子宫,打傷守門太監。被執後供係鄭貴妃手下太監龐保、劉成引進,時人疑鄭貴妃欲謀殺太子。謂之"挺擊案"。光宗即位,她欲求封皇太后,因廷臣反對,未果。
〔2〕掖,即掖庭,宫中的旁舍,嬪妃所居之處,因稱宫中爲"宫掖"。

坤剛介峭直,留意正學。居家之日,與後進講習。所著述,多出新意。初,在朝與吏部尚書孫丕揚善。後丕揚復爲吏部,屢推坤左都御史未得命,言:"臣以八十老臣保坤,冀臣得親見用坤之效。不效,甘受失舉之罪,死且無憾。"已,又薦天下三大賢,沈鯉、郭正域[1],其一即坤,丕揚前後推薦,疏至二十餘上,帝終不納。福王封國河南,賜莊田四萬頃。坤在籍,上言:"國初分封親藩二十有四,賜田無至萬頃者。河南已封周、趙、伊、徽、鄭、唐、崇、潞八王,若皆取盈四萬,占兩河郡縣且半,幸聖明裁減。"復移書執政言之。會廷臣亦力争,得減半。卒,天啓初,贈刑部尚書。

【注】

〔1〕沈鯉,字仲化,號龍江,今河南商丘縣人。嘉靖進士,萬曆十年,擢侍講學士,遷吏部左侍郎,十二年拜禮部尚書。二十九年,以故官兼東閣大學士,入參機務。著有《亦玉堂稿》、《文雅社約》。

〔2〕郭正域,字美命,今湖北武漢市人。萬曆進士,選庶吉士,授編修,與修撰唐文獻同爲皇長子講官。萬曆三十年徵拜詹事,復爲東宮講官,旋擢禮部右侍郎,掌翰林院。三十一年尚書馮琦卒,正域還署部事。

選自《明史》卷二二六

焦 竑（1540—1620）

　　焦竑,字弱侯,江寧人[1]。爲諸生[2],有盛名。從督學御史耿定向學[3],復質疑於羅汝芳[4]。舉嘉靖四十三年鄉試,下第還[5]。定向遴十四郡名士讀書崇正書院,以竑爲之長。及定向里居,復往從之。萬曆十七年,始以殿試第一人官翰林修撰,益討習國朝典章[6]。二十二年,大學士陳于陛建議修國史,欲竑專領其事,竑遜謝,乃先撰《經籍志》,其他率無所撰,館亦竟罷。翰林教小內侍書者,衆視爲具文[7],竑獨曰:"此曹他日在帝左右,安得忽之。"取古奄人善惡[8],時與論説。

【注】

〔1〕江寧,今江蘇南京。
〔2〕諸生,明、清兩代稱已入學的生員。
〔3〕耿定向(1524—1596),字在倫,號楚侗,黃安(今湖北黃岡市紅安縣)人。嘉靖進士,擢御史,萬曆間累官至户部尚書。他以王守仁心學爲本,與李贄相違,李贄著書對他多加批駁。著有《耿子庸言》等。
〔4〕質疑,請人解答疑難。羅汝芳,本書有傳。
〔5〕下第,科舉時代進士考試不中叫"下第",也叫"落第"。
〔6〕國朝,指本朝。典章,制度法令等的總稱。
〔7〕具文,空文,謂徒具形式而無實際。

〔8〕奄,通"閹"。奄人,太監的代稱。

　　皇長子出閣,竑爲講官。故事,講官進講罕有問者。竑講畢,徐曰:"博學審問,功用維均,敷陳或未盡,惟殿下賜明問。"皇長子稱善,然無所質難也。一日,竑復進曰:"殿下言不易發,得毋諱其誤耶？解則有誤,問復何誤？古人不恥下問,願以爲法。"皇長子復稱善,亦竟無所問。竑乃與同列謀先啓其端,適講《舜典》〔1〕,竑舉"稽於衆,舍己從人"爲問。皇長子曰:"稽者,考也。考集衆思,然後舍己之短,從人之長。"又一日,舉"上帝降衷,若有恒性"。皇長子曰:"此無他,即天命之謂性也。"時方十三齡,答問無滯,竑亦竭誠啓迪。嘗講次,羣鳥飛鳴,皇長子仰視,竑輟講肅立。皇長子斂容聽,乃復講如初。竑嘗採古儲君事可爲法戒者爲《養正圖説》〔2〕,擬進之。同官郭正域輩惡其不相聞,目爲賈譽〔3〕,竑遂止。竑既負重名,性復疏直,時事有不可,輒形之言論,政府亦惡之,張位尤甚。二十五年主順天鄉試〔4〕,舉子曹蕃等九人文多險誕語,竑被劾,謫福寧州同知〔5〕。歲餘大計,復鐫秩〔6〕,竑遂不出。

【注】

〔1〕《舜典》,《古文尚書》篇名。它將《堯典》下半篇分出,並加二十八字,另名《舜典》,主要敍述虞舜時的史事。
〔2〕儲君,太子。
〔3〕目爲賈譽,視爲有意做作以賺取名聲。
〔4〕順天,今屬北京市。

〔5〕福寧州,今屬福建霞浦。
〔6〕鐫,削。秩,《荀子・強國》:"官人益秩,庶人益禄。"引申以指官吏的職位或品級。鐫秩,降級。

　　竑博極羣書,自經史至稗官、雜説,無不淹貫[1]。善爲古文,典正馴雅[2],卓然名家。集名《澹園》,竑所自號也。講學以汝芳爲宗,而善定向兄弟及李贄,時頗以禪學譏之。萬曆四十八年卒,年八十。熹宗時,以先朝講讀恩,復官,贈諭德,賜祭廕子。福王時[3],追諡文端。子潤生,見《忠義傳》。

【注】
〔1〕淹貫,淹博貫通。《新唐書・柳登傳》:"淹貫羣書。"
〔2〕典正馴雅,意謂文有根據而不鄙俗。
〔3〕福王,指朱由崧(？—1646),南明皇帝。明神宗之孫,福王朱常詢之子。朱常詢爲李自成起義軍鎮壓,朱由崧流落江淮,崇禎十六年(1643),襲封福王。明亡,由鳳陽總督馬士英等擁立於南京監國,繼稱帝,建元弘光。

　　　　　　選自《明史》卷二八八《文苑四》

楊東明（1548—1624）

楊東明，字啓修，虞城人[1]。官給事中。請定國本[2]，出閣豫教[3]，早朝勤政，酌宋應昌、李如松功罪之平[4]。上河南饑民圖，薦寺丞鍾化民往振[5]。掌吏科，協孫丕揚主大計。後以劾沈思孝，思孝與相詆，貶三官爲陝西布政司照磨。里居二十六年。光宗立[6]，起太常少卿。天啓中，累遷刑部右侍郎。既歸，遂卒。崇禎初[7]，贈刑部尚書。

【注】

[1] 虞城，今河南虞城。
[2] 國本，即國祚之本，指太子。
[3] 出閣豫教，皇子出就藩封，與聞國政。
[4] 宋應昌、李如松，均明朝大將。
[5] 振，"賑"的本字，救濟。
[6] 光宗，明朝皇帝朱常洛，年號泰昌，1620年在位。
[7] 崇禎，明思宗朱由檢年號（1628—1644）。

選自《明史》卷二四一

高 攀 龍（1562—1626）

高攀龍，字存之，無錫人。少讀書，輒有志程、朱之學〔1〕。舉萬曆十七年進士，授行人。四川僉事張世則進所著《大學初義》，詆程、朱章句〔2〕，請頒天下。攀龍抗疏力駁其謬，其書遂不行。

侍郎趙用賢、都御史李世達被訐去位〔3〕，朝論多咎大學士王錫爵。攀龍上疏曰：

【注】
〔1〕程，二程（程顥、程頤）；朱，朱熹。
〔2〕章句，對經書字句的解釋。
〔3〕訐，揭發陰私。

"近見朝宁之上〔1〕，善類擯斥一空。大臣則孫鑨、李世達、趙去賢去矣，小臣則趙南星、陳泰来、顧允成、薛敷教、張納陛、于孔兼、賈巖斥矣。邇者李禎、曾乾亨復不安其位而乞去矣，選郎孟化鯉又以推用言官張棟，空署而逐矣。

【注】
〔1〕朝宁，朝廷。

"夫天地生才甚難,國家需才甚亟,廢斥如此,後將焉繼。致使正人扼腕,曲士彈冠[1],世道人心何可勝慨!且今陛下朝講久輟,廷臣不獲望見顏色。天言傳布,雖曰聖裁,隱伏之中,莫測所以。故中外羣言,不曰'輔臣欲除不附己',則曰'近侍不利用正人'。陛下深居九重,亦曾有以諸臣賢否陳於左右;而陛下於諸臣,亦嘗一思其得罪之故乎?果以爲皆由聖怒,則諸臣自孟化鯉而外,未聞忤旨,何以皆罷斥?即使批鱗逆耳,如董基等,陛下已嘗收錄,何獨於諸臣不然?臣恐陛下有袪邪之果斷,而左右反借以媢嫉之私[2];陛下有容言之盛心,而臣工反遺以拒諫諍之誚。傳之四海,垂諸史册,爲聖德累不小。

【注】

〔1〕曲士,寡聞陋見之人,此處指小人。
〔2〕媢嫉,嫉妒。

"輔臣王錫爵等,迹其自待[1],若愈於張居正、申時行;察其用心,何以異於五十步笑百步。即如諸臣罷斥,果以爲當然,則是非邪正,恒人能辨,何忍坐視至尊之過舉,得毋內泄其私憤,而利於斥逐之盡乎?"

【注】

〔1〕自待,自視。

末力詆鄭材、楊應宿讒諂宜黜。應宿亦疏訐攀龍,語極妄誕。疏並下部院,議請薄罰兩臣,稍示懲創。帝不許,鎸應宿二秩[1],謫攀龍揭陽添注典史。御史吳弘濟等論救,並獲譴。攀龍之官七月,以事歸。尋遭親喪,遂不出,家居垂三十年。言者屢薦,帝悉不省。

【注】
[1] 鎸,削。

熹宗立,起光禄丞。天啓元年進少卿。明年四月疏劾戚畹鄭養性[1],言:"張差梃擊實養性父國泰主謀[2]。今人言籍籍[3],咸疑養性交關奸宄[4],別懷異謀,積疑不解,當思善全之術。至劉保謀逆,中官盧受主之,劉于簡獄詞具在。受本鄭氏私人,而李如楨一家交關鄭氏,計陷名將,失地喪師。于簡原供,明言李永芳約如楨内應。若崔文昇素爲鄭氏腹心,知先帝症虚,故用泄藥,罪在不赦[5]。陛下僅行斥逐,而文昇猶潛住都城。宜勒養性還故里,急正如楨、文昇典刑,用章國法"。疏入,責攀龍多言,然卒遣養性還籍。

【注】
[1] 戚畹,外戚親貴。鄭養性,明神宗鄭貴妃的侄子,鄭國泰之子。
[2] 張差梃擊,見本書《顧憲成》傳注。國泰,神宗鄭貴妃兄,官至左都督,後病死。
[3] 人言籍籍,議論紛紛。

〔4〕交關奸宄，勾結奸人。
〔5〕崔文昇用泄藥一事，稱爲"紅丸案"，見《顧憲成》傳注。

　　孫慎行以"紅丸"事攻舊輔方從哲，下廷議。攀龍引《春秋》首惡之誅，歸獄從哲[1]。給事中王志道爲從哲解，攀龍遺書切責之。尋改太常少卿，疏陳務學之要，因言："從哲之罪非止'紅丸'，其最大者在交結鄭國泰。國泰父子所以謀危先帝者不一，始以張差之梃、繼以美姝之進[2]，終以文昇之藥，而從哲實左右之。力扶其爲鄭氏者，力鋤其不爲鄭氏者；一時人心若狂，但知鄭氏，不知東宮。此賊臣也，討賊，則爲陛下之孝。而説者乃曰'爲先帝隱諱則爲孝'，此大亂之道也。陛下念聖母則宣選侍之罪[3]，念皇考則隆選侍之恩，仁之至義之盡也。而説者乃曰'爲聖母隱諱則爲孝'。明如聖諭，目爲假託；忠如楊漣[4]，謗爲居功。人臣避居功，甘居罪，君父有急，袖手旁觀，此大亂之道也。惑於其説，孝也不知其爲孝，不孝也以爲大孝；忠也不知其爲忠，不忠也以爲大忠。忠孝皆可變亂，何事不可妄爲。故從哲、養性不容不討，奈何猶令居輦轂下[5]！"時從哲輩奧援甚固，摘疏中"不孝"語激帝怒，將加嚴譴。葉向高力救，乃奪禄一年。旋改大理少卿。鄒元標建書院[6]，攀龍與焉。元標被攻，攀龍請與同罷，詔留之。進太僕卿，擢刑部右侍郎。

【注】
〔1〕歸獄，歸罪。

〔2〕美姝,美女。

〔3〕選侍之罪,見本書《顧憲成》傳"移宫"注。

〔4〕楊漣(1572—1625),應山人,字文孺,號大洪。官至左副都御史,上疏劾宦官魏忠賢二十四大罪。次年被誣受遼東督張熊廷弼贓,下詔獄,拷掠至死。著有《楊大洪集》。

〔5〕輦轂,原指天子的車輿,此處指朝廷。

〔6〕鄒元標(1551—1624),吉水人,字爾瞻,號南皋。累官至左都御史,與馮從吾建首善書院,集衆講學。著作有《願學集》。

　　四年八月拜左都御史。楊漣等羣擊魏忠賢,勢已不兩立。及向高去國,魏廣微日導忠賢爲惡,而攀龍爲趙南星門生,並居要地。御史崔呈秀按淮、揚還,攀龍發其穢狀,南星議戍之。呈秀窘,急走忠賢所,乞爲義兒,遂摭謝應祥事〔1〕,謂攀龍黨南星,嚴旨詰責,攀龍遽引罪去。頃之,南京御史游鳳翔出爲知府,訐攀龍挾私排擠。詔復鳳翔故官,削攀龍籍。呈秀憾不已,必欲殺之,竄名李實劾周起元疏中〔2〕,遣緹騎往逮〔3〕。攀龍晨謁宋儒楊龜山祠〔4〕,以文告之。歸與二門生一弟飲後園池上,聞周順昌已就逮,笑曰:"吾視死如歸,今果然矣。"入與夫人語,如平時。出,書二紙告二孫曰:"明日以付官校。"因遣之出,扃户〔5〕。移時諸子排户入,一燈熒然,則已衣冠自沈於池矣。發所封紙,乃遺表也,云:"臣雖削奪,舊爲大臣,大臣受辱則辱國。謹北向叩頭,從屈平之遺則〔6〕。"復別門人華允誠書云:"一生學問〔7〕,至此亦少得力。"時年六十五。遠近聞其死,莫不傷之。

【注】

〔1〕謝應祥,當時任太常卿。趙南星、高攀龍薦舉他爲山西巡撫,魏忠賢一伙借此事攻趙、高等人。

〔2〕竄名,改易人名。李實,太監,任蘇杭織造中官,屬魏忠賢閹黨。周起元,海澄人,字仲先,官至右僉都御史,因忤魏忠賢而被逮下獄,受酷刑死。

〔3〕緹騎,逮治犯人的官役,指錦衣衛校尉。

〔4〕楊龜山,即楊時(1053—1135),本書有傳。

〔5〕扃户,關門。

〔6〕屈平,即屈原,"平"爲名,以字行。本書有傳。

〔7〕高攀龍的著作有《高子遺書》。

呈秀憾猶未釋,矯詔下其子世儒吏。刑部坐世儒不能防閑其父,謫爲徒。崇禎初,贈太子少保,兵部尚書,謚忠憲,授世儒官。

初,海内學者率宗王守仁,攀龍心非之。與顧憲成同講學東林書院,以静爲主。操履篤實,粹然一出於正,爲一時儒者之宗。海内士大夫,識與不識,稱高、顧無異詞。攀龍削官之秋,詔毁東林書院。莊烈帝嗣位,學者更修復之。

選自《明史》卷二四三

徐 光 啓 (1562—1633)

徐光啓,字子先,上海人。萬曆二十五年舉鄉試第一,又七年成進士。由庶吉士歷贊善。從西洋人利瑪竇學天文、曆算、火器[1],盡其術。遂徧習兵機、屯田、鹽筴、水利諸書[2]。

【注】
[1] 利瑪竇(1552—1610),意大利人。他是明末來中國的天主教耶穌會傳教士,與中國士大夫有交往,也介紹過西方的自然科學知識。著譯《幾何原本》(與徐光啓合譯)、《天文實義》、《關於耶穌會的進入中國》等書。
[2] 兵機,軍事。屯田,政府爲取得軍隊給養或稅糧,利用士兵或農民墾種荒田。鹽筴,鹽政。

楊鎬四路喪師[1],京師大震。累疏請練兵自效[2]。神宗壯之[3],超擢少詹事兼河南道御史。練兵通州[4],列上十議。時遼事方急,不能如所請。光啓疏争,乃稍給以民兵戎械。

【注】
[1] 楊鎬四路喪師,公元1618年努爾哈赤大舉入侵,楊鎬被明神宗任命爲兵部尚書,經略遼東,兵敗,被捕入獄。

〔2〕練兵自效,訓練軍隊以實現自己在奏疏中提出的主張。
〔3〕壯之,讚佩他這種壯舉。
〔4〕通州,今北京通州。

　　未幾,熹宗即位。光啓志不得展,請裁去,不聽。既而以疾歸。遼陽破,召起之。還朝,力請多鑄西洋大砲,以資城守。帝善其言,方議用,而光啓與兵部尚書崔景榮議不合,御史丘兆麟劾之,復移疾歸。天啓三年起故官,旋擢禮部右侍郎。五年,魏忠賢黨智鋌劾之,落職閒住。

　　崇禎元年召還,復申練兵之説。未幾,以左侍郎理部事。帝憂國用不足,敕廷臣獻屯鹽善策。光啓言屯政在乎墾荒,鹽政在嚴禁私販。帝褒納之,擢本部尚書。時帝以日食失驗〔1〕,欲罪臺官〔2〕。光啓言:"臺官測候本郭守敬法〔3〕。元時嘗當食不食〔4〕,守敬且爾,無怪臺官之失占〔5〕。臣聞曆久必差,宜及時修正。"帝從其言,詔西洋人龍華民、鄧玉函、羅雅谷等推算曆法〔6〕,光啓爲監督。

【注】
〔1〕食,同"蝕"。失驗,推算不符。
〔2〕臺官,欽天監屬下的五官靈臺郎,主管推算日月蝕等事。
〔3〕郭守敬(1231—1316),字若思,順德邢臺(今屬河北)人,元代天文學家、水利學家和數學家。曾任都水監,兼提調通惠河漕運事,修治過許多河渠。和王恂、許衡等人共同編製了比過去準確的《授時曆》,施行達三百六十年,爲我國曆法史上施行最久的曆法。
〔4〕當食不食,按推算應有日蝕,而實際無日蝕。

〔5〕失占,推算不準。

〔6〕龍華民(1559—1654),意大利人,於1597年來華,譯有《地震解》等書。鄧玉函(1576—1630),瑞士人,明末來華的天主教耶穌會傳教士,著有《奇器圖說》三卷。羅雅谷(1593—1638),意大利人,明末來華的天主教耶穌會的傳教士,著有《月離曆指》等十一種曆法數學書。

　　四年春正月[1],光啓進《日躔曆指》一卷、《測天約說》二卷、《大測》二卷、《日躔表》二卷、《割圜八綫表》六卷、《黃道升度》七卷、《黃赤距度表》一卷、《通率表》一卷[2]。是冬十月辛丑朔,日食,復上測候四說。其辯時差、里差之法[3],最爲詳密。

【注】

〔1〕四年,指崇禎四年(1631)。

〔2〕這幾部書是在徐光啓的主持和直接參與下,集體編成的天文、曆法、數學方面的專著。《日躔曆指》、《測天約說》、《大測》都是天文測算中必備的三角學和幾何學著作;《割圜八綫表》是有分有度的五位小數的三角函數表,其中包括正絃、正切、正割、餘絃、餘切、餘割六綫,另外二綫是正矢、餘矢,合稱《割圜八綫表》。以上八種天文曆算著作,都是崇禎四年正月二十八日呈進。同時呈進的還有《曆算總目》一卷。除《割圜八綫表》外,均見於《崇禎曆書》,而《割圜八綫表》見於《西洋新法曆書》。

〔3〕時差,古代天文學專用名詞。太陽兩次接連上中天的時間叫真太陽日。一個回歸年中各個真太陽日的平均長度叫平太陽

日。兩者的長短是不同的。任何一個時刻的平太陽時和真太陽時之差就是時差。里差,古代推算各地日食食分不同情況,是用觀測地點的標杆影長和標準地點(首都或陽城)的標杆影長的比例來推算的。最初只測南北的不同,到元代耶律楚材的《庚午元曆》注意了東西的不同,古代天文學把這種不同稱爲里差。徐光啓以前對日食的計算都採用內插公式。到徐光啓制曆,開始引入"地球"和"經緯度"的概念,瞭解了時差與里差發生的原因,確立了較科學的計算方法。文中的"其辯時差、里差之法,最爲詳密",就是指上述內容而言。

五年五月以本官兼東閣大學士,入參機務[1],與鄭以偉並命[2]。尋加太子太保,進文淵閣。光啓雅負經濟才,有志用世。及柄用,年已老[3],值周延儒、温體仁專政[4],不能有所建白[5]。明年十月卒。贈少保[6]。

【注】

[1] 入參機務,入閣參與研究軍國大事。
[2] 並命,同時被任命。
[3] 柄用,掌握大權。徐光啓任東閣大學士握有宰相之權時已七十一歲。
[4] 周延儒(1594—1644),宜興(今江蘇宜興)人,字玉繩,萬曆年間進士,在官庸懦貪鄙,排擠正直大臣。温體仁(？—1638),烏程(今浙江湖州)人,字長卿,在朝陰結黨羽,排斥異己。二人事見《明史・奸臣傳》。
[5] 建白,建樹和倡議。
[6] 在與徐光啓同時爲相的鄭以偉死後,應御史之請,明思宗諡徐

光啓爲"文定"。

……〔1〕

【注】

〔1〕所略的是鄭以偉、林釬的附傳。

久之,帝念光啓博學强識〔1〕,索其家遺書〔2〕。子驥入謝〔3〕,進《農政全書》六十卷〔4〕。詔令有司刊布〔5〕,加贈太保,録其孫爲中書舍人〔6〕。

【注】

〔1〕帝,指思宗,明朝的末代皇帝。
〔2〕索,索取。遺書,遺留下來的書籍。
〔3〕子驥入謝,徐光啓的兒子徐驥入朝謝恩。
〔4〕《農政全書》,徐光啓著的一部重要農業科學著作。全書六十卷,五十多萬字,分農本、田制、農事(包括營治、開墾、授時、占候)、水利、農器、樹藝、蠶桑、蠶桑廣類(棉、麻、葛)、種植、牧養、製造、荒政等十二門。其中水利和荒政占篇幅最多。書中的《除蝗疏》是我國最早的治蝗專著,是徐光啓在科技史上的重大貢獻。
〔5〕有司,有關官署。刊布,出版公布。《農政全書》由陳子龍等整理修改後,於崇禎十二年(1639)出版。
〔6〕中書舍人,明代内閣中書科的官職,掌寫誥敕等事。

選自《明史》卷二五一

劉 宗 周（1578—1645）

劉宗周,字起東,山陰人[1]。父坡,爲諸生。母章氏妊五月而坡亡。既生宗周,家酷貧,攜之育外家。後以宗周大父老疾,歸事之,析薪汲水,持藥糜,然體屢甚,母嘗憂念之不置,遂成疾。又以貧故,忍而不治。方歷二十九年,宗周成進士。母卒於家。宗周奔喪,爲堊室中門外[2],日哭泣其中。服闋,選行人[3],請養大父母。遭喪,居七年始赴補。母以節聞於朝。

【注】
[1] 山陰,今浙江紹興。
[2] 堊,白土。古時居喪之所墻壁涂堊。
[3] 行人,官名,負責傳旨、册封等事。

時有崑黨、宣黨與東林爲難[1]。宗周上言:"東林,顧憲成講學處。高攀龍、劉永澄、姜士昌、劉元珍,皆賢人。于玉立、丁元薦,較然不欺其志,有國士風。諸臣摘流品可也[2],爭意見不可,攻東林可也,黨崑、宣不可。"黨人大譁,宗周乃請告歸。

【注】
[1] 崑黨、宣黨,明神宗萬曆時期官吏士紳中結成的反東林黨的政

治集團。崐黨以崐山人顧天峻爲首,宣黨的首領是宣城人湯賓尹。
〔2〕摘流品,評論人物品行才幹的高下。

天啓元年起儀制主事。疏言:"魏進忠導皇上馳射戲劇,奉聖夫人出入自由[1]。一舉逐諫臣三人,罰一人,皆出中旨,勢將指鹿爲馬,生殺予奪,制國家大命。今東西方用兵,奈何以天下委閹豎乎。"進忠者,魏忠賢也,大怒,停宗周俸半年。尋以國法未伸,請戮崔文昇以正弑君之罪,戮盧受以正交私之罪,戮楊鎬、李如楨、李維翰、鄭之范以正喪師失地之罪,戮高出、胡嘉棟、康應乾、牛維曜、劉國縉、傅國以正棄城逃潰之罪;急起李三才爲兵部尚書,錄用清議名賢丁元薦、李朴等,諍臣楊漣、劉重慶等,以作仗節徇義之氣。帝切責之。累遷光祿丞、尚寶、太僕少卿,移疾歸。四年起右通政,至則忠賢逐東林且盡,宗周復固辭。忠賢責以矯情厭世[2],削其籍。

【注】
〔1〕奉聖夫人,明熹宗的乳母客氏之封號。
〔2〕矯情,違反人之常情。

崇禎元年冬,召爲順天府尹。辭,不許。明年九月入都,上疏曰:

"陛下勵精求治,宵旰靡寧[1]。然程效太急,不免見小利而速近功,何以致唐、虞之治[2]?

【注】
〔1〕宵旰,日夜操勞,勤於政務。
〔2〕唐、虞之治,即堯、舜之治。

　　"夫今日所汲汲於近功者,非兵事乎? 誠以屯守爲上策,簡卒節餉,修刑政而威信布之,需以歲月,未有不望風束甲者。而陛下方銳意中興,刻期出塞。當此三空四盡之秋[1],竭天下之力以奉饑軍而軍愈驕,聚天下之軍以博一戰而戰無日,此計之左也[2]。

【注】
〔1〕三空四盡,指財物匱乏。
〔2〕計之左,下策。

　　"今日所規規於小利者,非國計乎? 陛下留心民瘼[1],惻然痌瘝[2]。而以司農告匱,一時所講求者皆掊克聚斂之政[3]。正供不足,繼以雜派。科罰不足,加以火耗[4]。水旱災傷,一切不問。敲扑日峻,道路吞聲,小民至賣妻鬻子以應。有司以掊克爲循良,而撫字之政絶[5];上官以催徵爲考課,而黜陟之法亡。欲求國家有府庫之財,不可得已。

【注】
〔1〕民瘼,人民疾苦。
〔2〕痌瘝,同"恫瘝"、"恫矜",病痛,疾苦。
〔3〕掊克,以苛稅收刮民財。

〔4〕火耗,賦稅正款外的勒索。
〔5〕撫字,撫養愛護。

"功利之見動,而廟堂之上日見其煩苛。事事糾之不勝糾,人人摘之不勝摘,於是名實紊而法令滋。頃者,特嚴贓吏之誅,自宰執以下,坐重典者十餘人,而貪風未盡息,所以導之者未善也。賈誼曰:'禮禁未然之先,法施已然之後。'誠導之以禮,將人人有士君子之行,而無狗彘之心,所謂禁之於未然也。今一切詿誤及指稱賄賂者[1],即業經昭雪,猶從吏議,深文巧詆,絕天下遷改之途,益習爲頑鈍無恥,矯飾外貌以欺陛下。士節日瘵官邪日著,陛下亦安能一一察之。

【注】
〔1〕詿誤,連累。

"且陛下所以勞心焦思於上者,以未得賢人君子用之也。而所嘉予而委任者,率奔走集事之人;以摘發爲精明,以告訐爲正直,以便給爲才諝[1],又安所得賢者而用之。得其人矣,求之太備,或以短而廢長;責之太苛,或因過而成誤。

【注】
〔1〕便給,同"便捷",敏捷,乖巧,善辯。才諝,有才智。

"且陛下所擘畫，動出諸臣意表，不免有自用之心。臣下救過不給，讒諂者因而間之，猜忌之端遂從此起。夫恃一人之聰明，而使臣下不得盡其忠，則耳目有時壅；憑一人之英斷，而使諸大夫國人不得衷其是，則意見有時移。方且爲內降[1]，爲留中[2]，何以追喜起之盛乎？數十年來，以門户殺天下幾許正人，猶蔓延不已。陛下欲折君子以平小人之氣，用小人以成君子之公，前日之覆轍將復見於天下也。

【注】
[1] 內降，宮內頒下詔書。
[2] 留中，君主把臣下送來的奏章，留在禁中，不批示，不交議。

"陛下求治之心，操之太急。醞釀而爲功利；功利不已，轉爲刑名；刑名不已，流爲猜忌；猜忌不已，積爲壅蔽。正人心之危，所潛滋暗長而不自知者。誠能建中立極，默正此心，使心之所發，悉皆仁義之良，仁以育天下義以正萬民，自朝廷達於四海，莫非仁義之化，陛下已一旦躋於堯、舜矣。"
帝以爲迂闊，然嘆其忠。
未幾，都城被兵，帝不視朝，章奏多留中不報。傳旨辦布囊八百，中官競獻馬騾，又令百官進馬。宗周曰："是必有以遷幸動上者。"乃詣午門叩頭諫曰："國勢強弱，視人心安危。乞陛下出御皇極門，延見百僚，明言宗廟山陵在此，固守外無他計。"俯伏待報，自晨迄暮，中官傳旨乃退。米價騰躍,請罷九門稅[1],修賈區以處貧民[2],爲粥以養老疾,嚴行保甲之法,人心稍安。

【注】
[1] 九門稅,即京城九門稅,在城門口設卡所收之稅。
[2] 賈區,原指囤積商貨的屋子,此處指臨時住棚。

時樞輔諸臣多下獄者,宗周言:"國事至此,諸臣負任使,無所逃罪,陛下亦宜分任咎。禹、湯罪己,興也勃焉。曩皇上以情面疑羣臣,羣臣盡在疑中,日積月累,結爲陰痞,識者憂之。今日當開示誠心,爲濟難之本,御便殿以延見士大夫,以票擬歸閣臣[1],以庶政歸部、院,以獻可替否予言官。不效,從而更置之,無坐錮以成其罪。乃者朝廷縛文吏如孤雛,而視武健士不啻驕子,漸使恩威錯置。文武皆不足信,乃專任一二內臣,閫以外次第委之。自古未有宦官典兵不誤國者。"又劾馬世龍、張鳳翼、吳阿衡等罪,忤帝意。

【注】
[1] 票擬,對政府重要文書擬定批示之辭。

三年以疾在告,進祈天永命之説,言:

"法天之大者,莫過於重民命,則刑罰宜當宜平。陛下以重典繩下,逆黨有誅,封疆失事有誅。一切詿誤,重者杖死,輕者謫去,朝署中半染赭衣[1]。而最傷國體者,無如詔獄[2]。副都御史易應昌以平反下吏,法司必以鍛煉爲忠直,蒼鷹乳虎接踵於天下矣。願體上天好生之心,首除詔獄,且寬應昌,則祈天永命之一道也。

【注】
[1] 赭衣,赤褐色衣,罪人的囚服。
[2] 詔獄,根據皇帝詔令,關押犯人的監獄。

"法天之大者,莫過於厚民生,則賦斂宜緩宜輕。今者宿逋見征及來歲預征[1],節節追呼,閭閻困敝,貪吏益大爲民厲。貴州巡按蘇琰以行李被訐於監司。巡方黷貨[2],何問下吏。吸膏吮脂之輩,接迹於天下矣。願體上天好生之心,首除新餉,并嚴飭官方,則祈天永命之又一道也。

【注】
[1] 宿逋,歷年欠交的賦稅。
[2] 黷貨,貪污納賄。

"然大君者,天之宗子,輔臣者,宗子之家相。陛下置輔,率由特簡[1]。亦願體一人好生之心,毋驅除異己,構朝士以大獄,結國家朋黨之禍;毋寵利居成功,導人主以富強,釀天下土崩之勢。"

【注】

〔1〕特簡,特別的提拔。

周延儒、温體仁見疏不懌[1]。以時方禱雨,而宗周稱疾,指爲偃蹇[2],激帝怒,擬旨詰之,且令陳足兵、足餉之策。宗周條畫以對,延儒、體仁不能難。

【注】

〔1〕不懌,不快。
〔2〕偃蹇,傲慢。

爲京尹,政令一新,挫豪家尤力。閹人言事輒不應,或相詬誶,宗周治事自如。武清侯蒼頭毆諸生[1],宗周捶之,枷武清門外。嘗出,見優人籠篋,焚之通衢。周恤單丁下戶尤至。居一載,謝病歸,都人爲罷市。

【注】

〔1〕蒼頭,奴僕。

八年七月,內閣缺人,命吏部推在籍者,以孫慎行、林釺及宗周名上。詔所司敦趨,宗周固辭,不許。明年正月入都,慎行已卒,與釺入朝。帝問人才、兵食及流寇猖獗狀。宗周言:"陛下求治太急,用法太嚴,布令太煩,進退天下士太輕。諸臣畏罪飾非,不肯盡職業,故有人而無人之用,有餉而無餉之用,有將不能治兵,有兵不能殺賊。流寇本朝廷赤子，撫之有道，則還爲民。今急宜以收拾人心爲本，收拾人心在先寬有司。參罰重則吏治壞，吏治壞則民生困，盜賊由此日繁。"帝又問兵事。宗周言："禦外以治内爲本。内治修，遠人自服，干羽舞而有苗格[1]。願陛下以堯、舜之心，行堯、舜之政，天下自平。"對畢趨出。帝顧體仁迁其言，命釬輔政，宗周他用。旋授工部左侍郎。逾月，上《痛憤時艱疏》，言：

【注】
〔1〕干羽，跳舞者所持的舞具。傳說古時有苗不服，舜修文德，三年後，干羽舞而有苗服。

"陛下銳意求治，而二帝三王治天下之道未暇講求，施爲次第猶多未得要領者。首屬意於邊功，而罪督遂以五年恢復之說進，是爲禍胎。己巳之役[1]，謀國無良，朝廷始有積輕士大夫之心。自此耳目參於近侍，腹心寄於干城[2]，治術尚刑名，政體歸叢脞，天下事日壞而不可救。廠衛司譏察[3]，而告訐之風熾；詔獄及士紳，而堂廉之等夷[4]。人人救過不給，而欺罔之習轉甚；事事仰成獨斷，而諂諛之風日長。三尺法不伸於司寇，而犯者日衆；詔旨雜治五刑，歲躬斷獄以數千，而好生之德意泯。刀筆治絲綸而王言褻[5]，誅求及瑣屑而政體傷。參罰在錢穀而官愈貪，吏愈橫，賦愈逋。敲扑繁而民生瘁，嚴刑重斂交困而盜賊日起。總理任而臣下之功能薄，監視遣而封疆之責任輕。督、撫無權而將日懦,武弁廢法而兵日驕,將懦兵驕而朝廷之威令并窮於督、撫。朝廷勒限平賊,而行間日殺良報功[6],生靈益塗炭。一旦天牖聖衷[7],撤總監之任,重守令之選,下弓旌之招[8],收酷吏之威,布維新之化,方與二三臣工洗心滌慮,以聯泰交[9],而不意君臣相遇之難也。得一文震孟而以單辭報罷[10],使大臣失和衷之誼;得一陳子壯而以過戇坐辜[11],使朝宁無吁咈之風[12]。此關於國體人心非淺鮮者。

【注】

〔1〕己巳之役,1629年後金皇太極出兵攻明,直抵北京,明袁崇煥率軍迎戰,解除了後金對北京的威脅。
〔2〕干城,身負重任的將領。
〔3〕廠衛,明代特務機構東廠、西廠與錦衣衛的合稱。
〔4〕堂廉之等,尊卑等級。
〔5〕刀筆,指主辦文案的官吏。絲綸,指帝王詔書。
〔6〕行間,軍中。
〔7〕牖,啓示,引導。聖衷,皇帝的思想。
〔8〕弓旌之招,延聘賢才。
〔9〕聯泰交,保持天下太平的政治局面。
〔10〕文震孟(1574—1636)。字文起,吳縣人,文徵明曾孫。官至禮部左侍郎兼東閣大學士,與輔臣溫體仁意見不一,被劾落職。單辭,一面之詞。報罷,對送上的奏章不予采納,通知作罷。
〔11〕陳子壯,字集生,南海人。官至禮部右侍郎,因上疏反對崇禎

皇帝任用郡王子孫,受到唐王詆毀而被逮入獄。
〔12〕朝宁,朝廷。吁咈之風,批評朝政的風氣。

"陛下必體上天生物之心以敬天,而不徒倚風雷[1];必念祖宗鑒古之制以率祖,而不輕改作。以簡要出政令,以寬大養人才,以忠厚培國脈。發政施仁,收天下泮涣之人心。而且還內廷掃除之役[2],正懦帥失律之誅[3],慎天潢改授之途[4]。遣廷臣賫內帑、巡行郡國、爲招撫使[5],赦其無罪而流亡者。陳師險隘,堅壁清野,聽其窮而自歸。誅渠之外,猶可不殺一人,而畢此役,奚待於觀兵哉。"

【注】

〔1〕風雷,此處指刑罰。
〔2〕內廷,指宦官。還內廷掃除之役,要求取消宦官對國家政治和軍事的干預。
〔3〕失律,原指無紀律,此處指失利。
〔4〕天潢,皇族宗室。
〔5〕賫,攜帶。

疏入,帝怒甚,諭閣臣擬嚴旨再四。每擬上,帝輒手其疏復閱,起行數周。已而意解,降旨詰問,謂大臣論事宜體國度時,不當效小臣歸過朝廷爲名高,且獎其清直焉。
時太僕缺馬價,有詔願捐者聽。體仁及成國公朱純臣以下皆有捐助。又議罷明年朝覲。宗周以輸貲、免覲爲大辱國。帝雖不悦,心善其忠,益欲大用。體仁患之,募山陰人許瑚疏論之,謂宗周道學有餘,才諝不足。帝以瑚同邑,知之宜真,遂已不用。

其秋,三疏請告去。至天津,聞都城被兵,遂留養疾。十月,事稍定,乃上疏曰:

"己巳之變,誤國者袁崇焕一人[1]。小人競修門户之怨,異己者概坐以崇焕黨,日造蜚語,次第去之。自此小人進而君子退,中官用事而外廷浸疏[2]。文法日繁,欺罔日甚,朝政日隳,邊防日壞。今日之禍,實己巳以來釀成之也。

【注】

[1] 袁崇焕(1584—1630),字元素,明廣東東莞人。官至兵部尚書,爲抗後金兵名將。後被誣通敵,下獄,被磔於市。
[2] 中官,宦官。

"且以張鳳翼之溺職中樞也[1],而俾之專征,何以服王洽之死[2]?以丁魁楚等之失事於邊也[3],而責之戴罪,何以服劉策之死[4]?諸鎮勤王之師,爭先入衛者幾人?不聞以逗留蒙詰責,何以服耿如杞之死[5]?今且以二州八縣之生靈,結一飽颺之局[6],則廷臣之累累若若可幸無罪者[7],又何以謝韓爌、張鳳翔、李邦華諸臣之或戍或去?豈昔爲異己驅除,今不難以同己相容隱乎?臣於是而知小人之禍人國無已時也。

【注】

〔1〕張鳳翼,代州人。曾任兵部尚書,任職期間,明朝對清軍事形勢日趨惡化。溺職,失職。中樞,指兵部。
〔2〕王洽,字和仲,臨邑人。官至兵部尚書,崇禎二年後金軍進入長城以內,威脅北京,王洽被劾下獄,次年死於獄中。
〔3〕丁魁楚,官兵部右侍郎。崇禎九年,清兵蹂躪北京地區,因此被逮下獄,久之放還。
〔4〕劉策,字范董,武定人。累官至右僉都御史,總理薊、遼,保定軍務。崇禎二年後金兵由大安口入內地,策不能抵禦,被劾,次年被捕,論死,棄市。
〔5〕耿如杞,字楚材,館陶人。曾受魏忠賢黨徒陷害,幾至死,崇禎時擢爲右僉都御史。崇禎二年後金軍入逼京師,耿如杞所率軍隊前往救援,因三日不得餉,大肆搶掠,耿因此被逮棄市。
〔6〕飽揚,逃跑。
〔7〕累累若若,本作"印何累累,綬若若"(《漢書・石顯傳》),形容官吏位勢顯赫。

"昔唐德宗謂羣臣曰:'人言盧杞奸邪[1],朕殊不覺。'羣臣對曰:'此乃杞之所以爲奸邪也。'臣每三復斯言,爲萬世辨奸之要。故曰'大奸似忠,大佞似信'。頻年以來,陛下惡私交,而臣下多以告訐進;陛下錄清節,而臣下多以曲謹容;陛下崇勵精,而臣下奔走承順以爲恭;陛下尚綜覈[2],而臣下瑣屑吹求以示察。凡若此者,正似信似忠之類,究其用心,無往不出於身家利禄。陛下不察而用之,則聚天下之小人立於朝,有所不覺矣。天下即乏才,何至盡出中官下。而陛下每當緩急,必委以大任。三協有遺[3],通、津、臨、德有遺[4];又重其體統,等之總督。中官總督,置總督何地?總督無權,置撫、按何地?是以封疆嘗試也。

【注】

〔1〕盧杞,字子良,唐滑州人。德宗時爲相,專權自恣,陷害楊炎、顏真卿,排斥宰相張鎰。藩鎮叛亂,盧杞借口籌軍費,收括錢財,後罪惡暴露,被貶,死於澧州。
〔2〕綜覈,考察,考核。
〔3〕三協,指京師三大營(五軍營、神機營、神樞營)的協理京營戎政(簡稱協理)。
〔4〕通,今北京通州;津,今天津;臨,今河北臨城;德,今山東德州。

"且小人每比周小人,以相引重,君子獨岸然自異。故自古有用小人之君子,終無黨比小人之君子。陛下誠欲進君子退小人,決理亂消長之機,猶復用中官參制之,此明示以左右袒也。有明治理者起而争之,陛下即不用其言,何至并逐其人。而御史金光辰竟以此逐,若惟恐傷中官心者,尤非所以示天下也。

至今日刑政之最舛者,成德,傲吏也,而以贓戍,何以肅懲貪之令?申紹芳,十餘年監司也[1],而以莫須有之鑽刺戍[2],何以昭抑競之典?鄭鄤之獄,或以誣告坐,何以示敦倫之化?此數事者,皆爲故輔文震孟引繩批根[3]，即向驅除異己之故智，而廷臣無敢言，陛下亦無從知之也。嗚呼，八年之間，誰秉國成，而至於是！臣不能爲首揆溫體仁解矣[4]。語曰'誰生厲階，至今爲梗'[5]，體仁之謂也。"

【注】

[1] 監司，監察官。
[2] 鑽刺，一種刑法。
[3] 引繩批根，相互勾結，排斥異己。
[4] 首揆，內閣首輔。
[5] 此句語出《詩經·大雅·桑柔》。厲階，禍端。

疏奏，帝大怒，體仁又上章力詆，遂斥爲民。

十四年九月，吏部缺左侍郎，廷推不稱旨。帝臨朝而嘆，謂大臣"劉宗周清正敢言，可用也"，遂以命之。再辭不得，乃趨朝。道中進三劄：一曰明聖學以端治本，二曰躬聖學以建治要，三曰重聖學以需治化，凡數千言。帝優旨報之[1]。明年八月未至，擢左都御史。力辭，有詔敦趨。逾月，入見文華殿。帝問都察院職掌安在，對曰："在正己以正百僚。必存諸中者，上可對君父，下可質天下士大夫，而後百僚則而象之。大臣法，小臣廉，紀綱振肅，職掌在是，而責成巡方其首務也。巡方得人，則吏治清，民生遂。"帝曰："卿力行以副朕望。"乃列建道揆[2]、貞法守、崇國體、清伏奸、懲官邪、飭吏治六事以獻，帝褒納焉。俄劾御史喻上猷、嚴雲京而薦袁愷、成勇，帝並從之。其後上猷受李自成顯職,卒爲世大詬。

【注】
〔1〕報,批復。
〔2〕道揆,思想準則。

冬十月,京師被兵。請旌死事盧象昇,而追戮誤國奸臣楊嗣昌,逮跋扈悍將左良玉;防關以備反攻,防潞以備透渡[1],防通、津、臨、德以備南下。帝不能盡行。

【注】
〔1〕透渡,渡過。

閏月晦日召見廷臣於中左門[1]。時姜埰、熊開元以言事下詔獄,宗周約九卿共救。入朝,聞密旨置二人死。宗周愕然謂衆曰:"今日當空署爭,必改發刑部始已。"及入對,御史楊若橋薦西洋人湯若望善火器,請召試。宗周曰:"邊臣不講戰守屯戍之法,專恃火器。近來陷城破邑,豈無火器而然?我用之制人,人得之亦可制我,不見河間反爲火器所破乎?國家大計,以法紀爲主。大帥跋扈,援師逗留,奈何反姑息,爲此紛紛無益之舉耶?"因議督、撫去留,則請先去督師范志完。且曰:"十五年來,陛下處分未當,致有今日敗局。不追禍始,更絃易轍,欲以一切苟且之政,補目前罅漏,非長治之道也。"帝變色曰:"前不可追,善後安在?"宗周曰:"在陛下開誠布公,公天下爲好惡,合國人爲用舍，進賢才，開言路，次第與天下更始。"帝曰："目下烽火逼畿甸，且國家敗壞已極，當如何？"宗周曰："武備必先練兵，練兵必先選將，選將必先擇賢督、撫，擇賢督、撫必先吏、兵二部得人。宋臣曰：'文官不愛錢，武官不惜死，則天下太平。'斯言，今日鍼砭也。論者但論才望，不問操守；未有操守不謹，而遇事敢前，軍士畏威者。若徒以議論捷給，舉動恢張[2]，稱曰才望，取爵位則有餘，責事功則不足，何益成敗哉。"帝曰："濟變之日，先才後守。"宗周曰："前人敗壞，皆由貪縱使然；故以濟變言，愈宜先守後才。"帝曰："大將別有才局，非徒操守可望成功。"宗周曰："他不具論，如范志完操守不謹，大將偏裨無不由賄進，所以三軍解體。由此觀之，操守爲主。"帝色解曰："朕已知之。"敕宗周起。

【注】

〔1〕晦日，農曆每月最後一日。
〔2〕恢張，言行偏激。

　　於是宗周出奏曰："陛下方下詔求賢，姜埰、熊開元二臣遽以言得罪。國朝無言官下詔獄者，有之自二臣始。陛下度量卓越，妄如臣宗周，戆直如臣黃道周，尚蒙使過之典，二臣何不幸，不邀法外恩[1]？"帝曰："道周有學有守，非二臣比。"宗周曰："二臣誠不及道周，然朝廷待言官有體，言可用用之，不可置之。即有應得之罪，亦當付法司。今遽下詔獄，終於國體有傷。"帝怒甚，曰："法司錦衣皆刑官，何公何私？且罪一二言官，何遽傷國體？有如貪贓壞法,欺君罔上,皆可不問乎?"宗周曰:"錦衣,膏粱子弟,何知禮義,聽寺人役使。即陛下問貪贓壞法,欺君罔上,亦不可不付法司也。"帝大怒曰:"如此偏黨,豈堪憲職[2]!"有間曰:"開元此疏,必有主使,疑即宗周。"金光辰爭之。帝叱光辰,並命議處。翼日,光辰貶三秩調用,宗周革職,刑部議罪。閣臣持不發,捧原旨御前懇救,乃免,斥爲民。

【注】

〔1〕邀,遇。
〔2〕憲職,御史職務。

　　歸二年而京師陷。宗周徒步荷戈,詣杭州,責巡撫黃鳴駿發喪討賊。鳴駿誡以鎭靜,宗周勃然曰:"君父變出非常,公專閫外,不思枕戈泣血,激勵同仇,顧藉口鎭靜,作遜避計耶?"鳴駿唯唯。明日,復趣之。鳴駿曰:"發喪必待哀詔。"宗周曰:"嘻,此何時也,安所得哀詔哉!"鳴駿乃發喪。問師期,則曰:"甲仗未具。"宗周嘆曰:"嗟乎,是烏足與有爲哉!"乃與故侍郎朱大典,故給事中章正宸、熊汝霖召募義旅。將發,而福王監國於南京,起宗周故官。宗周以大仇未報,不敢受職。自稱草莽孤臣,疏陳時政,言:

"今日大計,舍討賊復仇,無以表陛下渡江之心;非毅然決策親征,無以作天下忠義之氣。

"一曰據形勝以規進取。江左非偏安之業,請進圖江北。鳳陽號中都,東扼徐、淮,北控豫州,西顧荆、襄,而南去金陵不遠,請以駐親征之師。大小銓除[1]，暫稱行在，少存臣子負罪引慝之心。從此漸進，秦、晉、燕、齊必有響應而起者。

【注】
〔1〕銓除，施政發令、任命官吏。

"一曰重藩屏以資彈壓。淮、揚數百里，設兩節鉞[1]，不能禦亂，爭先南下，致江北一塊土，拱手授職。督漕路振飛坐守淮城，久以家屬浮舟遠地，是倡之逃也。於是鎮臣劉澤清、高傑遂有家屬寄江南之說。軍法臨陣脫逃者斬，臣謂一撫二鎮，皆可斬也。

【注】
〔1〕節鉞，符節與斧鉞，此處指統帥。

"一曰慎爵賞以肅軍情。請分別各帥封賞，孰當孰濫，輕則收侯爵，重則奪伯爵。夫以左帥之恢復而封，高、劉之敗逃亦封，又誰不當封者？武臣既濫，文臣隨之。外臣既濫，中璫隨之[1]，恐天下聞而解體也。

【注】
〔1〕中璫，太監。

"一曰核舊官以立臣紀。燕京既破,有受僞官而叛者,有受僞官而逃者,有在封守而逃者,有奉使命而逃者,法皆不赦。亟宜分別定罪,爲戒將來。

"至於僞命南下,徘徊順逆之間,實繁有徒[1];必且倡爲曲説,以惑人心,尤宜誅絶。"

【注】
〔1〕實繁有徒,這一類人爲數不少。

又言:
"當賊入秦流晉,漸過畿南,遠近汹汹,獨大江南北晏然。而二三督撫不聞遣一騎以壯聲援,賊遂得長驅犯闕。坐視君父之危亡而不救,則封疆諸臣之當誅者一。凶問已確,諸臣奮戈而起,決一戰以贖前愆,自當不俟朝食。方且仰聲息於南中[1],爭言固圍之策[2],卸兵權於閫外,首圖定策之功[3],則封疆諸臣之當誅者又一。新朝既立之後,謂宜不俟終日,首遣北伐之師。不然,則亟馳一介,間道北進,檄燕中父老,起塞上名王,哭九廟、厝梓宮[4],訪諸王。更不然,則起閩帥鄭芝龍,以海師下直沽,九邊督鎮合謀共奮,事或可爲。而諸臣計不出此,則舉朝謀國不忠之當誅者又一。罪廢諸臣,量從昭雪,自應援先帝遺詔及之,今乃概用新恩。誅閹定案,前後詔書鶻突[5],勢必彪虎之類[6],盡從平反而後已,則舉朝謀國不忠之當誅者又一。臣謂今日問罪,當自中外諸臣不職者始。"

【注】
〔1〕南中,南部國土。
〔2〕固圉,守邊。
〔3〕定策,擁立皇帝。
〔4〕厝,停柩待葬。梓宫,以梓木製成的皇帝棺材。
〔5〕鶻突,不合情理。
〔6〕彪虎之類,凶殘之人。

詔納其言,宣付史館,中外爲悚動。而馬士英、高傑、劉澤清恨甚,滋欲殺宗周矣。

宗周連疏請告不得命[1],遂抗疏劾士英,言:

【注】
〔1〕告,告假。

"陛下龍飛淮甸,天實予之。乃有扈蹕微勞[1],入内閣,進中樞,宫銜世廕,晏然當之不疑者,非士英乎?於是李沾佻言定策,挑激廷臣矣。劉孔昭以功賞不均,發憤冢臣[2],朝端譁然聚訟,而羣陰且翩翩起矣。借知兵之名,則逆黨可以然灰[3],寬反正之路,則逃臣可以汲引,而閣部諸臣且次第言去矣。中朝之黨論方興,何暇圖河北之賊;立國之本紀已疏,何以言匡攘之略。高傑一逃將也,而奉若驕子,浸有尾大之憂。淮、揚失事,不難譴撫臣道臣以謝之,安得不長其桀驁，則亦恃士英卵翼也。劉、黃諸將，各有舊汛地[4]，而置若弈棋，洶洶爲連雞之勢[5]，至分剖江北四鎮以慰之，安得不啓其雄心，則皆高傑一人倡之也。京營自祖宗以來，皆勳臣爲政，樞貳佐之[6]。陛下立國伊始，而有内臣盧九德之命，則士英有不得辭其責者。

【注】
〔1〕扈蹕，也作"扈駕"，意爲保駕。
〔2〕發憤，發泄不滿、怨恨。冢臣，大臣中爲首者。
〔3〕然灰，死灰復燃。
〔4〕汛地，軍隊駐防之地。
〔5〕連雞，相互牽制。
〔6〕樞貳，中央機要機構中的副職。

"總之，兵戈盜賊，皆從小人氣類感召而生，而小人與奄宦又往往相表里。自古未有奄宦用事，而將帥能樹功於方域者。惟陛下首辨陰陽消長之機，出士英仍督鳳陽，聯絡諸鎮，決用兵之策。央可法即不還中樞，亦當自淮而北，歷河以南[1]，別開幕府，與士英相掎角。京營提督，獨斷寝之。書之史册，爲弘光第一美政[2]。"

【注】
〔1〕河，指黃河。
〔2〕弘光，南明福王年號(1644—1645)。

王優詔答之,而促其速入。

士英大怒,即日具疏辭位,且揚言於朝曰:"劉公自稱草莽孤臣,不書新命,明示不臣天子也。"其私人朱統鑽遂劾宗周疏請移蹕鳳陽:"鳳陽,高墻所在[1],欲以罪宗處皇上,而與史可法擁立潞王。其兵已伏丹陽,當急備。"而澤清、傑日夜謀所以殺宗周者不得,乃遣客十輩往刺宗周。宗周時在丹陽,終日危坐,未嘗有惰容。客前後至者,不敢加害而去。而黃鳴駿入覲,兵抵京口,與防江兵相擊鬬。士英以統鑽言爲信也,亦震恐,於是澤清疏劾"宗周陰撓恢復,欲誅臣等,激變士心,召生靈之禍"。劉良佐亦具疏言宗周力持"三案"[2],爲門户主盟,倡議親征,圖晁錯之自爲居守[3],司馬懿之閉城拒君[4]。疏未下,澤清復草一疏,署傑、良佐及黃得功名上之,言:"宗周勸上親征,謀危君父,欲安置陛下於烽火凶危之地。蓋非宗周一人之謀,姜曰廣、吳甡合謀也。曰廣心雄膽大,翊戴非其本懷[5],故陰結死黨,翦除諸忠,然後迫劫乘輿遷之別郡。如甡、宗周入都,臣等即渡江赴闕,面訐諸奸[6],正《春秋》討賊之義。"疏入,舉朝大駭,傳諭和衷集事。宗周不得已,以七月十八日入朝。初,澤清疏出,遣人錄示傑。傑曰:"我輩武人,乃預朝事耶?"得功疏辨:"臣不預聞。"士英寢不奏。可法不平,遣使徧詰諸鎮,咸示不知,遂據以入告,澤清輩由是氣沮。

【注】

[1] 高墻,指鳳陽的皇陵和中都城。

〔2〕三案,發生於明朝後期的"紅丸"、"挺擊"、"移宫"案,參閱《明史紀事本末》六八《三案》。
〔3〕晁錯之自爲居守,漢景帝時,吴楚六國以清君側、除晁錯爲名反。晁錯主張景帝率兵親征,已留守京城,丞相莊青翟等乘機進行詆毁,景帝遂殺晁錯。
〔4〕司馬懿之閉城拒君,指公元249年,魏齊王芳出謁明帝陵墓高平陵,曹爽兄弟隨帝出城,司馬懿乘機以皇太后令閉諸城門,拒齊王君臣於城外,要求撤曹爽兄弟官職。曹爽屈服,進城後不久被殺。
〔5〕翊戴,擁戴。
〔6〕訐,揭發。

　　士英既嫉宗周,益欲去之,而薦阮大鋮知兵。有詔,冠帶陛見。未幾,中旨特授兵部添注右侍郎。宗周曰:"大鋮進退,係江左興亡,老臣不敢不一争之。不聽,則亦將歸爾。"疏入,不聽,宗周遂告歸,詔許乘傳[1]。將行,疏陳五事:

【注】
〔1〕乘傳,使用站驛的車馬。

　　"一曰修聖政,毋以近娱忽遠猷[1]。國家不幸,遭此大變,今紛紛製作,似不復有中原志者。土木崇矣,珍奇集矣,俳優雜劇陳矣;内豎充廷,金吾滿座[2],戚畹駢闠矣[3];讒夫昌,言路扼,官常亂矣。所謂狃近娱而忽遠圖也。

【注】

〔1〕遠猷,遠大的謀略。

〔2〕金吾,儀仗隊。

〔3〕戚畹,外戚親貴。駢闐,成羣,連成一片。

"一曰振王綱,無以主恩傷臣紀。自陛下即位,中外臣工不曰從龍,則曰佐命。一推恩近侍,則左右因而秉權;再推恩大臣,則閣部可以兼柄;三推恩勳舊,則陳乞至今未已[1];四推恩武弁,則疆場視同兒戲。表裏呼應,動有藐視朝廷之心;彼此雄長,即爲犯上無等之習。禮樂征伐,漸不出自天子,所謂褻主恩而傷臣紀也。

【注】

〔1〕陳乞,賞賜。

"一曰明國是,無以邪鋒危正氣。朋黨之説,小人以加君子,釀國家空虛之禍,先帝末造可鑒也[1]。今更爲一二元惡稱冤,至諸君子後先死於黨,死於殉國者,若有餘戮[2]。揆厥所由,止以一人進用,動引三朝故事,排抑舊人。私交重,君父輕,身自樹黨,而坐他人以黨,所謂長邪鋒而危正氣也。

【注】

〔1〕末造,末世,後期。

〔2〕餘戮,餘辜。

"一曰端治術,無以刑名先教化。先帝頗尚刑名,而殺機先動於溫體仁。殺運日開,怨毒滿天下。近如貪吏之誅,不經提問,遽科罪名;未科罪名,先追贓罰。假令有禹好善之巡方[1],借成德以媚權相[2],又孰辨之?又職方戎政之奸弊[3],道路嘖有煩言,雖衛臣有不敢問者,則廠衛之設何為?徒令人主虧至德,傷治體,所謂急刑名而忘教化也。

【注】
[1] 禹好善,任御史,首輔溫體仁的黨徒。曾秉承溫體仁的意旨,兩次劾滋陽知縣成德,誣其貪虐。
[2] 成德,字元昇,霍州人,曾任滋陽、如皋知縣,武庫主事。因語刺溫體仁而被誣貪污,逮至京城,杖六十於午門外,定罪戍邊。
[3] 職方戎政,戰事,軍務。

"一曰固邦本,毋以外釁釀內憂。前者淮、揚告變,未幾而高、黃二鎮治兵相攻。四鎮額兵各三萬,不以殺敵而自相屠毒,又日煩朝廷講和,何為者!夫以十二萬不殺敵之兵,索十二萬不殺敵之餉,必窮之術耳。不稍裁抑,惟加派橫征。蓄一二蒼鷹乳虎之有司,以天下徇之已矣,所謂積外釁而釀內憂也。"
優詔報聞。

明年五月,南都亡。六月,潞王降,杭州亦失守。宗周方食,推案慟哭,自是遂不食。移居郭外,有勸以文、謝故事者[1]。宗周曰:"北都之變,可以死,可以無死,以身在田里,尚有望於中興也。南都之變，主上自棄其社稷，尚曰可以死，可以無死，以俟繼起有人也。今吾越又降矣，老臣不死，尚何待乎？若曰身不在位，不當與城爲存亡，獨不當與土爲存亡乎？此江萬里所以死也[2]。"出辭祖墓，舟過西洋港，躍入水中。水淺不得死，舟人扶出之。絕食二十三日，始猶進茗飲，後勺水不下者十三日，與門人問答如平時。閏六月八日卒，年六十有八。其門人循義者有祝淵、王毓蓍。

【注】

[1] 文，文天祥(1236—1283)。南宋亡後，他募兵抗戰，力圖恢復，兵敗被俘，囚燕京四年後就義。謝，指謝枋得(1226—1289)，字君直，號疊山，弋陽人，與文天祥同科中進士。任考官時，出題以賈似道政事爲問，因此被罷斥。後被起用，元兵南下時，力戰兵敗，流亡建陽，以賣卜教書度日。後元朝迫其出仕，強制送大都，絕食而死。

[2] 江萬里(？—1275)，字子遠，宋江西都昌人，官至同知樞密院兼權參知政事。元兵犯襄樊，請賈似道發兵救援，不應，歸故里。元兵破饒州，投水而死，年七十七。

......[1]

【注】

[1] 所略的是祝淵、王毓蓍附傳。

　　宗周始受業於許孚遠。已，入東林書院[1]，與高攀龍輩講習。馮從吾首善書院之會[2]，宗周亦與焉。越中自王守仁後，一傳爲王畿，再傳爲周汝登、陶望齡，三傳爲陶奭齡，奭雜於禪。奭齡講學白馬山，爲因果説，去守仁益遠。宗周憂之，築證人書院，集同志講肄。且死，語門人曰："學之要，誠而已，主敬其功也。敬則誠，誠則天。良知之説，鮮有不流於禪者。"宗周在官之日少，其事君，不以面從爲敬。入朝，雖處暗室，不敢南向。或訊大獄，會大議，對明旨，必却坐拱立移時。或謝病[3]，徒步家居，布袍粗飯，樂道安貧。聞召就道，甞不能具冠裳。學者稱念臺先生。子汋，字伯繩。

【注】

[1] 東林書院，故址在今江蘇無錫市。本爲宋楊時講學處，明顧憲成等講學於此。

[2] 馮從吾，字仲好，長安人，累官至左副都御史。天啓二年（1622），與鄒元標於京城宣武門内建首善學院，公餘講學。兩年後，魏忠賢黨御史倪文煥疏請禁僞學，被廢棄。

[3] 謝病，因病引退。

選自《明史》卷二五五

黄 道 周 (1585—1646)

黄道周,字幼平,漳浦人[1]。天啓二年進士。改庶吉士,授編修,爲經筵展書官。故事,必膝行前,道周獨否,魏忠賢目攝之[2]。未幾,内艱歸[3]。

崇禎二年起故官,進右中允。三疏救故相錢龍錫,降調,龍錫得減死。五年正月方候補,遘疾求去。瀕行,上疏曰:

【注】
[1] 漳浦,今屬福建省。
[2] 攝,使恐懼而屈服。
[3] 内艱,遭母喪。

"臣自幼學《易》,以天道爲準。上下載籍二千四百年,考其治亂,百不失一。陛下御極之元年,正當《師》之上九,其爻云:"大君有命,開國承家,小人勿用。"陛下思賢才不遽得,懲小人不易絶,蓋陛下有大君之實,而小人懷干命之心[1]。臣入都以來,所見諸大臣皆無遠猷[2],動尋苛細。治朝宁者以督責爲要談[3],治邊疆者以姑息爲上策。序仁義道德,則以爲迂昧而不經;奉刀筆簿書,則以爲通達而知務。一切磨勘[4],则葛藤终年[5];一意不调[6],而株连四起。陛下欲整顿纪纲,斥攘外患,诸臣用之以滋章法令,摧折缙绅;陛下欲剔弊防奸,惩一警百,诸臣用之以借题修隙,敛怨市权。且外廷诸臣敢诳陛下者[7],必不在拘挛守文之士,而在权力谬巧之人;内廷诸臣敢诳陛下者,必不在锥刀泉布之微[8],而在阿柄神丛之大[9]。惟陛下超然省览,旁稽载籍,自古迄今,决无数米量薪,可成远大之猷,吹毛数睫,可奏三五之治者[10]。彼小人见事,智每短于事前,言每多于事后。不救凌围,而谓凌城必不可筑[11];不理岛民,而谓岛衆必不可用。兵逃于久顿,而谓乱生于无兵;饷糜于漏卮[12],而谓功销于无饷。乱视荧听,浸淫相欺,驯至极坏,不可复挽,臣窃危之。自二年以来,以察去弊,而弊愈多;以威创顽,而威滋殚。是亦反申、商以归周、孔,捐苛细以崇惇大之时矣[13]。"

【注】

[1] 干命,企求利禄。

[2] 远猷,远大的谋略。

[3] 朝宁,朝廷。督责,督察责罚。

[4] 磨勘,指研究、商量政事军情。

[5] 葛藤,纠缠不清。

[6] 一意不调,稍微违背上面意旨。

[7] 诳,欺骗。

[8] 锥刀,小刀;泉布,钱币。都是用以比喻地位低下。

〔9〕阿柄神叢,地位很高,接近於最高權力。
〔10〕三五之治,指古人理想的三皇五帝之治。
〔11〕凌城,又名大凌河城,在今遼寧省錦縣東。明末在此築城屯田,1627 年皇太極佔領後毀棄。1629 年明軍再建,又被後金兵攻克,廢毀。不少廷臣上疏,以築城爲失策,並追究主事者罪咎。
〔12〕漏卮,原指滲漏之酒器,此處指官吏中飽私囊。
〔13〕惇大,敦厚寬大。

帝不懌[1],摘"葛藤"、"株連"數語,令具陳。道周上言曰:

"邇年諸臣所目營心計,無一實爲朝廷者。其用人行事,不過推求報復而已。自前歲春月以後,盛談邊疆,實非爲陛下邊疆,乃爲逆璫而翻邊疆也[2];去歲春月以後,盛言科場,實非爲陛下科場,乃爲仇隙而翻科場也[3]。此非所謂"葛藤"、"株連"乎?自古外患未弭,則大臣一心以憂外患;小人未退,則大臣一心以憂小人。今獨以遺君父,而大臣自處於催科比較之末[4]。行事而事失,則曰事不可爲;用人而人失,則曰人不足用。此臣所謂舛也。三十年來,釀成門户之禍,今又取縉紳稍有器識者,舉網投阱,即緩急安得一士之用乎!

【注】
〔1〕不懌,不悦。
〔2〕逆璫,指爲非作歹的宦官。翻,破壞搗亂。

〔3〕仇隙,報復者。
〔4〕催科,催租。比較,督責差役限期完成差事,逾期不能完成者,即加杖責。

"凡絕餌而去者,必非鯔魚;戀棧而來者,必非駿馬。以利祿豢士,則所豢者必嗜利之臣;以箠楚驅人〔1〕,則就驅者必駑駘之骨〔2〕。今諸臣之才具心術,陛下其知之矣。知其為小人而又以小人矯之,則小人之燄益張;知其為君子而更以小人參之,則君子之功不立。天下總此人才,不在廊廟則在林藪。臣所知識者有馬如蛟、毛羽健、任贊化,所聞習者有惠世揚、李邦華,在仕籍者有徐良彥、曾櫻、朱大典、陸夢龍、鄒嘉生,皆卓犖駿偉,使當一面,必有可觀。"

【注】
〔1〕箠楚,杖刑。
〔2〕駑駘,劣馬,比譬庸才。

語皆刺大學士周延儒、溫體仁。帝益不懌,斥為民。
九年用薦召,復故官。明年閏月,久旱修省,道周上言:"近者中外齋宿〔1〕,為百姓請命,而五日內擊兩尚書,未聞有人申一疏者。安望其戡亂除凶,贊平明之治乎。陛下焦勞於上,小民展轉於下,而諸臣括囊其間,稍有人心,宜不至此。"又上疏曰:"陛下寬仁弘宥〔2〕,有身任重寄至七八載罔效、擁權自若者。積漸以來[3]，國無是非，朝無枉直，中外臣工率苟且圖事，誠可痛憤。然其視聽一係於上。上急催科，則下急賄賂；上樂鍥覈[4]，則下樂巉險；上喜告訐，則下喜誣諂。當此南北交訌，奈何與市井細民，申勃谿之談[5]，修睚眦之隙乎[6]。"時體仁方招姦人構東林、復社之獄，故道周及之。

【注】
〔1〕齋宿，齋戒過夜以示誠敬。
〔2〕弘宥，寬厚。
〔3〕積漸，逐漸造成。
〔4〕鍥覈，嚴厲。
〔5〕勃谿，爭吵。
〔6〕睚眦，怒目而視，表示怨恨。

旋進右諭德，掌司經局，疏辭。因言己有三罪、四恥、七不如。三罪、四恥，以自責。七不如者，謂"品行高峻，卓絕倫表，不如劉宗周；至性奇情，無愧純孝，不如倪元璐；湛深大慮，遠見深計，不如魏呈潤；犯言敢諫，清裁絕俗，不如詹爾選、吳執御；志尚高雅，博學多通，不如華亭布衣陳繼儒、龍溪舉人張燮；至圜土纍係之臣[1]，朴心純行，不如李汝璨、傅朝佑；文章意氣，坎坷磊落，不如錢謙益、鄭鄤。"鄤方被杖母大詬[2]，帝得疏駭異，責以顛倒是非。道周疏辯，語復營護鄤。帝怒，嚴旨切責。

【注】
〔1〕圜土纍係,被囚禁於獄中。
〔2〕鄭鄤,號峚陽,武進人。天啓進士,改庶吉士。崇禎中被首輔溫體仁陷害,誣以杖母不孝,磔於市。鄭鄤曾於獄中作《峚陽草堂說書》,提倡心學。

　　道周以文章風節高天下,嚴冷方剛,不諧流俗,公卿多畏而忌之,乃藉不如鄤語爲口實。其冬,擇東宮講官。體仁已罷,張至發當國,擯道周不與。其同官項煜、楊廷麟不平,上疏推讓道周。至發言:"鄤杖母,明旨煌煌,道周自謂不如,安可爲元良輔導[1]。"道周遂移疾乞休,不許。

【注】
〔1〕元良輔導,太子師傅。

　　十一年二月,帝御經筵[1]。刑部尚書鄭三俊方下吏[2],講官黃景昉救之,帝未許。而帝適追論舊講官姚希孟嘗請漕儲全折以爲非。道周聽未審,謂帝將寬三俊念希孟也,因言:"故輔臣文震孟一生蹇直,未蒙帷蓋恩[3]。天下士,生如三俊,歿如震孟、希孟,求其影似,未可多得。"帝以所對失實,責令回奏。再奏再詰,至三奏乃已。凡道周所建白,未嘗得一俞旨[4],道周顧言不已。

【注】
〔1〕經筵,帝王爲研讀經史而特設的御前講席。
〔2〕下吏,交法官審訊。

〔3〕蒙帷蓋恩,即恩遇。
〔4〕俞旨,諭旨。

六月,廷推閣臣。道周已充日講官,遷少詹事,得與名。帝不用,用楊嗣昌等五人。道周乃草三疏,一劾嗣昌,一劾陳新甲,一劾遼撫方一藻,同日上之。其劾嗣昌,謂:

"天下無無父之子,亦無不臣之子。衛開方不省其親,管仲至比之豭狗〔1〕。李定不喪繼母〔2〕,宋世共指爲人梟〔3〕。今遂有不持兩服〔4〕,坐司馬堂如楊嗣昌者〔5〕。宣大督臣盧象昇以父殯在途〔6〕,搥心飲血,請就近推補,乃忽有并推在籍守制之旨〔7〕。夫守制者可推,則聞喪者可不去;聞喪者可不去,則爲子者可不父,爲臣者可不子。即使人才甚乏,奈何使不忠不孝者連苞引蘖〔8〕,種其不祥以穢天下乎?嗣昌在事二年,張網溢地之談,款市樂天之説〔9〕,才智亦可睹矣。更起一不祥之人,與之表裏。陛下孝治天下,縉紳家庭小小勃豀,猶以法治之,而冒喪斁倫〔10〕,獨謂無禁,臣竊以爲不可也。"

【注】

〔1〕衛開方,春秋時衛國公子,爲齊桓公的寵臣,後與易牙、豎刁亂齊。《韓非子·難一》記管仲言説:開方"棄其母,久宦不歸,其母不愛,安能愛君。"豭狗,猪狗。

〔2〕李定,字資深,揚州人。少受學於王安石,官至太子中允、監察御史里行、知制誥,因庶母死匿不爲服喪,改爲崇政殿説書。

〔3〕人梟,惡人。梟,俗名"猫頭鷹",舊傳梟食母,故用以比喻不孝之人。
〔4〕不持兩服,不爲父母服喪。
〔5〕坐司馬堂,負責軍事的長官,此處指兵部尚書。
〔6〕殯,停柩。
〔7〕守制,父母死後在家守喪,不任官職。
〔8〕連苞引蘖,呼朋引類。
〔9〕楊嗣昌,字文弱,武陵人。曾任兵部尚書,提出設"十面之網"和增稅等法,加緊鎮壓農民起義軍。崇禎十一年清軍入長城以內,蹂躪北方各地,他一意主和,不准主將出戰。溢地,楊嗣昌提出的稅法,民間土地超過原有數目者,核實輸賦。款市,和談。
〔10〕冒喪斁倫,不守父母之喪,背棄人倫。

其論新甲,言其:

"守制不終,走邪徑,託捷足。天下即甚無才,未宜假借及此。古有忠臣孝子無濟於艱難者,決未有不忠不孝而可進乎功名道德之門者也。臣二十躬耕,手足胼胝,以養二人。四十餘削籍。徒步荷擔二千里,不解屝屨〔1〕。今雖逾五十,非有妻子之奉,婢僕之累。天下即無人,臣願解清華〔2〕,出管鎖鑰〔3〕,何必使被棘負塗者〔4〕,袚不祥以玷王化哉〔5〕!"

【注】

〔1〕屝屨,草鞋。
〔2〕解清華,辭去清高顯要的職位。

〔3〕出管鎖鑰,離開朝廷去鎮守邊疆。
〔4〕被棘負途者,居父母之喪者。
〔5〕祓,古代除災祈福的儀式,也泛指掃除。

其論一藻,則力詆和議之非。帝疑道周以不用怨望,而"縉紳"、"勃谿"語,欲爲鄭鄤脫罪,下吏部行譴。嗣昌因上言:"鄤杖母,禽獸不如。今道周又不如鄤,且其意徒欲庇凶徒,飾前言之謬,立心可知。"因自乞罷免,帝優旨慰之。

七月五日召内閣及諸大臣於平臺[1],并及道周。帝與諸臣語所司事,久之,問道周曰:"凡無所爲而爲者,謂之天理;有所爲而爲者,謂之人欲。爾三疏適當廷推不用時,果無所爲乎?"道周對曰:"臣三疏皆爲國家綱常,自信無所爲。"帝曰:"先時何不言?"對曰:"先時猶可不言,全簡用後不言[2],更無當言之日。"帝曰:"清固美德,但不可傲物遂非。且惟伯夷爲聖之清,若小廉曲謹,是廉,非清也。"時道周所對不合指,帝屢駁,道周復進曰:"惟孝弟之人始能經綸天下,發育萬物。不孝不弟者,根本既無,安有枝葉。"嗣昌出奏曰:"臣不生空桑,豈不知父母。顧念君爲臣綱,父爲子綱,君臣固在父子前。况古爲列國之君臣,可去此適彼;今則一統之君臣,無所逃於天地之間。且仁不遺親,義不後君,難以偏重。臣四疏力辭,意詞臣中有如劉定之、羅倫者[3],抗疏爲臣代請,得遂臣志。及抵都門,聞道周人品學術,爲人宗師,乃不如鄭鄤。"帝曰:"然,朕正擬問之。"乃問道周曰:"古人心無所爲,今則各有所主,故孟子欲正人心,息邪説。古之邪説,别爲一教,今則直附於聖賢經傳中,係世道人心更大。且爾言不如鄭鄤,何也?"對曰:"匡章見棄通國[4],孟子不失禮貌[5],臣言文章不如鄤。"帝曰:"章子不得於父,豈鄤杖母者比。爾言不如,豈非朋比?"道周曰:"衆惡必察。"帝曰:"陳新甲何以走邪徑,託捷足?且爾言軟美容悦,叩首折枝者誰耶?"道周不能對,但曰:"人心邪則行徑皆邪。"帝曰:"喪固凶禮,豈遭凶者即凶人,盡不祥之人?"道周曰:"古三年喪,君命不過其門。自謂凶與不祥,故軍禮鑿凶門而出[6]。奪情在疆外則可[7],朝中則不可。"帝曰:"人既可用,何分内外?"道周曰:"我朝自羅倫論奪情,前後五十餘人,多在邊疆。故嗣昌在邊疆則可,在中樞則不可;在中樞猶可,在政府則不可。止嗣昌一人猶可[8],又呼朋引類,竟成一奪情世界,益不可。"帝又詰問久之。帝曰:"少正卯當時亦稱聞人[9]。心逆而險,行辟而堅,言僞而辨,順非而澤,記醜而博,不免聖人之誅。今人多類此。"道周曰:"少正卯心術不正,臣心正無一毫私。"帝怒。有間,命出候旨。道周曰:"臣今日不盡言,臣負陛下;陛下今日殺臣,陛下負臣。"帝曰:"爾一生學問,止成佞耳。"叱之退,道周叩首起,復跪奏:"臣敢將忠佞二字剖析言之。夫人在君父前,獨立敢言爲佞,豈在君父前讒諂面諛爲忠耶?忠佞不别,邪正淆矣,何以致治?"帝曰:"固也,非朕漫加爾以佞。但所問在此,所答在彼,非佞而何?"再叱之退。顧嗣昌曰:"甚矣,人心偷薄也。道周恣肆如此,其能無正乎?"乃召文武諸臣,咸聆戒諭而退。

【注】

〔1〕平臺,皇帝與大臣議事之處。
〔2〕簡用,選拔任用。
〔3〕詞臣,文學侍從之臣,如翰林之類。
〔4〕匡章,戰國時齊國將領,即下文所稱章子。通國,全國。"見棄通國",指匡章責求其父行善,得罪其父,被趕出,因而被國人責罵爲不孝。
〔5〕孟子不失禮貌,指孟子在齊國時曾與匡章交游,對他很有禮貌。
〔6〕鑿凶門而出,古代將軍出征時,鑿一扇向北的門,由此出發,以示必死的決心。
〔7〕奪情,喪期未滿,朝廷強令出仕。
〔8〕止,只,僅。
〔9〕少正卯(?—前496),春秋魯國大夫,據說被孔子所殺。

是時,帝憂兵事,謂可屬大事者惟嗣昌,破格用之。道周守經,失帝意。及奏對,又不遜。帝怒甚,欲加以重罪,憚其名高,未敢決。會劉同升、趙士春亦劾嗣昌,將予重譴,而部擬道周譴顧輕。嗣昌懼道周輕,則論己者將無已時也,亟購人劾道周者。有刑部主事張若麒謀改兵部,遂阿嗣昌意上疏曰:"臣聞人主之尊,尊無二上;人臣無將[1],將而必誅。今黃道周及其黨徒造作語言,虧損聖德。舉古今未有之好語盡出道周,無不可歸過於君父。不頒示前日召對始末,背公死黨之徒,鼓煽以惑四方,私記以疑後世,掩聖天子正人心息邪說至意,大不便。"帝即傳諭廷臣,毋爲道周劫持相朋黨,凡數百言。貶道周六秩,爲江西按察司照磨[2],而若麒果得兵部。

【注】
[1] 將,違逆上意。
[2] 照磨,官名,主管文書卷宗。

久之,江西巡撫解學龍薦所部官,推獎道周備至。故事,但下所司,帝亦不覆閱。而大學士魏照乘惡道周甚,則擬旨責學龍濫薦。帝遂發怒,立削二人籍,逮下刑部獄,責以黨邪亂政,並杖八十,究黨與。詞連編修黃文煥、吏部主事陳天定、工部司務董養河、中書舍人文震亨,並繫獄。戶部主事葉廷秀、監生涂仲吉救之,亦繫獄。尚書李覺斯讞輕[1],嚴旨切責,再擬謫戍烟瘴,帝猶以爲失出[2],除覺斯名,移獄鎮撫司掠治,乃還刑部獄。逾年,尚書劉澤深等言:"二人罪至永戍止矣,過此惟論死。論死非封疆則貪酷,未有以建言者。道周無封疆貪酷之罪,而有建言蒙戮之名,於道周得矣,非我聖主覆載之量也。陛下所疑者黨耳。黨者,見諸行事。道周抗疏,衹託空言,一二知交相從罷斥,烏睹所謂黨,而煩朝廷大法乎。且陛下豈有積恨道周,萬一聖意轉圜,而臣已論定,悔之何及。"仍以原擬請,乃永戍廣西。

【注】
[1] 讞,議罪。
[2] 失出,指罪重罰輕。

十五年八月,道周戍已經年。一日,帝召五輔臣入文華後殿,手一編從容問曰[1]:"張溥、張采何如人也[2]?"皆對曰:"讀書好學人也。"帝曰:"張溥已死,張采小臣,科道官何亟稱之[3]?"對曰:"其胸中自有書,科道官以其用未竟而惜之。"帝曰:"亦不免偏。"時延儒自以嗣昌既已前死矣[4],而己方再入相,欲參用公議,爲道周地也,即對曰:"張溥、黃道周皆未免偏,徒以其善學,故人人惜之。"帝默然。德璟曰:"道周前日蒙戍,上恩寬大,獨其家貧子幼,其實可憫。"帝微笑。演曰:"其事親亦極孝。"甡曰:"道周學無不通,且極清苦。"帝不答,但微笑而已。明日傳旨復故官。道周在途疏謝,稱學龍、廷秀賢。既還,帝召見道周,道周見帝而泣:"臣不自意今復得見陛下,臣故有犬馬之疾。"請假,許之。

【注】

[1] 手,拿着。

[2] 張溥(1602—1641),字天如,明太倉人。曾集郡中文士成"復社",倣法東林,評議時政,後被處死。張采,字受先,與張溥同邑,兩人相友善,曾知臨川縣。

[3] 科道官,指都察院衙門的吏、户、禮、兵、刑、工六科給事中及京畿、遼沈等各道監察御史一類官吏。

[4] 楊嗣昌因爲"圍剿"張獻忠失敗,於1641年在重慶自殺。

居久之,福王監國,用道周吏部左侍郎。道周不欲出,馬士英諷之曰:"人望在公,公不起,欲從史公法擁立潞王耶?"乃不得已趨朝。陳進取九策,拜禮部尚書,協理詹事府事。而朝政日非,大臣相繼去國,識者知其將亡矣。明年三月遣祭告禹陵。瀕行,陳進取策,時不能用。甫竣事,南都亡[1],見唐王聿鍵於衢州,奉表勸進。王以道周爲武英殿大學士。道周學行高,王敬禮之特甚,賜宴。鄭芝龍爵通侯,位道周上,衆議抑芝龍,文武由是不和。一諸生上書詆道周迂,不可居相位。王知出芝龍意,下督學御史撻之。

【注】

[1] 南都,福王政府所在地南京。

當是時,國勢衰,政歸鄭氏,大帥恃恩觀望,不肯一出關募兵。道周請自往江西圖恢復。以七月啓行,所至遠近響應,得義旅九千餘人,由廣信出衢州。十二月進至婺源,遇大清兵。戰敗,被執至江寧,幽別室中,囚服著書。臨刑,過東華門,坐不起,曰:"此與高皇帝陵寢近,可死矣。"監刑者從之。幕下士中書賴雍、蔡紹謹,兵部主事趙士超等皆死。

道周學貫古今,所至學者雲集。銅山在孤島中,有石室,道周自幼坐卧其中,故學者稱爲石齋先生。精天文曆數皇極諸書[1]。所著《易象正》、《三易洞璣》及《太函經》,學者窮年不能通其説,而道周用以推驗治亂。殁後,家人得其小册,自謂終於丙戌[2],年六十二,始信其能知來也。

【注】

〔1〕皇極,帝王治天下的準則。

〔2〕丙戌,即公元 1646 年。

選自《明史》卷二五五

清

宋　應　星（1587—?）

宋長庚[1]，名應星，奉新人。卒年無考，丁文江推定爲卒於順治、康熙間。是一位工業科學家。他所著有兩部書，一部是《畫音歸正》。據書名當是研究方音，可惜已佚；一部是《天工開物》[2]，商務印書館正在重印。用科學方法研究食物、被服、用器，以及冶金、制械、丹青、珠玉之原料工作，繪圖貼說，詳確明備。《天工開物》自序云："世有聰明博物者，稠人推焉。乃棗梨之花未賞，而臆度楚萍；釜鬵之範鮮經，而侈談莒鼎。畫工好圖鬼魅而惡犬馬，即鄭僑晉華，豈足爲烈哉！"丁在君（文江）《重印〈天工開物〉始末記》云："三百年前言工業天產之書，如此其詳且明者，世界之中，無與比倫。"這兩部書不獨一洗明人不讀書的空談，而且比清人專讀書的實談還勝幾籌，真算得反動初期最有價值的東西[3]。

【注】

〔1〕長庚，宋應星的字。有關他的生平事迹參見後附哲學詞條。

〔2〕《天工開物》，十八卷。宋應星自序署"崇禎丁丑孟夏月"，則書成於崇禎十年（1637）。

〔3〕梁啓超在《清代學術概論》和《中國近三百年學術史》中認爲，清代學術的主潮是"厭倦主觀的冥想而傾向於客觀的考察"。稱它是對宋元明"道學"的反動。而這種"反動"在晚明的二十多年里已經開始。故將開清學之先河的這段時期，稱爲

"反動初期"。

選自梁啓超《中國近三百年學術史》

附

宋應星(1587—?),明科學家、哲學家。字長庚,江西奉新人。萬曆舉人。曾任江西分宜縣教諭、福建汀州府推官、南京亳州知州等職[1]。後曾仕南明,約卒於清順治年間。生平究心實學[2],對士大夫輕視生產和勞動人民的態度深爲不滿。留心生產,研究生產技術,著成《天工開物》。他的《論氣》、《談天》等書[3],內容涉及生物、化學、物理、天文等方面知識,具有一定的科學價值。認爲物質的"氣"構成天地萬物,"天地間非形即氣,非氣即形,雜於形氣之間者,水火是也。由氣而化形,形復返於氣,百姓日習而不知也。氣聚而不複化形者,日月是也"(《論氣·形氣化》)。認定天是無意志的,可知的,批判"天人感應"的觀點[4]。《野議》一書是他對明末政治、經濟、軍事、教育及社會陋俗的揭發批判。《思憐詩》記載了他的憤世憂民之情[5],也反映其反對天命論和宿命論的思想[6]。著作另有《畫音歸正》、《雜色文原耗》、《巵言十種》等書,均佚。(錄自《哲學大辭典·中國哲學史卷》)

【注】

[1] 教諭,學官名。宋代在京師設立的小學和武學中,始置教諭,

元、明、清在縣學内皆置教諭,掌管文廟祭祀,教育所屬生員。推官,唐代始設,至清朝中期,掌勘問刑獄。亳州,北周末設置,轄境相當今安徽亳縣、蒙城及河南鹿邑等縣地,1913年廢。知州,明清時州的長官名稱。

〔2〕實學,有實用價值的學問,這是相對於談玄説空的"理學"而言。

〔3〕《論氣》、《談天》,均爲1637年著。上海人民出版社1975年整理出版。

〔4〕天人感應,最早由西漢董仲舒提出,認爲天和人相類相通,天能干預人事,人的行爲亦能感應上天。這是一種神秘主義天人關係的觀點。

〔5〕《思憐詩》,與《論氣》、《談天》、《野議》(1636年著)合編一集,1975年上海人民出版社出版。

〔6〕天命論,指"天"能致命於人、決定人類命運的一種論點。宿命論,認爲歷史的發展由一種不可避免的力量(命運)所決定的論點。

熊 伯 龍 (1620—1669)

　　熊伯龍[1],字次侯,湖北漢陽人,原江西進賢籍。順治六年,一甲二名進士,授國史館編修。十一年充浙江鄉試正考官。十六年奉命提督順天學政,累官祭酒、侍讀學士[2],洊昇至内閣學士兼禮部侍郎銜[3]。伯龍博學,工詩、古文詞,制義尤精,與劉子壯齊名[4],世稱熊劉。所爲古文,雄渾雅健,在陳廷敬、張玉書之間[5],詩直抒胸臆,五言古體,尤有太古之音。性謹厚,自少至老,手一編不置[6],歷官二十年,恂恂如諸生[7],不妄交游,不立崖岸[8],易簀時惟以不得澤被生民爲憾[9]。著有《谷貽堂集》,集中代言諸作,尤樸茂,有東京之遺。

【注】

〔1〕熊伯龍,中國17世紀傑出的無神論者和哲學家。據《漢陽縣志》推斷其生年爲明萬曆四十八年(1620),卒年爲清康熙八年(1669)。其哲學代表作爲《無何集》。

〔2〕祭酒,學官名。漢代有博士祭酒,隋唐以後稱國子監祭酒,爲國子監的主管官。侍讀學士,官名。唐代有集賢殿侍讀學士,宋始置翰林侍讀學士,明清沿置。

〔3〕洊,通"荐",再。

〔4〕劉子壯,清學者,字克猷,湖北黃岡人。與熊伯龍同科一甲一名進士,授國史館修撰,四十四歲卒。著有《屺思堂集》。

〔5〕陳廷敬(1638—1712),澤州(今山西省晉城縣)人,字子端,號說巖。順治進士,官至文淵閣大學士兼吏部尚書,生平好學,擅詩文,皆能得其深處。著作有《尊聞堂集》、《午亭文編》。張玉書(1642—1711),清江蘇丹徒人,字素存。順治進士,官至文華殿大學士兼戶部尚書,歷官凡五十年,對治理黃河、運河提出不少好建議。所作古文辭,春容典雅,稱一代大手筆。

〔6〕手一編不置,手不釋一書的意思。

〔7〕恂恂,亦作"悛悛",謙恭謹慎的樣子。

〔8〕崖岸,喻人性情高傲。

〔9〕易簀,病重。

選自《清史列傳》卷七十

方 以 智 (1611—1671)

方以智,字密之,桐城人[1]。父孔炤[2],明湖廣巡撫,爲楊嗣昌劾下獄[3],以智懷血疏訟冤,得釋,事具《明史》。以智,崇禎庚辰進士,授檢討。會李自成破潼關[4],范景文疏薦以智[5],召對德政殿,語中機要,上撫几稱善。以忤執政意,不果用。京師陷,以智哭臨殯宮,至東華門,被執,加刑毒,兩髁骨見[6],不屈。

【注】

〔1〕桐城,今安徽桐城。
〔2〕方孔炤,字潛夫,號仁值,今安徽桐城人。天啓初,爲職方員外郎,以忤閹黨崔呈秀削籍。崇禎元年,起故官。十一年,以右僉都御史撫湖廣,鎮壓羅汝才等部農民起義軍,曾上書反對熊文燦招撫張獻忠,後爲楊嗣昌所劾,乃下獄,十七年復官。未幾,李自成入北京。他奔南京,旋見朝政不堪,即回鄉隱居。
〔3〕楊嗣昌(1588—1641),字文弱,湖南常德人。崇禎時任兵部尚書。清軍入侵,一意主和而貽誤軍機,致統帥盧象昇陣亡,後率主力鎮壓四川張獻忠部,兵敗,他懼罪自殺。著有《野客青鞋集》。
〔4〕李自成(1606—1645),明末農民起義領袖。本名鴻基,陝西米脂李繼遷寨人。崇禎二年起義,他繼高迎祥之業,稱闖王,建立大順政權,年號永昌。不久攻克北京,推翻明王朝。後與明

將吳三桂和清兵作戰失利，永昌二年(1645)在湖北通山九宮山被地主武裝殺害。
〔5〕范景文，上海人。歷任山東汶上等縣知縣和南京兵部主事。
〔6〕髁骨，大腿骨。

　　賊敗，南奔，值馬、阮亂政[1]，修怨欲殺之，遂流離嶺表[2]。自作《序篇》，上述祖德，下表隱志。變姓名，賣藥市中。桂王稱號肇慶[3]，以與推戴功，擢右中允。扈王幸梧州[4]，擢侍講學士，拜禮部侍郎、東閣大學士，旋罷相。固稱疾，屢詔不起。嘗曰：“吾歸則負君，出則負親，吾其緇乎？”

【注】
〔1〕馬，馬士英(約1591—1646)，別字瑤草，貴州貴陽人。萬曆進士，崇禎末任鳳陽總督。李自成攻克北京，推翻明王朝後，他利用江北四總兵實力，擁立福王於南京，任東閣大學士，進太保，專國政。阮，阮大鋮(約1587—1646)，字集之，安徽懷寧人。天啟時依附魏忠賢，崇禎時廢斥，逃居南京。弘光時馬士英執政，得任兵部尚書。
〔2〕嶺表，古地區名，即嶺南。
〔3〕桂王，即朱由榔。隆武帝死後受瞿式耜等擁戴，在廣東肇慶即位，建元永曆。
〔4〕扈，扈從，隨從護駕。梧州，今廣西梧州市。

　　行至平樂[1]，被縶[2]。其帥欲降之，左置官服，右自刃，惟所擇，以智趨右，帥更加禮敬，始聽為僧。更名弘智，字無可,別號藥地。康熙十年[3],赴吉安[4],拜文信國墓[5],道卒,其閉關高坐時也。友人錢澄之[6],亦客金陵[7],遇故中官爲僧者,問以智,澄之曰:"君豈曾識耶?"曰:"非也。昔侍先皇,一日朝罷,上忽嘆曰:'求忠臣必於孝子!'如是者再。某跪請故,上曰:'早御經筵,有講官父巡撫河南,坐失機問大辟,某薰衣,飾容止如常時。不孝若此,能爲忠乎?聞新進士方以智,父亦繫獄,日號泣,持疏求救,此亦人子也。'言訖復嘆,俄釋孔炤,而辟河南巡撫,外廷亦知其故乎?"澄之述其語告以智。以智伏地哭失聲。

【注】

[1] 平樂,今廣西平樂。

[2] 繫,拘囚。

[3] 康熙,清聖祖年號(1662—1722)。

[4] 吉安,今江西吉安。

[5] 文信國,即文天祥(1236—1283),字宋瑞,號文山,今江西吉安人。寶祐進士,德祐元年(1275),元兵東下,他在贛州組織武裝,入衛臨安。次年任右相,被派往元營談判,被執。後於鎮江脫逃,由今江蘇南通入海至福建。端宗即位,復任右相兼樞密使,封信國公。因與左相陳宜中不合,率兵在福建、廣東一帶堅持抗元。兵敗被俘,屢經威逼利誘,誓死不屈。至元十九年十二月(1283年1月)在柴市被殺害。有《文山先生全集》。

[6] 錢澄之(1612—1694),字飲光,初名秉鐙,字幼光,後改號田間老人,今安徽桐城人。南明桂王稱帝時,授庶吉士,官至編修。通經學,有《田間集》等。

[7] 金陵,今江蘇南京市。

以智生有異稟，年十五，羣經、子、史，略能背誦。博涉多通，自天文、輿地、禮樂、律數、聲音、文字、書畫、醫藥、技勇之屬，皆能考其源流，析其旨趣。著書數十萬言，惟《通雅》、《物理小識》二書盛行於世[1]。

【注】

[1]《通雅》，五十二卷。辨證詞語訓詁，取材於先秦諸子、史籍、方志、小說，考證古音古義，論及方言俗語，分門別類，加以訓釋。可供研究古漢語，探討詞源的參考。《物理小識》，十二卷。內容包括天、地、曆、風雷、雨暘、人身、醫藥、飲食、金石、器用、草木、鳥獸、鬼神，方術等類的研究。

子中德，字田伯，著《古事比》。以智搆馬、阮之難，中德年十三，撾登聞鼓，訟父冤。父出亡，偕諸弟徒步追從。中通，字位伯，精算術，著《數度衍》，見《疇人傳》。中履，字素伯，幼隨父於方外，備嘗險阻，著《古今釋疑》。

選自《清史稿》卷五〇〇《隱逸一》

陸 世 儀 （1611—1672）

陸世儀，字道威，太倉州人[1]。少從劉宗周講學。歸而鑿池十畝，築亭其中，不通賓客，自號桴亭。與同里陳瑚、盛敬、江士韶相約，爲遷善改過之學。或橫經論難[2]，或即事窮理，反覆以求一是。甚有商榷未定，徹夜忘寢，質明而後斷，或未斷而復辨者。著《思辨録》，分小學、大學、立志、居敬、格致、誠正、修齊、治平、天道、人道、諸儒異學、經、子、史籍十四門。世儀之學，主於敦守禮法，不虛談誠敬之旨，施行實政，不空爲心性之功。於近代講學諸家，最爲篤實。其言曰："天下無講學之人，此世道之衰；天下皆講學之人，亦世道之衰。嘉、隆之間[3]，書院徧天下，呼朋引類，動輒千人，附影逐聲，廢時失事，甚有借以行其私者，此所謂處士橫議也。"又曰："今所當學者不止六藝，如天文、地理、河渠、兵法之類，皆切於世用，不可不講。"所言深切著明，足砭虛憍之弊。其於明儒薛、胡、陳、王[4]，皆平心論之。又嘗謂學者曰："世有大儒，決不別立宗旨。"故全祖望謂國初儒者[5]，孫奇逢、黃宗羲、李顒最有名[6]，而世儀少知者。同治十一年，從祀文廟。

【注】

[1] 太倉，今屬江蘇蘇州。

〔2〕橫經論難，擺出經書，與人論辯駁難。
〔3〕嘉、隆，明嘉靖(1522—1566)、隆慶(1567—1572)年間。
〔4〕薛、胡、陳、王，指薛瑄、胡居仁、陳獻章、王守仁，本書均有傳。
〔5〕全祖望(1705—1755)，字紹衣，一字謝山，清浙江鄞縣人。曾先後主講於紹興蕺山書院和肇慶端溪書院，學問淵博，尤專史學。曾補輯黃宗羲《宋元學案》，又曾七校《水經注》，三箋《困學紀聞》，所著詩文有《鮚崎亭集》。
〔6〕孫奇逢、黃宗羲、李顒，本書均有傳。

選自《清史稿》卷四八〇《儒林一》

張　履　祥（1611—1674）

張履祥，字考夫，桐鄉人[1]。明諸生。世居楊園村，學者稱爲楊園先生。七歲喪父。家貧，母沈教之曰："孔、孟亦兩家無父兒也，只因有志，便做到聖賢。"長，受業山陰劉宗周之門。時東南文社各立門户，履祥退然如不勝，惟與同里顔統、錢寅，海鹽吴蕃昌輩以文行相砥礪。統、寅、蕃昌相繼殁，爲之經紀其家。自是與海鹽何汝霖、烏程凌克貞、歸安沈磊切劘講習[2]，益務躬行。嘗以爲聖人之於天道，"庸德之行，庸言之謹"，盡之矣。來學之士，一以友道處之。謂門人當務經濟之學，著《補農書》。歲耕田十餘畝，草履箬笠，提筐佐饁[3]。嘗曰："人須有恒業。無恒業之人，始於喪其本心，終於喪其身。許魯齋有言[4]：'學者以治生爲急。'愚謂治生以稼穡爲先。能稼穡則可以無求於人，無求於人，則能立廉恥；知稼穡之艱難，則不妄求於人，不妄求於人，則能興禮讓。廉恥立，禮讓興，而人心可正，世道可隆矣。"初講宗周慎獨之學，晚乃專意程、朱。踐履篤實，學術純正。大要以爲仁爲本，以修己爲務，而以《中庸》爲歸。

【注】

[1] 桐鄉，今安徽桐城北。

〔2〕切劘,切磋,琢磨。
〔3〕饁,爲耕作者送飯。
〔4〕許魯齋,即許衡,元朝理學家,本書有傳。

　　康熙十三年,卒,年六十四。著有《願學記》、《讀易筆記》、《讀史偶記》、《言行見聞錄》、《經正錄》、《初學備忘》、《近古錄》、《訓子語》、《補農書》、《喪葬雜錄》、《訓門人語》及《文集》四十五卷[1]。同治十年,從祀文廟。

【注】
〔1〕張履祥的著作匯集成《楊園先生全集》,今存。

選自《清史稿》卷四八〇《儒林一》

朱 之 瑜 (1600—1682)

朱之瑜，字魯璵，號舜水，餘姚人，寄籍松江。少有志慨[1]。九歲喪父，哀毀逾禮[2]。及長，精研六經[3]，特精《毛詩》[4]。崇禎末，以諸生兩奉徵辟[5]，不就。福王建號江南[6]，召授江西按察司副使，兼兵部職方司郎中，監方國安軍，之瑜力辭。臺省劾"偃蹇不奉詔"，將逮捕，乃走避舟山，與經略王翊相締結[7]，謀恢復。渡海至日本乞師。魯王監國，累徵辟，皆不就。又赴安南[8]，見國王，強令拜不爲屈，轉敬禮之。復至日本，時舟山既失，之瑜師友擁兵者，如朱永祐、吳鍾巒等，皆已死節，乃決蹈海完節之志，遂留寓長崎[9]。日人安東守約等師事之[10]，束脩敬養，始終不衰。日本水戶侯源光國厚禮延聘[11]，待以賓師。之瑜慨然赴焉。每引見談論，依經守義，曲盡忠告善道之意。教授學者循循不倦。日人重之瑜，禮養備至，特於壽日，設養老之禮，奉几杖以祝。又爲製明衣冠使服之，並欲爲起居第。之瑜再辭曰："吾藉上公眷顧，孤蹤海外，得養志守節而保明室衣冠，感莫大焉。吾祖宗墳墓，久爲發掘，每念及此，五內慘烈，若豐屋而安居，豈我志乎？"乃止。

【注】

[1] 少有志慨，年少時即有遠大志向。

〔2〕哀毁逾禮,悲哀過度而越禮。

〔3〕六經,亦稱"六藝",指儒家經典《詩》、《書》、《易》、《禮》、《春秋》、《樂》。

〔4〕《毛詩》,相傳爲西漢初毛亨、毛萇所傳,據稱其學出於孔子弟子子夏。《漢書·藝文志》著録《毛詩》二十九卷、《毛詩故訓傳》三十卷。

〔5〕徵辟,徵召,薦舉。

〔6〕福王,明藩王。明神宗之子朱常洵於萬曆二十九年(1601)受封,崇禎十四年(1641)被李自成殺死。其子由崧逃出,繼承王位,在南京建立南明政權,即弘光帝。

〔7〕經略,官名。唐貞觀二年設置,爲邊防軍事長官。明清有重要軍事任務時特設經略,職高於總督。

〔8〕安南,本唐安南都護府地,五代後晉時獨立,建國號爲瞿越、大越等。北宋封大王爲交趾郡王,南宋改封爲安南國王。清嘉慶七年(1802)改國號越南。1884年淪爲法國保護國。

〔9〕長崎,日本長崎縣首府與最大城市,是日本九州島西岸大港。

〔10〕安東守約(1622—1701),日本學者,朱舜水弟子。字魯默,初名守正,號省巷,築後人,仕柳河侯。

〔11〕源光國,即德川光國(1628—1700),日本大將軍德川家綱的叔父。字子龍,小字千代松,後就封藩水户侯,尊朱舜水爲師,優渥禮待。

　　之瑜爲日人作《學宫圖説》[1],商榷古今,剖微索隱,使梓人依其圖,而以木模焉。棟梁枅桷[2],莫不悉備,而殿堂結構之法,梓人所不能通曉者,親指授之。度量分寸,湊離機巧[3],教喻縝密,經歲而畢。文廟、啓聖宫、明倫堂、尊經閣、學舍、進賢樓、廊廡、射圃、門户墻垣,皆極精巧。又造古祭器,先作古升、古尺,揣其稱勝[4]。作簠、簋、籩、豆、登、鉶之屬[5]。如周廟欹器[6],唐、宋以來,圖雖存而制莫傳。乃依圖考古,研覈其法,巧思默契,指畫精到,授之工師,或未洞達,復爲揣輕重、定尺寸,關機運動,教之經年,不厭煩數,卒成之。於是率儒生習釋奠禮,改定儀注,詳明禮節,學者皆通其梗概。日人文教爲之彬彬焉。

【注】

〔1〕《學宮圖説》,日文,未迻譯。據記載,源光國久有興學校之志,請朱之瑜作是書,使梓人依其圖而以木模焉。又據馬浮《舜水遺書編後記》:"先生嘗爲水户上公撰《學宮圖説》,日本初建文廟,依以營構。今集乃無是書,蓋已亡佚。"

〔2〕枅(音雞),屋櫨斗上的橫木,形如插在頭髮上的笄。

〔3〕湊離,聚合分離。

〔4〕揣其稱勝,量度相當準確。

〔5〕簠(音府),古代青銅製作的食器。簋(音鬼),古代青銅或陶制的食器。籩(音邊),古代祭祀和宴會時盛果脯的竹器。豆,古代食器,多陶質,盛行商、周時。亦爲古代量器,四升爲豆。登,古代祭祀盛肉食的禮器。鉶,古代盛羹器。

〔6〕欹器,本作"攲器",古代用以盛酒的祭器。

之瑜居日本二十餘年,年八十三卒。葬於日本長崎瑞龍山麓。日人謚曰文恭先生,立祠祀之,並護其墓,至今不衰。之瑜嚴毅剛直,動必以禮,平居不苟言笑,唯言及國難,常切齒流涕,魯王敕書奉持隨身[1],未嘗示人,歿後始出，人皆服其深密謹厚云。

【注】

〔1〕魯王，朱以海（1618—1662），崇禎十七年（1644）嗣王位。次年，清兵陷南京，張國維等起兵浙東，擁他爲監國。後流亡海上，在臺灣病死。
〔2〕敕書，特指皇帝的詔書。

著有《文集》二十五卷[1]，《釋奠儀注》一卷[2]，《陽九述略》一卷[3]，《安南供役紀事》一卷[4]。

【注】

〔1〕《文集》，指《朱舜水文集》，最早是1684年日本加賀侯文學源剛伯所編，名《明朱徵君集》十卷。1715年源光國又輯爲二十八卷。1913年馬浮據日本多種版本刪削釐定爲《舜水遺書》，其中包括文集二十五卷。1981年8月中華書局出版由朱謙編的《朱舜水集》，校勘搜輯，較爲完備。
〔2〕《釋奠儀注》，又稱《改定釋奠儀注》，1672年應源光國之請而寫，內容是使日本學者瞭解和熟悉立學祭的儀禮。已收入《朱舜水集》。
〔3〕《陽九述略》，爲應安東守約詢問明室致亂之由及恢復兵勢的道理而撰著。"採逸事於外邦，庶備史官野乘"，帶有總結教訓的性質。已收入《朱舜水集》。
〔4〕《安南供役紀事》，爲記述朱舜水應安南國王召供役三月的事情。已收入《朱舜水集》。

選自《清史稿》卷五〇〇《隱逸一》

孫 奇 逢（1584—1675）

孫奇逢,字啓泰,又字鍾元,容城人[1]。少倜儻,好奇節,而内行篤修。負經世之學,欲以功業自著。年十七,舉明萬曆二十八年順天鄉試。連丁父母憂,廬墓六年,旌表孝行[2]。與定興鹿善繼講學[3],一室默對,以聖賢相期。

【注】
[1] 容城,今河北容城。
[2] 旌表,朝廷對所謂忠孝節義的人,用立牌坊賜匾額等方式加以表揚,叫做"旌表"。
[3] 定興,今河北定興。

天啓時,逆閹魏忠賢竊朝柄,左光斗、魏大中、周順昌以黨禍被逮。奇逢、善繼故與三人友善。是時善繼以主事贊大學士孫承宗軍事[1]。奇逢上書承宗,責以大義,請急疏救,承宗欲假入覲面陳,謀未就而光斗等已死廠獄。逆閹誣坐光斗等贓鉅萬,嚴追家屬。奇逢與善繼之父鹿正、新城張果中集士民醵金代輸。光斗等卒賴以歸骨,世所傳范陽三烈士也。臺垣及巡撫交章論薦,不起。孫承宗欲疏請以職方起贊軍事,其後尚書范景文聘爲贊畫,俱辭不就。時畿内賊盜縱橫[2],奇逢攜家入易州五峰山[3],門生親故從而相保者數百家。奇逢爲部署守禦，絃歌不輟。順治二年，祭酒薛所蘊以奇逢學行可比元許衡、吳澄[4]，薦長成均[5]，奇逢以病辭。七年，南徙輝縣之蘇門[6]。九年，工部郎馬光裕奉以夏峰田廬，遂率子弟躬耕，四方來學者亦授田使耕，所居成聚。居夏峰二十有五年，屢徵不起。

【注】

[1] 孫承宗(1563—1638)，明保定高陽(今屬河北)人，字稚繩。萬曆進士，天啓二年任兵部尚書經略薊遼，後爲魏忠賢黨排擠去職。崇禎二年，後金兵入大安口，明廷用他守通州，後移鎮山海關，四年罷職歸裏。十一年清兵繞道入長城，攻高陽，他率家人拒戰，城破自殺。著作有《高陽集》。

[2] 畿内，指京城管轄的地區。

[3] 易州，今河北易縣。

[4] 許衡、吳澄，本書均有傳。

[5] 成均，古之大學。《周禮·春官》："大司樂掌成均之法，以治建國之學政。"《禮記·文王世子》鄭玄注引董仲舒曰："五帝名大學曰成均。"唐高宗時，改國子監曰成均監。後人亦有稱國子監爲成均者。

[6] 輝縣，今河南輝縣。

奇逢之學，原本象山、陽明[1]，以慎獨爲宗，以體認天理爲要，以日用倫常爲實際。其治身務自刻厲。人無賢愚，苟問學，必開以性之所近，使自力於庸行。其與人無町畦[2]，雖武夫悍卒、野夫牧豎，必以誠意接之。用此名在天下而人無忌嫉。著《讀易大旨》五卷。奇逢學《易》於雄縣李蚄[3]，至年老，乃撮其體要以示門人。發明義理，切近人事。以《象》、《傳》通一卦之旨，由一卦通六十四卦之義。其生平之學，主於實用，故所言皆關法戒。又著《理學傳心纂要》八卷，錄周子、二程子、張子、邵子、朱子、陸九淵、薛瑄、王守仁、羅洪先、顧憲成十一人，以爲直接道統之傳。

【注】
〔1〕象山，即陸九淵。陽明，即王守仁。本書均有傳。
〔2〕町畦，無威儀。
〔3〕雄縣，今河北雄縣。

康熙十四年，卒，年九十二。河南北學者祀之百泉書院。道光八年，從祀文廟。奇逢弟子甚衆，而新安魏一鰲、清苑高鐈、范陽耿極等從遊最早。及門問答，一鰲爲多。睢州湯斌、登封耿介皆仕至監司後往受業，斌自有傳。

選自《清史稿》卷四八〇

陳　　確（1604—1677）

　　先生諱確,字乾初,原名道永,字非玄。文學覺庵公之季子也[1]。覺庵公生四子,俱游黌序有名[2]。先生弱而才,父兄特器重之,從伯兄授經。鄉賢許同生先生目爲小友,且指示子弟曰:"若曹雖與陳生同學,不日即當師事之矣",其見重於前輩已如此。讀書不屑屑章句,毅然期至於古之立言者[3]。尤厭薄舉業,姑爲之以副塾課之望。嘗受知學使者黎、許兩公。舉茂才[4],廩於庠[5],後遭喪亂,敝屣棄之[6],泊如也。明季有斀法吏[7],先生唱義聲籲當事,當事庇其人,欲中先生以法[8],先生色不爲動;尋太府劉公雪濤救免,事聞輦轂[9],當事與吏俱坐黜,先生亦不色喜。

【注】

[1] 季子,最次子、幼子陳確,浙江海寧人,年四十,始與黄宗羲同受學於劉宗周。
[2] 黌,學校。
[3] 立言,著書立說。
[4] 茂才,秀才。
[5] 廩,廩膳。庠,學校。明代科舉制度規定給學生員廩膳,補助生活,經歲科兩試可取得廩生名義。
[6] 敝屣,破鞋。
[7] 斀法吏,枉法的官吏。

〔8〕中,中傷,陷害。
〔9〕輦轂,舊指京都。

早年論學,於諸儒中最喜姚江"知行合一"之説[1],謂可與孟子道性善同功[2]。後與祝孝廉淵遊蕺山先生門[3],奉慎獨之教,躬行實踐,重規疊矩。既而祝以節顯,先生則巋然長德望於一鄉,皆不愧師門心印,所謂其趨一也。接引後學,娓娓不倦,一時志義之士,從遊日衆。與兄子潮生、爰立輩表章家學,酌立族規,講明宗法,建遷祖祠宇,宗人既庀其材矣[4],其堂寢規模,主祏制度[5],一出先生釐定。晚年構地十畝有奇,營葬考妣,奉其三兄雁序以祔[6],而己亦置生壙焉,令支下子孫艱於覓地者皆可祔入。先生蓋仿古族葬之法,以爲支分本一,血脈相聯,生則聚廬而處,没則共域而葬,且使春秋展墓時子姓兄弟咸在。其酌古準今,法良義美,皆類此。

【注】
〔1〕姚江,指王守仁,因其家鄉浙江餘姚有姚江而得名。
〔2〕道性善,主張人性是本善的。
〔3〕蕺山,指劉宗周。
〔4〕庀,具備,治理。
〔5〕祏,宗廟中藏神主的石盒。
〔6〕祔,合葬。

詩文清真大雅,寄托深遠,其發明理學,尤多心得,下筆立就，無纖毫障翳[1]。書法直逼鍾、王[2]，撫琴吹簫，時奏於山巔水涯；篆刻博奕諸好無不工。自奉教蕺山後，一切陶寫性情之技，視爲害道而屏絶之，向之勇於一往[3]，遇不平而輒發者，亦視爲任氣而融釋之。社集講會，以爲無益身心，每婉辭不赴。尋病廢幾二十年[4]，足不及中庭，君子謂不異袁閎之土室。

【注】

〔1〕障翳，阻隔遮蔽。
〔2〕鍾、王，即三國魏鍾繇、東晉王羲之，被推尊爲楷、行書法的代表書家，故並稱鍾、王。
〔3〕向之，過去。
〔4〕尋，尋繹，探求。按，陳確晚年得顫掔疾，病困床十五載，但仍未放棄探求和寫作。

所著有：《大學辨》[1]、《禪障》、《性解》、《學譜》、《葬論》[2]、《喪俗》、《家約》諸書，其餘雜著，不下數十萬言，俱藏於家。居母喪，手寫《孝經》百餘册志痛，戚友爭寶藏之。

【注】

〔1〕《大學辨》，包括《大學辨》本文和答友人書札等二十餘篇。內容揭露《大學》一書非孔子本旨，批判程朱把它列爲"聖經賢傳"的錯誤。這在當時是很大膽的言論。此書寫於清順治十年癸巳(1653)，嘉慶三年戊午(1798)由陳敬璋編入《陳乾初先生選集》，但未能付梓。1959年由侯外廬編入《陳確哲學選集》。1979年中華書局又增補爲《陳確集》，鉛印出版。

〔2〕《葬論》,另包括《族葬五善》、《深葬説》等,合名《葬書》。内容強調破除看風水擇地的觀念,反對厚葬等習俗。此書連同《喪俗》、《家約》等,均由中華書局於1979年匯編爲《陳確集》。

於戲！先生爲余兄,而五十年以長,余少時每見先生過從,先大夫必肅衣冠迎之,指爲後生矜式,今先生下世六十年矣,而古貌古言仿佛如昨,詩有之:"雖無老成人,尚有典型",宗之人有仰老成而溯典型者乎？則有先生之遺文在。

據《乾初先生遺集》卷首陳元龍
《陳氏理學乾初先生傳》

顧　炎　武（1613—1682）

　　顧炎武,字寧人,原名絳,崑山人[1]。明諸生。生而雙瞳,中白邊黑。讀書目十行下。見明季多故,講求經世之學。明南都亡[2],奉嗣母王氏避兵常熟。崑山令楊永言起義師,炎武及歸莊從之[3]。魯王授爲兵部司務,事不克,幸而得脱,母遂不食卒,誡炎武弗事二姓。唐王以兵部職方郎召,母喪未赴,遂去家不返。炎武自負用世之略,不得一遂,所至輒小試之。墾田於山東長白山下,畜牧於山西雁門之北、五台之東,累致千金。徧歷關塞,四謁孝陵[4],六謁思陵[5],始卜居陝之華陰。謂"秦人慕經學,重處士,持清議,實他邦所少;而華陰縮轂關河之口[6],雖足不出戶,亦能見天下之人,聞天下之事。一旦有警,入山守險,不過十里之遥;若有志四方,則一出關門,亦有建瓴之便"。乃定居焉。

【注】

[1] 崑山,今屬江蘇。
[2] 南都,南京,明福王政府所在地。
[3] 歸莊(1613—1673),明末清初文學家,一名祚明,字玄恭,崑山人,明歸有光曾孫。曾參加復社,工詩文書畫,與顧炎武相友善。曾參加崑山抗清鬥争,失敗後改僧裝亡命。著作有《歸玄

恭遺著》、《歸玄恭文續鈔》。
〔4〕孝陵,明太祖朱元璋墓,在南京中華門外鍾山腳下。
〔5〕思陵,明毅宗朱由檢墓,在北京昌平縣。
〔6〕綰轂,控扼路口。關,指潼關。河,指黃河。

生平精力絕人,自少至老,無一刻離書。所至之地,以二贏二馬載書[1],過邊塞亭障,呼老兵卒詢曲折,有與平日所聞不合,即發書對勘;或平原大野,則於鞍上默誦諸經注疏。嘗與友人論學云:"百餘年來之爲學者,往往言心言性,而茫然不得其解也。命與仁,夫子所罕言[2];性與天道,子貢所未得聞[3]。性命之理,著之《易傳》[4],未嘗數以語人。其答問士,則曰'行己有恥'[5],其爲學,則曰'好古敏求'[6]。其告哀公明善之功,先之以博學[7]。顏子幾於聖人[8],猶曰'博我以文'[9]。自曾子而下[10],篤實無如子夏[11],言仁,則曰'博學而篤志,切問而近思'[12]。今之君子則不然,聚賓客門人數十百人,與之言心言性;舍多學而識以求一貫之方[13],置四海之困窮不言,而講危微精一[14];是必其道高於夫子,而其弟子之賢於子貢也。《孟子》一書,言心言性亦諄諄矣,乃至萬章、公孫丑、陳代、陳臻、周霄、彭更之所問,與孟子之所答,常在乎出處去就辭受取與之間[15]。是故性也、命也、天也,夫子之所罕言,而今之君子之所恒言也。出處去就辭受取與之辨,孔子、孟子之所恒言,而今之君子之所罕言也。愚所謂聖人之道者如之何?曰'博學於文,行己有恥'。自一身以至於天下國家,皆學之事也。自子臣弟友以至出入往來辭受取與之間,皆有恥之事也。士而不先言恥,則爲無本之人;非好古多聞,則爲空虛之學。以無本之人,而講空虛之學,吾見其日從事於聖人,而去之彌遠也。"

【注】

〔1〕臝,"騾"的異體字。

〔2〕夫子所罕言,孔子是很少談到的。語出《論語‧子罕》。

〔3〕子貢(前520—?),春秋末衛國人,姓端木,名賜,孔子學生。未得聞,沒聽說過。語出《論語‧公冶長》:"子貢曰:夫子之文章可得而聞也,夫子之言性與天道,不可得而聞也。"

〔4〕《易‧説卦傳》:"窮理盡性以至於命。昔者聖人之作《易》也,將以順性命之理……"

〔5〕行己有恥,要以羞惡之心來約束自己的行爲。語見《論語‧子路》:"子貢問曰:如何斯可謂之士矣?子曰:行己有恥,使於四方,不辱君命,可謂士矣。"

〔6〕好古敏求,語見《論語‧述而》:"子曰:我非生而知之者,好古敏以求之者也。"敏,通"勉",勤勉。

〔7〕《禮記‧儒行》記魯哀公與孔子的問答,孔子曾對以"儒有博學而不窮,篤行而不倦"之語。

〔8〕顔子,即顔回(前521—前490),春秋末魯國人,字子淵,孔子學生。貧居陋巷,簞食瓢飲,而不改其樂。後尊爲"復聖"。

〔9〕博我以文,語見《論語‧子罕》:"顔淵喟然嘆曰:夫子循循然善誘人,博我以文,約我以禮。"

〔10〕曾子,即曾參(前505—前436),春秋末魯國南武城(今山東費縣)人,字子輿,孔子學生。以孝著稱,相傳《大學》是他著

的。後被尊爲"宗聖"。

〔11〕子夏(前507—?),春秋末晉國温(今河南温縣西南)人,一説衛國人,姓卜,名商,孔子學生。曾任魯國莒父邑宰。相傳《詩》、《春秋》等儒家經典是由他傳授下來的。

〔12〕博學而篤志,切問而近思,語見《論語·子張》:"子夏曰:博學而篤志,切問而近思,仁在其中矣。"

〔13〕多學而識,語見《論語·衛靈公》。一貫,語見《論語·里仁》:"吾道一以貫之";又《論語·衛靈公》:"予一以貫之。"一貫的解釋較多,大致指融會貫通。

〔14〕危微精一,宋儒關於道統的一個省稱,語見《尚書·大禹謨》:"人心惟危,道心惟微,惟精惟一,允執厥中。"宋儒把這十六個字稱爲"心脉"。

〔15〕萬章等人,都是孟子的學生。曾分別和孟子討論出處、去就、辭受、取與之道,即處理出仕不出仕,仕於什麽樣的人,接不接受諸侯、大夫的爵禄和餽贈等問題的原則。散見《孟子》各篇。

炎武之學,大抵主於斂華就實。凡國家典制、郡邑掌故、天文儀象、河漕兵農之屬,莫不窮原究委,考正得失,撰《天下郡國利病書》百二十卷[1];别有《肇域志》一編[2],則考索之餘,合圖經而成者。精韻學,撰《音論》三卷。言古韻者,自明陳第[3],雖創辟榛蕪[4],猶未邃密。炎武乃推尋經傳,探討本原。又《詩本音》十卷,其書主陳第詩無協韻之説,不與吴棫本音争[5],亦不用棫之例,但即本經之韻互考,且證以他書,明古音原作是讀,非由遷就,故曰本音。又《易音》三卷,即《周易》以求古音,考證精確。又《唐韻正》二十卷,《古音表》二卷,《韻補正》一卷,皆能追復三代以來之音,分部正帙而知其變[6]。又撰《金石文字記》、《求古錄》,與經史相證。而《日知錄》三十卷[7],尤爲精詣之書,蓋積三十餘年而後成。其論治綜覈名實,於禮教尤兢兢。謂風俗衰,廉恥之防潰,由無禮以權之,常欲以古制率天下。炎武又以杜預《左傳集解》時有闕失,作《杜解補正》三卷。其他著作,有《二十一史年表》、《歷代帝王宅京記》、《營平二州地名記》、《昌平山水記》、《山東考古錄》、《京東考古錄》、《譎觚》、《菰中隨筆》、《亭林文集》、《詩集》等書,並有補於學術世道。清初稱學有根柢者,以炎武爲最,學者稱爲亭林先生。

【注】

〔1〕《天下郡國利病書》百二十卷,顧氏於二十七歲開始,即搜集史籍、實錄、方志、文集、說部、邸鈔中有關國計民生的資料,並參以游歷時實地考察所得,進行考證。五十歲時,粗略編定成書,後仍不斷修改增訂,歷時四十餘年,尚未定稿。本書爲研究明代社會政治、經濟之重要著作。

〔2〕《肇域志》一編,一百卷。崇禎十二年(1639)開始,顧氏即廣搜史籍、實錄、方志、文集、說部、邸抄中有關國計民生及輿地沿革資料,擬輯爲《肇域志》。其後,於康熙元年(1662),將有關輿地者輯爲《肇域志》,有關社會經濟者別輯爲《天下郡國利病書》。爲研究明代水利、交通、農業等重要史料。

〔3〕陳第(1541—1617),明連江人,字季立,號一齋。曾任薊鎮游擊。善詩,精研古音,所著有《毛詩古音考》、《屈宋古音義》等,開清人研究古音的風氣。

〔4〕創辟榛蕪,開闢處女地。

〔5〕吳棫,字才老,宋建安人。紹興中官至太常丞,以得罪秦檜,出爲泉州通判。著有《韻補》五卷,是後來研究古韻的先驅。朱熹《詩集傳》的釋音部分,多採用他的説法。

〔6〕分部正袟,分門別類。

〔7〕《日知錄》三十二卷,讀書筆記。炎武三十歲後,讀書有得,隨筆記之,歷三十餘年,乃整理成是編。從政治、軍事、經濟、哲學、宗教、歷史、文學、典章制度、天文地理等等,無不涉及。實爲炎武一生考證史事之結晶。

又廣交賢豪長者,虚懷商榷,不自滿假。作《廣師篇》云:"學究天人,確乎不拔,吾不如王寅旭[1];讀書爲己,探賾洞微,吾不如楊雪臣[2];獨精《三禮》,卓然經師,吾不如張稷若[3];蕭然物外,自得天機,吾不如傅青主[4];堅苦力學,無師而成,吾不如李中孚[5];險阻備嘗,與時屈伸,吾不如路安卿[6];博聞強記,羣書之府,吾不如吳志伊[7];文章爾雅,宅心和厚,吾不如朱錫鬯[8];好學不倦,篤於朋友,吾不如王山史[9];精心六書,信而好古,吾不如張力臣[10]。至於達而在位,其可稱述者,亦多有之,然非布衣之所得議也。"

【注】

〔1〕王寅旭(1628—1682),名錫闡,號曉庵,吳江人,清天文學家。他獨立地發明計算水星凌日的方法,並提出精確計算日月食的方法。著有《曉庵新法》、《五星行度解》等。

〔2〕楊雪臣,顧炎武友人,生平不詳。

〔3〕張稷若(1612—1677),名爾岐,號蒿庵,山東濟陽人。入清隱居不仕,教授鄉里終其生。精通三禮,著有《儀禮鄭注句讀》、《周易説略》等。

〔4〕傅青主,即傅山,本書有傳。

〔5〕李中孚(1627—1705),即李顒,本書有傳。

〔6〕路安卿,名澤濃,明淮陽巡撫路振飛之子,清初隱居不仕。

〔7〕吴志伊(1631—1684),名任臣,仁和人。精天文曆法樂律。曾參與修《明史》,著有《十國春秋》、《山海經廣注》、《字彙補》等。

〔8〕朱錫鬯(1629—1709),名彝尊,號竹垞,浙江秀水人。精於考證金石,長於古文詩詞,曾參與編修《明史》,著作有《曝書亭集》、《日下舊聞考》、《經義考》。

〔9〕王山史,名宏撰,華陰人,清易學家、書畫鑒賞家。康熙中薦博學鴻詞,以病辭,隱居華山下。擅長古文書法,精金石之學,著有《華山志》、《易圖象態》、《周易筮述》等。

〔10〕張力臣,名弨,號亟齋,山陽人。工書法,真草隸篆俱佳,善畫花鳥,終身不仕,以賣書畫爲生。

康熙十七年,詔舉博學鴻儒科,又修《明史》,大臣爭薦之,以死自誓。二十一年,卒,年七十。無子,吴江潘耒敘其遺書行世[1]。宣統元年[2],從祀文廟。

【注】

〔1〕潘耒(1646—1708),字次耕,號稼堂,江蘇吴江人。幼孤,天資敏慧。師事徐枋、顧炎武,博通經史及曆算、音學。康熙時舉博學宏詞,授翰林院檢討,纂修《明史》。尋充日講起居注官,

纂修《實錄》、《聖訓》,又充會試同考官。著有《類音》、《遂初堂集》。

〔2〕宣統,清溥儀年號(1909—1911)。

選自《清史稿》卷四八一《儒林二》

應撝謙 (1615—1683)

應撝謙,字潛齋,錢塘人[1]。明諸生[2]。性至孝。殫心理學,以躬行實踐爲主,不喜陸、王家言。足迹不出百里,隘屋短垣,貧甚,恬如也。杭州知府嵇宗孟數式廬[3],欲有所贈,囁嚅未出;及讀撝謙所作《无悶先生傳》,乃不敢言。康熙十七年,詔徵博學鴻儒,大臣項景襄、張天馥交章薦之。撝謙輿床以告有司曰:"撝謙非敢却薦,實病不能行耳!"客有勸者曰:"昔太山孫明復嘗因石介等請,以成丞相之賢[4],何果於却薦哉?"撝謙曰:"我不能以我之不可,學明復之可。"乃免徵。二十二年,卒,年六十九。

【注】
〔1〕錢塘,今浙江杭州。
〔2〕諸生,經省各級考試録取入府、州、縣學者。
〔3〕式廬,拜訪。
〔4〕孫明復(992—1057),即孫復,明復爲字,宋晉州平陽人。四舉進士不第,隱居泰山,研究《春秋》。石介(1005—1045),字守道,宋兗州奉符人,孫復弟子,官至太子中允,本書有傳。石介於朝中宣揚孫復的志向與學術。後孫復經范仲淹等人薦舉入朝任職,官至殿中丞。

撝謙於《易》、《書》、《詩》、《禮》、《樂》、《春秋》、《孝經》、

《四書》各有著説。又撰《教養全書》四十一卷，分選舉、學校、治官、田賦、水利、國計、漕運、治河、師役、鹽法十考，略仿《文獻通考》[1]，而於明代事實尤詳。其不載律算者，以徐光啓已有成書；不載輿地者，以顧炎武、顧祖禹方事纂輯也[2]。又有《性理大中》二十八卷[3]。門人錢塘凌嘉邵、沈士則傳其學。

【注】

[1]《文獻通考》，元馬端臨著，分爲二十四門，共三百四十八卷。在杜佑《通典》基礎上廣搜史料，詳加考訂，去僞存真，按時代先後次序編撰而成。

[2] 顧祖禹（1631—1692），字景范，江蘇無錫縣人。精史地，好遊歷。歷時二十餘年著《讀史方輿紀要》一百三十卷，據史考訂地理，詳於山川險易及古今戰守成敗之績。

[3]《性理大中》，對明朝胡廣所編七十卷《性理大全》一書進行删繁、補闕、改編而成，主要爲闡明程朱性理之學。

選自《清史稿》卷四八〇《儒林一》

傅　　山 (1607—1684)

傅山,字青主,陽曲人[1]。六歲,啖黄精[2],不穀食,强之,乃飯。讀書過目成誦。明季天下將亂,諸號爲搢紳先生者[3],多迂腐不足道,憤之,乃堅苦持氣節,不少婫嫛[4]。提學袁繼咸爲巡按張孫振所誣,孫振,閹黨也。山約同學曹良直等詣通政使,三上書訟之,巡撫吴甡亦直袁[5],遂得雪。山以此名聞天下。甲申後[6],山改黄冠裝,衣朱衣,居土穴,以養母。繼咸自九江執歸燕邸[7],以難中詩遺山,且曰:"不敢愧友生也!"山省書,慟哭,曰:"嗚呼!吾亦安敢負公哉!"

【注】

〔1〕陽曲,縣名,今在山西省太原市北部。
〔2〕黄精,一種多年生的草本植物,屬百合科,分佈於我國東北、華北等地。
〔3〕搢紳,亦作"縉紳"、"薦紳";搢是笏,紳是大帶。舊時高級官吏的裝束,亦用爲官宦的代稱。
〔4〕婫嫛,依違阿曲,無主見。
〔5〕直,直接指向。
〔6〕甲申,指公元1644年,是年明王朝被李自成推翻,明思宗朱由檢自縊而死。
〔7〕執,捉,逮捕。

順治十一年[1]，以河南獄牽連被逮，抗詞不屈，絕粒九日，幾死。門人中有以奇計救之，得免。然山深自咤恨，謂不若速死爲安，而其仰視天、俯視地者，未嘗一日止。比天下大定[2]，始出與人接。

【注】

[1] 順治，清世祖年號(1644—1661)。
[2] 比，及，等到。

　　康熙十七年[1]，詔舉鴻博[2]，給事中李宗孔薦，固辭。有司強迫，至令役夫舁其床以行[3]。至京師二十里，誓死不入。大學士馮溥首過之，公卿畢之，山臥床不具迎送禮。魏象樞以老病上聞，詔免試，加內閣中書以寵之。馮溥強其入謝，使人舁以入，望見大清門，淚涔涔下[4]，仆於地。魏象樞進曰："止，止，是即謝矣！"翼日歸[5]，溥以下皆出城送之。山嘆曰："今而後其脫然無累哉！"既而曰："使後世或妄以許衡、劉因輩賢我[6]，且死不瞑目矣！"聞者咋舌。至家，大吏咸造廬請謁。山冬夏著一布衣，自稱曰"民"。或曰："君非舍人乎[7]？"不應也。卒，以朱衣、黃冠斂。

【注】

[1] 康熙，清聖祖年號(1662—1722)。
[2] 鴻博，指博學鴻詞科，爲朝廷臨時設置的考試科目。先由大臣薦舉，不分已仕未仕，經殿廷考試，錄取者授以翰林官。

〔3〕昇,抬。
〔4〕涔涔,淚水不斷地流下。
〔5〕翼,通"翌"。翼日,明日。
〔6〕許衡,宋元之際學者,爲元世祖忽必烈策劃"立國規模"。本書有傳。劉因,宋元之際學者,曾應元世祖忽必烈徵召爲承德郎、右贊善大夫,不久即辭歸。本書有傳。
〔7〕舍人,官名。始見《周禮·地官》,歷朝皆設置,權力或輕或重,有則爲親近屬官,參與機要,有則爲掌朝見引納,撰修記言等。明清時於内閣中的中書科設中書舍人,其職責僅爲繕寫文書。

　　山工書畫,謂:"書寧拙毋巧,寧醜毋媚,寧支離毋輕滑,寧真率毋安排。"人謂此言非止言書也。詩文初學韓昌黎,崛强自喜,後信筆抒寫,俳調俗語[1],皆入筆端,不願以此名家矣。著有《霜紅龕集》十二卷[2]。子眉,先卒,詩亦附焉。

【注】
〔1〕俳調,似指"俳諧文",指隱喻、譏嘲、調謔或噱笑的雜文。俳亦作"誹"。唐韓愈的《毛隱傳》即屬此類文。
〔2〕《霜紅龕集》,傅山作,丁寶銓編。應爲四十卷,凡詩賦等十四卷,文二十六卷。附錄傳記、事略等三卷,年譜一卷。有清末刻本。

　　　　　　　　選自《清史稿》卷五〇一《遺逸二》

湯　　斌（1627—1687）

　　湯斌，字孔伯，河南睢州人[1]。明末流賊陷睢州，母趙殉節死，事具《明史·列女傳》。父契祖，挈斌避兵浙江衢州[2]。順治二年，奉父還里。九年，成進士，選庶吉士，授國史院檢討。

【注】
〔1〕睢州，今河南睢縣。
〔2〕挈，帶領。衢州，今浙江衢。

　　方議修《明史》，斌應詔言："《宋史》修於元至正[1]，而不諱文天祥、謝枋得之忠；《元史》修於明洪武[2]，而亦著丁好禮、巴顏布哈之義。順治元、二年間，前明諸臣有抗節不屈、臨危致命者，不可概以叛書。宜命纂修諸臣勿事瞻顧。"下所司。大學士馮銓、金之俊謂斌獎逆，擬旨嚴飭，世祖特召至南苑慰諭之。時府、道多缺員，上以用人方亟，當得文行兼優者，以學問為經濟，選翰林官，得陳爌、黃志遴、王無咎、楊思聖、藍潤、王舜年、范周、馬燁曾、沈荃及斌凡十人。

【注】
〔1〕至正，元順帝年號（1341—1368）。
〔2〕洪武，明太祖年號（1368—1398）。

斌出爲潼關道副使[1]。時方用兵關中，徵發四至。總兵陳德調湖南，將二萬人至關欲留，斌以計出之，至洛陽譁潰。十六年，調江西嶺北道。明將李玉廷率所部萬人據雩都山寨[2]，約降，未及期，而鄭成功犯江寧[3]。斌策玉廷必變計，夜馳至南安設守。玉廷以兵至，見有備，却走；遣將追擊，獲廷玉。

【注】

[1] 潼關，關名，在今陝西省潼關縣境。古爲桃林塞，東漢時設潼關。當陝西、山西、河南三省要衝。

[2] 雩都，今江西于都縣。

[3] 鄭成功(1624—1662)，本名森，字大木，福建南安人，弘光時監生。隆武帝賜姓朱，號"國姓爺"，永曆帝封爲延平郡王。隆武二年(1646)，反對其父鄭芝龍降清，曾在南澳(今屬廣東)起兵，從事抗清活動。他在康熙元年(1662)二月收復臺灣。江寧，今屬江蘇南京市。

斌念父老，以病乞休，丁父憂。服闋，聞容城孫奇逢講學夏峰[1]，負笈往從。康熙十七年，詔舉博學鴻儒，尚書魏象樞、副都御史金鋐以斌薦，試一等，授翰林院侍講，與修《明史》。二十年，充日講起居注官、浙江鄉試正考官，轉侍讀。二十一年，命爲《明史》總裁官，遷左庶子。二十三年，擢内閣學士。江寧巡撫缺，方廷推，上曰："今以道學名者，言行或相悖。朕聞湯斌從孫奇逢學，有操守，可補江寧巡撫。"瀕行，諭曰："居官以正風俗爲先。江蘇習尚華侈，其加意化導,非旦夕事,必從容漸摩,使之改心易慮。"賜鞍馬一、表裏十、銀五百[2]。復賜御書三軸,曰:"今當遠離,展此如對朕也!"十月,上南巡,至蘇州,諭斌曰:"向聞吳閶繁盛[3],今觀其風土,尚虛華,安佚樂,逐末者多,力田者寡。爾當使之去奢返樸,事事務本,庶幾可挽頹風。"上還蹕[4],斌從至江寧,命還蘇州,賜御書及狐腋蟒服。

【注】

〔1〕孫奇逢,本書有傳。
〔2〕表裏,亦作"表禮"。舊時賞賜或送禮用的衣料。
〔3〕吳閶,指江蘇蘇州。
〔4〕蹕,指皇帝出行經過的地方嚴加戒備,斷絕行人。

　　初,余國柱爲江寧巡撫,淮、揚二府被水[1],國柱疏言:"水退,田可耕,明年當徵賦。"斌遣覆勘,水未退即田,出水處猶未可耕,奏寢前議。二十四年,疏言:"江蘇賦稅甲天下,每歲本折五六百萬。上命分年帶徵漕欠,而地丁錢糧,自康熙十八年至二十二年,五年並徵。州縣比較。十日一限。使每日輪比,則十日中三日空閒,七日赴比。民知剜補無術,拌皮骨以捱徵比;官知催科計窮,拌降革以圖卸擔。懇將民欠地丁錢糧照漕項一例,於康熙二十四年起,分年帶徵。"又疏言:"蘇、松土隘人稠,而條銀漕白正耗以及白糧經費漕膌五米十銀,雜項差徭,不可勝計。區區兩府,田不加廣,而當大省百餘州縣之賦,民力日絀。順治初,錢糧起存相半,考成之例尚寬。後因兵餉急迫,起解數多，又定十分考成之例。一分不完，難逭部議[2]。官吏顧惜功名，必多苟且。參罰期迫，則以欠作完；賠補維艱，又以完爲欠。百姓脂膏已竭，有司智勇俱困。積欠年久，惟持恩蠲[3]。然與其赦免於追乎既窮之後，何若酌減於徵比未加之先。懇將蘇、松錢糧各照科則量減一二成，定適中可完之實數，再將科則稍加歸併，使簡易明白，便於稽覈。"又請蠲蘇、松等七府州十三年至十七年未完銀米，淮、揚二府十八九兩年災欠，及邳州版荒、宿遷九釐地畝款項[4]，並失額丁糧，皆下部議行。九釐地畝款項，即明萬曆後暫加三餉，宿遷派銀四千三百有奇，至是始得蠲免。

【注】

[1] 淮，今江蘇淮安市。揚，今江蘇揚州市。
[2] 逭，避，逃。
[3] 蠲，除去，減免。
[4] 邳州，今屬江蘇。版，户籍。宿遷，今屬江蘇宿遷。

　　淮、揚、徐三府復水，斌條列蠲賑事宜，請發帑五萬，糴米湖廣，不竢詔下，即行咨請漕運總督徐旭齡，河道總督靳輔分賑淮安。斌赴清河、桃源、宿遷、邳、豐諸州縣察賑[1]，疏聞，上命侍郎素赫助之。先後奏劾知府趙祿星、張萬壽，知縣陳協濬、蔡司霈、盧綖、葛之英、劉濤、劉茂位等。常州知府祖進朝以失察屬吏降調，斌察其廉，奏留之。又疏薦吳縣知縣劉滋、吳江知縣郭琇廉能最著[2]，而徵收錢糧，未能十分全完，請予行取。下部皆議駁，特旨允行。

【注】

〔1〕清河,今屬江蘇淮陰市。桃源,今江蘇泗陽縣。豐,今江蘇豐縣。

〔2〕吳縣、吳江,今均屬江蘇蘇州市。

　　斌令諸州縣立社學,講《孝經》、《小學》[1],修泰伯祠及宋范仲淹、明周順昌祠,禁婦女游觀,胥吏、倡優毋得衣裘帛,毀淫詞小説,革火葬。蘇州城西上方山有五通神祠,幾數百年,遠近奔走如鶩。諺謂其山曰"肉山",其下石湖曰"酒海"。少婦病,巫輒言五通將娶爲婦,往往瘵死[2]。斌收其偶像,木者焚之,土者沉之,並飭諸州縣有類此者悉毀之,撤其材修學宫。教化大行,民皆悦服。

【注】

〔1〕《孝經》,儒家經典之一,十八章。作者各説不一,以孔門後學所作一説較爲合理。論述儒家孝道,宣傳宗法思想,漢代列爲七經之一。今《十三經注疏》本係唐玄宗注、宋邢昺疏。清皮錫瑞另有《孝經鄭(玄)注疏》二卷。《小學》,朱熹所編儒家蒙學讀本,分立教、明倫、敬身、稽古、嘉言、善行六門,從古籍中選録關於儒家倫常的文獻。

〔2〕瘵死,病死。

　　方明珠用事[1],國柱附之。布政使龔其旋坐貪,爲御史陸隴其所劾,因國柱賄明珠得緩;國柱更欲爲斌言,以斌嚴正,不得發。及蠲江南賦,國柱使人語斌,謂皆明珠力,江南人宜有以報之,索賕[2],斌不應。比大計[3],外吏輦金於明珠門者不絕，而斌屬吏獨無。

【注】

〔1〕明珠(1635—1708)，清滿洲正黃旗人，納喇氏。官至武英殿大學士，他堅主撤削三藩，爲清聖祖所倚重。康熙二十七年(1688)以植黨營私，招權納賄，被郭繡參奏，革去大學士。後仍用爲内大臣。

〔2〕賕，賄賂。

〔3〕大計，明代考核外官的制度，清仍其制，規定三年舉行一次。由州、縣上至府、道、司，層層考察屬員，再匯由督、撫最後考核，送呈吏部。才、守均優的稱爲卓異，經引見後得加一級回任候升。劣者劾以八法(後改爲六法)，其處分與京官同。不入舉劾者稱爲下等。

二十五年，上爲太子擇輔導臣，廷臣有舉斌者。詔曰："自古帝王諭教太子，必簡和平謹恪之臣，統率官僚，專資輔翼。湯斌在講筵時，素行謹慎，朕所稔知。及簡任巡撫，潔己率屬，實心任事，允宜拔擢，以風有位。"授禮部尚書，管詹事府事。將行，吳民泣留不得，罷市三日，遮道焚香送之。初，靳輔與按察使于成龍爭論下河事，久未決。廷臣阿明珠意，多右輔。命尚書薩穆哈、穆成額會斌勘議，斌主濬下河如成龍言。薩穆哈等還京師，不以斌語聞。斌至，上問斌，斌以實對。薩穆哈等坐罷去。

二十六年五月，不雨，靈臺郎董漢臣上書指斥時事，語侵執政，下廷議，明珠惶懼，將引罪。大學士王熙獨曰："市兒妄語，立斬之，事畢矣。"斌後至，國柱以告，斌曰："漢臣應詔言事無死法。大臣不言而小臣言之,吾輩當自省。"上卒免漢臣罪。明珠、國柱愈恚,摘其語上聞,並摭斌在蘇時文告語,曰"愛民有心,救民無術",以爲謗訕,傳旨詰問。斌惟自陳資性愚昧,愆過叢集,乞賜嚴加處分。左都御史璪丹、王鴻緒等又連疏劾斌。會斌先薦候補道耿介爲少詹事[1],同輔太子,介以老疾乞休。詹事尹泰等劾介僥倖求去,且及斌妄薦,議奪斌官,上獨留斌任。國柱宣言上將隸斌旗籍,斌適扶病入朝,道路相傳,聞者皆泣下,江南人客都下者,將擊登聞鼓訟冤,繼知無其事,乃散。

【注】

[1] 耿介,字介石,今河南登封人。順治九年進士,翰林院檢討。康熙元年,爲江西湖東道,因改官制,除直隸大名道,二十五年,尚書湯斌疏薦介,召爲少詹事。會斌被劾,介引疾乞休。詹事尹泰等劾介詐疾,並劾斌不當薦介。尋於假歸,卒。著有《中州道學篇》、《性學要旨》、《理學正宗》、《孝經易知》等。

九月,改工部尚書。未幾,疾作,遣太醫診視。十月,自通州勘貢木歸,一夕卒,年六十一。斌既卒,上嘗語廷臣曰:"朕遇湯斌不薄,而怨訕不休,何也?"明珠、國柱輩嫉斌甚,微上厚斌,斌禍且不測。

斌既師奇逢,習宋諸儒書。嘗言:"滯事物以窮理,沉溺迹象,既支離而無本;離事物而致知,瘵聰黜明,亦虛空而鮮實。"其教人,以爲必先明義利之界,謹誠僞之關,爲真經學、真道學;否則講論、踐履析爲二事,世道何賴。斌篤守程、朱,亦不薄王守仁。身體力行,不尚講論,所詣深粹。著有《洛學編》、《潛庵語錄》。雍正中[1],入賢良祠。乾隆元年[2],諡文正。道光三年[3],從祀孔子廟。

【注】

[1] 雍正,清世宗年號(1723—1735)。
[2] 乾隆,清高宗年號(1736—1795)。
[3] 道光,清宣宗年號(1821—1850)。

選自《清史稿》卷二六五

朱　用　純（1617—1688）

　　朱用純，字致一，江南崑山人。父集璜，明季以諸生死難。用純慕王裒攀柏之義[1]，自號曰柏廬。棄諸生，奉母。其學確守程、朱，知行並進，而程於至敬。來學者授以《小學》、《近思録》[2]。仿《白鹿洞規》[3]，設講約[4]，從者皆興起。居喪哀毁，嘗曰："宰我欲短喪[5]，吾黨皆以爲怪，然可見古人喪禮之盡，必蔬水饘粥[6]，哭泣哀毁無苟弛。若今人飲酒食肉不改其常，雖更三年，豈謂久哉？"晚作《輟講語》，又爲《治家格言》，語平易而切至。病將革[7]，設先人位，拜於堂，告無罪，顧弟子曰："學問在性命，事業在忠孝。"乃卒。用純與徐枋、楊无咎稱"吴中三高士"，皆明季死事之孤也[8]。

【注】

〔1〕王裒，晉城陽營陵人，字偉元。痛父爲司馬昭所殺，誓不臣晉。築廬於墓側，常至墓前跪拜，攀柏悲號。

〔2〕《近思録》，朱熹、呂祖謙合撰，十四卷。集周敦頤、程顥、程頤和張載主要言論而成，主要闡述儒家性理之學。

〔3〕《白鹿洞規》，全名爲《白鹿洞書院學規》。朱熹講學於廬山白鹿洞書院時所定，分"五教之目"、"修身之要"、"接物之要"、"爲學之序"、"處事之要"五個方面。

〔4〕講約，講學約規。

〔5〕宰我(前522—前458),春秋末魯國人,字子我,孔子弟子。
〔6〕饘粥,厚粥。
〔7〕革,危。
〔8〕明季死事之孤,明末爲國殉難的人的兒子。

選自《清史稿》卷四九七《孝義一》

王　夫　之（1619—1692）

　　王夫之，字而農，衡陽人[1]。與兄介之同舉明崇禎壬午鄉試。張獻忠陷衡州，夫之匿南岳，賊執其父以爲質[2]。夫之自引刀遍刺肢體，舁往易父[3]。賊見其重創，免之，與父俱歸。明王駐桂林[4]，大學士瞿式耜薦之[5]，授行人。時國勢阽危，諸臣仍日相水火。夫之說嚴起恒救金堡等，又三劾王化澄，化澄欲殺之。聞母病，間道歸。明亡，益自韜晦[6]。歸衡陽之石船山，築土石曰觀生居，晨夕杜門，學者稱船山先生。

【注】

[1] 衡陽，今屬湖南省。
[2] 質，人質。張獻忠堅請王夫之加入農民起義軍，所以執其父爲抵質。
[3] 舁，抬。
[4] 明王，指永曆帝朱由榔（1623—1662）。襲封桂王，隆武帝死後在廣東肇慶即位，曾利用農民軍抗清，後爲吳三桂所殺。
[5] 瞿式耜（1590—1650），字起田，號稼軒，常熟（今屬江蘇）人，南明大臣。隆武二年（1646）擁立桂王，主張整頓內部、聯合農民軍共同抗清。桂林陷落，被俘而死。有《瞿忠宣公集》。
[6] 韜晦，收斂鋒芒，隱藏蹤迹。

所著書三百二十卷，其著録於《四庫》者[1]，曰《周易稗疏》、《考異》、《尚書稗疏》、《詩稗疏》、《考異》，《春秋稗疏》。存目者，曰《尚書引義》、《春秋家説》。夫之論學，以漢儒爲門户，以宋五子爲堂奥[2]。其所作《大學衍》、《中庸衍》，皆力闢致良知之説[3]，以羽翼朱子[4]。於張子《正蒙》一書[5]，尤有神契[6]，謂張子之學，上承孔、孟，而以布衣貞隱[7]，無鉅公資其羽翼[8]；其道之行，曾不逮邵康節，是以不百年而異説興。夫之乃究觀天人之故，推本陰陽法象之原，就《正蒙》精繹而暢衍之[9]，與自著《思問録》二篇，皆本隱之顯，原始要終，炳然如揭日月。至其扶樹道教，辨上蔡、象山、姚江之誤[10]，或疑其言稍過，然議論精嚴，粹然皆軌於正也。康熙十八年，吴三桂僭號於衡州，有以《勸進表》相屬者，夫之曰："亡國遺臣，所欠一死耳，今安用此不祥之人哉！"遂逃入深山，作《祓禊賦》以示意。三桂平，大吏聞而嘉之，囑郡守饋粟帛，請見，夫之以疾辭。未幾，卒，葬大樂山之高節里，自題墓碣曰"明遺臣王某之墓"。

【注】

[1] 四庫，即《四庫全書》，叢書名。清乾隆三十七年（1772）開館纂修，經十年始成。共收書三千五百零三種，七萬九千三百三十七卷，分經史子集四部，故名四庫。

[2] 宋五子，指北史哲學家周敦頤、邵雍、程顥、程頤、張載五人。最先有此説的是朱熹的《伊洛淵源録》，後被人沿用。

[3] 力闢致良知之説，竭力批駁王守仁的"致良知"的説法。

[4] 朱子，即朱熹，本書有傳。

〔5〕張子,即張載,本書有傳。
〔6〕神契,精神上契合一致。
〔7〕貞隱,探求深奧隱蔽的道理。貞,通"偵"。
〔8〕無鉅公資其羽翼,沒有得到大人物的支持和保護。
〔9〕暢衍,酣暢淋漓地發揮。
〔10〕上蔡,即北宋學者謝良佐(1050—1103),字顯道,上蔡(今屬河南)人,學者稱上蔡先生,爲程(顥、頤)門四大弟子之一。象山,南宋哲學家陸九淵,曾結茅講學於象山(今江西貴溪西南),學者稱象山先生。姚江,指明代哲學家王守仁,因是浙江餘姚人,餘姚境内有姚江而得名。本書均有傳。

　　當是時,海内碩儒,推容城、盩厔、餘姚、崑山[1]。夫之刻苦似二曲,貞晦過夏峰,多聞博學,志節皎然,不愧黄、顧兩君子。然諸人肥遯自甘,聲望益炳,雖薦辟皆以死拒,而公卿交口,天子動容,其著述易行於世。惟夫之竄身瑶洞[2],聲影不出林莽,遂得完髮以歿身。後四十年,其子敔抱遺書上之督學宜興潘宗洛,因緣得入《四庫》,上史館,立傳《儒林》,而其書仍不傳。同治二年,曾國荃刻於江南,海内學者始得見其全書焉。

　　兄介之,字石子。國變,隱不出,先夫之卒。

【注】

〔1〕容城,指孫奇峰(1584—1675),因其爲直隸容城(今屬河北)人而名。盩厔,指李顒(1627—1705),因其爲陝西盩厔(今周至)人而名。餘姚,指黄宗羲,因其爲浙江餘姚人而名。崑山,指顧炎武,因其爲江蘇崑山人而名。本書均有傳。

〔2〕竄身瑤洞，指王夫之於明亡後，決心隱遁，輾轉於湘西以及郴、永、漣、邵間，與瑤族人相處，栖身伏處於深山洞穴中，刻苦研究，勤奮著述垂四十年，得"完髮以終"。

選自《清史稿》卷四八〇《儒林一》

陸　隴　其（1630—1692）

　　陸隴其，初名龍其，字稼書，浙江平湖人。康熙九年進士。十四年，授江南嘉定知縣[1]。嘉定大縣，賦多俗侈。隴其守約持儉，務以德化民。或父訟子，泣而諭之，子掖父歸而善事焉；弟訟兄，察導訟者杖之，兄弟皆感悔。惡少以其徒爲暴，校於衢[2]，視其悔而釋之。豪家僕奪負薪者妻，發吏捕治之，豪折節爲善人[3]。訟不以吏胥逮民，有宗族爭者以族長，有鄉里爭者以里老，又或使兩造相要俱至[4]，謂之自追。徵糧立掛比法，書其名以俟比[5]，及數者自歸；立甘限法，令以今限所不足倍輸於後。

【注】
〔1〕嘉定，今屬上海。
〔2〕校於衢，枷號示衆。
〔3〕折節，屈己下人。
〔4〕兩造，爭訟雙方。要，同"邀"。
〔5〕俟比，等候交糧。

　　十五年，以軍興徵餉。隴其下令，謂"不戀一官，顧無益於爾民，而有害於急公"。戶予一名刺勸諭之[1]，不匝月[2]，輸至十萬。會行間架稅[3]，隴其謂當止於市肆，令毋及村舍。江寧巡撫慕天顏請行州縣繁簡更調法，因言嘉定政繁多逋賦[4]，隴其操守稱絕一塵，才幹乃非肆應[5]，宜調簡縣。疏下部議，坐才力不及降調。縣民道爲盜所殺而訟其讎，隴其獲盜定讞[6]。部議初報不言盜，坐諱盜奪官。十七年，舉博學鴻儒，未及試，丁父憂歸[7]。十八年，左都御史魏象樞應詔舉清廉官，疏薦隴其潔己愛民，去官日，惟圖書數卷及其妻織機一具，民愛之比於父母，命服闋以知縣用[8]。

【注】

[1] 名刺，即名片。
[2] 不匝月，一月不到。
[3] 間架稅，按房屋間數征稅。
[4] 逋賦，拖欠租稅。
[5] 肆應，應付各種事情的能力強。
[6] 定讞，定案。
[7] 丁父憂，遭父喪。
[8] 服闋，爲父母守喪，三年期滿除服。

二十二年，授直隸靈壽知縣。靈壽土瘠民貧，役繁而俗薄。隴其請於上官，與鄰縣更迭應役，俾得番代[1]。行鄉約，察保甲，多爲文告，反覆曉譬，務去鬬很輕生之習[2]。二十三年，直隸巡撫格爾古德以隴其與兗州知府張鵬翮同舉清廉官。二十九年，詔九卿舉學問優長、品行可用者，隴其復被薦，得旨行取[3]。隴其在靈壽七年，去官日，民遮道號泣，如去嘉定時。授四川道監察御史。偏沅巡撫于養志有父喪,總督請在任守制。隴其言天下承平,湖廣非用兵地,宜以孝教。養志解任。

【注】
〔1〕番代,輪番代替。
〔2〕很,通"狠"。
〔3〕行取,州縣官有政績者經地方長官保舉,由吏部行文調取至京,通過考選,補授科道或部屬官職,或奉旨召見,均稱"行取"。

三十年,師征噶爾丹,行捐納事例[1]。御史陳菁請罷捐免保舉,而增捐應陞先用,部議未行。隴其疏言:"捐納非上所欲行,若許捐免保舉,則與正途無異,且是清廉可捐納而得也;至捐納先用,開奔競之途:皆不可行。更請捐納之員三年無保舉,即予休致[2],以清仕途。"九卿議,謂若行休致,則求保者奔競益甚。詔再與菁詳議。隴其又言:"捐納賢愚錯雜,惟恃保舉以防其弊。若併此而可捐納,此輩有不捐納者乎?議者或謂三年無保舉即令休致為太刻,此輩白丁得官[3],踞民上者三年,亦已甚矣;休致在家,儼然搢紳,為榮多矣。若云營求保舉,督撫而賢,何由奔競;即不賢,亦不能盡人而保舉之也。"詞益激切。菁與九卿復持異議。戶部以捐生觀望[4],遲誤軍需,請奪隴其官,發奉天安置。上曰:"隴其居官未久,不察事情,誠宜處分,但言官可貸。"會順天府尹衛既齊巡畿輔,還奏民心皇皇,恐隴其遠謫,遂得免。

【注】

〔1〕捐納，士民捐資納粟以獲取官職。
〔2〕休致，退休離職。
〔3〕白丁，沒有功名的文人。
〔4〕捐生觀望，坐視將士捐軀。

　　尋命巡視北城。試俸滿，部議調外，因假歸。三十一年，卒。三十三年，江南學政缺，上欲用隴其，侍臣奏隴其已卒，乃用邵嗣堯，嗣堯故與隴其同以清廉行取者也。雍正二年，世宗臨雍，議增從祀諸儒，隴其與焉。乾隆元年，特諡清獻，加贈內閣學士兼禮部侍郎。

　　著有《困勉錄》、《松陽講義》、《三魚堂文集》。其為學專宗朱子，撰《學術辨》。大指謂王守仁以禪而託於儒，高攀龍、顧憲成知闢守仁，而以靜坐為主，本原之地不出守仁範圍，詆斥之甚力。為縣崇實政，嘉定民頌隴其，迄清季未已。靈壽鄰縣阜平為置冢，民陸氏世守焉。自號隴其子孫。

選自《清史稿》卷二六五

黄　宗　羲（1610—1695）

　　黄宗羲，字太沖，餘姚人[1]，明御史黄尊素長子[2]。尊素爲楊、左同志[3]，以劾魏閹死詔獄[4]，事具《明史》。思宗即位，宗羲入都訟冤。至則逆閹已磔[5]，即具疏請誅曹欽程、李實。會廷鞫許顯純、崔應元[6]，宗羲對簿[7]，出所袖錐錐顯純，流血被體；又毆應元，拔其鬚歸祭尊素神主前；又追殺牢卒葉咨、顔文仲，蓋尊素絶命於二卒手也。時欽程已入逆案，實疏辨原疏非己出，陰致金三千求宗羲弗質[8]，宗羲立奏之，謂："實今日猶能賄賂公行，其所辨豈足信？"於對簿時復以錐錐之。獄竟，偕諸家子弟設祭獄門，哭聲達禁中。思宗聞之，嘆曰："忠臣孤子，甚惻朕懷。"歸，益肆力於學[9]。憤科舉之學錮人，思所以變之。既，盡發家藏書讀之，不足，則鈔之同里世學樓鈕氏、澹生堂祁氏，南中則千頃堂黄氏、絳雲樓錢氏，且建續鈔堂於南雷[10]，以承東發之緒[11]。山陰劉宗周倡道蕺山[12]，以忠端遺命從之游[13]。而越中承海門周氏之緒[14]，援儒入釋，姚江之緒幾壞。宗羲獨約同學六十餘人力排其説。故蕺山弟子如祁、章諸子皆以名德重，而禦侮之功莫如宗羲。弟宗炎、宗會，並負異才，自教之，有"東浙三黄"之目。

【注】

〔1〕餘姚,今屬浙江省。

〔2〕黃尊素(1584—1626),字真長,萬曆進士。天啓中任御史,繼楊漣彈劾魏忠賢擅權,削職歸籍,不久下獄,受酷刑死。

〔3〕楊、左,指楊漣(1572—1625)、左光斗(1575—1625)。二人皆萬曆進士,官至左副都御史等職,上疏彈劾魏忠賢大罪,被誣,次年死獄中。

〔4〕魏閹,明宦官魏忠賢。

〔5〕磔,古酷刑之一,分尸。

〔6〕鞫,審訊。

〔7〕對簿,對質,質訊。

〔8〕陰,暗中,私下。

〔9〕肆力,盡力。

〔10〕南雷,地名,即今浙江餘姚南雷里。

〔11〕東發,即黃震,字東發。

〔12〕劉宗周(1578—1645),明末哲學家,本書有傳。

〔13〕忠端,即黃尊素,因昭雪後被追謚爲"忠端公"。

〔14〕海門周氏,指泰州學派周汝登,嵊縣人,別號海門,其學於越中頗有影響。

戊寅,南都作《防亂揭》攻阮大鋮[1]。東林弟子推無錫顧杲居首,天啓被難諸家推宗羲居首。大鋮恨之刺骨,驟起,遂按揭中一百四十人姓氏,欲盡殺之。時宗羲方上書闕下而禍作,遂與杲並逮。母氏姚嘆曰:"章妻、滂母乃萃吾一身耶[2]?"駕帖未行[3],南都已破,宗羲踉蹌歸。會孫嘉績、熊汝霖奉魯王監國[4],畫江而守。宗羲糾里中子弟數百人從之,號世忠營。授職方郎,尋改御史,作《監國魯元年大統曆》頒之浙東。馬士英奔方國安營,衆言其當誅,熊汝霖恐其挾國安爲患也,好言慰之。宗羲曰:"諸臣力不能殺耳!春秋之孔子,豈能加於陳恒,但不謂其不當誅也。"汝霖謝焉。又遣書王之仁曰:"諸公不沉舟決戰,蓋意在自守也。蕞爾三府[5],以供十萬之衆,必不久支,何守之能爲?"聞者皆韙其言而不能用[6]。

【注】

〔1〕阮大鋮(約1587—1646),字集之,明末懷寧(今屬安徽)人。天啓時依附魏忠賢,後於弘光時馬士英執政,對東林、復社立意報復。戊寅年(1638)於南京被復社《防亂揭》所抨擊。
〔2〕章妻、滂母,古代有美德的女子。萃,聚集。
〔3〕駕帖,車馬和書束。
〔4〕魯王,即朱以海(1618—1662),崇禎十七年(1646)嗣王位,次年被擁爲監國,後在臺灣病死。
〔5〕蕞爾,陋小。
〔6〕韙,是。

至是孫嘉績以營卒付宗羲,與王正中合軍得三千人。正中者,之仁從子也,以忠義自奮。宗羲深結之,使之仁不得撓軍事。遂渡海屯潭山,由海道入太湖,招吴中豪傑,直抵乍浦,約崇德義士孫奭等内應。會清師纂嚴不得前,而江上已潰。宗羲入四明山結寨自固,餘兵尚五百人,駐兵杖錫寺。微服出訪監國[1],戒部下善與山民結。部下不盡遵節制，山民畏禍，潛爇其寨[2]，部將茅翰、汪涵死之。宗羲無所歸，捕檄累下，攜子弟入剡中。聞魯王在海上，仍赴之，授左副都御史。日與吳鍾巒坐舟中，正襟講學，暇則注《授時》、《泰西》、《回回》三曆而已[3]。

【注】

〔1〕微服，爲隱藏自己身份而改穿平民便服。

〔2〕潛，暗中。爇，焚燒。

〔3〕授時曆，元代郭守敬和王恂、許衡所創制，因古語"敬授人時"而名。泰西曆，即歐洲所使用的曆法，元明時傳入我國。回回曆，即"希吉來曆"或"伊斯蘭教曆"、"阿拉伯曆"，對我元明代影響較大。

宗羲之從亡也，母氏尚居故里。清廷以勝國遺臣不順命者，錄其家口以聞。宗羲聞之，亟陳情監國，得請，遂變姓名間行歸家[1]。是年監國由健跳至滃洲，復召之，副馮京第乞師日本[2]。抵長崎，不得請，爲賦《式微》之章以感將士。自是東西遷徙無寧居。弟宗炎坐與馮京第交通[3]，刑有日矣，宗羲以計脱之。甲午[4]，張名振間使至，被執，又名捕宗羲。丙申[5]，慈水寨主沈爾緒禍作，亦以宗羲爲首。其不得死，皆有天幸，而宗羲不懾也[6]。其後海上傾覆，宗羲無復望，乃奉母返里門，畢力著述，而四方請業之士漸至矣[7]。

【注】

〔1〕間行，潛行；從小路走。

〔2〕副，輔助。

〔3〕坐,恰恰。交通,交接,往還。
〔4〕甲午,指清順治十一年(1654)。
〔5〕丙申,指清順治十三年(1656)。
〔6〕懾,懼怕。
〔7〕請業之士,請教學業的人。

　　戊午[1],詔徵博學鴻儒。掌院學士葉方藹寓以詩,敦促就道,再辭以免。未幾,方藹奉詔同掌院學士徐元文監修《明史》[2],將徵之備顧問,督撫以禮來聘,又辭之。朝論必不可致,請敕下浙撫鈔其所著書關史事者送入京[3],其子百家得預參史局事。徐乾學侍直[4],上訪及遺獻,復以宗羲對,且言:"曾經臣弟元文疏薦,惜老不能來。"上曰:"可召至京,朕不授以事。即欲歸,當遣官送之。"乾學對以篤老無來意,上嘆息不置,以爲人材之難。宗羲雖不赴徵車,而史局大議必咨之[5]。《曆志》出吳任臣之手,總裁千里遺書,乞審正而後定。嘗論《宋史》別立《道學傳》,爲元儒之陋,《明史》不當仍其例。朱彝尊適有此議[6],得宗羲書示衆,遂去之。卒,年八十六。

【注】
〔1〕戊午,指清康熙十七年(1678)。
〔2〕《明史》,清張廷玉等撰,三百三十二卷,紀傳體明代史。創修於清順治二年(1645),未成而罷。清康熙十八年(1679)徐元文、徐乾學、王鴻緒等先後任總纂,聘任萬斯同定稿。本書取材頗富,在官修史書中評價較高。
〔3〕敕,皇帝詔書。

〔4〕侍，侍立。直，通"值"，當值。
〔5〕咨，諮詢。
〔6〕朱彝尊(1629—1709)，字錫鬯，號竹垞，浙江秀水(今嘉興)人，清文學家。通經史，能詩古文，曾參加纂修《明史》。編有《詞綜》、《明詩綜》等。

宗羲之學，出於蕺山，聞誠意慎獨之説，縝密平實。嘗謂明人講學，襲語録之糟粕，不以六經爲根柢，束書而從事於游談[1]。故問學者必先窮經，經術所以經世[2]。不爲迂儒，必兼讀史。讀史不多，無以證理之變化；多而不求於心，則爲俗學。故上下古今，穿穴羣言，自天官、地志、九流百家之教，無不精研。所著《易學象數論》六卷[3]，《授書隨筆》一卷，《律吕新義》二卷，《孟子師説》二卷[4]。文集則有《南雷文案》、《詩案》[5]。今共存《南雷文定》十一卷、《文約》四卷[6]。又著《明儒學案》六十二卷[7]，敍述明代講學諸儒流派分合得失頗詳，《明文海》四百八十二卷，閲明人文集二千餘家，自言與《十朝國史》相首尾。又《深衣考》一卷，《今水經》一卷，《四明山志》九卷，《歷代甲子考》一卷，《二程學案》二卷，輯《明史案》二百四十四卷，又《明夷待訪録》一卷[8]，皆經世大政。顧炎武見而嘆曰："三代之治可復也！"天文則有《大統法辨》四卷，《時憲書法解新推交食法》一卷，《圖解》一卷，《割圜八綫解》一卷，《授時法假如》一卷，《西洋法假如》一卷，《回回法假如》一卷。其後梅文鼎本《周髀》言天文，世驚爲不傳之秘，而不知宗羲實開之。晚年又輯《宋元學案》[9]，合之《明儒學案》，以志七百年儒苑門户。宣統元年,從祀文廟。

【注】

〔1〕游談,虛浮空談。

〔2〕經世,治理國家社會。

〔3〕《易學象數論》,《四庫全書總目》著錄。其自序云:"《易》廣大無所不備。自九流百家借之以行其說,而《易》之本義反晦。世儒過視象數以爲絶學,故爲所欺。今一一疏通之,知其於《易》本了無干涉,而後反求程傳,亦廓清之一端。"

〔4〕《孟子師説》,《四庫全書總目》著錄,云:"是編以其師劉宗周於《論語》有《學案》,於《大學》有《統義》,於《中庸》有《慎獨義》,獨於《孟子》無成書。乃述其平日所聞,著爲是書。"

〔5〕《南雷文案》,十卷,"外集"二卷,有《四部叢刊》本等。

〔6〕《南雷文定》、《南雷文約》,《四庫全書總目》著錄,云:"其所作古文,舊有《南雷文案》、《吾悔》、《撰杖》、《吾山》等集。晚年手自删削,名曰《文定》。後更刊存四卷,故名曰《文約》。"

〔7〕《明儒學案》,成書於清康熙十五年(1676)之後,據明代學者的文集語録,分列宗派,立學案十九。爲中國最早的有系統的學術史專著。

〔8〕《明夷待訪録》,爲黄宗羲著名的政治代表作。有《原君》、《原臣》、《原法》等二十一篇。内容大膽地揭露了君主專制的毒害。清乾隆間列爲禁書,對清末民主思想的興起頗有影響。

〔9〕《宋元學案》,一百卷。黄宗羲完成《明儒學案》後,續修此書,僅得七十卷,後由黄百家、全祖望完稿,是研究宋元人思想學術的重要著作。

選自《清史稿》卷四八〇《儒林一》

劉 獻 廷（1648—1695）

　　劉獻廷，字繼莊，大興人[1]，先世本吴人也。其學主經世，自象緯、律曆、音韻、險塞、財賦、軍政[2]，以逮岐黄、釋老之書[3]，無所不究習。與梁溪顧培、衡山王夫之、南昌彭士望爲師友[4]，而復往來崑山徐乾學之門[5]。議論不隨人後。萬斯同引參《明史》館事[6]，顧祖禹、黃儀亦引參《一統志》事[7]。獻廷謂諸公考古有餘，實用則未也。

【注】

[1] 大興，今屬北京市。
[2] 象緯，指日月五星之天象。
[3] 岐黄，岐伯及黄帝，相傳爲醫家之祖，後因以岐黄爲中醫學術的代稱。
[4] 顧培，字昀滋，無錫人。築共學山居，研講學問，學者稱"俟齋先生"。彭士望（1610—1683），字躬庵，一字樹廬，南昌人。崇禎年間，曾參揚州幕，不久，辭歸。清初隱居翠微峰，其學以躬行爲主，著作有《恥躬堂詩文集》。
[5] 徐乾學（1631—1694），字原一，號健庵。歷官內閣學士、左都御史、刑部尚書。著作有《通志堂經解》、《讀禮通考》《憺園集》等。
[6] 萬斯同（1638—1702），字季野，浙江鄞縣人。博通諸史，尤熟明代掌故，《明史稿》五百卷大半出其手。著有《歷代史表》、

《紀元匯考》、《石園詩文集》等。

〔7〕顧祖禹(1631—1692),字景范,無錫人。精史地,好游歷,歷時二十餘年著成《讀史方輿紀要》,據史考訂地理。徐乾學奉敕修《一統志》,聘顧氏主其事。黃儀,常熟人,字子鴻,精輿地之學。

　　其論方輿書:"當於各疆域前,測北極出地,定簡平儀制度[1],爲正切綫表,而節氣之後先,日食之分秒,五星之凌犯占驗,皆可推矣。諸方七十二候不同[2],世所傳者本之《月令》[3]。乃七國時中原之氣候,與今不合,則曆差爲之。今宜細考南北諸方氣候、取其核者詳載之[4],然後天地相應,可以察其遷變之微矣。燕京、吳下,水皆南流,故必東南風而後雨,衡、湘水北流,故必北風而後雨。諸方山水向背分合,皆紀述之,而風土之剛柔,暨陰陽燥濕之徵[5],可次等而求矣。"

【注】
〔1〕簡平儀,我國古代測量天體坐標的一種儀器。
〔2〕七十二候,古代以五日爲一候,一月六候,一年共七十二候。
〔3〕《月令》,《禮記》篇名。記述每年農曆十二個月的時令、行政及相關事物。
〔4〕核者,與節氣相一致者。
〔5〕暨,和,及,與。

　　其論水利,謂:"西北乃先王舊都,二千餘年未聞仰給東南。何則?溝洫通、水利修也。自劉、石雲擾[1],以訖金、元,千餘年未知水利爲何事,不爲民利,乃爲民害。故欲經理天下,必自西北水利始矣。西北水利,莫詳於《水經》酈《注》[2],雖時移勢易,十猶可得六七。酈氏略於東南,人以此少之。不知水道之當詳,正在西北。"於是欲取二十一史關於水利農田戰守者,考其所以,附以諸家之説,爲之疏證。凡獻廷所撰著,類非一人一時所能成,故卒不就。

【注】

〔1〕劉,劉淵(？—310),匈奴部族首領,乘西晉八王之亂,起兵反晉,自稱大單于,建漢國。石,石勒(274—333),羯人,上黨武鄉人,曾被賣爲奴,後投靠劉淵反晉,319年稱趙王,330年稱帝,史稱後趙。雲擾,紛亂如雲,言造成混亂。
〔2〕《水經》酈《注》,即北魏酈道元所撰《水經注》。

又嘗自謂於《華嚴》字母悟得聲音之道[1],作《新韻譜》,足窮造化之奧。證以遼人林益長之説,益自信。其法先立鼻音二,各轉陰、陽、上、去、入之五音共十聲,而不歷喉腭舌齒唇之七位。故有橫轉,無直送[2],則等韻重疊之失去[3]。次定喉音四,爲諸韻之宗,從此得半音、轉音、伏音、送音、變喉音。又以二鼻音分配之,一爲東北韻宗,一爲西南韻宗,八韻立,而四海之音可齊。於是以喉音互相合,得音十七;喉音鼻音互相合,得音十;又以有餘不盡者三合之,得音五:共三十二音,爲韻父,而韻歷二十二位,爲韻母。橫轉各有五子,而萬有不齊之聲攝於此矣。

【注】

〔1〕《華嚴》字母，即《華嚴字母韻圖》，出於《華嚴經》。《禪門日頌》將散見於《華嚴經》者集中到一起成韻圖。

〔2〕橫轉，直送，均是等韻圖列圖的名稱。

〔3〕等韻，指等韻圖，也叫韻圖，等韻學上用來拼切漢字字音的一種圖表。同一直行表示聲母相同或相近，同一橫行表示韻母和聲調相同，聲韻相拼而成各個字音。

　　同時吳殳盛稱其書。他所著多佚。歿後，弟子黃宗夏輯録之，爲《廣陽雜記》。全祖望稱爲薛季宣、王道父一流云。

選自《清史稿》卷四八四《文苑一》

費　　密 (1623—1699)

　　費密,字此度,新繁人[1]。父經虞,明雲南昆明縣知縣。密年十四,父病,醫言嘗糞甘苦,可知生死,密嘗而苦,父病果起。未幾,流賊張獻忠犯蜀,密上書巡按御史劉之勃,陳戰守策,不省[2]。已而全蜀皆陷,密輾轉窮山中,會有人傳其父滇中消息,聞之痛哭,遂去家入滇。經歷蠻峒中,奉父自滇歸蜀。至建昌衛,爲凹者蠻所得[3],父賂蠻人,始脱歸。

【注】
〔1〕新繁,地名,今屬四川省成都市。
〔2〕省,察看,醒悟。
〔3〕凹者蠻,似指居住在深山岙裏的少數民族。

　　明將楊展聞密名,遣使致聘,密乃説展曰:"賊亂數年,民且無食,今非屯田[1],無以救蜀民,且兵不能自立。"展納其言,命子總兵官璟偕密屯田於榮經瓦屋山之楊村,以次舉其法,行諸州縣。後展爲袁韜、武大定所殺,密與璟整師爲復仇計,嘗與賊戰,躬自擐甲[2],左手爲刃所傷。時璟營於峨眉,裨將有與花溪民毆争者[3],言"花溪居民下石擊吾營,勢且反"以怒璟,璟欲引兵誅之,密力争曰:"花溪,吾民也。方與賊戰而殺吾民,彼變從賊,是益賊也。"璟乃止,全活數百家。

【注】

〔1〕屯田,漢以後歷代政府爲取得軍隊給養或稅糧,利用兵士和農民墾種荒廢的田地。明代初年屯田範圍最廣,組織性强,制度健全;明末屯政廢弛。
〔2〕躬自擐甲,親身穿起甲衣。
〔3〕裨將,副將。

後密還成都省墓,至新津,爲武大定兵所掠。知密嘗參展軍事,欲殺之,以計得免。密嘆曰:"既不能報國,又不能庇親及身,不如舍而他去!"遂奉父由成都北行入秦,溯漢江,下吴、越,流寓泰州[1],老焉。

【注】

〔1〕泰州,今屬江蘇省。

經虞邃於經學[1],嘗著《毛詩廣義》、《雅論》諸書,以漢儒注説爲宗[2]。密盡傳父業,又博證學士大夫,與王復禮、毛甡、閻若璩交[3],密一足跛,後往蘇門謁孫奇逢[4],稱弟子。工詩、古文,俯仰取給於授徒、賣文,人咸重其品,悲其遇。州守爲之除徭役,杜門三十年,著書甚多。

【注】

〔1〕邃,深遠。
〔2〕以漢儒注説爲宗,指以漢代古文經學家鄭衆、賈逵、馬融、鄭玄

等的注解説明爲根據。費經虞所著的《毛詩廣義》、《雅論》,當屬此類,但原書未見,《四庫全書》亦未收,恐已佚。①
〔3〕王復禮,清代學者,仁和(今杭州)人,字需人,號草堂。有著作《家禮辨定》、《武夷九曲志》、《王子定論》等。毛甡,即毛奇齡(1623—1713)的原名,本書有傳。閻若璩(1636—1704),字百詩,號潛丘,山西太原人,遷居江蘇淮安。長於考據,撰《尚書古文疏證》,以證東晉梅賾所獻《古文尚書》爲僞。
〔4〕孫奇逢(1584—1675),本書有傳。

　　密謂宋人以周、程接孔、孟,盡黜二千餘年儒者爲未聞道,乃上稽古經、正史,旁及羣書,作《中傳正紀》百二十卷,序儒者授受源流,自子夏始。又作《弘道書》十卷、《古今篤論》四卷、《中旨定録》四卷、《中旨辨録》四卷、《中旨申感》四卷〔1〕,皆申明《弘道書》之旨。又有《尚書説》、《周官注論》、《二南偶説》、《中庸大學駁議》、《四禮補篇》、《史記箋》、《古史正》、《歷代貢舉合議》、《費氏家訓》及《詩文集》。卒,年七十七。子錫琮、錫璜、世其學。

【注】

〔1〕《弘道書》,主要内容是反對程朱的道統説,對理學進行批評,收入《費氏遺書》清刻本。民國九年(1920)由唐鴻學校刊《弘道書》、《荒書》、《燕峰詩鈔》三種,其他遺著至今尚未搜齊整理刊行。

選自《清史稿》卷五〇一《遺逸二》

---

① 再版者按:《雅論》,當作《雅倫》,費經虞所撰論詩歌源流、格式、製作等之作,經費密增補,今有清康熙四十九年刻本。

唐 甄（1630—1704）

唐甄，字鑄萬，四川達縣人。父階泰，明吳江知縣。甄性至孝，侍親官舍。親疾，衣不解帶。及居喪，獨處殯室三年，枕塊席苫[1]。痛故鄉淪陷，遂卜地葬吳門之虎邱。順治十四年舉人，選山西長子縣知縣。導民蠶桑，以身率之，日省於鄉。三旬而樹桑八十萬本，民業利焉。甫十月，以逃人詿誤去官[2]。僦居吳市[3]，僅三數椽[4]，蕭然四壁，炊烟嘗絕，日採廢圃中枸杞葉爲飯。衣敗絮，陶陶然，振筆著書不輟，曰："君子當厄，正爲學用力之時；窮厄生死，外也，小也。豈可求諸外而忘其內，顧其小而遺其大哉！"乃研精覃思，著《衡書》，曰"衡"者，志在權衡天下也。後以連蹇不遇[5]，更名《潛書》。書分上下篇：言學者爲上篇，始自《辨儒》，終於《博觀》，凡五十篇；言治者爲下篇，始於《尚治》，終於《潛存》，凡四十七篇。其自述曰："上觀天道，下察人事，遠正古迹，近度今宜，根於心而致之行，如在其位而謀其政，非虛言也。"寧都魏禧見而嘆曰[6]："是周秦之書也，今猶有此人乎？"康熙四十三年卒，年七十有五。又著有《毛詩傳箋合義》、《春秋述傳》、《潛文》、《潛詩》、《日記》。

【注】

[1] 枕塊席苫，以土塊爲枕，以草墊爲席。

〔2〕註誤、連累。
〔3〕僦居，租屋居住。
〔4〕椽，此處指房屋間數。
〔5〕連蹇，生活艱難。
〔6〕魏禧（1624—1681），字冰叔，以文名於當世。康熙十八年詔舉博學鴻儒，以疾辭。著作有《左傳經世》、《日錄》、《詩》、《文集》等。

　　　　　　　　　　選自《清史列傳》卷七〇

顔　　元（1635—1704）

　　顔元，字易直，博野人[1]。明末，父戍遼東，殁於關外。元貧無立錐，百計覓骨歸葬，世稱孝子。居喪，守朱氏《家禮》惟謹[2]。古禮，"初喪，朝一溢米，夕一溢米，食之無算"[3]。《家禮》删去"無算"句，元遵之。過朝夕不敢食，當朝夕，遇哀至，又不能食，病幾殆。又《喪服傳》："既練，舍外寢，始食菜果。飯素食，哭無時[4]。"《家禮》改爲"練後，止朝夕哭，惟朔望未除者會哭，凡哀至皆制不哭"。元亦遵之。既覺其過抑情，校以古《喪禮》非是。因嘆先王制禮，盡人之性，後儒無德無位，不可作也。於是著《存學》、《存性》、《存治》、《存人》四編以立教[5]。名其居曰"習齋"。

【注】

[1] 博野，今屬河北。
[2]《家禮》，舊題朱熹撰，五卷，附録一卷。記冠婚喪祭等儒家禮節。清王懋竑認爲此書是别人託名朱熹之作。
[3] 此句出自《禮記·喪大記》。"一溢米"，米一升的二十四分之一。"食之無算"，居喪悲痛，不能按頓喫飯。
[4]《喪服傳》，《儀禮》書中的篇名。練，即小祥之祭，父母死後一週年的祭禮。
[5]《存學》、《存性》，兩篇共四卷，是顏元轉向反對程、朱以後的著

作。《存治》是顏元早年守宋儒學時所作,原名《王道論》。《存人》原名《喚迷途》,批判佛教、道教以及各色邪教。四篇合稱《四存編》,共十一卷,收入《顏李遺書》中。

肥鄉漳南書院,邑人郝文燦請元往教。有文事、武備、經史、藝能等科,從游者數十人。會天大雨,漳水溢,墻垣堂舍悉没,人迹殆絶。元嘆曰:"天不欲行吾道也"! 乃辭歸。後八年而卒,年七十。門人李塨、王源編元《年譜》二卷,鍾錂輯《言行録》二卷,《辟異録》二卷。

選自《清史稿》卷四八〇《儒林一》

李　顒（1627—1705）

　　李顒，字中孚，盩厔人[1]。又字二曲，二曲者，水曲曰盩，山曲曰厔也。布衣安貧，以理倡導關中[2]，關中士子多宗之。父可從，爲明材官。崇禎十五年，張獻忠寇鄖西[3]，巡撫汪喬年總督軍務，可從隨征討賊。臨行，抉一齒與顒母曰[4]："如不捷，吾當委骨沙場。子善教吾兒矣。"遂行。兵敗，死之。顒母葬其齒，曰"齒冢"。時顒年十六，母彭氏，日言忠孝節義以督之，顒亦事母孝。飢寒清苦，無所憑藉，而自拔流俗，以昌明關學爲己任[5]。有饋遺者，雖十反不受。或曰："交道接禮[6]，孟子不却。"顒曰："我輩百不能學孟子，即此一事不守孟子家法，正自無害。"

【注】

[1] 盩厔，今陝西周至。
[2] 關中，古地區名。所指範圍大小不一，通常說法泛指函谷關以西、秦嶺以北并包括隴西、陝北一帶。
[3] 鄖西，縣名，在今湖北省西北部，鄰接河南、陝西兩省。
[4] 抉，挖出。
[5] 關學，以北宋張載爲首的學派，以講學關中而得名。
[6] 交道接禮，正當交往而接受禮贈。

先是顒聞父喪,欲之襄城求遺骸[1],以母老不可一日離,乃止。既丁母憂[2],廬墓三年,乃徒步之襄城,覓遺骸,不得,服斬衰晝夜哭[3]。知縣張允中爲其父立祠且造冢於戰場,名之曰"義林"。常州知府駱鍾麟嘗師事顒,謂祠未能旦夕竣,請南下謁道南書院[4],且講學以慰學者之望,顒赴之,凡講於無錫,於江陰,於靖江、宜興[5],所至學者雲集。既而幡悔曰:"不孝!汝此行何事,而喋喋於此?"即戒行赴襄城。常州人士思慕之[6],爲肖像於延陵書院。顒既至襄城,適祠成,乃哭祭招魂,取冢土西歸附諸墓,持服如初喪。

【注】

〔1〕襄城,秦置縣,在今河南省中部偏西。
〔2〕丁母憂,母親去世。
〔3〕服斬衰,古代喪服的制度,按與死者關係的遠近,分爲斬衰、齊衰、大功、小功、緦麻五等。
〔4〕謁,訪問,陳述。
〔5〕無錫、江陰、靖江、宜興,今皆屬江蘇省,在長江沿岸。
〔6〕常州,今屬江蘇省。

　　康熙十八年,薦舉博學鴻儒[1],稱疾篤[2],舁床至省[3],水漿不入口,乃得予假[4]。自是閉關[5],晏息土室[6],惟崑山顧炎武至則款之。四十二年,聖祖西巡,召顒見,時顒已衰老,遣子慎言詣行在陳情,以所著《四書反身錄》、《二曲集》奏進。上特賜御書"操志高節"以獎之。

顒謂："孔、曾、思、孟，立言垂訓，以成《四書》，蓋欲學者體諸身，見諸行。充之爲天德，達之爲王道，有體有用，有補於世。否則假途干進[7]，於世無補，夫豈聖賢立言之初心，國家期望之本意耶？"居恒教人，一以反身實踐爲事，門人錄之，爲七卷。是時容城孫奇逢之學盛於北，餘姚黃宗羲之學盛於南，與顒鼎足稱三大儒。晚年寓富平，關中儒者咸稱"三李"。三李者，顒及富平李因篤、鄜李柏也。

【注】

〔1〕博學鴻儒，又稱博學鴻詞科，朝廷臨時設置的考試制科之一種。始於宋高宗紹興三年(1133)，清康熙十八年(1679)、乾隆元年(1736)曾兩次舉行，先由内外大臣舉薦，不分已仕未仕，定期廷試。
〔2〕疾篤，病重。
〔3〕舁，抬。
〔4〕假，假期。
〔5〕閉關，關門閉戶。
〔6〕晏息，安閒恬静地生活。
〔7〕假途干進，意謂借讀書途徑以求官。

選自《清史稿》卷四八〇

王　　源 (1648—1710)

　　王源,字崑繩,大興人[1]。兄潔,少從梁以樟游。以樟談宋儒學,源方髫齓[2],聞之不首肯,唯喜習知前代典要及關塞險阨攻守方略。年四十,游京師。或病其不爲時文[3],源笑曰:"是尚需學而能乎?"因就試,中康熙三十二年舉人。或勸更應禮部試,謝曰:"吾寄焉爲謀生計,使無詬厲已耳[4]!"崑山徐乾學開書局於洞庭山,招致天下名士,源與焉。於儕輩中獨與劉獻廷善,日討論天地陰陽之變,伯王大略[5],兵法、文章、典制,古今興亡之故,方域要害,近代人才邪正,其意見皆相同。獻廷歿,言之輒流涕。未幾,遇李塨,大悦之,曰:"自獻廷歿,豈意復見君乎!"塨微言聖學,源聞之沛然。因持《大學辨業》去[6],是之。塨乃爲極言顏元明親之道,源曰:"吾知所歸矣"。遂介塨往博野執贄元門。時年五十有六矣。後客死淮上。所著《平書》十卷,《文集》二十卷[7]。

【注】

[1] 大興,今屬北京市。
[2] 髫齓,童年。
[3] 時文,科舉應試之文,明清時指八股文。
[4] 詬厲,恥辱。

〔5〕伯,讀爲"霸"。伯王,此處指霸業與王業。
〔6〕《大學辨業》,李塨作,凡四卷,闡述《大學》的思想,發揮顏元之學,提倡實學、實功。李塨另有《聖經學規纂》、《論學》等著作闡述此書提出的思想。後收入《顏李遺書》之中。
〔7〕王源所著文集名《居業堂文集》,今存。

選自《清史稿》卷四八〇《儒林一》

毛奇齡（1623—1716）

毛奇齡,字大可,又名甡,蕭山人[1]。四歲,母口授《大學》即成誦。總角[2],陳子龍爲推官,奇愛之,遂補諸生。明亡,哭於學宮三日。山賊起,竄身城南山,築土室,讀書其中。

【注】
[1] 蕭山,今屬浙江省。
[2] 總角,兒童時代。

順治三年,明保定伯毛有倫以寧波兵至西陵,奇齡入其軍中。是時馬士英、方國安與有倫犄角,奇齡曰:"方、馬國賊也,明公爲東南建義旗,何可與二賊共事?"國安聞之大恨,欲殺之,奇齡遂脫去。後怨家屢陷之,乃變姓名爲王士方,亡命浪游。及事解,以原名入國學。康熙十八年,薦舉博學鴻儒科,試列二等,授翰林院檢討,充《明史》纂修官。二十四年,充會試同考官,尋假歸,得痹疾[1],遂不復出。

【注】
[1] 痹疾,關節或肌肉疼痛腫大和麻木的疾病。

初著《毛詩續傳》三十八卷,既以避讎流寓江、淮間,失其稿。乃就所記憶著《國風省篇》、《詩札》、《毛詩寫官記》。復在江西參議道施閏章所與湖廣楊洪才說《詩》,作《白鷺洲主客說詩》一卷。明嘉靖中,鄞人豐坊僞造《子貢詩傳》、《申培詩說》行世,奇齡作《詩傳詩說駁議》五卷,引證諸書,多所糾正。洎通籍[1],進所著《古今通韻》十二卷,聖祖善之,詔付史館。

【注】
[1] 洎,及,到達。通籍,進宮。

歸田後,僦居杭州[1],著《仲氏易》,一日著一卦,凡六十四日而書成,託於其兄錫齡之緒言,故曰"仲氏"。又著《推易始末》四卷,《春秋占筮書》三卷,《易小帖》五卷,《易韻》四卷,《河圖洛書原舛編》一卷,《太極圖說遺議》一卷。其言《易》發明荀、虞、干、侯諸家[2],旁及卦變、卦綜之法[3]。奇齡分校會闈時[4],閱《春秋》房卷[5],心非胡《傳》之偏[6],有意撰述,至是乃就經文起義,著《春秋毛氏傳》三十六卷,《春秋簡書刊誤》二卷,《春秋屬辭比事記》四卷,條例明晰,考據精核。又欲全著《禮經》,以衰病不能,乃次第著昏、喪、祭禮、宗法、廟制及郊、社、禘、祫、明堂、學校諸問答[7],多發先儒所未及。至於《論語》、《大學》、《中庸》、《孟子》各有考證,而《大學證文》及《孝經問》,援據古今,辨後儒改經之非,持論甚正。

【注】
[1] 僦,租屋。

〔2〕荀,荀爽(128—190),字慈明,東漢潁川潁陰人。著有《禮易詩傳》、《尚書正經》等。虞,虞翻(164—232),三國吳餘姚人,爲《易》、《老子》、《論語》、《國語》訓注。干寶,晉新蔡人,字令昇,官散騎常侍,著有《周易宗途》、《周易爻義》、《干寶易傳》,另有《晉紀》、《搜神記》。侯,侯果,生平不詳。

〔3〕卦變,易卦由此卦變爲彼卦。卦綜,兩卦六爻正好上下顛倒。

〔4〕分校會闈,科舉會試時負責校閱某一房的試卷。

〔5〕《春秋》房卷,指題目與《春秋》相關的試卷。

〔6〕胡《傳》,指宋胡安國所作《春秋傳》,三十卷。明初用作科舉取士的教科書,清朝沿習這種做法。

〔7〕郊,祭天地。社,祭土地神。禘,天子諸侯宗廟的大祭。祫,集合遠近祖先神主於太廟合祭。明堂,古代帝王舉行大典、宣明政教的場所。

　　奇齡淹貫羣書,所自負者在經學,然好爲駁辨,他人所已言者,必力反其詞。古文《尚書》自宋吳棫後多疑其僞[1],及閻若璩作《疏證》[2],奇齡力辨爲真,遂作《古文尚書冤詞》。又删舊所作《尚書廣聽録》爲五卷,以求勝於若璩,而《周禮》、《儀禮》,奇齡又以爲戰國之書。所作《經問》,指名攻駁者,惟顧炎武、閻若璩、胡渭三人[3]。以三人博學重望,足以攻擊,而餘子以下不足齒録,其傲睨如此。

【注】

〔1〕吳棫,宋建安人,字才老。曾官太常丞,以得罪秦檜,貶爲泉州通判。最早提出《古文尚書》是僞書,著有《韻補》五卷。

〔2〕閻若璩(1636—1704),字百詩,號潛丘,清太原人。博讀經史

地理，潛心研究三十餘年，作《尚書古文疏證》八卷。
〔3〕胡渭(1633—1714)，字朏明，號東樵，清浙江德清人。窮究經義，尤精輿地之學，著作有《禹貢錐指》二十卷、《易圖明辨》等，還參與修《一統志》。

　　素曉音律，家有明代宗藩所傳唐樂笛色譜，直史館，據以作《竟山樂錄》四卷。及在籍，聞聖祖論樂諭羣臣以徑一圍三隔八相生之法[1]，因推闡考證，撰《聖諭樂本解說》二卷，《皇后定聲錄》八卷。三十八年，聖祖南巡，奇齡迎駕於嘉興，以《樂本解說》二卷進，溫諭獎勞。聖祖三巡至浙，奇齡復謁行在，賜御書一幅。五十二年，卒於家，年九十一。門人蔣樞編輯遺集，分經集、文集二部，經集自《仲氏易》以下凡五十種，文集合詩、賦、序、記及他雜著凡二百三十四卷。《四庫全書》收奇齡所著書目多至四十餘部[2]。奇齡辨正《圖》、《書》，排擊異學，尤有功於經義。弟子李塨、陸邦烈、盛唐、王錫、章大來、邵廷寀等，著錄者甚衆。李塨、廷寀自有傳。

【注】

〔1〕徑一圍三，我國古代用以表示直徑與圓周長度的近似比，此處指用它來確定律管的標準。隔八相生，律管所生各律按照十二律排列時，自出發律至所生律，連同首尾計數，共爲八律，故名隔八相生。
〔2〕《四庫全書》，叢書名。清乾隆年間費時十年修成，共收書三千五百零三種，七萬九千三百三十卷，分經史子集四部，故名。

　　　　　　　　選自《清史稿》卷四八一《儒林二》

李 光 地 (1642—1718)

　　李光地[1],字晉卿,福建安溪人[2],幼穎異。年十三,舉家陷山賊中,得脫歸。力學慕古。康熙九年成進士,選庶吉士,授編修。十二年,乞省親歸。

【注】
[1] 李光地,字晉卿,號榕村,又號厚庵。清初理學家,著作繁多,有《榕村全書》、《榕村詩話》等。後人編為《李文貞公全集》。
[2] 安溪,今福建省安溪縣。

　　十三年,耿精忠反[1],鄭錦據泉州[2],光地奉親匿山谷間,錦與精忠並遣人招之,力拒。十四年,密疏言:"閩疆褊小,自二賊割據,誅求敲扑,民力已盡,賊勢亦窮。南來大兵宜急攻,不可假以歲月,恐生他變。方今精忠悉力於仙霞、杉關[3],鄭錦并命於漳、潮之界[4],惟汀州小路與贛州接壤,賊所置守禦不過千百疲卒。竊聞大兵南來,皆於賊兵多處鏖戰,而不知出奇以搗其虛,此計之失也。宜因賊防之疏,選精兵萬人或五六千人,詐為入廣,由贛達汀,為程七八日爾。二賊聞急趨救,非月餘不至,則我軍入閩久矣。賊方悉兵外拒,內地空虛,大軍果從汀州小路橫貫其腹,則三路之賊不戰自潰。伏乞密敕領兵官偵諜虛實,隨機進取。仍恐小路崎嶇，須使鄉兵在大軍之前，步兵又在馬兵之前，庶幾萬全，可以必勝。"置疏蠟丸中，遣使間道赴京師，因内閣學士富鴻基上之。上得疏動容，嘉其忠，下兵部錄付領兵大臣。時尚之信亦叛[5]，師次贛州、南安，未能入福建。康親王傑書自衢州克仙霞關，復建寧、延平，精忠請降。師進駐福州，令都統拉哈達、賚塔等討鄭錦，並求光地所在。十六年復泉州，光地謁拉哈達於漳州。拉哈達白王，疏稱"光地矢志爲國，顛沛不渝，宜予褒揚"，命優敍，擢侍讀學士。行至福州，以父喪歸。

【注】

〔1〕耿精忠(？—1682)，遼東人，康熙十年襲父爵，爲靖南王。十二年廷議撤藩，吳三桂起兵反，耿據閩地響應，後兵敗投降，1682年被處死。

〔2〕鄭錦，即鄭經(1643—1681)，福建南安人，鄭成功之子。1662年嗣位，據臺灣抗清。1674年乘三藩之亂，進軍福建、廣東，1680年退回臺灣，次年病死。

〔3〕仙霞，在今浙江江山市南，有浙閩交通要道經過。杉關，在今福建光澤縣西北杉嶺上，舊時爲贛閩間往來通道。

〔4〕漳，福建漳州；潮，潮州，府治在今潮州市潮安區。

〔5〕尚之信，遼東人，清初三藩之一的平南王尚可喜之子。響應吳三桂反清中央政權，不久悔罪自歸，襲封父爵。性情殘暴，多不法事，後被屬員告發，賜死於廣州。

十七年，同安賊蔡寅結衆萬餘，以白巾爲號，掠安溪。光地募鄉勇百餘人扼守，絕其糧道，賊解去。未幾，錦遣其將劉國軒陷海澄、漳平、同安、惠安諸縣,進逼泉州,斷萬安、江東二橋,南北援絕。光地遣使赴拉哈達軍告急,值江水漲,道阻,乃導軍自漳平、安溪小道入。光地從父日煜率鄉勇度石珠嶺[1],芟荊棘[2],駕浮橋以濟。光地出迎,具牛酒犒軍。又使弟光垹、光垠以鄉兵千度白鴿嶺,迎巡撫吳興祚軍於永春。師次泉州,擊破國軒,竄入海。拉哈達上其功,再予優敘,遷翰林學士。光地上疏推功將帥,辭新命,不允;並官日煜,後積功官至永州總兵。

【注】

〔1〕從父,伯父、叔父的通稱。
〔2〕芟,砍除。

十九年,光地至京師,授內閣學士。入對,言:"鄭錦已死,子克塽幼弱,部下爭權,宜急取之。"且舉內大臣施琅習海上形勢,知兵,可重任。上用其言,卒平臺灣。

陳夢雷者,侯官人。與光地同歲舉進士,同官編修。方家居,精忠亂作,光地使日煜潛詣夢雷探消息,得虛實,約並具疏密陳破賊狀,光地獨上之,由是大受寵眷。及精忠敗,夢雷以附逆逮京師,下獄論斬。光地乃疏陳兩次密約狀,夢雷得減死戍奉天。

二十一年,乞假奉母歸。二十五年,還京,授翰林院掌院學士,直經筵,兼充日講起居注官,教習庶吉士。逾年,以母病乞歸省。二十七年,至京。初,光地與侍讀學士德格勒善,於上前互相稱引。上召德格勒與諸詞臣試乾清宫，以文字劣，鎸秩[1]。旋掌院庫勒訥劾其私抹起居注事，下獄論罪。詔責光地，光地引罪，乞嚴譴，上原之。尋擢兵部侍郎。三十年，典會試。偕侍郎博霽、徐廷璽，原任河督靳輔勘視河工[2]。三十三年，督順天學政。聞母喪，命在任守制。光地乞假九月回裹治喪。御史沈愷曾、楊敬儒交章論劾，上令遵初命。給事中彭鵬復疏論光地十不可留，目爲貪位忘親，排詆尤力。乃下九卿議，命光地解任，在京守制。三十五年，服闋[3]，仍督順天學政。三十六年，授工部侍郎。

【注】

〔1〕鎸秩，削職。
〔2〕河工，治理黃河的工程。
〔3〕服闋，爲父母服喪，三年期滿除服。

　　三十七年，出爲直隸巡撫。初，畿輔屢遭水患，上以漳河與滹沱合流易泛濫，命光地導漳自故道引入運河，殺滹沱之勢。光地疏言："漳河現分爲三：一自廣平經魏、元城，至山東館陶入衛水歸運；一爲老漳河，自山東丘縣經南宮諸縣，與完固口合流，至鮑家嘴歸運；一爲小漳河，自丘縣經廣宗、鉅鹿合於溄，又經束鹿、冀州合於滹沱。由衡水出獻縣完固口復分爲兩支：小支與老漳河合流而歸運，大支經河間、大城、靜海入子牙河而歸淀。今入衛之河與老漳河流淺而弱，宜疏濬；其完固口小支應築壩逼水入河，更於静海閣、留二莊挑土築堤，束水歸淀，俾無泛濫。"詔報可。尋奏霸州、永清、宛平、良鄉、固安、高陽、獻縣因濬新河，占民田一百三十九頃，請豁免賦額，從之。通州等六州縣額設紅剝船六百號，剝運南漕，每船給贍田，遇水旱例不蠲免，光地奏請援民田例概蠲免之。三十九年，上臨視子牙河工，命光地於獻縣東西兩岸築長堤，西接大城，東接靜海，亙二百餘里；又於靜海廣福樓、焦家口開新河，引水入淀；由是下流益暢，無水患。四十二年，上褒其治績，擢吏部尚書，仍管巡撫事。四十三年，給事中黃鼎楫、湯右曾、許志進、宋駿業、王原等合疏劾光地撫綏無狀[1]，致河間饑民流入京畿，並寧津縣匿災不報狀。光地疏辨，引咎乞罷，詔原之。再疏辭尚書，不許。尋疏劾雲南布政使張霖假稱詔旨，販鬻私鹽，得銀百六十餘萬，霖論斬，籍沒。

【注】

[1] 無狀，無功，無成績。

四十四年，拜文淵閣大學士。時上潛心理學，旁闡六藝[1]，《御纂朱子全書》及《周易折中》、《性理精義》諸書[2]，皆命光地校理，日召入便殿孳、求探討[3]。四十七年，皇太子允礽以疾廢，命諸大臣保奏諸皇子孰可當儲位者。尚書王鴻緒等舉皇子允禩，上切責之。詢光地何無一言，光地奏："前者皇上問臣以廢太子病，臣奏言徐徐調治，天下之福，臣未嘗告訴人也。"光地被上遇，同列多忌之者，凡所稱薦，多見排擠，因以撼光地。撫直隸時，御史呂履恒劾光地於秋審事任意斷決，上察其不實，還其奏。給事中王原劾文選郎中陳汝弼受贓,法司論絞。汝弼,光地所薦也。上察其供證非實,下廷臣確核,得逼供行賄狀,汝弼免罪,承讞官降革有差[4],原奪官。

【注】
〔1〕六藝,泛指儒家提倡的學問。
〔2〕《御纂朱子全書》,李光地、熊賜履等奉詔將朱熹的文集、語錄分類編排而成,共十九門,六十六卷。本尊朱(熹)、辟陸(九淵)原則,刪除與陸相似的言論。
〔3〕《周易折中》,康熙帝命李光地編撰而成,共二十二卷。對各家易說兼收並蓄,然與綱常倫理說教無關者則擯而不用。
〔4〕《性理精義》,李光地等人奉詔將明朝胡廣等人編纂的七十卷《性理大全》節編而成,共十二卷。
〔5〕硏,同"研"。
〔6〕承讞官,承辦案件的官員。

　　光地益敬慎,其有獻納,罕見於章奏。江寧知府陳鵬年忤總督阿山,坐事論重辟,光地言其誣,鵬年遂內召。兩江總督噶禮與巡撫張伯行互訐[1],遣大臣往訊,久不決。嗣詔罷噶禮,復伯行官,光地實贊之。桐城貢士方苞坐戴名世獄論死[2],上偶言及侍郎汪霦卒後,誰能作古文者,光地曰:"惟戴名世案內方苞能。"苞得釋,召入南書房。其扶植善類如此。

【注】
〔1〕訐,攻擊別人的短處,揭發別人的陰私。

〔2〕方苞,本書有傳。戴名世著《南山集》,宣稱明末弘光等年號不可廢,又採方孝標《滇黔紀聞》所載永曆事,被參劾,以"大逆"罪被殺,並株連數百人之多。方苞牽入後得釋,官至禮部侍郎。

五十二年,與千叟宴,賜賚有加。頃之,以病乞休,溫旨慰留。越二年,復以為請,且言母喪未葬,許給假二年,賜詩寵行。五十六年,還朝,累疏乞罷,上以大學士王掞方在告〔1〕,暫止之。五十七年,卒,年七十七,遣恒親王允祺奠醊〔2〕,賜金千兩,諡文貞,使工部尚書徐元夢護其喪歸,復諭閣臣:"李光地謹慎清勤,始終一節,學問淵博。朕知之最真,知朕亦無過光地者!"雍正初,贈太子太傅,祀賢良祠。

【注】
〔1〕在告,官吏在休假期中。
〔2〕奠醊,即奠酒,以酒灑地而祭。

選自《清史稿》卷二六二

張 伯 行（1651—1725）

　　張伯行，字孝先，河南儀封人。康熙二十四年進士，考授內閣中書，改中書科中書。丁父憂歸[1]，建請見書院，講明正學。儀封城北舊有隄，三十八年六月，大雨，潰，伯行募民囊土塞之。河道總督張鵬翮行河，疏薦堪理河務，命以原銜赴河工，督修黃河南岸隄二百餘里及馬家港、東壩、高家堰諸工。四十二年，授山東濟寧道。值歲饑，即家運錢米，並製棉衣，拯民飢寒。上命分道治賑，伯行賑汶上、陽谷二縣，發倉穀二萬二千六百石有奇。布政使責其專擅，即論劾，伯行曰："有旨治賑，不得爲專擅。上視民如傷[2]，倉穀重乎？人命重乎？"乃得寢[3]。四十五年，上南巡，賜"布澤安流"榜。

【注】
〔1〕丁父憂，遭父喪。
〔2〕視民如傷，視百姓若有傷病而不敢驚動，說明關懷百姓。
〔3〕寢，停止，作罷。

　　尋遷江蘇按察史。四十六年，復南巡，至蘇州，諭從臣曰："朕聞張伯行居官甚清，最不易得。"時命所在督撫舉賢能官，伯行不與。上見伯行曰："朕久識汝，朕自舉之。他日居官而善，天下以朕爲知人。"擢福建巡撫，賜"廉惠宣獸"榜。伯行疏請免臺灣、鳳山、諸羅三縣荒賦。福建米貴,請發帑五萬市湖廣、江西、廣東米平糶。建鰲峰書院,置學舍,出所藏書,搜先儒文集刊布爲《正誼堂叢書》,以教諸生。福州民祀瘟神,命毀其偶像,改祠爲義塾,祀朱子。俗多尼,鬻貧家女,髡之至千百[1],伯行命其家贖還擇偶,貧不能贖,官爲出之。

【注】

[1] 髡,落髮爲僧尼。

　　四十八年,調江蘇巡撫,賑淮、揚、徐三府饑。會布政使宜思恭以司庫虧空爲總督噶禮劾罷,上遣尚書張鵬翮按治。陳鵬年以蘇州知府署布政使,議司庫虧三十四萬,分扣官俸役食抵補,伯行咨噶禮會題[1],不應。伯行疏上聞,上命鵬翮并按。別疏陳噶禮異議狀,上諭廷臣曰:"覽伯行此疏,知與噶禮不和。爲人臣者,當以國事爲重。朕綜理機務垂五十年,未嘗令一人得逞其私。此疏宜置不問。"伯行尋乞病,上不許。鵬翮請責前任巡撫于準及思恭償十六萬,餘以官俸役食抵補。上曰:"江南虧空錢糧,非官吏侵蝕。朕南巡時,督撫肆意挪用而不敢言。若責新任官補償,朕心實有不忍。"命察明南巡時用款具奏。伯行又疏奏各府州縣無著錢糧十萬八千[2],上命併予豁免。

【注】

[1] 會題,聯名上奏疏。

〔2〕著,即"着"。

噶禮貪橫,伯行與之迕。五十年,江南鄉試副考官趙晉交通關節,榜發,士論譁然,輿財神入學宮,伯行疏上其事,正考官左必審亦以實聞,命尚書張鵬翮、侍郎赫壽按治,伯行與噶禮會鞫,得舉人吳泌、程光奎通賄狀,詞連噶禮。伯行請解噶禮任付嚴審,噶禮不自安,亦撫伯行七罪訐奏[1]。上命俱解任,鵬翮等尋奏晉與泌、光奎通賄俱實,擬罪如律;噶禮交通事誣[2],伯行應奪官。上切責鵬翮等掩飾,更命尚書穆和倫、張廷樞覆按,仍如前議。上曰:"伯行居官清正,天下所知。噶禮才雖有餘而喜生事,無清正名。此議是非顛倒,命九卿、詹事、科道再議。"明日,召九卿等諭曰:"伯行居官清廉,噶禮操守朕不能信。若無伯行,則江南必受其朘削幾半矣[3]。此互參一案,初遣官往審,為噶禮所制,致不能得其情;再遣官往審,與前無異。爾等能體朕保全清官之意,使正人無所疑懼,則海宇昇平矣。"遂奪噶禮官,命伯行復任。

【注】

〔1〕撫,收集,拾取。
〔2〕交通事誣,與人勾結,進行誣陷。
〔3〕朘削,搜刮。

五十二年,江蘇布政使缺員,伯行疏薦福建布政使李發甲、臺灣道陳璸、前祭酒余正健,上已以湖北按察使牟欽元擢任。未幾，伯行劾欽元匿通海罪人張令濤署中，請逮治。令濤兄元隆居上海，造海船，出入海洋，擁厚貲，結納豪貴。會部檄搜緝海賊鄭盡心餘黨，崇明水師捕漁船，其舟人福建產，冒華亭籍，驗船照爲元隆所代領，伯行欲窮治。是時令濤在噶禮幕，元隆稱病不就逮，獄未竟而死於家。噶禮前劾伯行，因摭其事爲七罪之一。會上海縣民顧協一訴令濤據其房屋，別有水寨數處窩藏海賊，稱令濤今居欽元署中。上命總督赫壽察審，赫壽庇令濤，以通賊無證聞；復命鵬翮及副都御史阿錫鼐按其事，鵬翮等奏元隆、令濤皆良民，請奪伯行官。上命復審，且命伯行自陳，伯行疏言："元隆通賊，雖報身故，而金多黨衆，人人可以冒名，處處可以領照。令濤乃顧協一首告，若其不實，例應坐誣；欽元庇匿，致案久懸。臣爲地方大吏，杜漸防微，豈得不究？"既命解任，鵬翮等仍以伯行誣陷良民，挾詐欺公，論斬，法司議如所擬，上免其罪，命伯行來京。

旋入直南書房，署倉場侍郎，充順天鄉試正考官。授户部侍郎，兼管錢法、倉場，再充會試副考官。雍正元年，擢禮部尚書，賜"禮樂名臣"榜。二年，命赴闕里祭崇聖祠。三年，卒，年七十五。遺疏請崇正學，勵直臣。上軫悼[1]，贈太子太保，諡清恪。光緒初，從祀文廟。

【注】

[1] 軫悼，沉痛哀悼。

伯行方成進士，歸構精舍於南郊，陳書數千卷縱觀之，及《小學》、《近思録》,程、朱《語類》[1],曰:"入聖門庭在是矣。"盡發濂、洛、關、閩諸大儒之書[2],口誦手抄者七年。始赴官,嘗曰:"千聖之學,括於一敬,故學莫先於主敬。"因自號曰"敬庵"。又曰:"君子喻於義,小人喻於利。老氏貪生,佛者畏死,烈士徇名,皆利也。"在官所引,皆學問醇正,志操潔清,初不令知。平日齮齕之者[3],復與共事,推誠協恭,無絲毫芥蒂。曰:"已荷保全,敢以私廢公乎?"所著有《困學録》、《續録》、《正誼堂文集》、《居濟一得》諸書。

【注】

[1] 程、朱《語類》,指《河南程氏遺書》和《朱子語類》,爲程顥、程頤和朱熹的語録匯編本。
[2] 濂、洛、關、閩諸大儒,指周敦頤、程顥、程頤、張載、朱熹等理學大師。
[3] 齮齕,詆毁。

選自《清史稿》卷二六五

李　　塨（1659—1733）

　　李塨，字剛主，蠡縣人[1]。弱冠與王源同師顏元。躬耕善稼穡，雖儉歲必有收[2]，而食必粱糲[3]，妻妾子婦執苦身之役。舉康熙二十九年舉人。晚歲授通州學正[4]，浹月[5]，以母老告歸。塨博學工文辭，與慈溪姜宸英齊名[6]。又嘗爲其友治劇邑[7]，逾年，政教大行，用此名動公卿間。明珠、索額圖當國[8]，皆嘗延教其子，不就。安溪李光地撫直隸，薦其學行於朝，固辭而不謝。諸王交聘，輒避而之他。既而從毛奇齡學。著《周易傳注》七卷，《筮考》一卷，《郊社考辨》一卷，《論語傳注》二卷，《大學傳注》一卷，《中庸傳注》一卷，《傳注問》一卷，《李氏學樂錄》二卷，《大學辨業》四卷，《聖經學規》二卷，《論學》二卷，《小學稽業》五卷，《恕谷後集》十三卷。

【注】

[1] 蠡縣，今屬河北省。

[2] 儉歲，歉收年。

[3] 粱糲，粗劣的食物。

[4] 通州，今屬北京市。

[5] 浹月，兩月。

[6] 姜宸英（1628—1699），字西溟，號湛園。年七十始舉進士，授編修，因受科場案牽連，死於獄中。曾參與纂修《明史》，著作

有《湛園文稿》、《葦間詩集》。
〔7〕劇邑,政務繁重的縣。
〔8〕明珠(1635—1708),滿洲正黃旗人,官至兵部尚書、武英殿大學士,爲康熙所寵信,權勢煊赫。索額圖,赫舍里氏,滿洲正黃旗人,曾任保和殿大學士,議政大臣。曾參與簽訂《中俄尼布楚條約》。後卷入諸皇子的嗣位之爭,被拘禁,死於獄中。

塨學務以實用爲主,解釋經義多與宋儒不合。又其自命太高,於程、朱之講學,陸、王之證悟,皆謂之空談。蓋明季心學盛行,儒禪淆雜,其曲謹者又闊於事情[1],沿及順、康朝[2],猶存餘說,蓋顏元及塨力以務實相爭。存其說可補諸儒枵腹之弊[3],然不可獨以立訓,盡廢諸家。其論《易》,以觀象爲主[4],兼用互體[5],謂"聖教罕言性天,《乾》《坤》四德[6],必歸人事,《屯》《蒙》以下,亦皆以人事立言。陳摶《龍圖》[7]、劉牧《鈎隱》[8],以及探無極、推先天,皆使《易》道入於無用。"排擊未免過激。然明人以心學竄入《易》學,率持禪偈以詁經,言數者反置象占於不問。誣飾聖訓,弊不可窮。塨引而歸之人事,深得垂教之旨。又以《大學》格物爲《周禮》三物[9],謂孔子時古大學教法所謂六德、六行、六藝者[10],規矩尚存。故格物之學,人人所習,不必再言。惟以明德、親民標其目,以誠意指其入手而已。格物一傳,可不必補。其說本之顏元。毛奇齡惡其異己,作《逸講箋》以攻之[11]。而當時學者多韙塨說焉。

【注】

〔1〕曲謹,謹小慎微。闊,迂闊,迂腐。
〔2〕順,順治。康,康熙。
〔3〕枵腹,空腹,指飢餓,引申爲空虛。
〔4〕觀象,研究卦象和爻象。
〔5〕互體,《易》卦凡卦爻二至四,三至五,兩體交互,各成一卦,稱互體。
〔6〕四德,《乾》、《坤》兩卦卦辭有"元"、"亨"、"利"、"貞"四字,《易》稱之爲四德。
〔7〕陳摶(?—989),宋真源人,字圖南。舉進士不第,先後隱居於武當山、華山。有《先天圖》,給宋象數之學以重大影響。《龍圖》,即河圖,原是關於八卦來源的傳說,伏羲時有龍馬從黃河出,背負"河圖",伏羲據之畫成八卦。後來河圖被畫成用星點表示的數字組成的方形圖,陳摶《龍圖》即指此。
〔8〕劉牧,字長民,北宋彭城人,官至太常博士。師承种放易學,而种放出於陳摶。《鈎隱》,全名《易數鈎隱圖》,三卷;附遺論九事,一卷。
〔9〕《周禮》三物,《周禮·地官·大司徒》提出以"三物"教萬民,即一爲"六德":知、仁、聖、義、忠、和;二爲"六行":孝、友、睦、婣(同"姻")、任、恤;三爲"六藝":禮、樂、射、御、書、數。
〔10〕六德、六行、六藝,即上文所說《周禮》三物。
〔11〕《逸講箋》,三卷,毛奇齡所論,由其子及門人編錄而成。第一卷講《孟子》不動心章,第二卷爲《論語回答》、第三卷題爲《大學辨業》,是與李塨爭論學術的文字。

選自《清史稿》卷四八〇《儒林一》

王　懋　竑（1668—1741）

　　王懋竑,字子中,寶應人[1]。少從叔父式丹學,刻勵篤志,精研朱子之學,身體力行。康熙五十七年成進士,年已五十一。乞就教職,補安慶府學教授[2]。雍正元年,以薦被召引見,授翰林院編修,在上書房行走[3]。二年,以母憂去官,特賜內府白金爲喪葬費。懋竑素善病,居喪毁瘠[4],服闋就職。旋以老病乞歸,越十六年卒。

【注】

〔1〕寶應,今江蘇寶應縣。
〔2〕安慶府,今屬安徽省安慶市。教授,學官名。宋代除宗學、律學、醫學武學等置教授傳授學業外,各路的州、縣學均置教授,掌學校課試等事,位居提督學事司之下。明清的府學亦置教授。
〔3〕行走,即入值辦事之意。清制,調充某項職務即稱在某處或某官上行走,如御前大臣上行走,軍機大臣上行走,南書房行走之類。
〔4〕居喪毁瘠,意謂居喪時因過度悲哀而損害健康。

　　懋竑性恬淡[1],少嘗謂友人曰:"老屋三間,破書萬卷,平生志願足矣。"歸里後,杜門著書。校定《朱子年譜》。大旨在辨爲學次序,以攻姚江之説[2]。又所著《白田雜著》八卷,於《朱子文集》、《語類》考訂尤詳。謂《易本義》前九圖、《筮儀》皆後人依託,非朱子所作,其略云:"朱子於《易》有《本義》,有《啓蒙》,與門人講論甚詳,而此九圖曾無一語及之。九圖之不合《本義》、《啓蒙》者多矣,門人何以絶不致疑也?《本義》之敍畫卦云:'自下而上,再倍而三,以成八卦。八卦之上,各加八卦,以成六十四卦。'初不參邵子説[3]。至《啓蒙》,則一本邵子。而邵子所傳,止有《先天方圓圖》。其《伏羲八卦圖》、《文王八卦圖》,則以《經世演易圖》推而得之。同州王氏、漢上朱氏《易》[4],皆有此二圖,《啓蒙》因之。至朱子所自作横圖六,則注《大傳》及邵子語於下,而不敢題曰《伏羲六十四卦圖》,其慎如此。今直云《伏羲八卦次序圖》、《伏羲八卦方位圖》、《伏羲六十四卦次序圖》、《伏羲六十四卦方位圖》,是孰受而熟傳之耶?乃云伏羲四圖,其説皆出邵氏,邵氏止有《先天》一圖,其《八卦圖》後來所推,六横圖朱子所作。以爲皆出邵氏,是誣邵氏也。"又云:"邵氏得之李之才[5],李之才得之穆修[6],穆修得之希夷先生[7],此明道敍康節學問源流如此[8]。漢上朱氏以《先天圖》屬之,已無所據。乃今移之四圖,若希夷先生已有此四圖也,是並誣希夷也。文王八卦,《説卦》明言之。《本義》以爲未詳,《啓蒙》别爲之説,而不以入於《本義》。至於'乾,天也,故稱乎父'一節,《本義》以爲揲蓍以求爻[9],《啓蒙》以爲'乾求於坤,坤求於乾'與'乾爲首'兩節,皆文王觀於已成之卦,而推其未明之象,與《本義》不同。今乃以爲文王《八卦次序圖》,又孰受而孰傳耶?《卦變圖》《啓蒙》詳之,蓋一卦可變爲六十四卦,《彖》

傳卦變,偶舉十九卦以説爾。今圖、卦皆不合,其非朱子之書明矣。"其説爲宋、元儒者所未發。

【注】

〔1〕恬淡,清静而無所作爲。舊時亦稱不熱中於名利爲"恬淡"。

〔2〕姚江,即姚江學派,亦稱"陽明學派"。姚江在浙江餘姚縣,因創始人王守仁(陽明)爲餘姚人,故名。

〔3〕邵子,即邵雍。

〔4〕同州王氏,即王湜,同州(今屬陝西)人。潛心康節之學,著有《易學》一卷。漢上朱氏,即朱震,字子發,宋荆門軍(今湖北荆門)人,一作邵武(今屬福建)人。世稱漢上先生,著作有《漢上易傳》等。

〔5〕李之才,字挺之,青社(今山東)人。宋仁宗天聖八年進士,爲人樸且率,自信無少矯厲。師事河南穆修,穆修性莊嚴寡合,李之才事之以謹,卒能受易。

〔6〕穆修,字伯長,宋渾州汶陽(今山東汶上)人。宋真宗大中祥符進士,初爲泰州司理參軍,後爲潁州文學參軍。著作有《穆參軍集》。

〔7〕希夷先生,即陳摶,字圖南,宋亳州真源(今安徽亳縣西南)人。後唐時,舉進士不第隱居華山。太平興國中,兩度至京城,爲太宗所重,賜號希夷先生。著作有《無極圖》、《先天圖》。

〔8〕明道,即程顥,本書有傳。

〔9〕《易·繫辭上》:"揲之以四,以象四時。"孔穎達疏:"分揲其蓍,皆以四四爲數,以象四時。"爻,構成《易》卦的基本符號,"—"是陽爻,"--"是陰爻。每三爻合成一卦,可得八卦;兩卦(六爻)相重可得六十四卦。卦的變化取決於爻的變化,故爻表示

交錯和變動之意。

又考證諸史,謂:"《孟子》七篇,所言齊王皆湣王,非宣王。孟子去齊,當在湣王十三四年。下距湣王之歿,更二十五六年,孟子必不及見。《公孫丑》兩篇,稱王不稱諡[1],乃其元本,而《梁惠王》兩篇稱宣王,爲後人所增。《通鑑》上增威王十年,下減湣王十年,蓋遷就伐燕之歲也。"可謂實事求是矣。同邑與懋竑學朱子學者,有朱澤沄、喬僅。

【注】
〔1〕諡,古代帝王或大臣死後,按其生前事迹評定褒貶給予的稱號。

選自《清史稿》卷四八〇《儒林一》

方　　苞（1668—1749）

方苞,字靈臯,江南桐城人[1]。父仲舒,寄籍上元[2],善爲詩,苞其次子也。篤學修内行,治古文,自爲諸生,已有聲於時。康熙三十八年舉人。四十五年,會試中式,將應殿試,聞母病,歸侍。五十年,副都御史趙申喬劾編修戴名世所著《南山集》《孑遺録》有悖逆語[3],辭連苞族祖孝標。名世與苞同縣,亦工爲古文,苞爲序其集,並逮下獄。五十二年,獄成,名世坐斬。孝標已前死,戍其子登嶧等。苞及諸與是獄有干連者,皆免罪入旗。聖祖夙知苞文學,大學士李光地亦薦苞[4],乃召苞直南書房。未幾,改直蒙養齋,編校《御制樂律》、《算法》諸書。六十一年,命充武英殿修書總裁。世宗即位[5],赦苞及其族人入旗者歸原籍。

【注】

〔1〕桐城,今安徽桐城。

〔2〕上元,舊縣名,今屬江蘇南京市。

〔3〕戴名世(1653—1713),字田有,號南山,安徽桐城人。康熙進士,任翰林院編修。以著《孑遺録》、《崇禎癸未榆林城守紀略》、《甲申保定守城紀略》、《弘光乙酉揚州城守紀略》,又以《與余生書》論南明史事,説"今以弘光之帝南京,隆武之帝閩、粤,永曆之帝兩粤、帝滇、黔,首尾十七八年,揆以《春秋》之義,豈遽不如昭烈之在蜀、帝昺之在崖州,而其事漸以滅没"云云。

爲副都御史趙申喬追論，坐擬凌遲，康熙五十二年(1713)死獄中，牽連得罪的數十人，所著《南山集》燒燬。此爲清初著名文字獄之一。

〔4〕李光地，本書有傳。

〔5〕世宗，清雍正帝胤禎。

　　雍正二年，苞乞歸里葬母。三年，還京師，入直如故。居數年，特授左中允。三遷内閣學士。苞以足疾辭，上命專領修書，不必詣内閣治事〔1〕。尋命教習庶吉士〔2〕，充《一統志》總裁、《皇清文穎》副總裁。乾隆元年，充《三禮義疏》副總裁。命再直南書房，擢禮部侍郎，仍以足疾辭，上留之，命免隨班行走。復命教習庶吉士，堅請解侍郎任，許之，仍以原銜食俸。苞初蒙聖祖恩宥，奮欲以學術見諸政事。光地及左都御史徐元夢雅重苞〔3〕。苞見朝政得失，有所論列，既，命專事編輯，終聖祖朝，未嘗授以官。世宗赦出旗，召入對，慰諭之，並曰："先帝執法，朕原情。汝老學，當知此義。"乃特除清要，馴致通顯。

【注】

〔1〕詣，前往，去到。

〔2〕教習，學官名。明代選進士入翰林院學習，稱庶吉士，命學士一人(後改爲禮、吏兩部侍郎二人)任教，稱爲教習。清代沿用此制，翰林院設庶常館，由滿、漢大臣各一人任教習，選侍講、侍讀以下官任小教習。

〔3〕徐元夢(1655—1741)，字善長，號蝶園，滿洲正白旗人，舒穆禄氏。康熙進士，授户部主事，遷侍講，教授諸皇子。一度出任

浙江巡撫，後調戶部尚書。與鄂爾泰等主持纂輯《八旗滿洲氏族通譜》。

苞屢上疏言事，嘗論："常平倉穀例定存七糶三[1]。南省卑濕，存糶多寡，應因地制宜，不必囿成例。年饑米貴，有司請於大吏，定值開糶，未奉檄不敢擅。自後各州縣遇穀貴，應即令定值開糶，仍詳報大吏。穀存倉有鼠耗，盤量有折減，移動有運費，糶糴守局有人工食用[2]。春糶值有餘即留充諸費。廉能之吏，遇秋糴值賤，得穀較多，應令詳明別貯，備歉歲發賑。"下部議行。又言民生日匱[3]，請禁燒酒，禁種烟草，禁米穀出洋，並議令佐貳官督民樹畜[4]，士紳相度浚水道。又請矯積習，興人才，謂："上當以時延見廷臣，別邪正，示好惡。內九卿、外督撫，深信其忠誠無私意者，命各舉所知。先試以事，破瞻徇，繩贓私，厚俸而久任著聲績者，賜金帛，進爵秩。尤以六部各有其職，必慎簡卿貳，使訓厲其僚屬，以時進退之，則中材咸自矜奮。"乾隆初，疏謂："救荒宜豫[5]。夏末秋初，水旱豐歉，十已見八九。舊例報災必待八九月後，災民朝不待夕，上奏得旨，動經旬月。請自後遇水旱，五六月即以實奏報。"並言："古者城必有池，周設司險、掌固二官[6]，恃溝樹以守，請飭及時修舉。通川可開支河，沮洳可興大圩[7]，及諸塘堰宜創宜修，若鎮集宜開溝渠，築垣堡者，皆造冊具報，待歲歉興作，以工代賑。"下部議，以五六月報災慮浮冒，不可行；溝樹塘堰諸事，令各督撫籌議。

【注】

〔1〕糶,賣出糧食。
〔2〕糴,買進糧食。
〔3〕匱,缺乏,不足。
〔4〕佐貳,明清時凡知府、知州、知縣的輔佐官,如通判、州同、縣丞等統稱佐貳。
〔5〕豫,通"預",事先有所準備。
〔6〕司險,官名,在《周禮》爲夏官司馬之屬,掌守國之險要。掌固,官名,掌修城郭溝渠及有關防守之事。
〔7〕沮洳,低濕之地。

　　高宗命苞選錄有明及本朝諸大家時藝[1],加以批評,示學子準繩,書成,命爲《欽定四書文》。苞欲仿朱子學校貢舉議立科目程式[2],及充教習庶吉士,奏請改定館課及散館則例[3],議格不行。苞老多病,上憐之,屢命御醫往視。

【注】

〔1〕高宗(1711—1799),即弘曆,清代皇帝,年號乾隆,1735—1796年在位。
〔2〕朱子,即朱熹,本書有傳。
〔3〕散館,清制。進士經殿試後,除一甲三名分別授修撰及編修外,其餘一部分選爲庶吉士的都由特派的翰林官教習,通常在三年後考試優等者,二甲進士授編修,三甲進士授檢討,次者,改任各部主事或知縣。因翰林官相當於唐宋的館職,又庶吉士學習之地稱庶常館,故學習期滿稱爲散館,而留充編修、檢

討的稱爲留館。

苞以事忤河道總督高斌，高斌疏發苞請託私書，上稍不直苞。苞與尚書魏廷珍善[1]，廷珍守護泰陵[2]，苞居其第。上召苞入對，苞請起廷珍。居無何，上召廷珍爲左都御史，命未下，苞移居城外。或以訐苞[3]，謂苞漏奏對語，以是示意。庶吉士散館，已奏聞定試期，吳喬齡後至，復補請與試。或又以訐苞，謂苞移居喬齡宅，受請託。上乃降旨詰責，削侍郎銜，仍命修《三禮義疏》。苞年已將八十，病日深，大學士等代奏，賜侍講銜，許還里。十四年，卒，年八十二。苞既罷，祭酒缺員，上曰："此官可使方苞爲之。"旁無應者。

【注】

[1] 魏廷珍，字君璧，今河北景縣人。康熙五十二年進士，授編修，雍正時，官至禮部尚書。高宗即位，命以尚書銜守護泰陵。乾隆三年授左都御史，次年，遷工部尚書。後以老病乞休。
[2] 泰陵，清世宗陵，在今河北易縣。
[3] 訐，攻擊別人短處或揭發別人隱私。

苞爲學宗程、朱，尤究心《春秋》、《三禮》[1]，篤於倫紀。既家居，建宗祠，定祭禮，設義田。其爲文，自唐、宋諸大家上通《太史公書》，務以扶道教、裨風化爲任。尤嚴於義法，爲古文正宗，號"桐城派"[2]。

【注】

〔1〕《春秋》,編年體春秋史,相傳孔子依據魯國史官所編《春秋》加以整理修訂而成。起於魯隱公元年(公元前722),終於魯哀公十四年(公元前481),計二百四十二年。《三禮》,《儀禮》、《周禮》、《禮記》三書的合稱。

〔2〕桐城派,清散文流派。方苞所開創,劉大櫆、姚鼐等又進一步加以發展。他們都是安徽桐城人,故名。

  苞兄舟,字百川,諸生,與苞同負文譽。嘗語苞,當兄弟同葬,不得以妻祔[1]。苞病革[2],命從舟遺言;並以弟林早卒未視斂,斂袒右臂以自罰。

【注】

〔1〕祔,合葬。
〔2〕革,通"亟",危急。

選自《清史稿》卷二九〇

江　　永（1681—1762）

　　江永，字慎修，婺源人。爲諸生數十年，博通古今，專心《十三經注疏》[1]，而於《三禮》功尤深[2]。以朱子晚年治《禮》，爲《儀禮經傳通解》[3]，書未就，黄氏、楊氏相繼纂續[4]，亦非完書。乃廣摭博討，大綱細目，一從吉、凶、軍、嘉、賓五禮舊次，題曰《禮經綱目》，凡八十八卷。引據諸書，釐正發明，實足終朱子未竟之緒。嘗一至京師，桐城方苞、荆溪吳紱質以《禮經》疑義，皆大折服。讀書好深思，長於比勘[5]，明推步、鐘律、聲韻[6]。歲實消長[7]，前人多論之者，梅文鼎略舉授時[8]，而亦疑之。永爲之説，當以恒氣爲率[9]，隨其時之高衝以算定氣[10]，而歲實消長勿論，其説至爲精當。其論黄鐘之宫[11]，據《管子》、《吕氏春秋》以正《淮南子》，其論古韻平、上、去三聲，皆當爲十三部，入聲當爲八部，而三代以上之音，始有條不紊。晚年讀書有得，隨筆撰記。謂《周易》以反對爲次序，卦變當於反對取之。《否》反爲《泰》，《泰》反爲《否》，故"小往大來"，"大往小來"[12]，是其例也。凡曰來、曰下、曰反，自反卦之外卦來居内卦也[13]。曰往、曰上、曰進、曰升，自反卦之内卦往居外卦也。又謂兵、衆之分，春秋時已然，不起於秦、漢。證以《管子》、《左傳》，兵常近國都，野處之農固不隸於師旅也。其於經、傳稽考精審多類此。

【注】

〔1〕《十三經注疏》，共四百十六卷。"十三經"指《周易》、《尚書》、《詩經》、《周禮》、《儀禮》、《禮記》、《春秋左傳》、《春秋公羊傳》、《春秋穀梁傳》、《論語》、《孝經》、《爾雅》、《孟子》。

〔2〕《三禮》，見前注。

〔3〕《儀禮經傳通解》，朱熹著。以《儀禮》爲經，附以《禮記》及諸經史雜著，具列注疏及各家之説。原三十七卷，晚年删定爲二十三卷。

〔4〕黄氏，黄榦；楊氏，楊復。二人均爲朱熹弟子。黄榦續修喪、祭二門，楊復重修祭禮。

〔5〕比勘，校勘。

〔6〕推步，推算天文曆法之學。

〔7〕歲實，清朝曆法術語，指以日爲單位的回歸年長度。

〔8〕梅文鼎（1633—1721），字定九，號勿庵，安徽宣城人。精通曆算，著書七十餘種，著作匯編爲《梅氏叢書輯要》。授時，指《授時曆》，曆法名，元初許恒、王恂、郭守敬等創制，明初頒行的大統曆，大部沿行其法。

〔9〕恒氣，也稱"平氣"，推算節氣的一種方法，即以二十四個節氣平分一個回歸年的日數。

〔10〕高衝，中國古代天文曆法上的用語，用以説明太陽在黄道上運行速度不均匀。常氣，推算節氣的一種方法，即以太陽在黄道上的位置爲標準，自春分點起算，黄經每15度爲一個節氣。

〔11〕黄鐘，古樂十二律之一，聲調最宏大響亮。宮，古樂中五音階之一。

〔12〕"小往大來"，《泰卦》卦辭，"大往小來"，《否卦》卦辭。

〔13〕外卦，六十四别卦的上面三爻。内卦，六十四别卦的下面三爻。

所著有《周禮疑義舉要》七卷,《禮記訓義擇言》六卷,《深衣考誤》一卷,《律呂闡微》十卷,《律呂新論》二卷,《春秋地理考實》四卷,《鄉黨圖考》十一卷,《讀書隨筆》十二卷,《古韻標準》四卷,《四聲切韻表》四卷,《音學辨微》一卷,《河洛精蘊》九卷,《推步法解》五卷,《七政衍》、《金水二星發微》、《冬至權度》、《恒氣注曆辨》、《歲實消長辨》、《曆學補論》、《中西合法擬草》各一卷,《近思錄集注》十四卷,考訂《朱子世家》一卷。乾隆二十七年,卒,年八十二。弟子甚衆,而戴震、程瑤田、金榜尤得其傳[1]。震、榜自有傳。

【注】

[1] 程瑤田(1725—1814),字易疇,號讓堂,清安徽歙縣人,曾爲太倉州學正。精於考據訓詁,著作有《禹貢三江考》、《九谷考》、《水地小記》、《解字小記》等。
[2] 金榜,字輔之,歙縣人。曾任内閣中書、翰林院修撰,著作有《禮箋》十卷。

選自《清史稿》卷四八一《儒林二》

程　廷　祚（1691—1767）

　　程廷祚，字啓生，上元人〔1〕。初識武進惲鶴生〔2〕，始聞顔、李之學〔3〕。康熙庚子歲，塨南游金陵，廷祚屢過問學。讀顔氏《存學編》〔4〕，題其後云："古之害道，出於儒之外；今之害道，出於儒之中。顔氏起於燕、趙，當四海倡和翕然同氣之日，乃能折衷至當，而有以斥其非，蓋五百年間一人而已。"故嘗謂："爲顔氏其勢難於孟子，其功倍於孟子。"於是力屏異説，以顔氏爲主，而參以顧炎武、黃宗羲。故其讀書極博，而皆歸於實用。乾隆元年，舉博學鴻詞，至京師，有要人慕其名，囑密友達其意，曰："主我，翰林可得也。"廷祚拒之，卒報罷。十六年，上特詔舉經明行修之士，廷祚又以江蘇巡撫薦，復罷歸。卒，年七十有七。著《易通》六卷，《大易擇言》三十卷，《尚書通議》三十卷，《青溪詩説》三十卷，《春秋識小録》三卷，《禮説》二卷，《魯説》二卷。

【注】

〔1〕上元，今屬江蘇省南京市。
〔2〕惲鶴生，字皋聞。因交李塨得讀顔元著作，自稱私淑弟子。著《詩説》，以毛公、鄭玄爲宗。
〔3〕顔、李之學，清初顔元、李塨的學説。

〔4〕《存學編》,二卷,顏元著。批判程朱理學空言性命,不講事功,誤國害人,提倡實學、實事、實功。與《存性編》、《存治編》、《存人編》合稱《四存編》。

選自《清史稿》卷四八〇《儒林一》

戴　　震（1723—1777）

　　戴震，字東原，休寧人[1]。讀書好深湛之思，少時塾師授以《說文》[2]，三年盡得其節目。年十六七，研精注疏，實事求是，不主一家。與郡人鄭牧、汪肇龍、方矩、程瑶田、金榜從婺源江永游[3]，震出所學質之永，永爲之駭嘆。永精《禮經》及推步、鐘律、音聲、文字之學[4]，惟震能得其全。

【注】

〔1〕休寧，今屬安徽省。
〔2〕《說文》，《說文解字》的簡稱，文字學書，東漢許慎撰。本文十四卷，又敍目一卷。收字九千三百五十三，又重文一千一百六十三。是我國第一部系統的分析字形和考究字原的字書，也是世界最古的字書之一。
〔3〕江永，清經學家、音韻學家，本書有傳。
〔4〕《禮經》，即《儀禮》，簡稱《禮》或《士禮》，儒家經典之一。爲春秋戰國時代一部分禮制的匯編，十七篇。一說是周公制作，一說孔子訂定。

　　性特介[1]。年二十八補諸生，家屢空，而學日進。與吳縣惠棟、吳江沈彤爲忘年友[2]。以避讎入都，北方學者如獻縣紀昀、大興朱筠[3]，南方學者如嘉定錢大昕、王鳴盛[4],餘姚盧文弨[5],青浦王昶[6],皆折節與交[7]。尚書秦蕙田纂《五禮通考》,震任其事焉。

【注】

〔1〕介,耿介,正直。

〔2〕惠棟(1697—1758),字定宇,號松崖,江蘇吳縣人。清經學家,吳派經學的奠基人。搜集漢儒經説,加以編輯考訂,以詳博見長。撰有《周易述》、《易漢學》、《古文尚書考》等。

〔3〕紀昀(1724—1805),字曉嵐,一字春帆,直隸獻縣(今屬河北)人,清文學家。官至清禮部尚書協辦大學士,曾任《四庫全書》館總纂官,撰有《閱微草堂筆記》等。

〔4〕錢大昕(1728—1804),字曉徵,一字辛楣,號竹汀,江蘇嘉定(今屬上海)人,清史學家。乾隆四十年(1775)主講鍾山、婁東、紫陽等書院。治學方面頗廣,於音韻訓詁尤多創見,撰有《廿二史考異》、《恒言録》等。王鳴盛(1722—1797),字鳳喈,一字禮堂,別號西莊,又號西沚,江蘇嘉定(今屬上海)人。清史學家、經學家,官內閣學士兼禮部侍郎,以漢學考證方法治史,撰《尚書後案》、《十七史商榷》等。

〔5〕盧文弨(1717—1796),字紹弓,號抱經,浙江杭州人,清校勘學家。官至翰林院侍讀學士、提督湖南學政,告歸後終身從事校勘工作,作有《抱經堂文集》。

〔6〕王昶(1725—1806),字德甫,號述庵,又號蘭泉,江蘇青浦(今屬上海)人,清史學家、文學家。官至刑部右侍郎,好金石之學,編爲《金石萃編》一百六十卷,又能詩詞、古文,著有《春融堂集》,輯有《明詞綜》等。

〔7〕折節,屈己下人。

乾隆二十七年，舉鄉試，三十八年，詔開四庫館，徵海內淹貫之士司編校之職[1]，總裁薦震充纂修。四十年，特命與會試中式者同赴殿試，賜同進士出身，改翰林院庶吉士。震以文學受知，出入著作之庭。館中有奇文疑義，輒就咨訪。震亦思勤修其職，晨夕披檢，無間寒暑。經進圖籍，論次精審。所校《大戴禮記》、《水經注》尤精核[2]。又於《永樂大典》内得《九章》、《五曹算經》七種[3]，皆王錫闡、梅文鼎所未見[4]。震正訛補脱以進，得旨刊行。四十二年，卒於官，年五十有五。

【注】

〔1〕淹貫之士，指學識淹博貫通的人。

〔2〕《大戴禮記》，亦稱《大戴記》、《大戴禮》，秦漢以前各種儀禮論著的選集，今存三十九篇，相傳西漢戴德編纂。《水經注》，北魏酈道元著，四十卷，此書名爲注釋《水經》，實是作了二十倍於原著的補充和發展，記載了大小水道一千多條，繁徵博引，文筆絢爛，爲我國古代地理名著。

〔3〕《永樂大典》，明成祖命解縉等輯的類書，初名《文獻大成》，後輯成二萬二千八百七十七卷，凡例、目録六十卷。已多散失。1960年中華書局根據歷年徵集到的七百三十卷，影印出版。

〔4〕王錫闡(1628—1682)，號曉庵，江蘇吴江人，清文學家。精通天文，獨立地發明計算金星、水星凌日的方法，撰有《曉庵新法》等。梅文鼎(1633—1721)，字定九，號勿庵，安徽宣城人，清天文學家、數學家。研究和介紹《大統曆》和西方算法有貢獻，著有《幾何補編》等。

震之學，由聲音、文字以求訓詁，由訓詁以尋義理。謂："義理不可空憑胸臆，必求之古經。求之古經而遺文垂絕，今古懸隔，必求之古訓。古訓明則古經明，古經明則賢人聖人之義理明，而我心之同然者，乃因之而明。義理非他，存乎典章制度者也。彼岐古訓、義理而二之，是古訓非以明義理，而義理不寓乎典章制度，勢必流入於異學曲説而不自知也。"

　　震爲學精誠解辨，每立一義，初若創獲，乃參考之，果不可易。大約有三：曰小學，曰測算，曰典章制度。

　　其小學書有《六書論》三卷[1]，《聲韻考》四卷，《聲類表》九卷，《方言疏證》十卷[2]。漢以後轉注之學失傳，好古如顧炎武，亦不深省。震謂："指事、象形、諧聲、會意四者爲書之體，假借、轉注二者爲書之用。一字具數用者爲假借，數字共一用者爲轉注。初、哉、首、基之皆爲始，卬、吾、台、予之皆爲我，其義轉相注也。"又自漢以來，古音寖微，學者於六書之故，靡所從入。顧氏《古音表》[3]，入聲與《廣韻》相反[4]。震謂："有入無入之韻，常兩兩相配，以入聲爲之樞紐。真至仙十四韻，與脂、微、齊、皆、灰五韻同入聲；東至江四韻及陽至登八韻，與支、之、佳、咍、蕭、宵、肴、豪、尤、侯、幽十一韻同入聲；浸至凡九韻之入聲，則從《廣韻》，無與之配。魚、虞、模、歌、戈、麻六韻，《廣韻》無入聲，今同以鐸爲入聲，不與唐相配。而古音遞轉及六書諧聲之故，胥可由此得之。"皆古人所未發。

【注】

〔1〕小學，漢代文字學的名稱，唐以後範圍擴大，包括訓詁學、音韻學。

〔2〕《六書論》、《聲韻考》、《聲類表》，三書均已收入《戴東原先生全集》，爲民國年間安徽叢書編審會《安徽叢書》影印本。

〔3〕《古音表》，顧炎武撰，内容爲變更《唐韻》次第，分古韻爲十部，其中論斷雖未精當，而能離析《唐韻》以求古音，奠定了清代古音學的基礎。已和《音論》、《詩本音》、《易音》、《唐韻正》合編爲《音學五書》。

〔4〕《廣韻》，全稱《大宋重修廣韻》，五卷，宋陳彭年等奉詔重修。原爲增廣《切韻》而作，收字二萬六千餘，是研究中古音韻的重要著作。

其測算書《原象》一卷[1]，《迎日推策記》一卷，《勾股割圜記》三卷，《曆問》一卷，《古曆考》二卷，《續天文略》三卷，《策算》一卷。自漢以來，疇人不知有黄極[2]，西人入中國，始云赤道極之外又有黄道極，是爲七政恒星右旋之樞，詫爲六經所未有[3]。震謂："西人所云赤極，即《周髀》之正北極也[4]，黄極即《周髀》之北極璿璣也。《虞書》在璿璣玉衡[5]，以齊七政，蓋設璿璣以擬黄道極也。黄極在柱史星東南，上弼、少弼之間，終古不隨歲差而改。赤極居中，黄極環繞其外，《周髀》固已言之，不始於西人也。"

【注】

〔1〕《原象》，與《迎日推策記》、《勾股割圜記》等，均編入《戴東原先生全集》。

〔2〕疇人，指曆算學者。裴駰《史記集解》引如淳曰："家業世世相傳爲疇。"因"曆書"的內容是天文曆算，故"疇人"名由此而來。黃極，天球上與黃道角距離都是90°的兩點，有北黃極、南黃極之分，黃極與天極的角距離等於黃赤交角(23°61′)。

〔3〕六經，六部儒家經典，即《詩》、《書》、《禮》、《易》、《春秋》、《樂》。

〔4〕《周髀》，即《周髀算經》，算經十書之一。西漢或更早時期的天文曆算著作，闡明蓋天說和四分曆法以及分數、開方和勾股定理等。

〔5〕《虞書》，《尚書》組成部分之一，相傳記載堯、舜、禹等事迹之書。今本凡《堯典》、《舜典》等五篇。

震所著典章制度之書未成。有《詩經二南補注》二卷，《毛鄭詩考》四卷，《尚書義考》一卷，《儀經考正》一卷，《考工記圖》二卷，《春秋即位改元考》一卷，《大學補注》一卷，《中庸補注》一卷，《孟子字義疏證》三卷[1]，《爾雅文字考》十卷，《經說》四卷，《水地記》一卷，《水經注》四十卷，《九章補圖》一卷，《屈原賦注》七卷，《通釋》三卷，《原善》三卷[2]，《緒言》三卷，《直隸河渠書》一百有二卷，《氣穴記》一卷，《藏府算經論》四卷，《葬法贅言》四卷，《文集》十卷[3]。

【注】

〔1〕《孟子字義疏證》，收入《戴東原先生全集》。內容從考據訓詁闡發"理"、"天道"、"性"、"道"、"誠"等哲學範疇的根本意義，批判宋儒的觀點，是反映戴震唯物論哲學的代表作之一。

〔2〕《原善》，分上中下三卷，收入《戴氏遺書》。內容着重闡述"善"

的本意及其與"天道"、"人性"的關係，認定"人道"即是""天道"，試圖以唯物論解釋人性和社會道德。

〔3〕《文集》，即《東原文集》，已收入清乾隆中曲阜孔氏刻《微波榭叢書》中的《戴氏遺書》。

　　震卒後，其小學，則高郵王念孫、金壇段玉裁傳之[1]；測算之學，則曲阜孔廣森傳之[2]；典章制度之學，任大椿傳之[3]，皆其弟子也。後十餘年，高宗以震所校《水經注》問南書房諸臣曰[4]："戴震尚在否？"對曰："已死。"上惋惜久之。王念孫、段玉裁、孔廣森、任大椿自有傳。

【注】

〔1〕王念孫(1744—1832)，字懷祖，號石臞，江蘇高郵人，清音韻訓詁學家。乾隆進士，官至永定河道。探究古書文義，以聲音通訓詁，撰《廣雅疏證》、《古韻譜》等。段玉裁(1735—1815)，字若膺，號茂堂，江蘇金壇人，清文字訓詁學家、經學家。師事戴震，著《説文解字注》，頗有影響。

〔2〕孔廣森(1752—1786)，字衆仲，一字撝約，號顨軒，山東曲阜人，清經學家、數學家。官至翰林檢討，撰著甚多，有《春秋公羊通義》、《經學卮言》等。

〔3〕任大椿(1738—1789)，字幼植，一字子田，清江蘇興化人。曾任禮部主事，充四庫全書纂修官，工文辭，長於《禮》，撰有《弁服釋例》、《深衣釋例》等。

〔4〕高宗，即弘曆，年號乾隆。

選自《清史稿》卷四八一《儒林二》

汪　縉 (1725—1792)

汪縉，字大紳，江蘇吳縣人[1]。諸生。少不善記誦，逮弱冠[2]，試爲文數百言立就。詩宗陳子昂、杜少陵[3]，袁枚盛稱之[4]。時有僧不二，本滕縣諸生，厭棄世法，出家傳磬山宗，隱於吳，一日見縉虎邱題壁詩，詫曰："此白衣大有根器[5]。"縉後見寒山、拾得詩[6]，喜其從性海流出，因是爲學務通儒釋。與彭紹升往來最密。所爲古文，覃思奥賾，其出儒入佛之作，言思離合，不可思議。紹升許之曰"噓氣成雲"。王鳴盛亦云[7]："讀大紳文，十洲三島悉在藩溷間矣[8]。"嘗謂趙宋以來，儒與佛爭，儒與儒爭，轇轕紛紜[9]，莫能是正，乃統其同異，通其隔閡，仿明趙大洲《二通》之作[10]，著《二録》、《三録》，以明經世之道。又著《讀書四十偈私記》，以通出世之法。著《讀易老私記》，以貫穿天人之際。主建陽書院，昌明正學。既歸，閉户習静，不復應制舉。作《無名先生傳》云："先生講學，不朱不王；先生著書，不孟不莊；先生吟詩，不宋不唐；先生爲人，不獧不狂[11]；先生處世，不圓不方。"又作《撞庵先生記》，自稱學無墻壁，行無轍迹。其孤往如此。晚年與彭紹升書，論孤往之趣，曰："天之高也，不附於天；地之厚也，不附於地；古今之寥闊也，不附於古今。孤往而已矣，人物孤往也，交游孤往也，著述孤往也，名海中人，老死不相往來矣"。紹升嘆爲自莊、屈以來,述作相望,具此心眼者,曾無幾人云。乾隆五十七年卒,年六十八。又有《汪子文錄》。

【注】

〔1〕吴縣,今屬江蘇省蘇州市。

〔2〕逮弱冠,等到長大。

〔3〕杜少陵,即杜甫。

〔4〕袁枚,見本書《彭紹升》傳注。

〔5〕白衣,也作"白丁"、"布衣",指無功名的文人。根器,佛教用語,指稟賦。

〔6〕寒山,唐僧人,隱居天台翠屏山。有詩三百餘首,多類似佛家偈頌之作,後人輯爲《寒山子詩集》。拾得,唐詩僧,與寒山友善,其詩附在《寒山子詩集》後。

〔7〕王鳴盛(1722—1797),見本書《戴震》傳注。

〔8〕十洲,傳説中神仙居住的地方,在八方大海之中。三島,即"三神山",分別名爲"蓬萊"、"方丈"、"瀛洲",秦漢方士稱東海上仙人居住的地方。藩溷,籬笆和廁所。

〔9〕轇轕,縱横交雜。

〔10〕趙大洲(1508—1576),即趙貞吉,字孟靜,大洲是號,四川内江人。官至文淵閣大學士,曾擬作《二通》:内篇《經世通》、外篇《出世通》,此書未編成。

〔11〕狷,拘謹。

選自《清史列傳》卷七二

汪　中（1745—1794）

　　汪中,字容甫,江都人[1]。生七歲而孤,家貧不能就外傅。母鄒,授以《四子書》。稍長,助書賈鬻書於市,因徧讀經、史、百家,過目成誦,遂爲通人。年二十,補諸生。乾隆四十二年拔貢生,提學使者謝墉,每試別置一榜,署名諸生前。嘗曰:"余之先容甫,爵也。若以學,當北面事之。"其敬中如此。以母老竟不朝考。五十一年,侍郎朱珪主江南試,謂人曰:"吾此行必得汪中爲選首。"不知其不與試也。

【注】
[1] 江都,今屬江蘇揚州市。

　　中顓意經術,與高郵王念孫、寶應劉台拱爲友[1],共討論之。其治《尚書》,有《尚書考異》。治《禮》,有《儀禮》校本、《大戴禮記》校本。治《春秋》,有《春秋述義》。治《小學》,有《爾雅》校本,及《小學說文求端》。中嘗謂國朝古學之興,顧炎武開其端[2]。《河》、《洛》矯誣,至胡渭而絀[3]。中、西推步,至梅文鼎而精[4]。力攻古文者,閻若璩也[5]。專治漢《易》者,惠棟也[6]。凡此皆千餘年不傳之絶學,及戴震出而集其大成。擬作"六儒頌",未成。

【注】

〔1〕 王念孫(1744—1832),見本書《戴震》傳注。

〔2〕 顧炎武,本書有傳。

〔3〕 胡渭(1633—1714),初名渭生,字朏明,號東樵,浙江德清人,清經學家、地理學家。曾與閻若璩等幫助徐乾學修《大清一統志》,撰《易圖明辨》,考定宋儒所謂《河圖》、《洛書》之誤,又撰《禹貢錐指》,另有《洪範正論》、《大學翼真》等。

〔4〕 梅文鼎(1633—1721),字定九,號勿庵,安徽宣城人,清天文數學家。幼時即注意觀察天象,喜學天文曆法,後接觸西方書籍,康熙間進京,以學識爲康熙帝賞識。著有《梅氏曆算全書》、《古今曆法通考》等。

〔5〕 閻若璩(1636—1704),字百詩,號潛丘,山西太原人,遷居江蘇淮安,清經學家。長於考據,撰《尚書古文疏證》、《四書釋地》,及《潛邱札記》等。

〔6〕 惠棟(1697—1758),見本書《戴震》傳注。

又嘗博考先秦古籍三代以上學制廢興[1],使知古人所以爲學者。凡虞、夏第一[2],《周禮》之制第二,周衰列國第三,孔門第四,七十子後學者第五。又列通論、釋經、舊聞、典籍、數典、世官,目錄凡六。而自題其端曰:"觀《周禮》太史云云,當時行一事則有一書,其後執書以行事,又其後則事廢而書存。至宋儒以後,則並其書之事而去之矣。"又曰:"有官府之典籍,有學士大夫之典籍,故老之傳聞。行一事有一書,傳之後世,奉以爲成憲,此官府之典籍也。先王之禮樂政事,遭世之衰廢而不失,有司徒守其文,故老能言其事。好古之君子,憫其浸久而遂亡也,而書之簡畢,此學士大夫之典籍也。"又曰:"古之爲學士者,官師之長,但教之以其事,其所誦者詩書而已。其他典籍,則皆官府藏而世守之,民間無有也。苟非其官,官亦無有也。其所謂士者,非王侯公卿大夫之子,則一命之士,外此則鄉學、小學而已。自辟雍之制無聞[3],太史之官失守,於是布衣有授業之徒,草野多載筆之士。教學之官,記載之職,不在上而在下。及其衰也,諸子各以其學鳴,而先王之道荒矣。然當諸侯去籍,秦政焚書,有司所掌,蕩然無存。猶賴學士相傳,存其一二,斯不幸中之幸也。"又曰:"孔子所言,則學士所能爲者,留爲世教。若其政教之大者,聖人無位,不復以教子弟。"又曰:"古人學在官府,人世其官,故官世其業。官既失守,故專門之學廢。"其書槀草略具,亦未成。後乃即其考三代典禮及文字訓詁、名物象數,益以論撰之文,爲《述學》內、外篇[4],凡六卷。

【注】

〔1〕三代,指夏、商、周三個朝代。

〔2〕虞,傳說中遠古部落名,即有虞氏,居於蒲坂(今山西永濟兩蒲州鎮),舜乃其領袖。夏,即夏后氏,我國歷史上第一個朝代,相傳爲夏后氏部落領袖禹子啓所建立的國家,建都安邑(今山西夏縣北)、陽翟(今河南禹縣)等地。傳到桀,爲商湯所滅。

〔3〕辟雍,本爲西周天子所設大學。《禮記·王制》:"大學在郊,天子曰辟雍,諸侯曰頖宮。"據蔡邕《明堂月令論》,辟雍之名,乃"取其四面周水,圜如璧"。東漢以後,歷代皆有辟雍,除北宋末年爲太學之預備學校(亦稱"外學")外,均僅爲祭祀之所。

〔4〕《述學》，汪中撰，其子喜孫編。内篇三卷，外篇一卷，補遺一卷，別錄一卷，另附錄《春秋述義》一篇。另有編年《容甫先生遺詩》五卷，附錄補遺及諸家酬贈一卷。俱有道光間喜孫精刊本。

其有功經義者，則有若《釋三九》、《婦人無主答問》、《女子許嫁而婿死從死及守志議》、《居喪釋服解義》。其表章經傳及先儒者，則有若《周官徵文》、《左氏春秋釋疑》、《荀卿子通論》、《賈誼新書序》。其他考證之文，亦有依據。

中又熟於諸史地理，山川厄要，講畫了然，著有《廣陵通典》十卷、《秦蠶食六國表》、《金陵地圖考》。生平於詩文書翰無所不工，所作《廣陵對》、《黃鶴樓銘》、《漢上琴臺銘》，皆見稱於時。他著有《經義知新記》一卷，《大戴禮正誤》一卷，《遺詩》一卷。五十九年，卒，年五十一。

中事母以孝聞，左右服勞，不辭煩辱。居喪，哀戚過人，其於知友故舊，沒後衰落，相存問過於從前。道光十一年[1]，旌孝子。中子喜孫，自有傳。同郡人爲漢學者[2]，又有江德量、徐復、汪光爔。

【注】

〔1〕道光，清宣宗旻寧年號(1821—1850)。
〔2〕漢學，亦稱"樸學"，指漢儒考據訓詁之學，與"宋學"相對稱。

選自《清史稿》卷四八一《儒林二》

彭　紹　升（1740—1796）

彭紹升[1]，字允初，江蘇長洲人[2]。父啓豐，官至兵部尚書，自有傳。紹升乾隆三十四年進士，選知縣，不就。始讀儒先書，喜陸王之學。及與汪縉、羅有高、薛起鳳游，乃閲大藏經，究出世法，絶欲素食禮佛，不下樓者四十年。嘗與袁枚往返辨論死生之説[3]，不能勝也。好作盛德事，鳩同人施衣、施棺、恤嫠、放生[4]，鄉人多化之。工古文辭，宗法震川[5]。熟於國朝掌故，所著《名臣事狀》、《良吏述》、《儒行述》，信而有徵。其論學之文，紀律森然。談禪之作，亦擇言爾雅[6]。嘗謂善爲文者，莫若守一家之書，凝神一志，句仿而字爲之，始得其似，繼得其真，斯爲古人之文，而非復吾之文矣。及其久而與之化，斯爲吾之文，而不復有古人之文矣。若乃游談無根，師法蕩然，非鄙則倍[7]，此不足以言文也。其解《大學》格物，訓"格"爲度量，本之《倉頡篇》[8]。又作《讀古本大學説》，謂大學爲古聖人傳心之學，本陽明之説而推廣之，皆有裨經傳。又有《論語集注疑》、《大學章句疑》、《中庸章句疑》、《孟子集注疑》四篇。《詩》克承家學。蔣士銓亟稱之[9]，有刻苦如諸生、曾閔同經營之譽[10]。汪縉亦謂其束心於規矩之中、游神於言象之外，肫然至妙，充然有餘。收弄金石文字甚富[11]，間作漢隸。啓豐殁後，習静深山中，欲参究向上第一義[12],作蓼語示諸兄子[13]。久之,復家居。嘉慶元年卒,年五十七。著有《二林居集》二十四卷、《測海集》六卷,又有《一行居集》、《觀河集》。

【注】

〔1〕彭紹升,號尺木,又號知歸子及二林居士。
〔2〕長洲,故城在今江蘇省蘇州市。
〔3〕袁枚(1716—1797),浙江錢塘人,字子才,號簡齋。官溧水、江浦、江寧等縣知縣,後辭官居江寧,築隨園於小倉山。從事詩文著述,廣結四方文士,負一時重望。著作有《隨園全書》。
〔4〕鳩,會集。恤嫠,救濟寡婦。
〔5〕震川,即歸有光(1506—1571),明崑山人,字熙甫,官至南京太僕丞。爲明中葉散文大家,著作有《震川先生集》。
〔6〕爾雅,雅正,典雅。
〔7〕倍,背棄。
〔8〕《倉頡篇》,古字書名,秦李斯作。
〔9〕蔣士銓(1725—1784),鉛山人,字心餘,一字苕生,號清園。曾官編修,主講蕺山、崇文、安定書院。詩文與袁枚、趙翼同負盛名,著有《忠雅堂集》。
〔10〕曾閔,指孔子弟子曾參與閔損,皆以孝行著稱。曾閔同經營,意爲與曾參、閔損一樣對親孝順。
〔11〕弆,藏。
〔12〕向上第一義,佛學用語,意爲根本的宗旨,最高法則。
〔13〕蓼語,也作"繆語"、"謬語",隱語。

選自《清史列傳》卷七二

洪 亮 吉（1746—1809）

　　洪亮吉，字稚存，江蘇陽湖人[1]。少孤貧，力學，孝事寡母。初佐安徽學政朱筠校文，繼入陝西巡撫畢沅幕[2]，爲校刊古書。詞章考據，著於一時，尤精㩁輿地。乾隆五十五年，成一甲第二名進士，授翰林院編修[3]，年已四十有五。長身火色，性豪邁，喜論當世事。未散館，分校順天鄉試[4]。督貴州學政，以古學教士，地僻無書籍，購經、史、《通典》、《文選》置各府書院，黔士始治經史[5]。爲詩古文有法。任滿還京，入直上書房，授皇曾孫奕純讀。嘉慶三年，大考翰詹[6]，試《征邪教疏》，亮吉力陳内外弊政數千言，爲時所忌。以弟喪陳情歸。

【注】

〔1〕陽湖，今屬江蘇省常州市。
〔2〕畢沅(1730—1797)，字纕蘅、秋帆，自號靈巖山人，清江南鎮洋（今江蘇太倉）人。乾隆進士，歷任陝西、河南巡撫和湖廣總督等。他素喜延請學者名士助其編書，有《續資治通鑒》、《經典文字辨正》、《靈巖山人詩文集》、《傳經表》、《晉書地理志校注》等。
〔3〕翰林院，清制，掌編修國史，記載皇帝言行的起居注，進講經史，以及草擬有關典禮的文件；其長官爲掌院學士，以大臣充任，所屬職官如侍讀學士、侍講學士、侍讀、侍講、修撰、編修、

檢討和庶吉士等統稱翰林。其在南書房行走者，一般皆翰林出身，官銜稱南書房翰林。清翰林院編修，以一甲二三名進士及庶吉士之留館者充任，無定員，亦無實際職務。

〔4〕分校，科舉時校閱試卷各房官，皆稱分校。順天，今屬北京市。
〔5〕黔士，貴州省的書生。
〔6〕大考，清制，凡翰林出身之官，詹事府少詹事以下，翰林院侍讀學士以下，每十年左右，臨時宣佈召集考試，不許規避請假，名爲大考。翰詹，即上述應參加大考之職官。

　　四年，高宗崩[1]，仁宗始親政[2]。大學士朱珪書起之，供職，與修《高宗實錄》，第一次稿本成，意有不樂。將告歸，上書軍機王大臣言事，略曰：

【注】
〔1〕高宗，即乾隆帝弘曆，1735—1796年在位，嘉慶元年(1796)初禪位給皇太子(即清仁宗)，自稱太上皇。
〔2〕仁宗，即嘉慶帝顒琰，1796—1820年在位。

　　"今天子求治之心急矣，天下望治之心孔迫矣，而機局未轉者，推原其故，蓋有數端。亮吉以爲勵精圖治，當一法祖宗初政之勤，而尚未盡法也。用人行政，當一改權臣當國之時，而尚未盡改也。風俗則日趨卑下，賞罰則仍不嚴明，言路則似通而未通，吏治則欲肅而未肅。何以言勵精圖治尚未盡法也？自三四月以來，視朝稍晏，竊恐退朝之後，俳優近習之人，熒惑聖聽者不少。此親臣大臣啓沃君心者之過也。蓋犯顏極諫,雖非親臣大臣之事,然不可使國家無嚴憚之人。乾隆初年,純皇帝宵旰不遑[1],勤求至治,其時如鄂文端、朱文端、張文和、孫文定等,皆侃侃以老成師傅自居。亮吉恭修實錄,見一日中硃筆細書,折成方寸,或詢張、鄂,或詢孫、朱,曰某人賢否,某事當否,日或十餘次。諸臣亦皆隨時隨事奏片,質語直陳,是上下無隱情。純皇帝固聖不可及,而亦衆正盈朝,前後左右皆嚴憚之人故也。今一則處事太緩,自乾隆五十五年以後,權私蒙蔽,事事不得其平者,不知凡幾矣。千百中無有一二能上達者,即能上達,未必即能見之施行也。如江南洋盜一案,參將楊天相有功駢戮,洋盜某漏網安居,皆由署總督蘇凌阿昏憒糊塗,貪贓玩法,舉世知其冤,而洋盜公然上岸無所顧忌,皆此一事釀成。況蘇凌阿權相私人,朝廷必無所顧惜,而至今尚擁巨貲,厚自頤養。江南查辦此案,始則有心爲承審官開釋,繼則並聞以不冤覆奏。夫以聖天子赫然獨斷,欲平反一事而尚如此,則此外沉冤何自而雪乎?一則集思廣益之法未備。堯、舜之主,亦必詢四岳[2],詢羣牧。蓋恐一人之聰明有限,必博收衆採,庶無失事。請自今凡召見大小臣工,必詢問人材,詢問利弊。所言可採,則存檔册以記之。倘所舉非人,所言失實,則治其失言之罪。然寄耳目於左右近習,不可也;詢人之功過於其黨類,亦不可也。蓋人材至今日,銷磨殆盡矣。以模棱爲曉事,以軟弱爲良圖,以鑽營爲取進之階,以苟且爲服官之計。由此道者,無不各得其所欲而去,衣鉢相承,牢結而不可解。夫此模棱、軟弱、鑽營、苟且之人,國家無事,以之備班列可也;適有緩急,而欲望其奮身爲國,不顧利害,不計夷險,不瞻徇情面,不顧惜身家,不可得也。至於利弊之不講,又非一日。在内部院諸臣,事本不多,而常若猝猝不暇,汲汲顧影[3],皆云多一事不如少一事。在外督撫諸臣,其賢者斤斤自守,不肖者亟亟營私。國計民生,非所計也,救目前而已;官方吏治,非所急也,保本任而已。慮久遠者,以爲過憂;事興革者,以爲生事。此又豈國家求治之本意乎?二則進賢退不肖似尚游移。夫邪教之起,由於激變。原任達州知州戴如煌[4],罪不容逭矣[5]。幸有一衆口交譽之劉清,百姓服之,教匪亦服之。此時正當用明效大驗之人。聞劉清尚爲州牧[6],僅從司道之後辦事,似不足盡其長矣。亮吉以爲川省多事,經略縱極嚴明,剿賊匪用之,撫難民用之,整飭官方辦理地方之事又用之,此不能分身者也。何如擇此方賢吏如劉清者,崇其官爵,假以事權,使之一意招徠撫綏,以分督撫之權,以蕆國家之事[7]。有明中葉以來,鄖陽多事[8],則別設鄖陽巡撫;偏沅多事[9],則別設偏沅巡撫。事竣則撤之,此不可拘拘於成例者也。夫設官以待賢能,人果賢能,似不必過循資格。如劉清者,進而尚未進也。戴如煌雖以別案解任,然尚安處川中。聞教匪甘心欲食其肉,知其所在,即極力焚劫。是以數月必移一處,教匪亦必隨而迹之,近在川東與一道員聯姻,恃以無恐。

是救一有罪之人,反殺千百無罪之人,其理尚可恕乎?純皇帝大事之時,即明發諭旨數和珅之罪[10],並一一指其私人,天下快心。乃未幾而又起吳省蘭矣,召見之時,又聞其爲吳省欽辨冤矣。夫二吳之爲和珅私人,與之交通貨賄,人人所知。故曹錫寶之糾和珅家人劉全也,以同鄉素好,先以折稿示二吳,二吳即袖其稿走權門,借爲進身之地。今二吳可雪,不幾與襃贈曹錫寶之明旨相戾乎?夫吳省欽之傾險,秉文衡,尹京兆,無不聲名狼藉,則革職不足蔽辜矣。吳省蘭先爲和珅教習師,後反稱和珅爲老師,大考則第一矣,視學典試不絕矣,非和珅之力而誰力乎?則降官亦不足蔽辜矣。是退而尚未退也。何以言用人行政未盡改也?蓋其人雖已致法,而十餘年來,其更變祖宗成例,汲引一己私人,猶未嘗平心討論。內閣、六部各衙門,何爲國家之成法,何爲和珅所更張,誰爲國家自用之人,誰爲和珅所引進,以及隨同受賄舞弊之人,皇上縱極仁慈,縱欲寬脅從,又因人數甚廣,不能一切屏除。然竊以爲實有真知灼見者,自不究其從前,亦當籍其姓名,於升遷調補之時,微示以善惡勸懲之法,使人人知聖天子雖不爲已甚,而是非邪正之辨,未嘗不洞悉,未嘗不區別。如是而夙昔之爲私人者,尚可革面革心而爲國家之人。否則,朝廷常若今日清明可也,萬一他日復有效權臣所爲者,而諸臣又羣起而集其門矣。何以言風俗日趨卑下也?士大夫漸不顧廉恥,百姓則不顧綱常〔11〕。然此不當責之百姓，仍當責之士大夫也。以亮吉所見，十餘年來，有尚書、侍郎甘爲宰相屈膝者矣；有大學士、七卿之長，且年長以倍，而求拜門生，求爲私人者矣；有交宰相之僮隸，並樂與抗禮者矣。太學三館，風氣之所由出也。今則有昏夜乞憐，以求署祭酒者矣；有人前長跪，以求講官者矣。翰林大考，國家所據以陞黜詞臣者也。今則有先走軍機章京之門〔12〕，求認門生，以探取御制詩韻者矣；行賄於門闌侍衛，以求傳遞代倩〔13〕，藏卷而去，制就而入者矣。及人人各得所欲，則居然自以爲得計。夫大考如此，何以責鄉會試之懷挾替代？士大夫之行如此，何以責小民之誇詐貪緣？輦轂之下如此，何以責四海九州之營私舞弊？純皇帝因内閣學士許玉猷爲同姓石工護喪，諭廷臣曰：'諸臣縱不自愛，如國體何？'是知國體之尊，在諸臣各知廉恥。夫下之化上，猶影響也。士氣必待在上者振作之，風節必待在上者獎成之。舉一廉樸之吏，則貪欺者庶可自愧矣；進一恬退之流〔14〕，則奔競者庶可稍改矣；拔一特立獨行、敦品勵節之士，則如脂如韋、依附朋比之風或可漸革矣〔15〕。而亮吉更有所慮者，前之所言，皆士大夫之不務名節者耳。幸有矯矯自好者，類皆惑於因果，遁入虚無，以蔬食爲家規，以談禪爲國政。一二人倡於前，千百人和於後。甚有出則官服，入則僧衣。惑智驚愚，駭人觀聽。亮吉前在内廷，執事曾告之曰：'某等親王十人，施齋戒殺者已十居六七，羊豕鵝鴨皆不入門。'及此回入都,而士大夫持齋戒殺又十居六七矣。深恐西晉祖尚玄虛之習復見於今,則所關世道人心非小也。何以言賞罰仍不嚴明也? 自征苗匪、教匪以來[16],福康安、和琳、孫士毅則蒙蔽欺妄於前,宜緜、惠齡、福寧則喪師失律於後,又益以景安、秦承恩之因循畏葸,而川、陝、楚、豫之民[17],遭劫者不知幾百萬矣。已死諸臣姑置勿論,其現在者未嘗不議罪也。然重者不過新疆換班,輕者不過大營轉餉;甚至拿解來京之秦承恩,則又給還家產,有意復用矣;屢奉嚴旨之惠齡,則又起補侍郎。夫蒙蔽欺妄之殺人,與喪師失律以及因循畏葸之殺人無異也,而猶邀寬典異數,亦從前所未有也。故近日經略以下、領隊以上,類皆不以賊匪之多寡、地方之蹂躪掛懷。彼其心未始不自計曰:'即使萬不可解,而新疆換班,大營轉餉,亦尚有成例可援,退步可守。'國法之寬,及諸臣之不畏國法,未有如今日之甚者。純皇帝之用兵金川、緬甸[18],訥親僨事[19],則殺訥親;額爾登額僨事,則殺額爾登額;將軍、提、鎮之類,伏失律之誅者,不知凡幾。是以萬里之外,得一廷寄,皆震懼失色,則馭軍之道得也。今自乙卯以迄己未,首尾五年,僨事者屢矣。提、鎮、副都統、偏裨之將,有一膺失律之誅者乎? 而欲諸臣不玩寇、不殃民得乎? 夫以純皇帝之聖武,又豈見不及此? 蓋以歸政在即,欲留待皇上蒞政之初,神武獨斷,一新天下之耳目耳。倘蕩平尚無期日,而國帑日見銷磨,萬一支絀偶形,司農告匱。言念及此,可為寒心,此尤宜急加之意者也。何以言言路似通而未通也？九卿臺諫之臣，類皆毛舉細故，不切政要。否則發人之陰私，快己之恩怨。十件之中，幸有一二可行者，發部議矣，而部臣與建言諸臣，又各存意見，無不議駁，並無不通駁，則又豈國家詢及芻蕘、詢及瞽史之初意乎[20]？然或因其所言瑣碎，或輕重失倫，或虛實不審，而一概留中，則又不可。其法莫如隨閱隨發，面諭廷臣，或特頒諭旨，皆隨其事之可行不可行，明白曉示之。即或彈劾不避權貴，在諸臣一心爲國，本不必避嫌怨。以近事論，錢灃、初彭齡皆常彈及大僚矣，未聞大僚敢與之爲仇也。若其不知國體，不識政要，冒昧立言，或攻發人之陰私，則亦不妨使衆共知之，以著其非而懲其後。蓋諸臣既敢挾私而不爲國，更可無煩君上之迴護矣。何以言吏治欲肅而未肅也？夫欲吏治之肅，則督、撫、藩、臬其標準矣。十餘年來，督、撫、藩、臬之貪欺害政，比比皆是。幸而皇上親政以來，李奉翰已自斃，鄭元璹已被糾，富綱已遭憂，江蘭已内改。此外，官大省、據方面者如故也，出巡則有站規，有門包，常時則有節禮、生日禮，按年則又有幫費。升遷調補之私相饋謝者，尚未在此數也。以上諸項，無不取之於州縣，州縣則無不取之於民。錢糧糟米，前數年尚不過加倍，近則加倍不止。督、撫、藩、臬以及所屬之道、府，無不明知故縱，否則門包、站規、節禮、生日禮、幫費無所出也。州縣明言於人曰：'我之所以加倍加數倍者，實層層衙門用度，日甚一日，年甚一年。'究之州縣,亦恃督、撫、藩、臬、道、府之威勢以取於民,上司得其半,州縣之入己者亦半。初行尚有畏忌,至一年二年,則成爲舊例,牢不可破矣。訴之督、撫、藩、臬、道、府,皆不問也。千萬人中,或有不甘冤抑,赴京控告者,不過發督撫審究而已,派欽差就訊而已。試思百姓告官之案,千百中有一二得直者乎?即欽差上司稍有良心者,不過設爲調停之法,使兩無所大損而已。若欽差一出,則又必派及通省,派及百姓,必使之滿載而歸而心始安,而可以無後患。是以州縣亦熟知百姓之技倆不過如此,百姓亦習知上控必不能自直,是以往往至於激變。湖北之當陽,四川之達州,其明效大驗也。亮吉以爲今日皇上當法憲皇帝之嚴明,使吏治肅而民樂生,然後法仁皇帝之寬仁,以轉移風俗,則文武一張一弛之道也[21]。"

【注】

〔1〕宵旰,古代用"宵衣旰食"頌揚皇帝的勤於政事,是説天没亮就着衣起床,日既暮才吃飯。違,閒暇,暇。不違,不閒暇。

〔2〕四岳,傳説爲堯、舜時的四方部落首領。堯爲部落聯盟領袖時,四岳推舉舜爲繼承人。舜繼位後,他們又推舉禹幫助舜。

〔3〕汲汲,心情急切的樣子。

〔4〕達州,今屬四川。

〔5〕逭,避,逃。

〔6〕劉清(1742—1827),字天一,號郎渠,又號松齋,清貴州廣順(今長順)人。拔貢出身,嘉慶初任四川南充知縣,被譽爲

"劉青天"。他借此欺騙農民起義軍,誘殺白蓮教起義軍領袖王三槐。又編練鄉勇,進行武力鎮壓,由知縣升到按察使。

〔7〕葳,完成。

〔8〕鄖陽,今湖北鄖縣。

〔9〕偏沅,巡撫名,明萬曆二十七年(1599)置。先駐偏橋鎮(今貴州施秉東北),後時而駐沅州(今湖北芷江),爲黔、楚重鎮。清康熙初分湖廣置湖南省,移偏沅巡撫於長沙府。雍正二年(1724)改爲湖南巡撫,偏沅之名遂廢。

〔10〕和珅(?—1799),鈕祜祿氏,字致齋,清滿洲正紅旗人。生員出身,襲世職,乾隆時由侍衛擢户部侍郎兼軍機大臣,執政二十餘年,累官至文華殿大學士,封一等公。他任職期間,植黨營私,招權納賄。仁宗恨其專橫,一俟高宗死,即宣布罪狀二十款,責令自殺,抄没家產,爲數極多,時有"和珅跌倒,嘉慶吃飽"之語。

〔11〕綱常,"三綱五常"的簡稱。

〔12〕軍機章京,清代輔佐皇帝的政務機構,稱"軍機處"。在軍機處任職者由親王、大學士、尚書、侍郎或京堂充任,稱爲軍機大臣,通稱大軍機。其僚屬稱爲軍機章京,通稱小軍機。軍機處職掌爲每日晉見皇帝,商承處理軍國要務,用面奉諭旨的名義對各部門各地方負責官員發布指示。宣統三年(1911)内閣成立後撤銷。

〔13〕倩,請,央求。

〔14〕恬退,舊指淡於名利。

〔15〕朋比,依附,互相勾結。

〔16〕苗匪,指清乾隆末年湘、黔苗民起義。教匪,指乾隆、嘉慶年間川、楚白蓮教起義。

〔17〕川,四川;陝,陝西;楚,指湖南、湖北;豫,河南。

〔18〕金川,土司名。唐置金川州,轄境約當今四川大金川、小金川地區。明封哈伊拉木爲金川寺演化禪師,世領其地,後分爲大金川、小金川。清康熙五年,授嘉納巴演化禪師印;其庶孫莎羅奔以土舍將兵從岳鍾琪作戰有功,雍正元年爲金川安撫司。莎羅奔自號大金川,而以舊土司澤旺爲小金川,於是有大金川、小金川之稱。緬甸,今緬甸聯邦共和國。

〔19〕僨事,猶言敗事。

〔20〕芻蕘,指草野的人。《詩·大雅·板》:"先民有言,詢於芻蕘。"瞽史,周二官名。瞽,太師,掌樂。史,太史,掌陰陽天時禮法之書以相教誨者。

〔21〕一張一弛,《禮記·雜記下》:"張而不弛,文、武弗能也;弛而不張,文、武弗爲也。一張一弛,文、武之道也。"文、武,指周文王、周武王。弓上絃叫張,卸絃叫弛。這裏比喻"嚴"和"寬"。

　　書達成親王,以上聞,上怒其語戇,落職下廷臣會鞫[1],面諭勿加刑,亮吉感泣引罪,擬大辟,免死遣戍伊犂[2]。明年,京師旱,上禱雨未應,命清獄囚,釋久戍。未及期,詔曰:"罪亮吉後,言事者日少。即有,亦論官吏常事,於君德民隱休戚相關之實,絕無言者。豈非因亮吉獲罪,鉗口不復敢言?朕不聞過,下情復壅,爲害甚巨。亮吉所論,實足啓沃朕心,故銘諸座右,時常觀覽,勤政遠佞,警省朕躬。今特宣示亮吉原書,使内外諸臣,知朕非拒諫飾非之主,實爲可與言之君。諸臣遇可與言之君而不與言,負朕求治苦心。"即傳諭伊犂將軍,釋亮吉回籍。詔下而雨,御製詩紀事,注謂:"本日親書諭旨,夜子時甘霖大沛。天鑒捷於呼吸,益可感畏。"亮吉至戍甫百日而赦還,自號更生居士。後十年,卒於家。所著書多行世。

【注】
〔1〕鞫,審訊。
〔2〕伊犁,舊邊疆政區名。這裏指乾隆二十七年(1762)後伊犁將軍和參贊大臣的直轄區,相當於今巴爾喀什湖以南的伊犁河流域和拜卡達姆以東的塔拉斯河、吹河、伊塞克潮流域。

選自《清史稿》卷三五六

章　學　誠（1738—1801）

　　章學誠,字實齋,會稽人[1]。乾隆四十三年進士,官國子監典籍。自少讀書,不甘爲章句之學。從山陰劉文蔚、童鈺游[2],習聞蕺山、南雷之説[3]。熟於明季朝政始末,往往出於正史外,秀水鄭炳文稱其有良史才[4]。繼游朱筠門[5],筠藏書甚富,因得縱覽羣籍,與名流相討論,學益宏富。著《文史通義》、《校讎通義》[6],推原《官禮》而有得於向、歆父子之傳[7]。其於古今學術,輒能條別而得其宗旨,立論多前人所未發。嘗與戴震、汪中同客馮廷丞寧紹台道署,廷丞甚敬禮之。

【注】
〔1〕會稽,今浙江紹興。
〔2〕山陰,今浙江紹興。
〔3〕蕺山,即劉宗周。南雷,黄宗羲號。本書均有傳。
〔4〕秀水,今四川秀水。
〔5〕朱筠,字竹君,號笥河,大興（今屬北京）人。乾隆進士,授編修。曾充方略館總裁、四庫全書館纂修;督學安徽、福建,官至侍讀學士。所居椒花吟舫,藏書至數萬卷。著作有《笥河集》三十六卷。
〔6〕《文史通義》,章學誠從三十五歲始撰,歷三十餘年至逝世時尚未完稿,如《圓通》、《春秋》等篇未能寫成。逝世前將全部文稿

委蕭山王宗炎代爲校定,今流傳之《章氏遺書》即劉承幹依王氏編目補訂刊行,其中《文史通義》分內篇六卷、外篇三卷。是爲《章氏遺書》本。《校讎通義》,三卷。總結了劉向以來目錄學的豐富經驗,對鄭樵的學說有所糾正和發展。創言"辨章學術,考鏡源流",爲研究目錄學的門徑;並提出"互著"、"別裁"等方法。是我國古代目錄學的名著之一。

〔7〕向,劉向,西漢經學家、目錄學家。歆,劉歆。西漢末古文經學派的開創者。本書均有傳。

學誠好辯論,勇於自信。有《實齋文集》,視唐宋文體,夷然不屑。所修和州、亳州、永清縣諸志[1],皆得體要,爲世所推。

【注】

〔1〕和州,今安徽和縣。亳州,今屬安徽。永清,今河北永清縣。

選自《清史稿》卷四八五《文苑二》

焦　循（1763—1820）

　　焦循，字里堂，甘泉人[1]。嘉慶六年舉人，曾祖源、祖饒、父葱，世傳《易》學。循少穎異，八歲在阮贇堯家與賓客辨壁上"馮夷"字，曰："此當如《楚辭》讀皮冰切，不當讀如縫。"阮奇之，妻以女。既壯，雅尚經術，與阮元齊名[2]。元督學山東、浙江，俱招循往遊。性至孝，丁父及嫡母謝艱，哀毀如禮。一應禮部試，後以生母殷病愈而神未健。不復北行。殷歿，循毀如初。服除，遂託足疾不入城市者十餘年。葺其老屋，曰半九書塾，復構一樓，曰雕菰樓，有湖光山色之勝，讀書著述其中。嘗嘆曰："家雖貧，幸蔬菜不乏。天之疾我，福我也。吾老於此矣！"嘉慶二十五年，卒，年五十八。

【注】
〔1〕甘泉，今江蘇揚州。
〔2〕阮元，本書有傳。

　　循博聞強記，識力精卓。每遇一書，無論隱奧平衍，必究其源，以故經史、曆算、聲音、訓詁無所不精。幼好《易》，父問《小畜》"密云"二語何以復見於《小過》[1]，循反復其故不可得。既學洞淵九容之術[2]，乃以數之比例，求《易》之比例，漸能理解，著《易通釋》二十卷。自謂所悟得者，一曰旁通，二曰相錯，三曰時行。又以古之精通《易》理，深得羲、文、周、孔之旨者，莫如孟子。生孟子後，能深知其學者，莫如趙氏。僞疏踳駁[3]，未能發明，著《孟子正義》三十卷[4]。謂爲孟子作疏，其難有十，然近代通儒，已得八九。因博採諸家之説，而下以己意，合孔、孟相傳之正旨，又著《六經補疏》二十卷。以説漢《易》者每屏王弼[5]，然弼解箕子用趙賓説，讀彭爲旁，借雍爲甕，通乎爲浮，解斯爲廝，蓋以六書通借。其解經之法，未遠於馬、鄭諸儒[6]，爲《周易王注補疏》二卷。以《尚書》僞《孔傳》説之善者，如《金縢》"我之不辟"，訓辟爲法，居東即東征，罪人即管、蔡，《大誥》周公不自稱王，而稱成王之命，皆非馬、鄭所能及，爲《尚書孔氏傳補疏》二卷。以《詩》毛、鄭義有異同[7]，《正義》往往雜鄭於毛，比毛於鄭，爲《毛詩鄭氏箋補疏》五卷。以《左氏傳》"稱君君無道，稱臣臣之罪"，杜預揚其詞而暢衍之[8]，預爲司馬懿女婿，目見成濟之事，將以爲司馬飾，即用以爲己飾。萬斯大、惠士奇、顧棟高等未能摘姦而發覆[9]，爲《春秋傳杜氏集解補疏》五卷。以《禮》以時爲大，訓詁名物，亦所宜究，爲《禮記鄭氏注補疏》三卷。以《論語》一書，發明羲、文、周公之旨，參伍錯綜，引申觸類，亦與《易》例同，爲《論語何氏集解補疏》三卷。合之爲二十卷。又録當世通儒説《尚書》者四十一家，書五十七部，仿衛湜《禮記》之例，以時之先後爲序，得四十卷，曰《書義叢鈔》。又著《禹貢鄭注釋》一卷，《毛詩地理釋》四卷，

《毛詩鳥獸草木蟲魚釋》十一卷,《陸璣疏考證》一卷,《羣經宮室圖》二卷,《論語通釋》一卷,又著有《雕菰樓文集》二十四卷,《詞》三卷,《詩話》一卷。

【注】

〔1〕《小畜》,《周易》六十四卦之一,乾下巽上。《易·小畜》:"象曰:'風行天上,小畜。君子以懿文德'。"《小過》,《周易》六十四卦之一,艮下震上。《易·小過》:"象曰:'山上有雷,小過。君子以行過乎恭,喪過乎哀,用過乎儉。'"

〔2〕九容,金代末期有"洞淵九容"之說。洞淵爲人名或書名已不可考。九容是指勾外、股外及絃外容圓(即旁切圓),勾股上容圓(即以一頂點爲圓心而切於對邊的圓),勾上、股上及絃上容圓(即圓心在一邊上而切於其他兩邊的延綫的圓),勾上及股上容圓半(即圓心在一邊的延綫上而切於其他兩邊或其延綫的圓)等九種。李冶將研究九容的結果記載在他的《測圓海鏡》裏。

〔3〕蹖駁,舛謬雜亂;駁雜。《文心雕龍·諸子》:"其純粹者入矩,蹖駁者出規。"

〔4〕《孟子正義》,以東漢趙岐注爲主,搜集清代學者考訂訓釋的成果匯編而成。是清代《孟子》注解中最詳備的一種。

〔5〕王弼,三國魏玄學家。本書有傳。

〔6〕馬,馬融,字季長,右扶風茂陵(今陝西興平東北)人,東漢經學家。曾任校書郎、議郎、南郡太守等職。著《三傳異同説》,遍注《周易》、《尚書》、《毛詩》、《三禮》、《論語》、《孝經》等,著作已佚。清馬國翰《玉函山房輯佚書》、黄奭《漢學堂叢書》有輯錄。鄭,鄭玄,字康成,北海高密(今屬山東)人,東漢經學

家。曾入太學學今文《易》和公羊學，又從張恭祖學《古文尚書》、《周禮》、《左傳》等，最後從馬融學古文經。因黨錮事被禁，潛心著述，以古文經説爲主，兼採今文經説，成爲漢代經學的集大成者，稱鄭學，今通行本的《十三經注疏》中《毛詩》、"三禮"注，即采用鄭注。另注《周易》、《論語》、《尚書》等，均佚。

[7] 毛，即西漢初古文詩學"毛詩學"的開創者魯人毛亨，及"毛詩學"傳授者趙人毛萇。

[8] 杜預，字元凱，魏晉時京兆杜陵（今陝西西安東南）人。曾任鎮南大將軍，都督荆州諸軍事，以滅吴功，封當陽縣侯。撰有《春秋左氏經傳集解》、《春秋釋例》、《春秋長曆》等。其中《集解》是《左傳》注解流傳到今的最早的一種，收入《十三經注疏》中。

[9] 萬斯大，字充宗，號跛翁，學者稱褐夫先生，浙江鄞縣（今寧波）人。清經學家，師事黄宗羲，一生精於經學，對《春秋》、《三禮》尤有研究。有《學春秋隨筆》《學禮質疑》等。惠士奇，字天牧，江蘇吴縣人。曾典試湖南，督學廣東，撰《春秋説》、《易説》、《禮説》等。顧棟高，字震滄，江蘇無錫人，曾任内閣中書。撰《春秋大事表》五十卷、輿圖一卷、附録一卷，將天文曆法，世系官制、疆域地理、春秋列國史事等列表説明，是研究春秋史的參考資料。

循壯年即名重海内，錢大昕、王鳴盛、程瑶田等皆推敬之[1]。始入都，謁座主英和，和曰："吾知子之字曰里堂，江南老名士，屈久矣！"殁後，阮元作傳，稱其學"精深博大，名曰通儒"，世謂不愧云。

【注】

〔1〕錢大昕、王鳴盛,見本書《戴震》傳注。程瑤田,見本書《江永》傳注。

選自《清史稿》卷四八二《儒林三》

劉　逢　禄（1776—1829）

　　劉逢禄，字申受，武進人[1]。祖綸，大學士，諡文定，自有傳。外王父莊存與[2]，舅莊述祖，並以經術名世，逢禄盡傳其學。嘉慶十九年進士，選翰林院庶吉士，散館改禮部主事。二十五年，仁宗大事[3]，逢禄搜集大禮，創爲長編，自始事至奉安山陵[4]，典章具備。道光三年，通政司參議盧浙請以尚書湯斌從祀文廟[5]，議者以斌康熙中在上書房獲譴，乾隆中嘗奉駁難之。逢禄攬筆書曰："后夔典樂，猶有朱、均[6]；吕望陳書，難匡管、蔡[7]。"尚書汪廷珍善而用之，遂奉俞旨[8]。四年，補儀制司主事。越南貢使陳請爲其國王母乞人葠[9]，得旨賞給，而諭中有"外夷貢道"之語，其使臣欲請改爲"外藩"，部中以詔書難更易。逢禄草牒復之曰[10]："《周官》職方王畿之外分九服[11]，夷服去王國七千里，藩服九千里，是藩遠而夷近。《説文》羌、狄、蠻、貊字皆從物旁[12]，惟夷從大、從弓。考東方大人之國夷，俗仁，仁者壽，有東方不死之國，故孔子欲居之。且乾隆間奉上諭申飭四庫館[13]，不得改書籍中'夷'字作'彝'，舜東夷之人，文王西夷之人，我朝六合一家，盡去漢、唐以來拘忌嫌疑之陋，使者無得以此爲疑。"越南使者遂無辭而退。逢禄在禮部十二年，恒以經義決疑事，爲衆所欽服類如此。

【注】

〔1〕武進,今屬江蘇省常州市。

〔2〕外王父,外祖父。莊存與(1719—1789),字方耕,武進人,官至禮部左侍郎。著《春秋正辭》,開創清代今文經學,爲常州學派創始者。

〔3〕仁宗,即嘉慶帝。大事,指清仁宗死。

〔4〕奉安,安葬皇帝。

〔5〕湯斌(1627—1687),睢州人,字孔伯,號荆峴,又號潛庵,清初理學家。官至工部尚書,宗程、朱理學。著有《洛學篇》、《睢州志》、《湯子遺書》等。

〔6〕后夔,相傳是舜時的樂官。朱,丹朱,堯之子;均,商均,舜之子。相傳二人都不肖。

〔7〕吕望,周初人,俗稱"姜太公",輔佐武王滅殷,後封於齊,爲齊國始祖。管,管叔,姓姬名鮮;蔡,蔡叔,姓姬名度。皆武王之弟,分别受封於管、蔡。武王死,成王幼,周公攝政,管、蔡挾商紂王之子武庚作亂。周公出兵殺武庚、管叔,流放蔡叔。

〔8〕俞,通"諭"。

〔9〕人葠,即人參。

〔10〕牒,書信。

〔11〕九服,相傳古代京都以外的地方按遠近分成的九等,即侯服、甸服、男服、采服、衛服、蠻服、夷服、鎮服、藩服。

〔12〕《説文》,《説文解字》的略稱,漢許慎撰。共十四篇,合敍目一篇爲十五篇,收字九千三百五十三,又重文一千一百六十三。對於字義的解釋,歷來爲文字學家所引用。

〔13〕四庫館,清乾隆年間設立的纂修《四庫全書》的機構。

其爲學務通大義,不專章句。由董生《春秋》窺六藝家法[1]，由六藝求觀聖人之志。嘗謂："世之言經者，於先漢則古《詩》毛氏[2]，後漢則今《易》虞氏[3]，文詞稍爲完具。然毛公詳古訓而略微言[4]，虞翻精象變而罕大義，求其知類通達、微顯闡幽者，則《公羊》在先漢有董生，後漢有何劭公氏[5]，子夏《喪服傳》有鄭康成氏而已[6]。先漢之學，務乎大體，故董生所傳非章句訓詁之學也。後漢條理精密，要以何劭公、鄭康成氏爲宗，然喪服於'五禮'特其一端[7]。《春秋》文成數萬，其旨數千，天道浹[8]，人事備，以之貫羣經，無往不得其原；以之斷史，可以決天下之疑；以之持身治世，則先王之道可復也。"於是尋其餘貫[9]，正其統紀，爲《公羊春秋何氏釋例》三十篇。又析其疑滯，强其守衛，爲《箋》一卷，《答難》二卷。又推原穀梁氏、左氏之得失[10]，爲《申何難鄭》四卷。又博徵諸史刑、禮之不中者爲《儀禮決獄》四卷。又推其意爲《論語述何》、《夏時經傳箋》、《中庸崇禮論》、《漢紀述例》各一卷。別有《緯略》二卷，《春秋賞罰格》一卷，慼時學者説《春秋》皆襲宋儒"直書其事、不煩褒貶"之辭[11]，獨孔廣森爲《公羊通義》能抉其蔽[12]，然尚不能信三科、九旨爲微言大義所在[13]，乃著《春秋論》上、下篇以張聖權。又成《左氏春秋考證》二卷，知者謂與閻、惠之辯《古文尚書》等[14]。

【注】

[1] 董生，指西漢董仲舒。董生《春秋》，指董仲舒的《春秋》學。六藝，指《詩》、《書》、《禮》、《樂》、《易》、《春秋》六經。

[2] 古《詩》，《詩經》古文經學。毛氏，見前注。

〔3〕今《易》,《周易》今文經學。虞氏(164—232),經學家,門徒常數百人。爲《易》、《老子》、《論語》、《國語》訓注。

〔4〕微言,精微之言。

〔5〕《公羊》,指解釋《春秋》的《春秋公羊傳》,這裏意爲公羊學。何劭公,即何休(129—182),任城樊人,今文經學家,公羊學大師,著有《春秋公羊解詁》。

〔6〕子夏(前507—前400),卜商,字子夏,春秋衞人,孔子弟子。相傳曾講學於西河,爲魏文侯師。《喪服傳》,《儀禮》一書篇名,相傳爲子夏所作。

〔7〕"五禮",吉禮、嘉禮、賓禮、軍禮、凶禮的合稱。喪服,屬凶禮範圍。

〔8〕浹,周遍。

〔9〕餘貫,遺留下來的體例。

〔10〕穀梁氏,穀梁赤,子夏弟子,著有《春秋穀梁傳》。左氏,左丘明,春秋魯人,相傳曾任魯太史,作《春秋左氏傳》。

〔11〕慜,憂傷。

〔12〕孔廣森(1752—1786),字衆仲,清曲阜人。以孔子六十八代孫襲衍聖公,官檢討。博通經史,尤精於《三禮》及《公羊春秋》。

〔13〕三科、九旨,公羊學家提出的《春秋》書法。何休的《文謚例》說:"三科九旨者,新周故宋,以《春秋》當新王,此一科三旨也。又云,所見異辭,所聞異辭,所傳聞異辭,二科六旨也。又内其國而外諸夏,内諸夏而外夷狄,是三科九旨也。"另一說以張三世、存三統、異外内爲三科,以時、月、日、王、天王、天子、譏、貶、絕爲九旨。

〔14〕閻,閻若璩(1636—1704),見本書《汪中》傳注。惠,惠棟(1697—1758),見本書《戴震》傳注。

逢禄於《易》主虞氏，於《書》匡馬、鄭[1]，於《詩》初尚毛學，後好三家[2]。有《易虞氏變動表》、《六爻發揮旁通表》、《卦象陰陽大義》、《虞氏易言補》各一卷。又爲《易象賦》、《卦氣頌》，提其指要。《尚書今古文集解》三十卷，《書序述聞》一卷，《詩聲衍》二十七卷。所爲詩、賦、連珠、論、序、碑、記之文約五十篇[3]。道光九年，卒，年五十有六。弟子潘準、莊綬樹、趙振祈皆從學《公羊》及《禮》有名。

【注】

[1] 馬，馬融，見本書《焦循》傳注；鄭，鄭玄，本書有傳。
[2] 三家，指《詩經》魯（申培）、齊（轅固）、韓（韓嬰）三家傳。
[3] 連珠，文體名，其體不指說事情，而以華麗的文辭，假譬喻委婉地表達思想感情。

選自《清史稿》卷四八二《儒林三》

近 代

龔自珍（1792—1841）

龔鞏祚，原名自珍，字璱人，仁和人[1]。父麗正。進士，官蘇松兵備道，爲段玉裁婿[2]，能傳其學。鞏祚十二歲，玉裁授以《說文》部目[3]。鞏祚才氣橫越，其舉動不依恒格，時近俶詭[4]，而說經必原本字訓，由始教也。初由舉人援例爲中書。道光時成進士，歸本班。洊擢宗人府主事，改禮部。謁告歸，遂不出。官中書時，上書總裁論西北塞外部落源流、山川形勢，訂《一統志》之疏漏[5]，凡五千言。後復上書論禮部四司政體宜沿革者，亦三千言。其文字驚桀，出入諸子百家，自成學派。所至必驚衆，名聲藉藉，顧仕宦不達。年五十，卒於丹陽書院。著有《尚書序大義》、《大誓答問》、《尚書馬氏家法》、《左氏春秋服杜補義》、《左氏決疣》、《春秋決事比》、《定庵詩文集》。

【注】

[1] 仁和，今浙江杭州。
[2] 段玉裁（1735—1815），字若膺，號茂堂，江蘇金壇人，清文字訓詁學家、經學家。乾隆舉人，官四川巫山縣知縣。師事戴震，著《說文解字注》，爲研究文字訓詁學的重要參考書。他對經學、音韻亦有創見，爲"皖派"考據大師之一。有《春秋左傳古經》、《詩經小學》、《經韻樓集》等。
[3]《說文》，《說文解字》的簡稱，文字學書，東漢許慎撰。本文十

四卷、又敘目一卷。是我國第一部系統的分析字形和考究字原的字書。
〔4〕俶詭，同"諔詭"，奇異。
〔5〕《一統志》，記載全國輿地的總志，元朝始有此名稱。元有官修的《大元一統志》，已佚。明有官修的《大明一統志》，清有官修的《大清一統志》、《嘉慶重修一統志》。

　　　　　　　選自《清史稿》卷四八六《文苑三》

阮　　元（1764—1849）

阮元，字伯元，江蘇儀徵人[1]。祖玉堂，官湖南參將，從征苗，活降苗數千人，有陰德。

元，乾隆五十四年進士，選庶吉士，散館第一，授編修。逾年大考，高宗親擢第一，超擢少詹事。召對，上喜曰："不意朕八旬外復得一人！"直南書房、懋勤殿，遷詹事。五十八年，督山東學政，任滿，調浙江。歷兵部、禮部、户部侍郎。

【注】

[1] 儀徵，今江蘇儀徵。

嘉慶四年，署浙江巡撫，尋實授。海寇擾浙歷數年。安南夷艇最强，鳳尾、水澳、箬黄諸幫附之，沿海土匪勾結爲患。元徵集羣議爲弭盜之策，造船砲，練陸師，杜接濟。五年春，令黄巖鎮總兵岳璽擊箬黄幫，滅之。夏，寇大至，元赴台州督剿，請以寧海鎮總兵李長庚總統三鎮水師，並調粤、閩兵會剿。六月，夷艇糾鳳尾、水澳等賊共百餘艘，屯松門山下。遣諜間水澳賊先退，會颶風大作，盜艇覆溺無算，餘衆登山，檄陸師搜捕，擒八百餘人。安南四總兵溺斃者三，黄巖知縣孫鳳鳴獲其一，曰倫貴利，磔之，九月，總兵岳璽、胡振聲會擊水澳幫,擒殲殆盡。土匪亦次第殲撫。浙洋漸清,而餘盜爲蔡牽所併,閩師不能制,勢益熾,復時犯浙。李長庚已擢提督,元集貲與造霆船成[1],配巨砲,數破牽於海上。八年,奏建昭忠祠,以歷年捕海盜傷亡將士從祀。盜首黃葵集舟數十,號新興幫,令總兵岳璽、張成等追剿,逾年乃平之。偕總督玉德奏請以李長庚總督兩省水師,數逐蔡牽幾獲,而玉德遇事仍掣肘。十年,元丁父憂去職[2],長庚益無助,復與總督阿林保不協,久無成功,遂戰歿。

【注】

〔1〕霆船,清嘉慶年間浙、閩海防用的大船。
〔2〕丁父憂,遇父喪。

十一年,詔起元署福建巡撫,以病辭。十二年,服闋,署戶部侍郎,赴河南按事。授兵部侍郎,復命爲浙江巡撫,暫署河南巡撫。十三年,乃至浙,詔責其防海殄寇[1]。秋,蔡牽、朱濆合犯定海,親駐寧波督三鎮擊走之,牽復遁閩洋。時用長庚部將王得祿、邱良功爲兩省提督,協力剿賊,元議海戰分兵隔賊船之策,專攻蔡牽。十四年秋,合擊於漁山外洋,竟殄牽,詳得祿等傳。元兩治浙,多惠政,平寇功尤著云。

【注】

〔1〕殄,消滅。

方督師寧波時,奏請學政劉鳳誥代辦鄉試監臨[1],有聯號弊,爲言官論劾,遣使鞫實[2],詔斥徇庇,褫職,予編修,在文穎館行走。累遷内閣學士。命赴山西、河南按事,遷工部侍郎,出爲漕運總督。十九年,調江西巡撫。以捕治逆匪胡秉耀,加太子少保,賜花翎。二十一年,調河南,擢湖廣總督。修武昌江堤,建江陵范家堤、沔陽龍王廟石閘。

【注】
[1] 監臨,監視考試的官員,京城以順天府尹充任,外省以督撫充任。
[2] 鞫,審訊,查問。

二十二年,調兩廣總督。先一年,英吉利貢使入京,未成禮而回,遂漸跋扈。元增建大黃滘、大虎山兩砲臺,分兵駐守。迭疏陳預防夷患,略曰:"英吉利恃强桀驁,性復貪利。宜鎮以威,不可盡以德綏。彼之船堅砲利,技長於水短於陸。定例外國貨船不許擅入内洋,儻違例禁,即宜隨機應變,量加懲創。各國知彼犯我禁,非我輕啓釁也。"詔勖以德威相濟[1],勿孟浪,勿葸懦。道光元年,兼署粵海關監督。洋船夾帶鴉片煙,劾褫行商頂帶。二年,英吉利護貨兵船泊伶丁外洋,與民鬭,互有傷斃,嚴飭交犯,英人揚言罷市歸國,即停其貿易。久之拆閲多[2],託言兵船已歸,俟復來如命。乃暫許貿易,與約船來不交犯乃停止。終元任,兵船不至。元在粵九年,兼署巡撫凡六次。

【注】

〔1〕勗,勉勵。

〔2〕折閱,也作"折閲",減低售價,貨物虧損。

六年,調雲貴總督。滇鹽久敝,歲絀課十餘萬[1],元劾罷蠹吏,力杜漏私,鹽井衰旺不齊,調劑抵補,逾年課有溢銷,酌撥邊用。騰越邊外野人時入内地劫掠,而保山等處邊夷曰倮倮,以墾山射獵爲生,可用,乃募倮倮三百户屯種山地,以禦野人,即以溢課充費,歲有擴充。野人畏威,漸有降附者。十二年,協辦大學士,仍留總督任。車里土司刀繩武與叔太康爭鬭,脅官求助,檄鎮道擊走之,另擇承襲乃安。越南保樂州土官農文雲内鬨,嚴邊防勿使竄入,亦不越境生事,尋文雲走死。詔嘉其鎮靜得大體。十五年,召拜體仁閣大學士,管理刑部,調兵部。十八年,以老病請致仕,許之,給半俸,瀕行,加太子太保。二十六年。鄉舉重逢[2],晉太傅,與鹿鳴宴[3]。二十九年,卒,年八十有六,優詔賜恤,謚文達。入祀鄉賢祠、浙江名宦祠。

【注】

〔1〕絀課,稅收缺欠。

〔2〕鄉舉,清制,每年州縣推選年高有聲望的士紳,詳報督撫,並造册報部。

〔3〕鹿鳴宴,政府舉行的招待考中的士人和有學問、有聲望士紳的宴會。

元博學淹通，早被知遇。敕編《石渠寶笈》[1]，校勘《石經》[2]。再入翰林，創編《國史·儒林文苑傳》，至爲浙江巡撫，始手成之。集《四庫》未收書一百七十二種[3]，撰提要進御，補中秘之闕。嘉慶四年，偕大學士朱珪典會試，一時樸學高才搜羅殆盡。道光十三年，由雲南入覲，特命典試，時稱異數[4]。與大學士曹振鏞共事意不合，元欿然。以前次得人之盛不可復繼，歷官所至，振興文教。在浙江立詁經精舍[5]，祀許慎、鄭康成[6]，選高才肄業；在粵立學海堂亦如之，並延攬通儒：造士有家法，人才蔚起。撰《十三經校勘記》、《經籍纂詁》、《皇清經解》百八十餘種[7]，專宗漢學，治經者奉爲科律。集清代天文、律算諸家作《疇人傳》，以章絕學。重修《浙江通志》、《廣東通志》、編輯《山左金石志》、《兩浙金石志》、《積古齋鐘鼎款識》、《兩浙輶軒錄》、《淮海英靈集》，刊當代名宿著述數十家爲《文選樓叢書》。自著曰《揅經室集》。他紀事、談藝諸編，並爲世重。身歷乾、嘉文物鼎盛之時，主持風會數十年，海內學者奉爲山斗焉。

【注】

[1]《石渠寶笈》，記載宮廷所藏歷代書畫真迹的書籍，乾隆九年張照等撰。正編四十五篇，五十六年阮元等撰續編八十八冊，嘉慶二十年英和等撰三編一〇八冊。對每一書畫真迹皆詳記其紙絹、尺寸、款識、印記、題詠、跋尾等項。

[2]《石經》，石刻十三經。

[3]《四庫》，即《四庫全書》，清乾隆三十七年開館纂修，歷十年方

成。共收書三千五百零三種,七萬九千三百三十卷,分經史子集四部,所以稱"四庫"。

〔4〕異數,特殊的禮遇。

〔5〕詁經精舍,阮元創建於杭州西湖孤山。聘請王昶、孫星衍爲主講,其後俞樾繼任主講,在職三十一年。

〔6〕許慎(約30—約124),字叔重,漢召陵人,東漢經學家、文字學家。曾爲汝長、太尉南閣祭酒。作《説文解字》十四篇,敍目一篇,收字九千三百五十三,又重文一千一百六十三,是我國第一部系統的分析字形和考究字源的文字學著作。鄭康成,即鄭玄,本書有傳。

〔7〕《十三經校勘記》,阮元以宋本重刊,並對《十三經注疏》作校勘,附於每卷卷末。《經籍纂詁》,一百十六卷,采摘經、子、史諸書唐以前人的訓詁注釋集於每一字下,爲研究經籍的重要工具書。《皇清經解》,又名《學海堂經解》,集清代學者的經解,共一百八十餘種,一千四百零八卷。

選自《清史稿》卷三六四

魏　　源 (1794—1857)

　　魏源,字默深,邵陽人[1]。道光二年,舉順天鄉試。宣宗閱其試卷[2],揮翰褒賞,名籍甚。會試落第,房考劉逢禄賦《兩生行》惜之[3]。兩生者,謂源及龔鞏祚[4]。兩人皆負才自喜,名亦相垺[5]。源入貲爲中書,至二十四年成進士。以知州發江蘇,權興化[6]。二十八年,大水,河帥將啓閘。源力爭不能得,則親擊鼓制府,總督陸建瀛馳勘得免[7],士民德之。補高郵[8],坐遲誤驛遞免。副都御史袁甲三奏復其官。咸豐六年,卒。

【注】

[1] 邵陽,今湖南邵陽。
[2] 宣宗,即清道光帝。
[3] 劉逢禄,本書有傳。
[4] 龔鞏祚,即龔自珍,本書有傳。
[5] 相垺,相等。
[6] 興化,今江蘇興化。
[7] 陸建瀛(1792—1853),清湖北沔陽人,字立夫。道光進士,歷任雲南、江蘇巡撫,後擢兩江總督。1853年初(咸豐二年底)任欽差大臣,率軍赴九江堵截太平軍,敗退南京。太平軍攻克南京時,被殺。
[8] 高郵,今江蘇高郵。

源兀傲有大略[1],熟於朝章國故。論古今成敗利病,學術流別,馳騁往復,四座皆屈。嘗謂河宜改復北行故道[2],至咸豐五年,銅瓦厢決口[3],河果北流。又作《籌鹺篇》上總督陶澍[4],謂:"自古有緝場私之法,無緝鄰私之法。鄰私惟有減價敵之而已。非裁費曷以輕本減價?非變法曷以裁費?"顧承平久,撓之者衆。迨漢口火災後,陸建瀛始力主行之。

【注】

〔1〕兀傲,倔强不隨俗的意思。

〔2〕河,指黃河。

〔3〕銅瓦厢,舊集市名,在今河南蘭考西北黃河東岸,現已坍入河中。明清黃河本自此東出江蘇徐州、淮陰奪淮入海。清咸豐五年(1855)黃河大決於此,全河分三股東北穿運河,合流奪大清河入海;光緒元年(1875)決溜合併爲一,即今黃河。

〔4〕陶澍,字子霖,號雲汀,湖南安化人。進士出身,官至兩江總督。著作有《印心石屋文集》、《奏議》、《蜀輶日記》等。

源以我朝幅員廣,武功實邁前古,因借觀史館官書,參以士大夫私著,排比經緯,成《聖武記》四十餘萬言[1]。晚遭夷變,謂籌夷事必知夷情,復據史志及林則徐所譯西夷《四州志》等[2],成《海國圖志》一百卷[3]。他所著有《書古微》、《詩古微》、《元史新編》、《古微堂詩文集》。

【注】

〔1〕《聖武記》,十四卷。1842年刊行,至1846年重訂兩次。敍述

清朝建立至道光年間的軍事歷史，並記述各項軍事制度。
〔2〕《四州志》，一卷。係林則徐在廣東主持禁煙時，爲瞭解西方情況，請人譯述英人慕瑞的《世界地理大全》編輯而成。
〔3〕《海國圖志》，1842 年刻本僅五十卷，1847 年刻本擴爲六十卷，1852 年刻本增補爲一百卷。1841 年魏源在鎮江受林則徐囑託，根據《四洲志》等譯稿和其他文獻資料整理而成，敍述世界各國的歷史和地理，並主張學習西方的科學技術，"師夷長技以制夷"，對當時思想界有很大影響。

選自《清史稿》卷四八六《文苑三》

唐　　鑑 (1778—1861)

　　唐鑑,字鏡海,善化人[1]。父仲冕,陝西布政使,自有傳。鑑,嘉慶十四年進士,改庶吉士。十六年,授檢討。二十三年,授浙江道監察御史。坐論淮鹽引地一疏,吏議鐫級,以六部員外郎降補。會宣宗登極,詔中外大臣各舉所知,諸城劉鐶之薦鑑出知廣西平樂府,擢安徽寧池太廣道。調江安糧道,擢山西按察使。遷貴州,擢浙江布政使,調江寧,內召爲太常寺卿。海疆事起,嚴劾琦善、耆英等[2],直聲震天下。鑑潛研性道,宗尚洛、閩諸賢[3]。著《學案小識》,推陸隴其爲傳道之首[4],以示宗旨。

【注】

[1] 善化,地名,今湖南長沙。
[2] 琦善(約 1790—1854),博爾濟吉特氏,字靜安,清末滿洲正黃旗人。曾對英屈膝妥協,擅自議訂喪權辱國的《穿鼻條約》。耆英(1790—1858),愛新覺羅氏,字介春,清末滿洲正藍旗人。曾任欽差大臣,與英國代表璞鼎查談判,簽訂《南京條約》。
[3] 洛、閩,指洛學程顥、程頤和閩學朱熹之學。
[4] 陸隴其,清初學者,本書有傳。

　　時蒙古倭仁[1],湘鄉曾國藩[2],六安吳廷棟,昆明竇埥、何桂珍皆從鑑考問學業,陋室危坐,精思力踐。年七十,斯須必敬。致仕南歸,主講金陵書院。文宗踐阼[3],有詔召鑑赴闕,入對十五次,中外利弊,無所不罄。上以其力陳衰老,不復強之服官,令還江南,矜式多士[4]。咸豐二年,還湘,卜居於寧鄉之善嶺山,深衣蔬食,泊然自怡。晚歲著《讀易小識》,編次《朱子全集》,別爲義例,以發紫陽之蘊[5]。十一年,卒,年八十有四。曾國藩爲上遺疏,賜諡確慎。著有《朱子年譜考異》、《省身日課》、《畿輔水利備覽》、《易反身録》、《讀禮小事記》等書。

【注】

〔1〕倭仁(1804—1891),烏齊格里氏,字艮峰,清末蒙古正紅旗人。曾和曾國藩標榜"理學",反對洋務和學習西方。有《倭文端公遺書》。
〔2〕曾國藩(1811—1872),本書有傳。
〔3〕文宗,即咸豐帝奕詝。踐阼,亦作"踐祚",帝王即位。
〔4〕矜式,敬重和取法。
〔5〕以發紫陽之蘊,以發掘朱熹學説的深刻涵義。

選自《清史稿》卷四八〇《儒林一》

洪 仁 玕 (1822—1864)

洪仁玕是天王的族弟[1],自幼讀書,學習經史。天王革命,曾與他密謀,他没有參加。金田起義前,天王派人回花縣接家屬和親戚入金田,他也没有參加。到了金田起義後,清朝統治者嚴緝洪秀全親屬,他不能安居,太平天國辛開元年,始入廣西潯州,時天王已移軍永安州,他又半路折回。癸好三年去香港[2],在西洋牧師處教書。甲寅四年到上海[3],想去天京,時蘇、常一帶都在清軍手,路阻不通,他請西人送他去,没有得到同意,在上海起義的劉麗川小刀會也不相信他是天王的族弟[4],他就留在上海洋館學習天文曆數。這年冬天,返香港,仍習天文,教授西洋牧師。因此,他得到長期學習西方近代文化的機會。他是太平天國裏面受過西方資本主義思想影響的知識分子,也是在近代中國開始初步傳播資本主義思想的啓蒙人物。

【注】

[1] 洪仁玕,字益謙(一作謙益),號吉甫,廣東花縣人。太平天國後期領導人之一。天王,指洪秀全(1814—1864),原名仁坤,廣東花縣人,太平天國領袖。道光二十三年(1843)創立拜上帝會,二十九年在廣西桂平起義,建號太平天國。咸豐三年(1853)定都南京,於太平天國覆亡前病逝。

〔2〕癸好三年,太平天國改"干支"爲天曆,如改"癸丑"爲"癸好",癸好三年即 1853 年。
〔3〕甲寅四年,即 1854 年。
〔4〕劉麗川(1820—1855),廣東香山(今中山)人,清末上海小刀會首領。曾參加天地會,1853 年在上海聯合陳阿林等組織小刀會起義,後自改稱太平天國統理政教招討大元帥,上書天王,未果。在與清和英、法、美侵略者戰鬥中犧牲。

　　己未九年春[1],仁玕得到了洋人資助路費,他要"到京奏明家中苦難,聊托恩蔭,以終天年",就從廣州過梅嶺,經江西、湖北到達天京[2],時當楊、韋內訌後[3],石達開帶兵出走[4],天王猜忌異姓,見仁玕到來,十分歡喜,不顧老幹部的反對,特別殊封,初授福爵,不到一個月,進封義爵,加主將,再進封開朝精忠軍師頂天扶朝綱干王,總理全國政事。

【注】

〔1〕己未九年,即 1859 年。
〔2〕天京,今江蘇南京,1853 年 3 月太平天國在此建都。
〔3〕楊,楊秀清(約 1820—1856),廣西桂平人,後封爲東王、九千歲,獨攬大權,挾制天王;韋,韋昌輝(1823—1856),原名韋正,參加金田起義,封爲北王。楊、韋內訌,導致太平天國內部分裂。
〔4〕石達開(1831—1863),太平天國翼王。楊、韋事件後,回天京輔政,1857 年因洪秀全猜忌,帶兵十萬人出走,1863 年自投清軍被殺。

洪仁玕看到許多國家都在不斷地進行改革舊的制度和創造新的技術,因此,他感覺到在已經建立起革命政權的中國,不能再閉關自守,停滯不前,應該發奮圖強,隨着當前世界發展的趨勢,創立新的制度,從而建設一個新的國家。所以他就向天王提出一部改革內政和企圖建設資本主義國家的政治綱領——《資政新篇》[1]。

【注】

[1]《資政新篇》,係洪仁玕向洪秀全的建議書,經洪秀全批示後頒佈,但並未能實現這個政治綱領,至清咸豐九年(1859)刊印。現收入《中國近代史資料叢刊·太平天國》第一册及《太平天國文選》。

他認為要建設一個新的國家,應該從三方面着手:第一,"以風風之",就是提倡革除腐敗的生活方式;第二,"以法法之",就是實行新的社會和經濟的政策,他先泛論了國際大勢,接着就列舉了廿八條仿傚西洋資本主義的制度;第三,"以刑刑之",就是采用新的刑法制度。

他認識到俄國和其他東方落後的國家所以能夠日漸富強,是由於他們學習了當時西方資本主義先進國家的制度和科學生產技術,因此,他主張中國應該與"技藝精巧"的資本主義國家通商,並規定在不得干涉內政的原則下,准許外國人到中國傳授科學技術知識。他又提倡中國應該以科學儀器等"有用之物為寶"。

他認為中國還應該發展工商農礦等各種生產事業。

主張建設近代交通,製造火車輪船和各種器械;提倡開礦山,興水利,開銀行,辦保險,設郵局,立報館。

在這些經濟建設的措施中,他又提出了獎勵私人發明,保護私人專利和准許私人投資等發展中國資本主義的政策。

配合這些建設事業,他又主張設立近代衛生醫療機構,禁止買賣人口和使用奴婢而代之以雇傭勞動,並強迫沒有正當職業的游民和不事生產的富人從事勞動生產。

除掉這些經濟建設的措施以外,他認為還應該進行政治上的革新,主張政府設立不受一般官吏節制的"新聞官"和意見箱,尊重社會上的輿論和聽取羣衆的意見。又主張禁止買賣官爵,並設立類似會計獨立的錢糧機構,以防止官吏的貪污腐化。

這年十月,洪仁玕根據他的天文學知識,為"便民耕種興作"起見,提議對天曆加以訂正,改行四十年一斡旋的辦法,並在曆書上增加有關農業生產的知識,天王准奏。

辛酉十一年[1],洪仁玕又寫了一部《英傑歸真》[2],對封建迷信和封建文化思想進行了批判,作為他在《資政新篇》中所提的若干政策的理論根據。

【注】

[1] 辛酉十一年,即 1861 年。
[2]《英傑歸真》,又稱《欽定英傑歸真》,係洪仁玕用答假設投降者張某問太平天國禮法的形式撰述,由劉闓忠等錄,清咸豐十一年(1861)刊行。現收入《中國近代史資料叢刊·太平天國》第

二册及《太平天國文選》。

他不僅根據"上帝教"的信仰,反對偶像崇拜,更進一步地從發展生產的觀點,打擊了封建迷信。他認為農民崇拜田祖、社稷等神,並不能免於災荒,而迷信風水,祇有妨礙開發礦產。他主張把消耗在迷信上的費用,轉用於開醫院、辦學校等有利於民生的事業。

他指出舊的曆書上所講的"支干生克"和"日時吉凶"的迷信都是由於好作怪論的人們對天體運行的自然規律缺乏科學的認識,故意捏造出來的。

他駁斥了封建社會中麻痺人們反抗意識的命定論,攻擊了不事生產和脫離現實社會生活的佛教和道教,對孔子學派的思想也進行了批判。

在十九世紀六十年代,資本主義經濟已在中國萌芽的時期,洪仁玕初步傳播了發展中國資本主義的思想,這在當時是有一定的進步意義的。

洪仁玕是在推翻封建地主階級政權和反對外國侵略的太平天國中,提倡實行資本主義制度,因此,他不同於後來反革命陣營中一部分比較開明的地主官僚知識分子,企圖依靠清朝封建統治政權,用改良的辦法使中國走向資本主義。

但是,洪仁玕畢竟是受過西方資產階級影響的知識分子,他沒有參加過太平天國前期的血肉鬥爭,他對當時廣大農民羣眾的迫切要求的認識是不夠的,他不瞭解外國資本主義國家與太平天國革命對立的本質,他只有發奮圖強以免"外邦欺"的陳腐觀念，他對當時外國資產階級的侵略面貌的認識也是模糊的，因此，就使得他在《資政新篇》中沒有能夠重新提出徹底反封建的革命的土地綱領，也沒有能夠提出反抗外國資本主義國家侵略的對策。

天王洪秀全在《資政新篇》所列舉仿傚西洋資本主義制度的建議上，有的批"欽定此策是也"，有的批"此策是也"，有的批一個"是"字，這說明了太平天國是要實行這些資本主義制度的。但是，在當時中國社會歷史條件下，還沒有出現近代的工人階級，太平天國革命仍舊只是一個沒有工人階級領導的單純農民革命，因而太平天國革命不能不失敗，而洪仁玕這種要求發展中國資本主義的企圖，在太平天國也得不到施行的機會。

在洪仁玕提出的《資政新篇》中，還有一個重要的政綱，叫做"禁朋黨之弊"，目的是防止"弱本强末"，以免"爲君之權謀下奪"。這相近於專制主義"立政"的根本常理。在楊、韋内訌後，對太平天國政權設計上沒有出路的洪秀全，在這一個政綱上批道："欽定此策是也。"這一政綱，具體表現在太平天國後期的政策上，就是廣封王爵以分李秀成等的權力[1]，企圖把大權都掌握在天王的手裏。但施行結果，却使革命内部越發散漫不可收拾。李秀成自傳原稿説："天王見我兵多將衆，忌我私心，内有佞臣之弄，封陳坤書爲王，分制我勢，我部下之將，見此各心不忿，積恨於心。"在反革命陣營方面，對這也看得很清楚，李鴻章論天王要制御李秀成、李世賢、楊輔清這幾個大將，"乃增封多王，以問其黨，而内亂猜忌之萌，愈散漫不可制"。趙烈文説自洪仁玕到天京執政[2],太平天國的"政令爲之一變,一切參用文法,諸宿將多不服,賊勢益衰,蓋由於此"。洪仁玕爲太平天國後期的領導人物,身任軍師的重任,總理軍國大政,做朝綱的領袖,他不從思想上的一致爲基礎,不從發揚羣衆的積極性爲基礎以求自己隊伍内部的統一和團結,而以專制主義的家長式的統治以求"統一",結果就越發破壞了團結,造成洪氏集團與李秀成等對立的嚴重情況,洪仁玕是要負大責任的。

【注】
[1] 李秀成(1823—1864),廣西藤縣人,太平天國將領。1851年(咸豐元年)參加太平軍,因攻破清軍江北大營而封忠王。1864年(同治三年)7月在天京(南京)陷落後突圍途中被俘,終爲曾國藩所殺。
[2] 趙烈文,清人,曾爲曾國藩幕僚,又官易州知州,中年即辭官歸鄉,寓居江蘇常熟。覃精金石,著有《天放樓集》。

天王以仁玕明瞭國際情況,所以命他兼管外交事務。至壬戌十二年春[1],因處理某項交涉,犯了錯誤,天王撤了他的職任,另派老幹部章王林紹璋掌管。

【注】
[1] 壬戌十二年,即1862年。

癸開十三年十一月[1],天京圍急,仁玕奉命出京催兵解圍,他到了丹陽、常州、湖州。各處軍隊,怕没有糧食,多不應命。甲子十四年六月[2]，幼主出走到湖州，仁玕來赴難，他認爲湖州兵單糧少，恐難久守，不如到建昌、撫州等處會合侍王李世賢、康王汪海洋去湖北，再會合扶王陳得才大軍，然後再圖進取。堵王黃文金等都贊同，於是棄湖州入江西。不料李世賢、汪海洋軍隊已經遠入福建，會合不到。仁玕保護幼主尋蹤西行，到處給清軍截擊，八月到石城，全軍覆没，被俘至南昌。仁玕在自傳裏大書道："予因前承詔旨顧命，自宜力扶幼天王。嘆予在石城隸也實不力，黑夜驚營，君臣失散，此誠予之大罪也，此成擒也。但思人各有心，心各有志。故趙宋之文天祥敗於五坡嶺，爲張宏范所擒，傳車送窮者，亦只知人臣之分當如此，非不知人力之難與天抗也。予每讀其史傳及《正氣歌》，未嘗不三嘆流涕也。今予亦衹法文丞相而已。"十月，在南昌就義。

【注】

[1] 癸開十三年，即 1863 年。
[2] 甲子十四年，即 1864 年。

選自羅爾綱《太平天國史稿》卷三〇

曾 國 藩 (1811—1872)

　　曾國藩,初名子城,字滌生,湖南湘鄉人,家世農[1]。祖玉屏,始慕嚮學。父麟書,爲縣學生[2],以孝聞。

【注】

[1] 世農,世代務農。
[2] 縣學生,明清時代,凡經過本省各級考試取入府、州、縣學的,通名生員,習稱秀才。本文縣學生,指秀才。

　　國藩,道光十八年進士。二十三年,以檢討典試四川[1],再轉侍讀,累遷内閣學士、禮部侍郎,署兵部。時太常寺卿唐鑑講學京師[2],國藩與倭仁、吳廷棟、何桂珍嚴事之[3],治義理之學[4]。兼友梅曾亮及邵懿辰、劉傅瑩諸人[5],爲詞章考據[6],尤留心天下人材。

【注】

[1] 檢討,官名,掌修國史。唐宋均曾設置,位次編修。明清一般以三甲進士之留館者爲翰林院檢討。典試四川,任四川鄉試的主考官。
[2] 唐鑑,本書有傳。
[3] 倭仁(1804—1871),姓烏齊格里氏,字艮峰,清末蒙古正紅旗人,道光進士。道光末年,他和曾國藩標榜"理學",以封建衛

道者自居。同治初年,任文淵閣大學士,反對洋務派設同文館和學習西方科學知識,成爲頑固派首領。有《倭文端公遺書》。吳廷棟,字彥甫,一字竹如。清霍山人,一說六安人。與曾國藩同講程朱理學,官至刑部右侍郎。何桂珍,字丹畦,雲南師宗人。道光進士,官編修,督貴州學政。桂珍鄉試出倭仁門,與唐鑑、曾國藩爲師友,學以宋儒爲宗。咸豐間,授安徽徽寧池太廣道,後爲捻軍擊斃。

〔4〕義理,舊指儒家講求經義、探究名理的學問。後亦稱宋明理學爲義理之學。

〔5〕梅曾亮(1786—1856),字伯言。江蘇上元(今南京)人。道光進士,官户部郎中。師事桐城派主要作家姚鼐,成爲桐城派後期代表人物。有《柏梘山房文集》、《詩集》。邵懿辰(1810—1861),浙江仁和人。其學擯斥近世漢學家言,博覽典章,官至刑部員外郎。咸豐十一年,太平軍再攻下杭州,邵懿辰頑抗而死。

〔6〕詞章,詩文的總稱。考據,也叫"考證",研究歷史、語言的一種方法,根據事實的考核和例證的歸納,提供一定的材料,作爲結論。考據的方法主要是訓詁、校勘和資料搜集整理。

　　咸豐初,廣西兵事起,詔羣臣言得失。奏陳今日急務,首在用人,人才有轉移之道,有培養之方,有考察之法。上稱其剴切明辨[1]。尋疏薦李棠階、吳廷棟、王慶雲、嚴正基、江忠源五人。寇氛益熾[2],復上言:"國用不足,兵伍不精,二者爲天下大患。於歲入常額外,誠不可别求搜刮之術,增一分則民受一分之害。至歲出之數,兵餉爲鉅,綠營兵額六十四萬[3],常虛六七萬以資給軍用。自乾隆中增兵議起,歲糜帑二百餘萬。其時大學士阿桂即憂其難繼,嘉、道間兩次議裁[4],不及十之四,仍宜汰五萬,復舊額。自古開國之初,兵少而國強,其後兵愈多則力愈弱,餉愈多則國愈貧。應請皇上注意將才,但使七十一鎮中有十餘鎮足爲心腹,則緩急可恃矣。"又深痛內外臣工詔諛欺飾,無陳善責難之風。因上《敬陳聖德預防流弊》一疏,切指帝躬,有人所難言者,上伏詔答之。歷署刑部、吏部侍郎。二年,典試江西,中途丁母憂歸。

【注】

[1] 剴切明辨,切中時弊。
[2] 寇,盜賊,對農民起義軍的誣稱。寇氛益熾,指太平軍起義後,聲勢蓬勃。
[3] 綠營兵,清代軍制,漢兵用綠旗、稱綠營兵或綠旗兵。
[4] 嘉,清嘉慶帝。道,清道光帝。

　　三年,粵寇破江寧,據爲僞都[1],分黨北犯河南、直隸[2],天下騷動,而國藩已前奉旨辦團練於長沙[3]。初,國藩欲疏請終制[4],郭嵩燾曰[5]:"公素具澄清之抱[6],今不乘時自效,如君父何?且墨絰從戎[7],古制也。"遂不復辭。取明戚繼光遺法,募農民樸實壯健者,朝夕訓練之。將領率用諸生,統衆數不逾五百,號"湘勇"。騰書遐邇,雖卑賤與鈞禮。山野材智之士感其誠,莫不往見,人人皆以曾公可與言事。四境土匪發,聞警即以湘勇往。立三等法,不以煩府縣獄。旬月中,莠民獷胥[8],

便宜捕斬二百餘人。謗讟四起[9]，自巡撫司道下皆心誹之，至以盛暑練操爲虐士。然見所奏輒得褒答受主知，未有以難也。一日標兵與湘勇鬨[10]，至闌入國藩行臺[11]。國藩親訴諸巡撫，巡撫漫謝之，不爲理，即日移營城外避標兵。或曰："曷以聞？"國藩嘆曰："大難未已，吾人敢以私憤瀆君父乎？"

【注】

[1] 此句指太平軍在1853年3月（咸豐三年）攻破江寧（今江蘇南京）後，在南京建都，命名爲天京。
[2] 直隸，今河北。
[3] 團練，地主階級編練的地方部隊。
[4] 終制，古謂父母去世後，終守三年的喪制。
[5] 郭嵩燾（1818—1891），字伯琛，號筠仙，湖南湘陰人。道光進士，1853年曾協助曾國藩創建湘軍，鎮壓太平軍，1863年升廣東巡撫。1876年首任出使英國大臣，1878年兼使法國。著有《禮記質疑》、《大學中庸質疑》、《周易釋例》等。
[6] 澄清，謂澄之使清，比喻變混亂爲治平。
[7] 墨絰從戎，謂居喪而任軍旅之事。
[8] 莠民猾胥，刁民猾吏。
[9] 謗讟，誹謗和怨言。
[10] 鬨，相鬬。
[11] 闌，擅自出入。

　　嘗與嵩燾、忠源論東南形勢多阻水[1]，欲剿賊非治水師不可，乃奏請造戰艦於衡州[2]。匠卒無曉船制者，短橈長槳,出自精思,以人力勝風水,遂成大小二百四十艦。募水陸萬人,水軍以褚汝航、楊載福、彭玉麟領之[3],陸軍以塔齊布、羅澤南領之[4]。賊自江西上竄,再陷九江、安慶。忠源戰歿廬州[5],吳文熔督師黃州亦敗死[6]。漢陽失,武昌戒嚴[7],賊復乘勢擾湖南。國藩銳欲討賊,率水陸軍東下。舟師初出湖,大風,損數十艘。陸師至岳州[8],前隊潰退,引還長沙。賊陷湘潭,邀擊靖港,又敗,國藩憤投水,幕下士章壽麟掖起之,得不死。而同時塔齊布大破賊湘潭,國藩營長沙高峰寺,重整軍實,人人揶揄之[9]。或請增兵,國藩曰:"吾水陸萬人非不多,而遇賊即潰。岳州之敗,水師拒戰者惟載福一營;湘潭之戰,陸師塔齊布、水師載福各兩營:以此知兵貴精不貴多。故諸葛敗祁山,且謀減兵損食,勤求己過,非虛言也。且古人用兵,先明功罪賞罰。今世亂,賢人君子皆潛伏,吾以義聲倡導,同履危亡。諸公之初從我,非以利動也,故於法亦有難施,其致敗由此。"諸將聞之皆服。

【注】

〔1〕忠源,江忠源(1812—1854),字常孺,號岷樵,湖南新寧人。舉人出身,官至安徽巡撫,駐守廬州(今合肥)。1854年1月,廬州被太平軍攻破,他投水死。

〔2〕衡州,今屬湖南衡陽市。

〔3〕彭玉麟(1816—1890),字雪琴,湖南衡陽人,清末湘軍將領。1853年(咸豐三年)隨曾國藩創辦湘軍水師,購買洋砲,製造大船。1855年在湖口被太平軍截擊,湘軍水師大敗。此後

率湘軍水師配合陸軍封鎖長江,圍攻九江、安慶和天京(今南京)。1883年(光緒九年)任兵部尚書,並受命赴廣東辦防務,後以衰病開缺回籍。

〔4〕塔齊布(1818—1855),字智亭,滿洲鑲黃旗人。原任湖南綠營都司,後受曾國藩邀請,整訓湘軍,昇副將。1855年,率部犯九江,用兵半年,久攻不下,嘔血而死。羅澤南(1807—1856),字仲岳,號羅山,湖南湘鄉人。貢生出身,精於理學。1853年(咸豐三年)與曾國藩辦團練,擴編爲湘軍,官至按察使。1856年4月在武昌城外被太平軍擊斃。

〔5〕廬州,今安徽合肥市。

〔6〕黃州,今湖北黃岡市北。

〔7〕漢陽、武昌,今屬湖北武漢市。

〔8〕岳州,今屬湖南岳陽市。

〔9〕揶揄,戲弄,侮弄。

　　陸師既克湘潭,巡撫、提督上功,而國藩請罪。上詰責提督鮑起豹,免其官,以塔齊布代之。受印日,士民聚觀嘆詫國藩爲知人[1],而天子能明見萬里也。賊自岳州陷常德,旋北走,武昌再失。國藩引兵趨岳州,斬賊梟將曾天養[2],連戰,下城陵磯[3]。會師金口,謀取武昌。澤南沿江東岸攻花園寇屯,塔齊布伏兵洪山[4],載福舟師深入寇屯,士皆露立,不避鉛丸。武昌、漢陽賊望見官軍盛,宵遁,遂復二郡。國藩以前靖港敗,自請奪官,至是奏上,詔署湖北巡撫,尋加兵部侍郎銜,解署任,命督師東下。

【注】

〔1〕嘆詫,驚嘆。
〔2〕曾天養(約1790—1854),廣西桂平人,參加金田起義時年已六十餘歲。歷任太平天國御林侍衛、指揮、檢點、秋官又正丞相。1854年參加西征,在黄州(今黄岡)堵城擊潰清總督吴文鎔全軍,聲威大振。7月湘軍水陸向岳州進攻,迎戰不利,退至城陵磯。8月11日在城陵磯與湘軍塔齊布交戰,騎馬冲殺,英勇犧牲。
〔3〕城陵磯,在今湖南岳陽市北部、洞庭湖與長江匯口處、京廣鐵路綫上,是長江重要河港之一。
〔4〕洪山,今湖北武漢市洪山區。

當是時,水師奮厲無前,大破賊田家鎮,斃賊數萬,至於九江,前鋒薄湖口。攻梅家洲賊壘不下,駛入鄱陽。賊築壘湖口斷其後,舟不得出,於是外江、内湖阻絶[1]。外江戰船無小艇,賊乘舴艋夜襲營[2],擲火燒坐船,國藩跳而免,水師遂大亂。上疏請罪,詔旨寬免,謂於大局無傷也。五年,賊再陷武漢,擾荆襄。國藩遣胡林翼等軍還援湖北[3],塔齊布留攻九江,而躬至南昌撫定水師之困内湖者。澤南從征江西,復弋陽,拔廣信[4],破義寧[5],而塔齊布卒於軍。國藩在江西與巡撫陳啓邁不相能,澤南奔命往來,上書國藩,言東南大勢在武昌,請率所部援鄂,國藩從之。幕客劉蓉諫曰[6]:"公所恃者塔、羅。今塔將軍亡,羅又遠行,脱有急[7],誰堪使者?"國藩曰:"吾計之熟矣,東南大局宜如是,俱困於此無爲也。"嵩燾祖餞澤南曰[8]:

"曾公兵單,奈何?"澤南曰:"天苟不亡本朝,公必不死。"九月,補授兵部侍郎。

【注】

〔1〕外江,長江。内湖、鄱陽湖。
〔2〕舴艋,小船。
〔3〕胡林翼(1812—1861),字貺生,號潤芝,湖南益陽人。道光進士。官至湖北巡撫。1861年,陳玉成率太平軍乘虛進入湖北,佔領黄州,進迫武昌,他無法應付,驚懼嘔血而死。
〔4〕廣信,今屬江西上饒市。
〔5〕義寧,今江西修水。
〔6〕劉蓉(1816—1873),字孟容,號霞仙。湖南湘鄉人。初佐曾國藩戎幕,後來鎮壓過捻軍,官至陝西巡撫。
〔7〕脱,倘或;或許。
〔8〕祖餞,古代出行時祭祀路神叫"祖"。後因稱設宴送行爲"祖餞",即餞行。

六年,賊酋石達開由湖北竄江西[1],連陷八府一州,九江賊踞自如,湖南北聲息不相聞。國藩困南昌,遣將分屯要地,羽檄交馳[2],不廢吟誦。作《水陸師得勝歌》,教軍士戰守技藝、結營布陣之法,歌者咸感奮[3],以殺賊敢死爲榮。顧衆寡,終不能大挫賊。議者爭請調澤南軍,上以武漢功垂成,不可棄。澤南督戰益急,卒死於軍。玉麟聞江西警,芒鞋走千里[4],穿賊中至南昌助守。林翼已爲湖北巡撫,國藩弟國華、國葆用父命乞師林翼,將五千人攻瑞州[5]。湖南巡撫駱秉章亦資國荃兵援吉安[6],兄弟皆會行間。而國藩前所遣援湖北諸軍，久之再克武漢，直下九江，李續賓八千人軍城東[7]。續賓者，與弟續宜皆澤南高第弟子也。載福戰船四百泊江兩岸，江寧將軍都興阿馬隊、鮑超步隊駐小池口[8]，凡數萬人。國藩本以憂懼治軍，自南昌迎勞，見軍容甚盛，益申儆告誡之[9]。而是時江南大營潰[10]，督師向榮退守丹陽[11]，卒。和春爲欽差大臣[12]，張國樑總統諸軍攻江寧[13]。

【注】

〔1〕石達開（1831—1863），清末廣西貴縣客家人，太平天國將領。見本書《洪仁玕》傳注。

〔2〕羽檄，猶羽書。古時徵調軍隊的文書，上插鳥羽，表示緊急必須速遞。

〔3〕咸，都，皆。

〔4〕芒鞋，一種草鞋。

〔5〕瑞州，今屬江西宜春市高安縣。

〔6〕駱秉章（1793—1867），字吁門，清末廣東花縣人。1853年（咸豐三年）在湖南巡撫任內，支持曾國藩辦團練，編練湘軍，鎮壓湖南天地會起義。後又在大渡河誘殺石達開，是鎮壓太平天國的主要人物之一。國荃，即曾國荃（1824—1890），字沅甫，湖南湘鄉人，曾國藩弟。1856年（咸豐六年）率湘軍三千人增援江西吉安，對太平軍作戰，號稱吉字營，爲曾國藩的嫡系部隊。

〔7〕李續賓（1818—1858），字迪庵，湖南湘鄉人，清末湘軍將領。

〔8〕鮑超（1828—1886），字春霆，四川奉節（今屬重慶）人。1854年由川勇投湘軍充哨長，屢升至副將，在湖北、江西、皖南與太平

軍作戰,後官至湖南提督。
〔9〕申儆,加強警備。
〔10〕江南大營,清政府在太平天國天京(今南京)城外建立的軍營,駐紮孝陵衛。與駐揚州城外的江北大營相呼應,圍攻天京,阻止太平軍東下蘇、杭。
〔11〕向榮(1799—1856),字欣然,四川大寧(今巫溪)人。1853年(咸豐二年底)任欽差大臣專辦軍務,同年春,尾隨太平軍至南京城郊建立江南大營。
〔12〕和春(?—1860),赫舍里氏,字雨亭,滿洲正黃旗人。先在江南大營任提督,向榮死後繼任欽差大臣,與張國樑重建江南大營。
〔13〕張國樑(1823—1860),原名嘉祥,字殿臣,廣東高要人。曾在廣西貴縣參加天地會起義,後受清軍向榮收編,成爲太平軍的死敵。

　　七年二月,國藩聞父憂,逕歸。給三月假治喪,堅請終制,允開侍郎缺。林翼既定湖北,進圍九江,破湖口[1],水師絕數年復合。載福連拔望江、東流[2],揚帆過安慶,克銅陵泥汊,與江南軍通。由是湘軍水師名天下。林翼以此軍創始國藩,楊、彭皆其舊部,請起國藩視師。會九江克復,石達開竄浙江,浸及福建,分股復犯江西,朝旨詔國藩出辦浙江軍務。

【注】
〔1〕湖口,今江西九江市湖口縣。
〔2〕望江,今安徽安慶市望江縣。

國藩至江西,屯建昌,又詔援閩。國藩以閩賊不足慮,而景德地衝要[1],遣將援贛北,攻景德。國荃追賊至浮梁[2],江西列城次第復。時石達開復竄湖南,圍寶慶[3]。上慮四川且有變,林翼亦以湖北餉倚川鹽,而國藩又久治兵,無疆寄,乃與官文合疏請國藩援蜀[4]。會賊竄廣西,上游兵事解,而陳玉成再破廬州[5],續賓戰歿三河,林翼以羣盜蔓廬、壽間[6],終爲楚患,乃改議留國藩合謀皖。軍分三道,各萬人。國藩由宿松、石牌規安慶,多隆阿、鮑超出太湖取桐城[7],林翼自英山嚮舒、六[8]。多隆阿等既大破賊小池,復太湖、潛山,遂軍桐城。國荃率諸軍圍安慶,與桐城軍相犄角。安慶未及下,而皖南賊陷廣德[9],襲破杭州。

【注】

〔1〕衝要,軍事或交通上重要的地方。

〔2〕浮梁,今屬江西景德鎮市。

〔3〕寶慶,今屬湖南邵陽市。

〔4〕官文(1798—1871),王佳氏,字秀峰。清末滿洲正白旗人,官至直隸總督。

〔5〕陳玉成(1837—1862),廣西藤縣人,太平天國將領。十四歲參加金田起義,屢建戰功,被封爲英王。

〔6〕廬,廬州,今安徽合肥市。壽,壽州,今安徽六安市壽縣。

〔7〕太湖,今安徽太湖縣。

〔8〕英山,今湖北黃岡市英山縣。舒,今安徽六安市舒城縣。六,今安徽六安市。

〔9〕廣德,清廣德州,今屬安徽宣城市廣德縣。

李秀成大會羣賊建平[1]，分道援江寧，江南大營復潰，常州、蘇州相繼失，咸豐十年閏三月也。左宗棠聞而嘆曰[2]："此勝敗之轉機也！江南諸軍，將驕兵疲久矣。滌而清之，庶幾後來可藉手乎？"或問："誰可當者？"林翼曰："朝廷以江南事付曾公，天下不足平也。"於是天子慎選帥，就加國藩兵部尚書銜，署理兩江總督[3]，旋即真，授欽差大臣。是時江、浙賊氛熾，或請撤安慶圍先所急。國藩曰："安慶一軍爲克金陵張本，不可動也。"遂南渡江，駐祁門[4]。江、浙官紳告急書日數十至，援蘇、援滬、援皖、援鎮江詔書亦疊下。國藩至祁門未數日，賊陷寧國[5]，陷徽州[6]。東南方困兵革，而英吉利復失好[7]，以兵至。僧格林沁敗績天津，文宗狩熱河[8]，國藩聞警，請提兵北上，會和議成，乃止。

【注】

〔1〕李秀成(1823—1864)，清末廣西藤縣人，太平天國將領。見本書《洪仁玕》傳注。

〔2〕左宗棠(1812—1885)，字季高，湖南湘陰人。1860年由曾國藩推薦，率湘軍五千人赴江西、皖南與太平軍作戰。1862年初任浙江巡撫，後又升閩浙總督。後爲清廷大臣，洋務派首領之一。有《左文襄公全集》。

〔3〕署理，舊時指代理、暫任或試充的官職。兩江，清初江南、江西兩省合稱"兩江"。康熙後江南雖已分爲江蘇、安徽兩省，但統轄江蘇、安徽、江西三省的總督仍稱兩江總督。

〔4〕祁門，今安徽黃山市祁門縣。

〔5〕寧國，今安徽宣城寧國市。

〔6〕徽州,今屬安徽黃山市歙縣。
〔7〕英吉利,英國。
〔8〕文宗,即咸豐帝。狩,巡狩。

其冬,大爲賊困,一出祁門東陷婺源[1];一出祁門西陷景德;一入羊棧嶺攻大營。軍報絕不通,將吏慄然有憂色,固請移營江干就水師[2]。國藩曰:"無故退軍,兵家所忌。"卒不從,使人間行檄鮑超、張運蘭亟引兵會。身在軍中,意氣自如,時與賓佐酌酒論文。自官京朝,即日記所言行,後履危困無稍間。國藩駐祁門,本資餉江西,及景德失,議者爭言取徽州通浙米。乃自將大軍次休寧[3],值天雨,八營皆潰,草遺囑寄家,誓死守休寧。適宗棠大破賊樂平[4],運道通,移駐東流[5]。多隆阿連敗賊桐城,鮑超一軍游擊無定居,林翼復遣將助之。十一年八月,國荃遂克安慶。捷聞,而文宗崩,林翼亦卒。穆宗即位[6],太后垂簾聽政,加國藩太子少保銜,命節制江蘇、安徽、江西、浙江四省。國藩惶懼,疏辭,不允,朝有大政,咨而後行。

【注】

〔1〕婺源,今江西上饒市婺源縣。
〔2〕江干,江畔。
〔3〕休寧,今安徽黃山市休寧縣。
〔4〕樂平,今江西景德鎮樂平市。
〔5〕東流,今屬安徽池州市東至縣。
〔6〕穆宗,即同治帝。

當是時，僞天王洪秀全僭號踞金陵[1]，僞忠王李秀成等犯蘇、滬，僞侍王李世賢等陷浙杭，僞輔王楊輔清等屯寧國，僞康王汪海洋窺江西，僞英王陳玉成屯廬州，捻首苗沛霖出入潁、壽[2]，與玉成合，圖窺山東、河南，衆皆號數十萬。國藩與國荃策進取，國荃曰："急搗金陵，則寇必以全力護巢穴，而後蘇、杭可圖也。"國藩然之。乃以江寧事付國荃，以浙江事付宗棠，而以江蘇事付李鴻章[3]。鴻章故出國藩門，以編修爲幕僚，改道員，至是令從淮上募勇八千，選良將付之，號"淮軍"。同治元年，拜協辦大學士，督諸軍進討。於是國荃有搗金陵之師，鴻章有征蘇、滬之師，載福、玉麟有肅清下游之師；大江以北，多隆阿有取廬州之師，續宜有援潁州之師；大江以南，鮑超有攻寧國之師，運蘭有防剿徽州之師，宗棠有規復全浙之師：十道並出，皆受成於國藩。

【注】

[1] 洪秀全，太平天國領袖，見本書《洪仁玕》傳注。
[2] 潁，潁州，清爲潁州府，轄境相當今安徽渦陽、蒙城、霍丘等縣以西地區。
[3] 李鴻章，見本書《馬建忠》傳注。

賊之都金陵也，堅築壕壘，餉械足，猝不可拔。疾疫大作，將士死亡山積，幾不能軍。國藩自以德薄，請簡大臣馳赴軍，俾分己責[1]，上優詔慰勉之，謂："天災流行，豈卿一人之咎？意者朝廷政多缺失，我君臣當勉圖禳救，爲民請命。且環顧中外,才力、氣量無逾卿者!時勢艱難,無稍懈也。"國藩讀詔感泣。時洪秀全被圍久,召李秀成蘇州,李世賢浙江,悉衆來援,號六十萬,圍雨花臺軍[2]。國荃拒戰六十四日,解去。三年五月,水師克九洑洲,江寧城合圍。十月,鴻章克蘇州。四年二月,宗棠克杭州。國藩以江寧久不下,請鴻章來會師,未發,國荃攻益急,克之。江寧平,天子褒功,加太子太傅,封一等毅勇侯,賞雙眼翎。開國以來,文臣封侯自是始。朝野稱賀,而國藩功成不居,粥粥如畏[3]。穆宗每簡督撫[4],輒密詢其人[5],未敢指缺疏薦,以謂疆臣既專征伐,不當更分黜陟之柄[6],外重內輕之漸,不可不防。

【注】
[1] 俾,使。
[2] 雨花臺,在江蘇南京市中華門外。
[3] 粥粥,卑謙貌。
[4] 簡,檢查。
[5] 輒,即,就。
[6] 黜陟,亦作"絀陟",指官吏的進退升降。柄,權力。

初,官軍積習深,勝不讓,敗不救。國藩練湘軍,謂必萬衆一心,乃可辦賊,故以忠誠倡天下。其後又謂淮上風氣勁,宜別立一軍。湘勇利山徑,馳騁平原非所長,且用武十年,氣亦稍衰矣,故欲練淮士爲湘勇之繼。至是東南大定,裁湘軍,進淮軍,而捻匪事起[1]。

【注】

〔1〕捻匪,"捻軍"的蔑稱,太平天國運動時期北方的農民起義軍。

　　捻匪者,始於山東游民相聚,其後剽掠光、固、潁、亳、淮、徐之間[1],捻紙燃脂,故謂之"捻"。有衆數十萬,馬數萬,蹂躪數千里,分合不常。捻首四人,曰張總愚、任柱、牛洪、賴文光。自洪寇、苗練嘗糾捻與官軍戰,益悉攻鬭,勝保、袁甲三不能禦。僧格林沁征討數年,亦未能大創之。國藩聞僧軍輕騎追賊,一日夜三百餘里,曰:"此於兵法,必蹶上將軍[2]。"未幾而王果戰歿曹州[3],上聞大驚,詔國藩速赴山東剿捻,節制直隸、山東、河南三省[4],而鴻章代爲總督,廷旨日促出師。國藩上言:"楚軍裁撤殆盡,今調劉松山一軍及劉銘傳淮勇尚不足。當更募徐州勇,以楚軍之規模,開齊、兖之風氣[5];又增募馬隊及黃河水師,皆非旦夕可就。直隸宜自籌防兵,分守河岸,不宜令河南之兵兼顧河北。僧格林沁嘗周歷五省,臣不能也。如以徐州爲老營,則山東之兖、沂、曹、濟,河南之歸、陳,江蘇之淮、徐、海[6],安徽之廬、鳳、潁、泗[7],此十三府州責之臣,而以其餘責各督撫。汛地有專屬,則軍務乃漸有歸宿。"又奏:"扼要駐軍臨淮關、周家口、濟寧、徐州,爲四鎮[8]。一處有急,三處往援。今賊已成流寇,若賊流而我與之俱流,必致疲於奔命。故臣堅持初議,以有定之兵,制無定之寇,重迎剿,不重尾追。"然督師年餘,捻馳突如故,將士皆謂不苦戰而苦奔逐,乃起張秋抵清江築長墻,憑運河禦之,未成而捻竄襄、鄧間[9],因移而西,修沙河、賈魯河,開壕置守。分地甫定,而捻衝河南汛地,復突而東。時議頗咎國藩計迂闊,然亦無他術可制捻也。

【注】

〔1〕光,今河南潢川縣。固,今河南固始縣。穎,今安徽潁上縣。亳,今安徽亳州市。淮,今屬江蘇淮安市。徐,今江蘇徐州市。
〔2〕蹶,失敗,挫折。
〔3〕曹州,今山東菏澤市。
〔4〕直隸,今北京、天津、河北、内蒙古等地。
〔5〕齊,今山東泰山以北黃河流域及膠東半島地區。兗,今山東兗州。風氣,風尚,習氣。
〔6〕沂,今屬山東臨沂。濟,今屬山東濟寧。歸,今河南商丘。陳,今河南淮陽。海,今屬江蘇東海。
〔7〕鳳,今安徽鳳陽。泗,今安徽泗縣。
〔8〕臨淮關,今安徽省鳳陽縣東部,淮河南岸、津浦鐵路綫上。原稱臨淮,清設稅關,故名。周家口,在河南商水縣北部的沙河、潁河與賈魯河匯合境内。
〔9〕襄,今河南襄城。鄧,今河南鄧城。

　　山東、河南民習見僧格林沁戰[1],皆怪國藩以督兵大臣安坐徐州,謗議盈路。國藩在軍久,益慎用兵。初立駐軍四鎮之議,次設扼守黃運河之策。既數爲言路所劾,亦自以防河無效,朝廷方起用國荃,乃奏請鴻章以江督出駐徐州,與魯撫會辦東路[2];國荃以鄂撫出駐襄陽[3],與豫撫會辦西路[4];而自駐周家口策應之。或又劾其驕妄,於是國藩念權位不可久處,益有憂讒畏譏之心矣。囚病假數月[5]，繼請開缺[6]，以散員留軍效力；又請削封爵：皆不許。

【注】

〔1〕僧格林沁（？—1865），蒙古族，博爾濟吉特氏，科爾沁左翼後旗（今屬內蒙古自治區）人。清末將領，1853年受命爲參贊大臣，率騎兵防堵太平天國北伐軍，1855年封爲親王。1864年與捻軍賴文光等作戰，屢被擊敗。次年5月，在山東曹州（今菏澤）高樓寨附近的吳家店被圍殲斬首。
〔2〕魯撫，山東巡撫。
〔3〕鄂撫，湖北巡撫。襄陽，今湖北襄陽市。
〔4〕豫撫，河南巡撫。
〔5〕匄，乞求。
〔6〕開缺，舊時官吏因故不能留任，免除其所任職務，待另選人接充，稱爲"開缺"。

　　五年冬，還任江南，而鴻章代督軍。時牛洪死，張總愚竄陝西，任柱、賴文光竄湖北，自是有東西捻之號。六年，就補大學士，留治所。東捻由河南竄登、萊、青[1]，李鴻章、劉長佑建議合四省兵力堵運河。賊復引而西，越膠、萊、河南入海州[2]。官軍陣斬任柱，賴文光走死揚州。以東捻平，加國藩雲騎尉世職。西捻入陝後，爲松山所敗。乘堅冰渡河竄山西，入直隸，犯保定、天津。松山繞出賊前，破之於獻縣[3]。諸帥勤王師大至，賊越運河竄東昌、武定[4]。鴻章移師德州，河水盛漲，扼河以困之。國藩遣黃翼升領水師助剿，大破賊於茌平[5]。張總愚赴水死，而西捻平。凡防河之策,皆國藩本謀也。是年授武英殿大學士,調直隸總督。

【注】
〔1〕登,今屬山東蓬萊。萊,今屬山東萊州。青,今屬山東益都。
〔2〕膠,今山東膠州。
〔3〕獻縣,今河北獻縣。
〔4〕東昌,今屬山東聊城。武定,今屬山東惠民。
〔5〕茌平,今山東茌平。

國藩爲政務持大體,規全勢。其策西事,議先清隴寇而後出關[1];籌滇、黔[2],議以蜀、湘二省爲根本[3]。皆初立一議,後數年卒如其説。自西人入中國,交涉事日繁。金陵未下,俄、美、英、法皆請以兵助,國藩婉拒之。及廷議購機輪,置船械,則力贊其成,復建議選學童習藝歐洲。每定約章,輒詔問可許不可許,國藩以爲争彼我之虛儀者可許,其奪吾民生計者勿許也。既至直隸,以練兵、飭吏、治河三端爲要務,次第興革,設清訟局、禮賢館,政教大行[4]。

【注】
〔1〕隴,甘肅省的簡稱。
〔2〕滇,雲南省的簡稱。黔,貴州省的簡稱。
〔3〕湘,湖南省的簡稱。
〔4〕政教,舊指政治和教化。

九年四月,天津民擊殺法領事豐大業,毀教堂,傷教民數十人[1]。通商大臣崇厚議嚴懲之,民不服。國藩方病目,詔速赴津,乃務持平保和局,殺十七人,又遣戍府縣吏。國藩之初至也,津民謂必反崇厚所爲,備兵以抗法。然當是時,海内初定,湘軍已散遣,天津咫尺京畿,民、教相鬨,此小事不足啓兵端,而津民爭怨之。平生故舊持高論者,日移書譙讓[2],省館至毀所署楹帖,而國藩深維中外兵勢強弱,和戰利害,惟自引咎,不一辯也。丁日昌因上奏曰[3]:"自古局外議論,不諒局中艱苦,一唱百和,亦足以熒上聽,撓大計。卒之事勢決裂,國家受無窮之累,而局外不與其禍,反得力持清議之名,臣實痛之!"

【注】

[1] 此句指"天津教案"。1870年(同治九年)6月間,天津人民因教堂"迷拐幼孩",聚衆到教堂説理。法國領事豐大業持槍往見北洋通商大臣崇厚,並在路上向天津知縣劉傑開槍。羣衆怒不可遏,打死豐大業,焚燬法、英、美教堂及法領事署。事後,英、美、法等七國軍艦集結天津、煙臺一帶示威。清政府派直隸總督曾國藩到天津查辦,後又派崇厚赴法道歉,將天津知府和知縣革職充軍,將愛國人民當兇手懲辦,殺死二十人,充軍二十五人,並賠款建立教堂。

[2] 譙讓,猶誚讓,譴責。

[3] 丁日昌(1823—1882),字禹生,又作雨生,清末廣東豐順人。官至江蘇、福建巡撫等職。曾協曾國藩、李鴻章辦洋務,推薦買辦唐廷樞等開辦開平煤礦和輪船招商局。後因貪污被劾,引疾辭職。

國藩既負重謗,疾益劇,乃召鴻章治其獄[1],逾月事定,如初議。會兩江缺出,遂調補江南,而以鴻章督直隸。江南人聞其至,焚香以迎。以亂後經籍就燼,設官書局印行,校刊皆精審。禮聘名儒爲書院山長,其幕府亦極一時之選,江南文化遂比隆盛時。

【注】
〔1〕獄,訟事。

　　國藩爲人威重,美鬚髯,目三角有稜。每對客,注視移時不語,見者竦然,退則記其優劣,無或爽者。天性好文,治之終身不厭,有家法而不囿於一師。其論學兼綜漢、宋,以謂先王治世之道,經緯萬端[1],一貫之以禮。惜秦蕙田《五禮通考》闕食貨[2],乃輯補鹽課、海運、錢法、河堤爲六卷;又慨古禮殘闕無軍禮,軍禮要自有專篇,如戚敬元所紀者。論者謂國藩所訂營制、營規,其於軍禮庶幾近之。晚年頗以清静化民,俸入悉以養士。老儒宿學,羣歸依之。尤知人,善任使,所成就薦拔者,不可勝數。一見輒品目其材,悉當。時舉先世耕讀之訓,教誡其家。遇將卒僚吏若子弟然,故雖嚴憚之,而樂爲之用。居江南久,功德最盛。

【注】
〔1〕經,織物的直綫;緯,織物的横綫。經緯萬端,是説頭緒紛繁。
〔2〕《五禮通考》,清秦蕙田編,二百六十二卷。繼清初徐乾學《讀禮通考》而作,匯編吉、凶、軍、賓、嘉五禮的史料,補充了徐書

只講喪禮（凶禮的一部分）之不足。是研究中國古代禮制的參考書。闕，缺。

同治十三年，薨於位[1]，年六十二。百姓巷哭，繪像祀之。事聞，震悼，輟朝三日。贈太傅，諡文正，祀京師昭忠、賢良祠，各省建立專祠。子紀澤襲爵，官至侍郎，自有傳；紀鴻賜舉人，精算，見《疇人傳》[2]。

【注】

[1] 薨，周代諸侯死之稱。《禮記·曲禮下》："天子死曰崩，諸侯曰薨。"唐代稱二品以上官員之死，《新唐書·百官志一》："凡喪，二品以上稱薨，五品以上稱卒，自六品達於庶人稱死。"
[2] 《疇人傳》，收錄我國從上古傳說時代起到清末止天文、數學家四百人（附錄西人五十二人）的傳記。初編清代阮元輯，續編羅士林輯，三編諸可寶輯，四編黃鍾駿輯，並附華世芳撰《近代疇人著述記》。

論曰：國藩事功本於學問，善以禮運。公誠之心，尤足格衆。其治軍行政，務求蹈實。凡規畫天下事，久無不驗，世皆稱之，至謂漢之諸葛亮、唐之裴度、明之王守仁，殆無以過，何其盛歟！國藩又嘗取古今聖哲三十三人，畫像贊記，以爲師資，其平生志學大端，具見於此。至功成名立，汲汲以薦舉人才爲己任，疆臣閫帥[1]，幾遍海內。以人事君，皆能不負所知。嗚呼！中興以來，一人而已。

【注】

〔1〕疆臣,指高級地方官吏,如總督、巡撫,即封疆大吏之意。閫帥,指軍事上的高級將領。

選自《清史稿》卷四〇五

馮 桂 芬（1809—1874）

馮桂芬,字林一,江蘇吳縣人。道光二十年一甲二名進士,授翰林院編修,二十三年充順天鄉試同考官,二十四年充廣西鄉試正考官。桂芬性穎異,讀書目數行下,講求經濟,與陳慶鏞、姚瑩、趙振祚、曹懋堅、張穆等相切劘。文宗御極[1],詔中外大臣,各舉賢才,大學士潘世恩以林則徐、姚瑩、邵懿辰與桂芬同薦,尋以憂歸。總督陸建瀛聘修鹽法志。咸豐三年,粵匪陷金陵[2],奉特旨與程廷桂、韓崇、胡清綬同辦團練勸捐事。巡撫許乃釗駐師金陵,羽檄日數至,商略裁復,皆桂芬主之。中書馬釗自乃釗幕中來,言及蘇松空虛可慮,大營餘丁甚眾,募之爲留守策應之師,計甚便,桂芬即與廷桂定議令。招募事甫集,而青浦、上海諸匪竊發,連陷數縣。釗與主事劉存厚馳剿青浦,一鼓下之,乘勝復諸城,上海平。敘勞賞五品頂戴[3]。六年遷右春坊右中允,既而蘇省陷於賊,滬益不支,吳人倡入皖乞援之議,推桂芬具草。桂芬爲陳危急情狀,並時局利鈍及用兵先後所宜,語甚辨,總督曾國藩得書感動,命李鴻章以水陸諸營東下,遂成平吳之功。國藩嘗言:東南大局不出桂芬一紙書云。嘗著《校邠廬抗議》四十篇[4],於經國大計,指陳剴切。先是吳中困重賦有破家者,桂芬母每謂之曰:汝他日有言責,此第一事也。桂芬讀書即留心漕務[5],民間苦累,纖悉周知,至是力請於鴻章具疏入告,得旨,蘇松太減三分之一,常鎮減十分之一,民困以蘇[6]。同治三年[7],詔求賢才,安徽巡撫喬松年復薦桂芬,以病不果行。六年,以蘇松太三屬辦團及善後,功賞加四品卿銜。九年,鴻章奏:桂芬平居講學著書,巋然爲東南耆宿[8];嗣與商擬江蘇減賦章程,期於實惠及民;謀設上海廣方言館[9],務求博通西學,卓識宏議,足裨軍國而垂久遠,請破格優獎賞給三品銜。生平引掖後進出於至誠,造就多知名士。說經宗漢儒亦不廢宋,精小學[10],以段玉裁《說文解字注》引用多誤,作《段注考正》十六卷,又善爲古文探源,左、國下及唐宋《四方丐傳志》者[11]。戶外屨常滿,於疇人家言研究尤深[12],著有《弧矢算術細草圖解》及《西算新法直解》,校定李氏《恒星圖》,測定咸豐紀元中星表,嘗手制定向尺及反羅經,用以步田繪圖法爲捷,合適官中用。部頒五尺弓田多溢額,因遍查《會典》及《皇朝文獻通考》戶工部則例[13],知乾隆年間,議丈舊田用舊行六尺步弓,惟新漲沙田用新頒五尺步弓,乃援案呈請奏准,鄉里至今德之。廷臣議治黃河,欲輓使南流,一復道光時淮、徐故道,詔李鴻章妥議。桂芬上書痛陳南流之弊,鴻章用其說入告,事遂寢。桂芬登第後不十稔[14],即引疾歸。每春秋佳日,喜作山水游,尤喜鄧尉[15],自號鄧尉山人。嘗於光福得元人徐良夫耕漁軒遺址[16],湖光山色絕勝,於其地築屋數椽,供憑眺。十三年卒於家,年六十六。他著有《兩淮鹽法志》、《蘇州府志》、《顯志堂集》。

【注】

〔1〕文宗,清咸豐帝(1851—1861年在位)。
〔2〕粵匪陷金陵,指1853年太平天國攻克南京。
〔3〕頂戴,清代用以區別官員等級的帽飾,"戴"亦作"帶"。
〔4〕《校邠廬抗議》四十篇,二卷。馮氏自稱此書"參以雜家,佐以私臆,甚且羼以夷説,而要以不畔於三代聖人之法爲宗旨"。爲近代較早的一部帶有改良主義色彩的政論集。有抄本,後刊刻甚多。
〔5〕漕務,政府規定由水路運輸糧食的役務。
〔6〕蘇,復蘇。
〔7〕同治三年,指1864年,同治爲清穆宗年號(1862—1874)。
〔8〕耆宿,年高而又有道德學問的人。
〔9〕廣方言館,1863年(同治二年)江蘇巡撫李鴻章仿北京同文館例,在上海設立的外國語文學堂,招收十四年歲以下兒童入學。
〔10〕小學,文字學、訓詁學、音韻學的總稱。
〔11〕左,指《春秋左氏傳》;國,指《國語》。
〔12〕疇人,天文曆算學者。
〔13〕《會典》,指《清會典》,一百卷。《皇朝文獻通考》,指《清文獻通考》,三百卷,乾隆時官修史書,記清初至乾隆時典章制度。户部則例,指户部的有關規則和通例。
〔14〕稔,谷一熟爲年。
〔15〕鄧尉,鄧尉山,在今江蘇蘇州市西郊。
〔16〕光福,地名,今江蘇蘇州市西郊。

選自《清史列傳》卷七三

陳　澧 (1810—1882)

　　陳澧,字蘭甫,番禺人[1]。道光十二年舉人,河源縣訓導。澧九歲能文,復問詩學於張維屏[2],問經學於侯康[3]。凡天文、地理、樂律、算術、篆隸無不研究。中年讀諸經注疏、子、史及朱子書,日有課程。初著《聲律通考》十卷,謂:"《周禮》六律、六同皆文之以五聲[4],《禮記》五聲、六律、十二管還相爲宮[5],今之俗樂有七聲而無十二律,有七調而無十二宮[6],有工尺字譜而不知宮、商、角、徵、羽[7]。懼古樂之遂絶,乃考古今聲律爲一書。"又《切韻考》六卷、《外篇》三卷,謂:"孫叔然、陸法言之學存於《廣韻》[8],宜明其法,而不惑於沙門之説。"又《漢志水道圖説》七卷,謂地理之學,當自水道始,知漢水道則可考漢郡縣。

【注】

[1] 番禺,今屬廣東省廣州市。
[2] 張維屏(1780—1859),清詩人,字子樹,號珠海老漁、松心子,廣東番禺人。曾任黄梅、廣濟知縣,南康知府,後隱居花埭,閉户著書。著作有《聽鬆廬文鈔》、《詩話》、《松心日録》等。
[3] 侯康(1797—1837),原名廷楷,字君謨,番禺人。道光舉人,精通經史。著作有《春秋古經説》、《穀梁疏證》、《後漢書補注續》等。

〔4〕六律，律爲定音器，古代有十二樂律，陽爲律，陰爲呂。六律是：黃鐘、太簇、姑洗、蕤賓、夷則、無射。六同，即六呂：大呂、夾鐘、仲呂、林鐘、南呂、應鐘。五聲，古樂五聲音階：宮、商、角、徵、羽。

〔5〕十二管，即十二種定音律管，奏出六律、六呂十二種高度不同的標準音。還相爲宮，古人通常以宮作爲音階的起點，十二律都可以依次來確定宮的音高。

〔6〕七聲，即宮、商、角、徵、羽、變宮、變徵。七調，明清以來，民間音樂中用以表示調高標準的名稱：正宮調、六字調、幾字調、小工調、尺字調、上字調、乙字調。

〔7〕工尺字譜，我國古代音樂記譜表示音階的符號統稱，如有用合、四、乙、上、尺、工、凡記七聲。

〔8〕孫叔然，即孫炎，三國時魏經學家，樂安人，鄭玄弟子。撰《周易春秋例》，爲《毛詩》、《禮記》等書作注，還著有《爾雅音義》，創反切注音法。陸法言，隋音韻學家，以字行，臨漳人。官承奉郎，與顏之推等以洛陽音爲主，酌收古音及其他方音，編成《切韻》，唐宋韻書多依此爲藍本。《廣韻》，宋陳彭年、丘雍等人根據《切韻》系統的韻書增訂而成，成書於1011年，共五卷。爲研究漢語史的重要資料，學者多據之上推漢字古音，下證今音。

其於漢學、宋學能會其通[1]，謂："漢儒言義理，無異於宋儒，宋儒輕蔑漢儒者非也。近儒尊漢儒而不講義理，亦非也。"著《漢儒通義》七卷。晚年尋求大義及經學源流正變得失所在而論贊之，外及九流諸子，兩漢以後學術，爲《東塾讀書記》二十一卷。

【注】

〔1〕漢學,漢儒開創的考據訓詁學,又稱"樸學",盛於清乾隆、嘉慶時期。宋學,程朱理學。

其教人不自立説,嘗取顧炎武論學之語而申之,謂"博學於文,當先習一藝。《韓詩外傳》曰'好一則博'[1],多好則雜也,非博也。讀經、史、子、集四部書,皆學也,而當以經爲主,尤當以行己有恥爲主。"爲學海堂學長數十年[2]。至老,主講菊坡精舍,與諸生講論文藝,勉以篤行立品,成就甚衆。光緒七年,粤督張樹聲、巡撫裕寬以南海朱次琦與澧皆耆年碩德[3],奏請褒異,給五品卿銜。八年,卒,年七十三。

【注】

〔1〕《韓詩外傳》,漢韓嬰撰。援引歷史故事以解釋《詩經》,所述多與周秦諸子相出入。
〔2〕學海堂,書院名。在廣州市粤秀山上,爲清兩廣總督阮元所建。學長,負責教學事務的人。
〔3〕朱次琦,字子襄,廣東南海人。咸豐年間以進士治理襄陵縣,有政績。後以病辭歸,一意講學,弟子中著名的有康有爲等。著作有《五史實徵錄》、《性學源流》、《大雅堂詩集》等。

他著有《説文聲表》十七卷,《水經注提綱》四十卷,《水經注西南諸水考》三卷,《三統術詳説》三卷,《孤三角平視法》一卷,《琴律譜》一卷,《申范》一卷,《摹印述》一卷,《東塾集》六卷。

選自《清史稿》卷四八二《儒林三》

薛　福　成 (1838—1894)

　　薛福成，字叔耘，江蘇無錫人。以副貢生參曾國藩戎幕，積勞至直隸州知州。光緒初元，下詔求言，福成上治平六策，又密議海防十事。時總税務司赫德喜言事[1]，總署議授爲總海防司，福成上書力争，乃止。八年，朝鮮亂，張樹聲代李鴻章督畿輔，聞變，將牒總署奏請發兵。福成慮緩則蹈琉球覆轍，請速發軍艦東渡援之。亂定，以功遷道員。

【注】

[1] 赫德(Robert Hart 1835—1911)，英國人，1854 年來中國，曾任駐寧波領事館翻譯、廣州海關副税務司、中國海關總税務司，控制中國的海關和財政收入達四十八年之久，是英帝國主義侵華的主要代表人物之一。

　　十年，授寧紹台道。法蘭西敗盟[1]，構兵越南，詔緣海戒嚴。寧波故浙東要衝也，方是時，提督歐陽利見頓金雞山[2]，楊岐珍頓招寶山，總兵錢玉興分守要隘。諸將故等夷，不相統攝。巡撫劉秉璋檄福成綜營務[3]，調護諸將，築長墻，釘叢樁，造電綫，清間諜，絶嚮導與窺伺。其南洋援臺三艦爲法人追襲，駛入鎮海口，復令其合力守禦。

謀甫定而寇氛逼矣,再至,再却之,卒不得逞而去。十四年,除湖南按察使[4]。

【注】

[1] 敗盟,破壞盟約。
[2] 頓,駐紮,屯駐。
[3] 檄,古代官府用以徵召、曉喻或聲討的文書。
[4] 除,除授,授職。

明年,改三品京堂,出使英法義比四國大臣,歷光祿、太常、大理寺卿,留使如故。未幾,坎巨提來乞師。坎故羈縻回部,自英滅克什米爾,遂爲所屬。近且築路貫其境,坎拒之,戰弗勝,乃求援,朝旨使福成詰其故。福成晤英外部沙力斯伯里,詗知其防俄心切[1],遂與訂定會立坎酋,以釋嫌怨。因具選立本末以上,並陳英、俄互爭帕米爾狀,請趣俄分界[2],冀英隱助。已而被命集議滇緬界綫、商務。先是曾紀澤使英[3],謀將南掌、撣人諸土司盡爲我屬[4],議未決而歸。至是福成繼之,始變前規,稍拓邊界,訂立條約二十款,語具《邦交志》。

【注】

[1] 詗,偵察,刺探。
[2] 趣,通"趨",趨使。
[3] 曾紀澤(1839—1890),字劼剛,湖南湘鄉人,曾國藩長子。曾出使英、法、俄諸國。1881年爲收回伊犁與俄國談判,並簽訂《中俄伊犁條約》。著《中國先睡後醒論》,主張"強兵"優於

"富國"。

〔4〕南掌、揮人,舊指老撾等地。

　　福成任使事數年,恒惓惓於保商[1],疏請除舊禁,廣招徠。其爭設南洋各島領事官,尤持正義,英人終亦從之。又以英、法教案牽涉既廣,條列治本治標機宜甚悉。其將歸也,復撮舉見聞上疏以陳,大旨謂宜厲人才,整戎備,濬利源,重使職,爲棄短集長之策。二十二年,歸,至上海病卒,優詔賜恤。卒後半載,而中英訂附款,致將福成收回各地割棄泰半,論者惜之。

【注】

〔1〕惓惓,同"拳拳",誠懇、深切的意思。

　　福成好爲古文辭,演迤平易[1],曲盡事理,尤長於論事記載。著有《庸庵文編》、《筆記》、《海外文編》、《出使英法義比日記》、《浙東籌防錄》。

【注】

〔1〕演,演化;迤,延伸。

選自《清史稿》卷四四六

譚 嗣 同（1865—1898）

譚嗣同[1]，字復生，湖南瀏陽人。父繼洵，湖北巡撫。嗣同少倜儻有大志[2]，文爲奇肆[3]。其學以日新爲主，視倫常舊説若無足措意者。繼洵素謹飭，以是頗見惡。嗣同迺游新疆劉錦棠幕，以同知入貲爲知府[4]，銓江蘇[5]。陳寶箴撫湖南，嗣同還鄉佐新政。梁啓超倡辦南學會[6]，嗣同爲之長。届會期，集者恒數百人，聞嗣同慷慨論時事，多感動。

【注】
〔1〕譚嗣同，近代改良派政治家、思想家，生平事迹可參見梁啓超撰《譚嗣同傳》。
〔2〕倜儻，卓異豪爽，灑脱不拘。
〔3〕文爲奇肆，能作奇異顯露的文章。
〔4〕入貲，以錢財買官做。
〔5〕銓，量材授官。
〔6〕南學會，清末維新派在湖南講求新學、宣傳變法的團體，由譚嗣同、唐才常等人發起，光緒二十四年(1898)二月成立。曾與守舊派展開激烈鬥爭、後在戊戌政變中被破壞。

光緒二十四年，召入都，奏對稱旨，擢四品卿、軍機章京[1]。四人雖同被命，每召對，嗣同建議獨多。上欲開懋勤殿,設顧問官,令嗣同擬旨,必載明前朝故事,將親詣頤和園請命太后[2]。嗣同退謂人曰:"今迺知上絕無權也!"時榮祿督畿輔[3],袁世凱以監司練兵天津[4]。詔擢世凱侍郎,召入覲[5]。嗣同嘗夜詣世凱有所議[6]。明日,世凱返天津。越晨,太后自頤和園還宮,收政權。啓超避匿日本使館,嗣同往見之,勸嗣同東游。嗣同曰:"不有行者,無以圖將來;不有死者,無以酬聖主[7]。"卒不去。未幾,斬於市。著有《仁學》及《莽蒼蒼齋詩集》等[8]。

【注】

[1] 軍機章京,官名,指清代輔佐皇帝的政務機構軍機處辦理文書事務的官員。

[2] 太后,指慈禧太后(1835—1908),又稱"西太后""那拉太后"。清末同治、光緒兩朝實際的統治者,對外妥協投降,簽訂了一系列喪權辱國的條約;對內讎視改良變法,鎮壓人民。

[3] 榮祿(1836—1903),瓜爾佳氏,字仲華,清末滿洲正白旗人。曾任内務府大臣兼步軍統領、工部尚書、兵部尚書等職。1898年任直隸總督兼北洋大臣,軍機大臣,掌握重兵,協助慈禧太后發動戊戌政變,鎮壓維新派。畿輔,京都周圍附近的地區。

[4] 袁世凱(1859—1916),字慰亭,號容庵,河南項城人。北洋軍閥首領。早年依靠淮軍起家,後又因叛賣維新派而取得慈禧太后的寵信。辛亥革命時在帝國主義支持下,竊取臨時大總統職位。後因企圖復辟帝制,在全國人民聲討中憂懼而死。

[5] 入覲,入朝晉見君主。

[6] 詣,前往,去到。

[7] 聖主,指光緒帝。

〔8〕《仁學》，二卷。寫於1896年，最早由梁啓超在日本印行，現已收入中華書局出版的《譚嗣同全集》。《莽蒼蒼齋詩集》，譚嗣同撰，二卷，另有"補遺"。爲作者三十歲前的舊學作品，最早編入商務印書館的《戊戌六君子遺集》，現已收入中華書局出版的《譚嗣同全集》。

選自《清史稿》卷四六四

馬　建　忠（1845—1900）

　　馬建忠,字眉叔,江蘇丹徒人。少好學,通經史。憤外患日深,乃專究西學,派赴西洋各國使館學習洋務。歷上書言借款、造路、創設海軍、通商、開礦、興學、儲材,北洋大臣李鴻章頗稱賞之[1],所議多採行。累保道員。光緒七年,鴻章遣建忠赴南洋與英人議鴉片專售事。建忠以鴉片流毒,中外騰謗,當寓禁於徵,不可專重稅收。時英人持正議者,亦以強開煙禁責其政府,引以爲恥。聞建忠言,雖未能遽許,皆稱其公。

【注】

〔1〕李鴻章(1823—1901),字少荃,清安徽合肥人。編練淮軍、鎮壓太平天國起義起家,曾任兩江總督、直隸總督兼北洋大臣,爲洋務派的首領。

　　八年,朝鮮始與美國議約,鴻章奏派建忠往蒞盟。約成,英、法先後遣使至,建忠介之,皆如美例成約。日本駐朝公使屢訽結約事[1],建忠秘不使預聞,日人滋不悦。建忠歸而朝鮮亂作,庶昌以聞。時鴻章以憂去,張樹聲權北洋大臣[2],令建忠偕海軍提督丁汝昌率兵艦東渡觀變[3]。建忠抵仁川,日本海軍已先至,建忠設辭緩之,而亟請速濟師代定亂。朝命提督吳長慶率三千人東援。建忠先定誘執首亂之策,偕長慶、汝昌往候大院君李昰應,減騶從,示坦率。及昰應來報謁,建忠遂執之,強納諸輿,交長慶夜達兵輪,而汝昌護送至天津。復擒亂黨,援朝鮮國王復其位。日使雖有言,而亂已定,亦無如何,皆建忠謀也。於是長慶統軍留駐,其隨員袁世凱始來佐營務。及建忠歸,而維新黨之亂又作。日軍先入,交涉屢失機,其後卒致全敗。建忠憤後繼失人,初謀盡毀。撰《東行錄》以記其事。

【注】

〔1〕詗,偵察,刺探。

〔2〕張樹聲(1824—1884),字振軒,安徽合肥人。廩生出身,1862年隨李鴻章到上海鎮壓太平軍。後參與鎮壓捻軍。1872年任江蘇巡撫,1879年(光緒五年)任貴州巡撫,旋升兩廣總督。

〔3〕丁汝昌(?—1895),字禹廷,安徽廬江人。1874年(同治十三年)李鴻章籌辦海軍,次年他被派赴英國購軍艦,回國後即統領北洋水師。1888年(光緒十四年)北洋艦隊編成,任海軍提督。1894年中日甲午戰爭爆發時,他率艦重傷日本旗艦松島及赤城、比叡等多艘。次年,日軍海陸圍攻威海衛,他拒絕投降,在劉公島被迫自殺。

建忠博學,善古文辭;尤精歐文,自英、法現行文字以至希臘、拉丁古文,無不兼通。以泰西各國皆有學文程式之書,中文經籍雖皆有規矩隱寓其中,特無有爲之比擬而揭示之,遂使學者論文困於句解,知其然而不能知其所以然。乃發憤創爲《文通》一書[1],因西文已有之規矩,於經籍中求其所同所不同者,曲證繁引,以確知中文義例之所在,務令學者明所區別,而後施之於文,各得其當,不唯執筆學爲古文詞有左宜右有之妙[2],即學泰西古今一切文學,亦不難精求而會通焉。書出,學者皆稱其精,推爲古今特創之作。又著有《適可齋記言》《記行》等書。

【注】

[1]《文通》,即《馬氏文通》,語法書,清馬建忠撰。分正名、實字、虛字、句讀四部分。從經、史、子、集中選出例句,參考拉丁語法,求其所同所不同者,寫成此書。爲我國第一部較全面系統的語法專著。

[2] 左宜右有,猶言無往不宜。形容多才多藝,什麼都能做,語出《詩·小雅·裳裳者華》:"左之左之,君子宜之;右之右之,君子有之。"

選自《清史稿》卷四四六

陳天華（1875—1905）

烈士名天華，字星臺，湖南新化縣人。性敦篤[1]，善屬文。少時即以光復祖國爲志，不事家人生產作業，雖簞瓢屢空[2]，處之怡然[3]，日惟著述以鼓吹民族主義；近年革命風潮簸蕩一時者，皆烈士提倡之也。年三十一，尚未娶，或勸之娶，烈士泫然曰[4]："匈奴未滅，何以爲家[5]！"每讀中西史志，於興亡盛衰之感，則涕泗橫流，其愛國之忱，發於天性如此。

【注】
〔1〕敦篤，誠實厚道。
〔2〕簞瓢，盛飯盛水的器具，是"簞食瓢飲"形容貧困的簡稱。屢空，經常是空的。
〔3〕怡，安適愉快。
〔4〕泫然，傷心流泪的樣子。
〔5〕此是借用西漢名將霍去病的兩句壯語。

歲癸卯，留學日本。時值俄據東三省，瓜分之禍日迫，朝野皆束手無計。烈士大痛。嚙指血成書數十幅[1]，備陳滅亡之慘，郵寄內地各學堂，聞者莫不悲憤。

【注】

〔1〕嚙指血，咬破手指出血。

去年秋，湘中志士謀起義湖南，聯絡粵鄂，以共傾政府。烈士聞之，即星夜附輪歸長沙，籌劃布置，晝夜不輟。不幸未發即敗，清政府飛檄逮捕。烈士間道走江西[1]，至上海，與諸志士合謀再舉。適萬福華之獄起[2]，逮捕益急，不得已，復游日本。蓋自是憔悴憂傷，淚痕縈縈然不絕於目矣。今年春發意見書，思單身赴北京有所運動，爲同學所阻止。十一月，日本文部省頒發關於留學生規則，烈士益見中國之將鄰於亡，革命之不可一日緩，作《絕命書》累萬言，遂自投日本大森海以殉。嗚呼！使天而不亡我漢族也，則烈士之死賢其生也；使天而即亡我漢族也，則我四萬萬人其去烈士之死之年幾何哉？嗚呼痛已！烈士所著書，其已都成集者《猛回頭》、《警世鐘》、《最近政見之評決》、《國民必讀》、《最後之方針》、《中國革命史論》皆風行於世；其散見於他者，尚俟釐訂[3]。烈士死時年三十一，乙巳年十一月十二日也[4]。

【注】

〔1〕間道，小路。
〔2〕萬福華(1865—1920)，安徽合肥人。戊戌變法失敗後開始從事革命活動，1904年在南京刺殺鐵良未果，是年冬憤恨前廣西巡撫王之春出賣利權、勾結帝國主義鎮壓中國人民，遂設計跟蹤至上海行刺，未成，被租界巡捕逮入獄。

〔3〕尚俟釐訂,尚須等待整理編定。按:陳天華的《絕命書》、《警世鐘》、《猛回頭》等文已被整理編定爲《陳天華集》,湖南人民出版社1958年出版。

〔4〕原文爲"十二月",誤。

選自宋教仁《烈士陳星臺小傳》

吳　　樾（1878—1905）

吳樾[1]，字孟俠，安徽桐城人。兄弟凡五，樾居季。少有大志，好讀書，能詩文，早懷種族思想，斤斤夷夏之辨。每讀明史，朗誦長吟，感嘆唏噓不能置，蓋深致華夏陵夷之痛也。弱冠後[2]，出游滬上，擬入廣方言館[3]，因不喜其偏重外國文，乃北游燕、趙，就學保定高等學堂。孜孜奮勉，疾病無間，於是交游頗廣，遂與革命同志多所結識，與湖南陳天華、江蘇趙聲最相善。蔡元培在上海辦愛國女學[4]，曾通消息。又與上海楊守仁等組織軍國民教育會，提倡革命，自爲保定支部。後欲宣傳宗旨，更於課餘與同學同志，創辦兩江公學，及《直隸白話報》，自任教授主筆，不辭勞苦。及在保四年，將行畢業考試，以不願得科第，避之東三省。乙巳六月，適聞清廷派載澤、端方、紹英、戴鴻慈、徐世昌五大臣出洋考察歐洲政治[5]，樾以爲：憲政施行，必有民主，惟有待之清廷顛覆之後，滿人鑒俄、日之役立憲著效，迎合國人心理，派人考察，聊以塞責，實無誠意施行，即能見諸事實，而憲法一經規定，君權益加鞏固，只足延長滿人命運，反使漢人陷於萬劫不復之域，革命前途，此爲莫大障礙。先是，康、梁曾有書招致樾，勸以主張君憲，樾不納，亦此志也。樾決意阻撓清廷此舉，乃改赴北京住桐城試館，先欲潛入宮禁[6]，大行破壞，不得，乃於車站起事，以尼五大臣之行。於時爲光緒三十一年八月二十六日，五大臣將乘車南下，車站擁衛極嚴，樾衣學堂操衣，懷炸彈而往，屢不得入，遂往購無頂官帽及布靴，喬裝皂隸，溷入車站，登五大臣花車，不意人衆推擁，懷中彈發，腸腹崩裂，手足皆斷，流血滿地，備極慘狀。樾殉義後，面目血污，模糊難辨，人不知其爲誰，更不明其宗旨，嗣由醫士以藥水洗其首，露出本來面目，扶持攝影，警廳使人遍訪其姓氏，當時在專制積威之下，無有敢言樾姓名者，適至桐城試館前，小兒女見警卒所示像片，指而識之曰："此非吳老爺乎？"而破壞數千年專制政治最先發難之吳樾烈士遂名聞於天下。樾就義前，趙聲曾以詩見寄[7]，中有云："大好頭顱拼一擲，太空追攫國民魂。"樾又嘗謂予曰："吾輩舉事，大都必求有利於己，且有利於國家，始肯爲之；吾則必求極有利於國家，極無利於己，且於己有至苦極痛者，吾當身受之。"此足見其自任之重，赴義之決也。樾死後，骨骸暴露者數日，家屬遠隔，故舊莫敢聞問，仍由公家殮以桐棺，葬之叢葬[8]。光復後[9]，國人追念其功，不忍湮沒，乃遷回安慶[10]，改葬城西山麓，與戊申安慶死難諸烈士合壟。總理題其阡曰[11]："烈士吳樾之墓。"樾生光緒四年，卒三十一年，春秋二十有八。未經婚娶，以弟九皋子振宗兼祧。

【注】

〔1〕吳樾，近代民主革命烈士，其生平事迹可參閱《民國人物傳》第二卷第 46 頁。

〔2〕弱冠，古代男子二十歲行冠禮。弱，年少。

〔3〕廣方言館，1863年江蘇巡撫李鴻章在上海設立的外國語文學堂。

〔4〕蔡元培(1868—1940)，近代教育家，字子民，號鶴卿，浙江紹興人。曾先後發起成立中國教育會、愛國學社、光復會等組織。1912年任南京臨時政府教育總長，1917年任北京大學校長。支持新文化運動，"九一八事變"後與宋慶齡等組織中國民權保障同盟，反對國民黨特務統治，抗日戰爭中在香港病逝。著作編有《蔡元培選集》。

〔5〕五大臣出洋，1905年(乙巳，清光緒三十一年)清政府準備以假立憲欺騙人民，7月派鎮國公載澤、湖南巡撫端方、商部右丞紹英、户部侍郎戴鴻慈、兵部傳郎徐世昌出洋考察憲政，後載澤、紹英被吳樾炸傷。

〔6〕溷，同"混"。

〔7〕趙聲(1881—1911)，近代民主革命者，字伯先，江蘇丹徒人。1905年加入同盟會，曾任香港同盟會長，1911年4月與黃興領導廣州黃花崗起義，不久病死香港。

〔8〕叢莽，雜草叢生的地方。

〔9〕光復，指辛亥革命推翻清政府而言。

〔10〕安慶，今屬安徽省。

〔11〕總理，即孫中山。阡，墓道。

選自鄒魯《中國國民黨史稿》第五册

鄒　　容（1885—1905）

　　鄒容[1]，字蔚丹[2]，四川巴縣人也。原名紹陶。少不羈，易謾侮人，以是頗不理於口，乃更名容。父□□（隱其名）[3]，擁巨資，經商往來漢、滬間。有子五人，容其仲子也，故里人戲呼爲鄒二。容幼失母，後母待之頗嚴，惟容父期子殷，視容昆仲[4]，愛誨獨周。容幼穎敏，年十歲，《十一經》已能成誦，且善屬文，里人咸有神童之譽。惟性好交游，不喜學，而見人詩文，規摹輒效。又好涉獵羣書，多不終卷。冬時嘗著一薄布衣，墨痕淋漓，綻裂頗多。而任意嬉游，餔啜無擇，自若也。時崇尚帖括之學[5]，容兄方鑽研於此，博一衿，容父心豔之，欲勉容效焉，容嗤之曰："臭八股兒不願學，滿場兒不愛入，衰世科名，得之又有何用？"容父頗厭惡之，容弗顧。容兄爲諸生，校試屢列高等，漸驕慢廢學。容雖好爲大言，時亦有中肯語，又善承順，容父稍移愛於容。日本人成田安輝，善英語，戊戌游蜀，旅重慶日本領事館，容就學焉。是年日本陸軍大尉井戶川辰三續來重慶，容又往肄和文[6]，時年十四也。時同肄和文者，多重慶知名士，容因此得識諸學門徑，習聞歐理緒餘[7]，乃瀏覽種種新籍時報，每有所刺激，好發奇辟可駭之論，又縱談時事，人因是以謠言局副辦呼之。（因同肄和文者某亦好發議論，先有謠言局總辦之稱）。無少長貴賤，如其人腐敗，或議有不合，容必面斥之；至對篤行博雅之士，又致敬盡禮。容訪某友，失迎送禮，容責之曰："君得毋少我耶？"同里有弟兄幼獲科名者，氣焰頗盛，容遇諸涂，呼其名而叱侮之。庚子重慶府試[8]，前列者爲幕僚某之義子，不免有所私徇，容獨憤憤，一日經北樓下（前任川東道黎庶昌所建），某適與其義子酣飲其上，容手指口罵，某沈醉[9]，未辨爲誰氏也。越數日，容親往某義子處自認之，復大加譏訕[10]，某義子始悟向之罵己者，即容也，趨白某，轉訴於府守，拘容至，供不諱，仍罵某，守以其狂如故，飭役掌責之，容抗言曰："容將來勳名事業，所成尚難知，豈可辱於奴隸手，請太守親責我。"守不可，卒命役責之。釋時，府吏某謂容曰："君性太倔強，否則太守必恕之也。"容曰："淮陰尚受胯下辱，況容乎？"容之戚友，咸以容受此挫辱，或改易前性，殊容狂放，較前有加。容最仰慕譚嗣同，常懸其遺像於座側，自爲詩贊之。（略云："赫赫譚君故，湖湘士氣衰；惟冀後來者，繼起志勿灰。"）川東經學書院山長某，以訓詁鳴[11]，容往師之，時與同學辯爭不相下，山長又頑固不可與言，遂逐之。容屢爲破壞之舉，其狂名愈噪。同縣有徐氏、雷氏，先後欲與議婚，後偵知焉，悉罷論。容所交者，多勉其務爲厚重。容口齰而習如故也。辛丑，四川總督奎俊奏遣學生二十餘人留學日本，容聞之，不請於父，攜千餘錢，一人徒步趨成都，得備選。時六月炎暑，容步行十餘日，及歸，甫至敍州[12]，暑疾忽作，容孑身，又困於資，食於藥皆親理，呻吟，宛轉，幾瀕於死，瘳時返家[13]，常告人曰："吾今而後，始知旅行之艱也。"容曾侮同里人某，某忽聞容備選,頗妒異之,暗媒蘖於當道[14],歷詆其種種非行不可去。容又嘗浙人周善培,周亦欲於此時尋怨,持爭於其師李仁宇(李時派爲留學生監督),卒黜容名[15],然容東游之志仍勃勃不可遏也。次年禀於父,請以自費往,再三瀆[16],父勉許之,年僅允給日幣二百元,意以此阻容行,容弗顧,趣治裝[17],而來日本東京,留學於同文書院[18]。容在蜀時既有所感觸,及來東,日受外界刺激,胸懷憤懑,愈難默弭矣。凡留學生開會,容必爭先演說,犀利悲壯,鮮與倫比。容略知金石文字,友人某,以石印一,請鐫"壯游日本"四字[19],容擲其印曰:"汝僅游日本,即曰壯,彼環游地球者,又謂之何?"容嘗欲著一書,暴露滿族待漢人慘狀,甫屬稿,適某省留學生監督錢□□之妾,欲離婚而改嫁姚文甫[20],留學生開會大攻擊之,欲懲罰姚,容即偕二人往姚寓,叱姚曰:"汝受錢豢養恩,又爲錢之晚輩,今忽作此無恥事,特來取汝頭。"姚哀乞寬假。容曰:"縱饒汝頭,不饒汝髮辮!"語未畢,辮已斷矣。復叱之曰:"汝速歸國,無污我留學界,否則終來索汝頭[21]。"容持辮懸於留學生會館,太書曰:"禽獸姚文甫之辮。"姚訴於滿公使蔡鈞[22],照會日本外務部,向同文書院索容,容不避。某友以不可辱於外人罰,促之行,容乃至大阪,某友於博覽會場遇焉,復促之,容始歸上海,居愛國學社[23]。值遼事起,留學日本者,組織義勇隊,容聞之,願附名。桂撫王之春欲借法兵鋤內亂[24],上海志士謀阻之,於張園集議,容往焉,滔滔辯論,旁若無人,海內漸聞鄒容之名矣。容舅氏某,貿上海,容往見之,諷以散財紓難[25],不聽,又發家書,悚父兄以危亡之詞[26],亦以其狂而弗納也。容目擊時勢阽危,支那人心,又腐敗難可與言,乃發篋將舊所著者續成,題曰《革命軍》[27],自署"國制鄒容泣述"。落落二萬言,搜證博論,而恣肆軒露,愚夫愚婦皆可誦,一時普及感被,頗速而大,旅滬外人,爭翻譯爲東西文,傳佈其國,並揭容像於諸新聞雜誌以揄揚之,且謂支那亦未始無人也。時《蘇報》大鼓吹革命,表章容書[28],謂可作學校教科書用,禍同時并發。餘杭章炳麟以言革命,亦獲罪。容不待逮捕,即自赴直供不諱,且言學淺未能透發爲憾。滿政府慮於租界不易施罰,願以某省礦產許某國[29],請將章、鄒交中國辦理,某領事頗爲之動,嗣以歐、美各報排斥頗力,遂却其請,而仍以西律懲之,判容監禁二年,時癸卯七月也[30]。容入獄陶然自得,猶撿覽譯篇,研考釋典[31],蓋了然於生死也。乙巳值容禁期滿[32],同志者以西獄較優中獄,處容必寬,方祝其釋後必大有所爲,或可以竟厥志,不意滿政府早慮及此,密懸能毒死鄒、章十萬元之賞,又暗賄獄卒種種苛遇,每餐給粥一盂,豆三粒,夜僅與一氈。容體素弱,日作苦工,加以凍餒,其何能勝?竟於二月二十八日,暴死於西獄内,死時口噴血,疑中毒,屍棄獄垣外[33],人莫敢過問。有義士某[34],獨見而憐之,以志士身後如此,恐無以勸來者,乃集同志八十餘人於愚園,開會追悼,並殮其尸,籌費而厚葬之。容卒時年二十二歲,未娶無子。

【注】

〔1〕鄒容,近代民主革命家。所撰《革命軍》署名"革命軍馬前卒"。1912年南京臨時政府追贈爲"大將軍",其生平事蹟可參閱章炳麟的《鄒容傳》《贈大將軍鄒君墓誌》。

〔2〕蔚丹,一作"威丹"。

〔3〕隱其名,所隱爲"子璠"。

〔4〕昆仲,弟兄。

〔5〕帖括之學,科舉考試文體的學問。

〔6〕和文,日文。

〔7〕歐理,歐洲理論,西方學説。緒餘,剩餘,次要。

〔8〕庚子,1900年。

〔9〕沈,同"沉"。沈醉,酒醉很深沉。

〔10〕譏訕,諷刺取笑。

〔11〕以訓詁鳴,以通訓詁學而聞名。

〔12〕敍州,地名,今四川宜賓市敍州區。

〔13〕瘳,病愈。

〔14〕媒,酒母;蘖,曲蘖。媒蘖,亦作"媒孽"比喻挑撥是非,陷人於罪。

〔15〕黜,廢去。

〔16〕瀆,煩。

〔17〕趣,急促。

〔18〕同文書院,專給中國留學生補習日文的預備學校。

〔19〕鎸,刻。

〔20〕姚文甫,清朝南洋留日陸軍學生的學監。

〔21〕索,取。

〔22〕蔡鈞,浙江仁和(今杭州)人,1901年至1903年任駐日公使。

〔23〕愛國學社,1902年蔡元培、章炳麟等創辦的學校,主要接受上

海、南京等地清朝官辦學校中因鬧學潮而被開除的學生。
〔24〕王之春(1842—?),字爵堂,清末湖南清泉(今衡陽)人。曾游日、使俄,又任四川布政使,山西、安徽巡撫。1902年任廣西巡撫時,向法國侵略者求援,鎮壓廣西人民起義,激起國内拒法運動,次年被解職。
〔25〕諷以散財紓難,勸他捐錢財解救國難。
〔26〕悚,恐懼。
〔27〕《革命軍》,鄒容所著的近代宣傳民主革命的通俗讀物。是書熱情謳歌革命爲"天演之公例",號召掃除清專制政體。章炳麟作序,清光緒二十九年(1903)上海大同書局刊行。
〔28〕章,通"彰",明。
〔29〕某國,英國,此時上海公共租界爲英國管轄。
〔30〕癸卯,1903年。
〔31〕釋典,佛教典籍。
〔32〕乙巳,1905年。
〔33〕垣外,墙外。
〔34〕義士某,指上海義士劉三。

論曰:戊戌死義六傑,楊鋭、劉光第皆蜀人也,今又獲鄒容,雖所抱不一,而愛國則同,蜀何其多傑也。容在鄉里時,非有楊、劉之學之譽,人幾目爲無賴子,訾其終無所成,孰測其有身後之名也,豈前後如兩人耶!然迹其在鄉里所爲,已有一種倔强之氣,敢爲敢言,而不顧人非笑,是以身履異域,卒能爲人之所不敢爲,皆其疇昔不撓不懼之念有以貫之。設容幼即勉爲諄謹,吾決其今日必不能成此奇行也,至以弱冠之年,而能確認此旨,歷死不易,尤爲難焉。

夫中國士氣，屢經摧折於歷代專制之主，舉一世胥成柔煦媚諛之風久矣，有强毅豪爽之鄒容出，以爲士表，或可救秦、漢以來疲軟之病乎？

選自鄒魯《中國國民黨史稿》第五册

皮　錫　瑞（1850—1908）

　　公諱錫瑞，字鹿門，一字麓雲，姓皮氏，湖南善化人。顏其居曰"師伏堂"[1]，學者因稱師伏先生。……父鶴泉公，以儒術飾吏治，爲浙江宣平知縣。公以清道光三十年庚戌十一月十四日（公元一八五〇年十二月十七日）生於善化城南里第，爲鶴泉公長子。幼承庭訓，好學覃思[2]。六齡就外傅[3]；八歲能詩文。年十四，應童子試，補善化縣學生員。越年，食廩餼[4]。年二十四，舉同治癸酉科拔貢[5]。翌年，部試報罷[6]。年三十三，舉光緒壬午科順天鄉試。……爾後三應禮部試，皆報罷。

【注】
〔1〕顏，指堂上或門上的楣。
〔2〕覃，深入。覃思，亦作"潭思"，深思。
〔3〕外傅，古代稱教導貴族子弟學業的師傅。
〔4〕廩餼，專指官府發給在學生員的膳食津貼。
〔5〕同治癸酉科拔貢，指清同治癸酉（1873）科舉中貢入國子監的生員之一種。
〔6〕報罷，科舉會試或特科試落第。

　　公既困於甲科[1]，遂潛心講學著書。光緒十六年，主湖南桂陽州龍潭書院講席[2]。後二年，移主江西南昌經訓書院。江右故宗宋學[3],偏重性理,或流禪釋[4];公以西京微言大義教詔學者[5],說經當守家法,詞章必宗家數。一時高才雋秀咸集其門。先後七年,學風丕變。

【注】

〔1〕甲科,明清時稱進士為甲科。
〔2〕桂陽,地名,在今湖南省東南部。
〔3〕江右,江西省的別稱。宋學,指宋代的"理學",同"漢學"相對。
〔4〕禪釋,佛教。
〔5〕西京,史書對"西漢"的一種稱法。微言大義,語出《漢書·藝文志》"昔仲尼沒而微言絕,七十子喪而大義乖"。微言,精微的語言;大義,有關詩書禮樂諸經的要義。

光緒初葉,四境多虞。……公憫亂憂時,倡屯田固邊及救藩備圉諸議。甲午戰後,朝野倡言變法,公獨以為"宜先清內亂,嚴懲賄賂,刻繩贓吏,實事求是。且必先改宋、明陋習,不必皆從西俗。"時湖南設時務學堂及湘報館[1]。戊戌,復創南學會於長沙。公被聘為學長,主講"學派"一科。開講之日,官紳士民集者三百餘人。公闡明學會宗旨,略謂:"學非一端所能盡,亦非一說所能該。先在讀書窮理,務其大者遠者,將聖賢義蘊了然於心中。古今事變,中外形勢,亦須講明切究,方為有體有用之學。"學會開講計三月,公講演共十二次。所言皆貫穿漢、宋,融合中、西,聞者莫不動容。是年秋,變法事敗,六君子殉難於京師[2],公有詩哭之。復以參與南學會,為忌者誣奏,奉廷寄,革舉人,交地方管束。公以布衣罹黨禁,杜門著述。三年,始得開復。

【注】
〔1〕時務學堂,清末維新派譚嗣同等發起創辦的學校。1897年在長沙開辦,梁啓超任總教習,對於推動維新運動起積極作用。湘報館,最先由湖南學政江標創刊《湘學報》(又曾改爲《湘學新報》)的機關。1898年3月譚嗣同等創辦"南學會",辦《湘報》(旬刊)作爲機關報。
〔2〕六君子殉難,戊戌年(1898)封建頑固派發動政變,搜捕維新人士,九月二十八日殺死康廣仁、楊深秀、楊銳、林旭、譚嗣同、劉光第等六人。

庚子亂後[1],國內咸以興學育才爲救國急務。光緒二十八年夏,公被聘創辦湖南善化小學堂。贛南、常德等地欲聘公爲學堂總教,均辭不就。翌年,湖南設高等學堂及師範館,公任倫理經史講席,兼代高等學堂監督。時京師大學堂成立[2],經、史、文三科講座需人。張文厚三次電湘,請公北上,均以事辭。公留湘講學,先後五年。歷任湖南高等、師範館、中路師範、長沙府中學堂講席,學務公所圖書課長及長沙定王臺圖書館纂修。博學沈思,誨人不倦;三湘碩學咸出其門。

【注】
〔1〕庚子亂,指清光緒二十六年(庚子1900年)八國聯軍攻佔北京。戰亂後次年,清政府被迫簽訂喪權賠款的《辛丑條約》。

〔2〕京師大學堂，即今北京大學。

公以經學名於時。光緒五年，年三十，乃始治經。研精覃思，更三十年，著書百卷，成一家言。光緒十三年，始爲《尚書大傳箋》，後更名《尚書大傳疏證》，越十年始成，凡七卷，以丙申秋刊於南昌。公平生學問實萃此書，自序謂："殫精數年，易稿三次，既竭駑鈍，粗得端倪。原注引鄭，必析異同。輯本據陳，間加釐定。所載名物，亦詳引徵。冀以扶孔門之微言，具伏學之梗概。"蓋公治《尚書》，服膺伏生〔1〕，宗今文説〔2〕。然嘗謂："解經當實事求是，不當黨同妒真〔3〕。"故其《疏證》於曲直離合之間，類有發明。

【注】

〔1〕伏生，即伏勝，西漢今文《尚書》的最早傳授者，濟南（今山東章丘南）人。曾任秦博士，相傳是他求得《尚書》二十九篇，西漢時《尚書》學者皆出其門下。

〔2〕宗今文説，即崇信今文經學，因其所據經典皆由戰國學者在師徒父子間口頭傳授，用流行當時的隸書寫成，故與古文經學流派相對。

〔3〕黨同妒真，因爲是同黨而妒忌，埋没真理。

公少壯所作，多屬詩文，有《師伏堂駢文》及《師伏堂詩草》。中年主講江右，專治經學，嘗集所作經解爲《經訓書院自課文》。既刊《尚書大傳疏證》，復成《古文尚書疏證辯正》、《九經淺説》、《古文尚書冤詞平議》、《孝經鄭注疏》、

《鄭志疏證》、《今文尚書考證》及《聖證論補評》等書。戊戌以後，杜門著述，成《尚書中候疏證》、《駁五經異義疏證》、《發墨守》、《箴膏肓》、《釋廢疾疏證》、《漢碑引經考》及《王制箋》等書。晚年講學湘垣，復撰《經學歷史》、《經學通論》二書[1]，爲經學課本，今日猶爲初學治經者所必讀。

【注】

[1]《經學歷史》，一卷，光緒三十三年丁未（1907）湖南思賢書局刊，1928年商務印書館影印本及周予同注釋本。《經學通論》，五卷，光緒三十三年丁未（1907）湖南思賢書局刊，商務印書館排印本選入《萬有文庫》。

公瘁精學術，體力早衰，以光緒三十四年戊申二月初四日（公元一九〇八年三月六日）卒於善化南城故宅，享年五十有九。公平生著述刊印行世者，有《師伏堂叢書》及《皮氏八種》[1]。其已刊今佚及未刊遺著尚有多種。

【注】

[1]《師伏堂叢書》，由善化皮氏師伏堂輯印，計十八種，包括《經學通論》、《經學歷史》、《師伏堂詞》等。《皮氏八種》，爲重印《師伏堂叢書》之經考，有《古文尚書冤詞平議》二卷、《尚書中候疏證》一卷等。

選自皮名舉《皮鹿門先生傳略》

張 之 洞（1837—1909）

張之洞，字香濤，直隸南皮人[1]。少有大略，務博覽爲詞章，記誦絕人。年十六，舉鄉試第一。同治二年，成進士，廷對策不循常式[2]，用一甲三名授編修[3]。六年，充浙江鄉試副考官，旋督湖北學政。十二年，典試四川，就授學政。所取士多雋才，游其門者，皆私自喜得爲學塗徑。光緒初，擢司業，再遷洗馬。之洞以文儒致清要，遇事敢爲大言。俄人議歸伊犁，與使俄大臣崇厚訂新約十八條[4]。之洞論奏其失，請斬崇厚，毀俄約。疏上，乃褫崇厚職治罪，以侍郎曾紀澤爲使俄大臣，議改約。六年，授侍講，再遷庶子。復論紀澤定約執成見，但論界務，不爭商務，並附陳設防、練兵之策。疏凡七八上。往者詞臣率雍容養望[5]，自之洞喜言事，同時寶廷、陳寶琛，張佩綸輩崛起，糾彈時政，號爲清流[6]。七年，由侍講學士擢閣學。俄授山西巡撫。當大祲後[7]，首劾布政使葆亨、冀寧道王定安等黷貨[8]，舉廉明吏五人，條上治晉要務，未及行，移督兩廣。

【注】

[1] 南皮，今屬河北省。
[2] 廷對策，指"廷試"，亦稱"殿試"，科舉制度中由皇帝親發策問、

在殿廷上舉行的考試。
〔3〕用一甲三名,指明、清廷試制度取一甲三名賜進士及第,第一名稱狀元,第二、三名稱榜眼、探花。這裏是說榮獲"探花"的稱號。
〔4〕崇厚(1826—1893),完顏氏,字地山,清末内務府鑲黄族人。1878年(光緒四年)赴俄談判交還伊犁問題,次年擅自簽訂喪失領土和主權的《裏瓦幾亞條約》,受到輿論譴責。
〔5〕率,通常。雍容養望,從容地培養自己的名望。
〔6〕清流,指負有時望,不肯與權貴同流合污的人。
〔7〕大祲,又稱"大侵",災情嚴重的荒年。
〔8〕黷貨,貪污受貨。

八年,法越事起[1],建議當速遣師赴援,示以戰意,乃可居間調解。因薦唐炯、徐延旭、張曜材任將帥。十年春,入覲。四月,兩廣總督張樹聲解任專治軍,遂以之洞代。當是時,雲貴總督岑毓英、廣西巡撫潘鼎新皆出督師,尚書彭玉麟治兵廣東。越將劉永福者[2],故中國人,素驍勇,與法抗。法攻越未能下,復分兵攻臺灣,其後遂據基隆。朝議和戰久不決,之洞至,言戰事氣自倍,以玉麟夙著威望,虚己聽從之。奏請主事唐景崧募健卒出關,與永福相犄角。朝旨因就加永福提督、景崧五品卿銜,炯、延旭亦皆已至巡撫,當前敵,被劾得罪去,並傲舉者。之洞獨以籌餉械勞,免議。廣西軍既敗於越,朝旨免鼎新,以提督蘇元春統其軍,而之洞復奏遣提督馮子材[3],總兵王孝祺等,皆宿將,於是滇、越兩軍合扼鎮南關,殊死戰,遂克諒山。會法提督孤拔攻閩、浙,砲毀其坐船,孤拔殪,而我軍不知,法願停戰,延議許焉。授李鴻章全權大臣,定約,以北圻爲界。敍克諒山功,賞花翎。

【注】

〔1〕法越事起,指1882年(光緒八年)法國交趾支那海軍艦隊司令李威利,率領侵略軍進犯越南北部,攻陷紅河下游一帶。
〔2〕劉永福(1837—1917),字淵亭,廣西上思人。早年參加廣西天地會起義,後組織黑旗軍,爲抵抗法國侵略受清政府改編,積極戰鬬。1894年移駐臺灣,以抗擊日軍侵略而著名。
〔3〕馮子材(1818—1903),字南干,號萃亭,廣東欽州(今屬廣西)人。清末將領,於1885年3月在廣西邊境鎮南關大敗法侵略軍而著稱。

　　之洞恥言和,則陰自圖強,設廣東水陸師學堂,創槍砲廠,開礦務局。疏請大治水師,歲提專款購兵艦。復立廣雅書院。武備文事並舉。十二年,兼署巡撫。於兩粵邊防控制之宜[1],輒多更置。著《沿海險要圖説》上之。在粵六年,調補兩湖[2]。

【注】

〔1〕兩粵,廣東、廣西兩省。
〔2〕兩湖,湖南、湖北兩省。

　　會海軍衙門奏請修京通鐵路,臺諫争陳鐵路之害,請停辦。翁同龢等請試修邊地[1],便用兵;徐會澧請改修德州濟寧路,利漕運。之洞議曰:"修路之利,以通土貨、厚民爲最大,徵兵、轉餉次之。今宜自京外盧溝橋起,經河南以達湖北漢口鎮。此幹路樞紐,中國大利所萃也。河北路成,則三晉之轍接於井陘,關隴之驂交於洛口;自河以南,則東引淮、吳,南通湘、蜀,萬里聲息,刻期可通。其便利有數端,內處腹地,無慮引敵,利一;原野廣漠,墳廬易避,利二;廠盛站多,役夫賈客可舍舊圖新,利三;以一路控八九省之衢,人貨輻輳,足裕餉源,利四;近畿有事,淮、楚精兵崇朝可集,利五;太原旺煤鐵,運行便則開採必多,利六;海上用兵,漕運無梗,利七。有此七利,分段分年成之。北路責之直隸總督,南路責之湖廣總督,副以河南巡撫。"得旨報可,遂有移楚之命。大冶產鐵,江西萍鄉產煤,之洞乃奏開煉鐵廠漢陽大別山下,資路用,兼設槍砲鋼藥專廠。又以荆襄宜桑棉麻枲而饒皮革,設織布、紡紗、繅絲、制麻革諸局,佐之以堤工,通之以幣政。由是湖北財賦稱饒,土木工作亦日興矣。

【注】

[1] 翁同龢(1830—1904),字叔平,江蘇常熟人。光緒帝師傅,曾任工部尚書、軍機大臣等職。中法戰時主戰,扶植張之洞,反對李鴻章。戊戌變法時支持康有爲而被慈禧太后罷職回籍。有《翁文恭公日記》等。

二十一年,中東事棘[1],代劉坤一督兩江,至則巡閱江防,購新出後膛砲,改築西式砲臺,設專將專兵領之。募德人教練,名曰"江南自强軍"。採東西規制,廣立武備、農工商、鐵路、方言、軍醫諸學堂。尋還任湖北。時國威新挫,朝士日議變法,廢時文,改試策論。之洞言:"廢時文,非廢《五經》、《四書》也,故文體必正,命題之意必嚴。否則國家重教之旨不顯,必致不讀經文,背道忘本,非細故也。今宜首場試史論及本朝政法,二場試時務,三場以經義終焉。各隨場去留而層遞取之,庶少流弊。"又言:"武科宜罷騎射、刀石,專試火器,欲挽重文輕武之習,必使兵皆識字,勵行伍以科舉。"二十四年,政變作,之洞先著《勸學篇》以見意[2],得免議。

【注】

[1] 中東事棘,指1895年(光緒二十一年)俄國聯合法、德對中日《馬關條約》中有關割讓遼東半島之事進行干涉,後迫使清政府給予租借軍港、修鐵路、開礦山的特權。
[2] 《勸學篇》,光緒二十四年(1898)出版,共二十四篇。提出"舊學爲體,新學爲用"的論點,主張在維護封建統治的基本原則下接受西方資本主義的技術,反對維新變法,此書曾由清政府頒行全國。

二十六年,京師拳亂[1],時坤一督兩江,鴻章督兩廣,袁世凱撫山東,要請之洞,同與外國領事定保護東南之約。及聯軍內犯,兩宮西幸[2],而東南幸無事。明年,和議成[3],兩宮回鑾。論功,加太子少保。以兵事初定,乃與坤一合上變法三疏。其論中國積弱不振之故,宜變通者十二事,宜採西法者十一事。於是停捐納,去書吏,考差役,恤刑獄,籌八旗生計,裁屯衛,汰綠營,定礦律、商律、路律、交涉律,行銀圜,取印花税,擴郵政。其尤要者,則設學堂,停科舉,獎游學。皆次第行焉。

【注】

〔1〕京師拳亂,指1900年(光緒二十六年)以農民爲主體的義和團運動。

〔2〕兩宮西幸,指1900年八國聯軍攻陷北京後,慈禧太后、光緒帝逃往西安之事。

〔3〕和議成,指1901年清政府接受帝國主義的條件,簽訂了空前屈辱的《辛丑條約》。

二十八年,充督辦商務大臣,再署兩江總督[1]。有道員私獻商人金二十萬爲壽,請開礦海州,立劾罷之。考鹽法利弊,設兵輪緝私,歲有贏課。明年,入覲,充經濟特科閱卷大臣,釐定大學堂章程,畢,仍命還在。陛辭奏對[2],請化除滿、漢畛域[3],以彰聖德,遏亂萌[4],上爲動容[5]。旋裁巡撫,以之洞兼之。三十二年,晉協辦大學士。未幾,內召,擢體仁閣大學士,授軍機大臣,兼管學部。三十四年,督辦粵漢鐵路。

【注】

〔1〕兩江,指江蘇、安徽、江西三省。

〔2〕陛辭奏對,在朝廷上回答皇帝的問話。

〔3〕畛域,界限。

〔4〕遏亂萌,制止作亂的苗頭。
〔5〕上爲動容,皇帝非常感動。

　　德宗暨慈禧皇太后相繼崩,醇親王載灃監國攝政[1]。之洞以顧命重臣晉太子太保。逾年,親貴寖用事,通私謁。議立海軍,之洞言海軍費絀可緩立,爭之不得。移疾,遂卒,年七十三,朝野震悼。贈太保,諡文襄。

【注】
〔1〕載灃(1883—1952),愛新覺羅氏,封爲醇親王,宣統帝父。1908年(光緒三十四年)任攝政王時,罷免袁世凱,後成立皇族內閣,激起全國人民反對。武昌起義後,被迫承認清帝退位。

　　之洞短身巨髯,風儀峻整。蒞官所至,必有興作。務宏大,不問費多寡。愛才好客,名流文士爭趨之。任疆寄數十年,及卒,家不增一畝云。

選自《清史稿》卷四三七

嚴　　復（1853—1921）

　　嚴復，初名宗光，字又陵，一字幾道，侯官人[1]。早慧，嗜爲文。閩督沈葆楨初創船政[2]，招試英俊，儲海軍將才，得復文，奇之，用冠其曹，則年十四也。既卒業，從軍艦練習，周歷南洋、黄海。日本窺臺灣，葆楨奉命籌防，挈之東渡詗敵，勘測各海口。光緒二年，派赴英國海軍學校肄戰術及砲臺建築諸學，每試輒最。侍郎郭嵩燾使英[3]，賞其才，時引與論析中西學術同異。學成歸，北洋大臣李鴻章方大治海軍，以復總學堂[4]。二十四年，詔求人才，復被薦，召對稱旨。諭繕所擬萬言書以進，未及用，而政局猝變[5]。越二年，避拳亂南歸[6]。

【注】
[1] 侯官，今福建閩侯。
[2] 沈葆楨（1820—1879），字幼丹，清末福建侯官人。道光進士，1856年初（咸豐五年底）任九江知府，繼署廣信知府。後隨曾國藩管營務，1861年升江西巡撫。1866年（同治五年）接替左宗棠任福建船政大臣，主辦福州船政局。1875年（光緒元年）任兩江總督兼南洋通商大臣。有《沈文肅公政書》。
[3] 郭嵩燾，見本書《曾國藩》傳注。
[4] 學堂，指李鴻章於1880年在天津創辦的北洋水師學堂。
[5] 政局猝變，1898（光緒二十四年）6月11日，清光緒帝采納維新

派康有爲、梁啓超等人的變法主張,引用維新人士,頒發維新法令,推行新政。但以慈禧太后爲首的守舊派操縱軍政實權,堅決反對變法維新,9月21日發動政變,推翻新政。爲時一百零三日的"百日維新"變法運動至此失敗。

〔6〕拳亂,指1900年的義和團運動。

是時人士漸傾向西人學説,復以爲自由、平等、權利諸説,由之未嘗無利,脱靡所折衷,則流蕩放佚,害且不可勝言,常於廣衆中陳之。復久以海軍積勞敍付將,盡棄去,入貲爲同知,累保道員。宣統元年,海軍部立,特授協都統,尋賜文科進士,充學部名詞館總纂〔1〕。以碩學通儒徵爲資政院議員〔2〕。三年,授海軍一等參謀官。復殫心著述,於學無所不窺,舉中外治術學理,靡不究其原委,抉其失得,證明而會通之。精歐西文字,所譯書以瓌辭達奧旨。

【注】

〔1〕學部,教育部。
〔2〕資政院,清政府於1910年8月在北京設立的諮詢機構,由皇帝指派的議員和省諮議局互選議員各百人組成。

其《天演論自序》有曰:"仲尼之於六藝也〔1〕,《易》、《春秋》最嚴。司馬遷曰:'《易》本隱而之顯,《春秋》推見至隱〔2〕。'此天下至精之言也。始吾以爲本隱之顯者,觀象繫辭〔3〕,以定吉凶而已;推見至隱者,誅意褒貶而已〔4〕。及觀西人名學〔5〕,則見其格物致知之事,有内籀之術焉[6]，有外籀之術焉[7]。內籀云者，察其曲而知其全者也[8]，執其微以會其通者也[9]。外籀云者，援公理以斷衆事者也，設定數以逆未然者也[10]。是固吾《易》、《春秋》之學也。遷所謂'本隱之顯'者外籀也，所謂'推見至隱'者內籀也，二者即物窮理之要術也[11]。夫西學之最爲切實，而執其例可以御蕃變者[12]，名、數、質、力四者之學而已[13]。而吾《易》則名、數以爲經，質、力以爲律，而合而名之曰《易》。大宇之内，質、力相推[14]，非質無以見力，非力無以呈質。凡力皆乾也，凡質皆坤也。奈端動之例三[15]，其一曰：'靜者不自動，動者不自止，動路必直，速率必均[16]。'而《易》則曰：'乾，其靜也專，其動也直[17]。'有斯賓塞爾者[18]，以天演自然言化，其爲天演界說曰[19]：'翕以合質，闢以出力[20]，始簡易而終雜糅。'而《易》則曰：'坤，其靜也翕，其動也闢[21]。'至於全力不增減之說[22]，則有自強不息爲之先[23]；凡動必復之說[24]，則有消息之義居其始[25]。而'易不可見，乾坤或幾乎息'之旨[26]，尤與熱力平均、天地乃毀之言相發明也[27]。大抵古書難讀，中國爲尤。二千年來，士徇利祿，守闕殘，無獨闢之慮，是以生今日者，乃轉於西學得識古之用焉。"凡復所譯者，獨得精微皆類此。

【注】

〔1〕六藝，即《詩》、《書》、《禮》、《樂》、《易》、《春秋》。
〔2〕此句見《史記・司馬相如列傳》。
〔3〕觀象繫辭，見《易・繫辭》："聖人設卦觀象，繫辭焉而明吉凶。"

〔4〕誅意,指責一個人的用心。褒是讚揚,貶是斥責。
〔5〕名學,即邏輯學。
〔6〕內籀,通常譯爲歸納法。
〔7〕外籀,通常譯爲演繹法。
〔8〕曲,局部。
〔9〕通,一般。
〔10〕定數,定理。逆,預見。未然,未知的事物。
〔11〕此句見朱熹《大學章句》:"所謂致知在格物者,言欲致吾人之知,在即物而窮其理也。"
〔12〕御蕃變,處理繁雜變化的事物。
〔13〕名,即邏輯學。數,數學。質,化學。力,物理學。
〔14〕質,指物質、質體。力,指能力、作用。
〔15〕奈端,牛頓(1642—1727)的異譯,英國科學家。動之例三,即指牛頓的力學三定律。
〔16〕"靜者不自動,動者不自止"句,即指牛頓力學第一定律,意爲物體不受外力或所受外力的合力爲零時,繼續保持原狀,即靜止的繼續靜止,運動的繼續作匀速直綫運動。
〔17〕此句見《易・繫辭》。
〔18〕斯賓塞爾,一譯斯賓塞(1820—1903),英國哲學家和社會學家。機能主義心理學先驅,實用主義教育思想創始者。被稱爲"社會達爾文主義之父",他認爲人類社會像動物機體一樣,服從生物學的規律,把社會發展過程生物化,著有《綜合哲學體系》;另有《社會學原理》,曾爲嚴復譯出,名爲《羣學肄言》。
〔19〕界說,定義。
〔20〕翕以合質,闢以出力,謂聚合成爲物質,分解放出能量。
〔21〕此句見《易・繫辭》。
〔22〕全力不增減之説,即指能量守恒定律。

〔23〕此句見《易·乾卦·象辭》。
〔24〕凡動必復之説,即指牛頓力學第三定律,意爲作用力和反作用力相等,方向相反。
〔25〕消息之義,語見《易·豐卦》:"天地盈虛,與時消息。"意謂天地的盛衰隨着時間的推移而變化。
〔26〕此句見《易·繫辭》。
〔27〕熱力平均、天地乃毀,即指德國物理學家克勞修斯等人主張的"熱寂説"。他們按照熱力學第二定律推斷,由此得出:將來宇宙達到各處溫度差都消失的熱動平衡狀態,這時,一切宏觀變化都將停止,能量的總值雖然不變,但已不能再被利用,結果宇宙就趨於死滅(熱寂)狀態。

世謂紓以中文溝通西文[1],復以西文溝通中文,並稱"林嚴"。辛酉秋[2],卒,年六十有九。著有《文集》及譯《天演論》、《原富》、《羣學肄言》、《穆勒名學》、《法意》、《羣己權界論》、《社會通詮》等。

【注】

〔1〕紓,林紓(1852—1924),字琴南,號畏廬,福建閩縣(今屬福州)人。光緒舉人,任教於京師大學堂。曾依靠他人口述,用古文翻譯歐美等國小説170餘種,其中不少是外國名作,譯筆也很流暢,對當時頗有影響。晚年反對"五四"新文化運動甚力,是守舊派代表之一。有《畏廬文集》等。
〔2〕辛酉,即公元1921年。

選自《清史稿》卷四八六《文苑三》

孫 中 山 (1866—1925)

一

孫先生名文，號逸仙，廣東香山縣（現在中山縣）翠亨村人，生於1866年11月12日；在日本進行革命活動的時候，曾改名中山樵，後來就通稱中山。中山先生家世務農，父親曾學過裁縫，以縫紉的收入補助農耕之不足，生活是很貧苦的。

中山先生出生在英法聯軍攻入北京後六年[1]，太平天國運動失敗後三年。這一時期正是國際資本主義侵入中國，變中國爲半殖民地半封建社會，並勾結中國封建統治者摧殘中國人民反抗運動的初期。中山先生幼年喜聽洪楊故事，產生愛國思想的萌芽。從1878年到1883年的六年間，中山先生隨母親居住在夏威夷羣島的檀香山[2]，入英國教會學校就學。他受的原是殖民地的教育，但看到殖民地人民和殖民者之間的鬥爭，因而產生了反殖民政策的意識。在1898年美帝國主義并吞了菲律賓和夏威夷之後，中山先生曾屢次在論文中和演講中予以揭露和抨擊。1884年到1885年的中法之戰期間[3]，中山先生在香港就學。有一艘法國兵輪開到香港修理，中國工人因爲它是敵艦，拒絕工作。這一熱烈的愛國行動，激發了中山先生發奮禦侮的勇氣。他以後曾説："余自乙酉中法戰敗之中,始決傾覆清廷創立民國之志。"

【注】

〔1〕英法聯軍攻入北京,即第二次鴉片戰爭,1860年8月侵略者攻陷大沽砲臺進佔天津,9月侵犯北京,清咸豐帝逃往熱河(今承德)。
〔2〕檀香山,又稱"火奴魯魯"(Honolulu),美國夏威夷州的首府和港口。
〔3〕中法之戰,法國侵略越南和中國的戰爭,1883年法強迫越南簽訂《順化條約》,並向中國軍隊發動進攻,1884年清政府被迫宣戰,1885年3月馮子材在廣西邊境大敗法軍,法國內閣倒臺,但清政府却授意李鴻章簽訂了屈辱的《中法條約》。

中山先生考慮到要實行革命,必須"以學堂爲鼓吹之地,借醫術爲入世之媒",乃於1886年入廣州博濟醫學校習醫,結識了同學中的鄭士良[1],與談革命,士良悦服。鄭是會黨中的人物,以後中山先生在革命過程中運動會黨起事,得力於鄭的幫助甚多。中山先生在博濟一年,爲了便於鼓吹革命,又轉學到香港的西醫書院,1892年畢業時居全校第一名。在校五年的時間,中山先生常往來於香港、澳門,倡導革命,與陳少白、尤少紈、楊鶴齡三人交游最密[2]。當時聽到他們革命言論的人,都以爲是大逆不道,把他們四人稱爲"四大寇"。

【注】

〔1〕鄭士良(1863—1901),原名振華,字安醫,號弼臣,廣東歸

善(今惠陽)人。早年加入基督教,1886年入博濟醫院附設華醫學校,與孫中山同窗,後專事聯絡會黨,被推爲三合會首領,多次發動武裝起義,屢敗清軍,1901年8月被清奸細設計用藥酒毒死。

〔2〕陳少白(1869—1934),原名聞韶,號夔石,廣東新會人。早年與孫中山結交,1895年與孫中山成立香港興中會,後創辦《中國日報》,1905年又被推舉爲香港同盟會長,1911年廣東光復後任外交司長,1921年任孫中山總統府顧問。著有《興中會革命史要》等。尤少紈(1866—1936),名"列",少紈爲其別字。早年結識孫中山,1895年參與組織香港同盟會,辛亥革命後爲反對袁世凱稱帝,組織救世軍,後脱離政治。著作有《四書章節易解》、《四書新案》等。楊鶴齡,廣東香山(今中山)人。與孫中山自幼相識,後加入興中會,1912年1月任南京臨時政府總統秘書,晚年居澳門。

  1893年到1894年的兩年間,中山先生和革命同志們結納會黨,聯絡防營,進行都具有規模。恰值中日戰爭爆發,中山先生以爲時機可乘,遂往檀香島聯合華僑,並在檀島籌設興中會。1895年2月興中會在香港正式成立。興中會宣言中説:"方今强鄰環列,虎視鷹瞵[1],久垂涎我中華五金之富、物産之多,蠶食鯨吞,已見效於踵接,瓜分豆剖,實堪慮於目前。有心人不禁大聲疾呼,亟拯斯民於水火,切扶大厦之將傾,庶我子子孫孫或免奴隸於他族。"在會員誓詞中,提出了"驅逐韃虜,恢復中華,創立合衆國政府"的革命口號。中山先生當時所説的强鄰就是意味着帝國主義的侵略,他的革命行動的開始,是從民族獨立國家富强出發的。

【注】

〔1〕瞵，眼光閃閃地看。

　　1894年是中國歷史上可恥的一年。在所謂甲午之戰中，日本帝國主義得到了英美帝國主義的支持；中國戰敗，次年簽訂馬關條約，日本就侵佔了臺灣和澎湖列島。中山先生這時第一次組織羣衆，企圖在廣州起義，事泄失敗。同志被擒四十餘人。這是中山先生倡導國民革命的第一次流血，也是中山先生的第一次失敗。

　　從1895年廣州起義失敗到1911年10月武昌起義，創立民國，這十六年革命奮鬥的過程是萬分艱苦的。1896年中山先生在倫敦，被清廷駐英公使誘囚在使館[1]，幸而被救得脫。他奔走海外，幾度經歷日本、南洋、越南、歐美等地，徵集革命同志，聯合華僑和在美洲的洪門致公堂會黨[2]；考察各國的政治風俗。結交其朝野賢豪，居住倫敦兩年，日夜在圖書館中鑽研革命理論，認識到社會革命的前途，因而確立了三民主義的主張。

【注】

〔1〕誘囚，誘騙囚禁。關於孫中山倫敦蒙難這件事，他在《倫敦被難記》有詳細揭露，現載《孫中山選集》上集第21頁。

〔2〕洪門，又稱"洪幫"，或"紅幫"，原爲天地會的内部名稱，後漸演爲"天地會"的代稱。致公堂，又名"洪門"，亦稱義興公司，是

清咸豐時檀香山等地華僑的"天地會"組織,孫中山爲聯絡會黨亦於 1904 年加入,1905 年由愛國華僑司徒美堂任總監督,積極支持辛亥革命。

中山先生於確定革命主義的同時,又制定了革命的方略,規劃了革命的運動。根據中山先生所著中國革命史中所說,當時革命運動分爲三個部分:一、立黨,二、宣傳,三、起義。關於立黨的情況是:"庚子(1900)以後,外患日亟。……内地變法自強之潮流,亦遂澎湃而不可遏。及乎乙巳(1905)余重至歐洲,則其地之留學生,已多數贊成革命,余於是揭櫫生平所懷抱之三民主義、五權憲法,以爲號召,而中國同盟會於以成立。……自是以後,中國同盟會遂爲中國革命之中樞,分設支部於外國各處……,而國内各省,亦由會員分往,秘密組織機關部。於是同盟會之會員,凡學界、工界、商界、軍人、政客、會黨無不同趨於一主義之下,以各致其力。迄於辛亥(1911)無形之心力且勿論,會員爲主義而流之血,殆遍霑灑於神洲矣。"關於宣傳的情況是:1895 年廣州起義失敗以後,中山先生命陳少白在香港創辦《中國報》,以鼓吹革命。庚子(1900)以後,革命宣傳更盛,日本東京有《國民報》,上海有《蘇報》,同時國内外出版的鼓吹革命的刊物,指不勝屈,同盟會成立以後,又創刊《民報》,由廖仲愷和朱執信主持[1],一方面宣傳主義;一方面則力闢當時保皇黨勸告開明專制要求立憲的謬説,使革命主義廣泛而深入地傳播到人民大衆中去。各處支部,發行雜誌、日報、書籍,以小册子秘密輸送於内地,學校之内,里巷之間,爭相傳閲。關於起義的情況是：自廣州起義失敗後[2],繼之以惠州之役[3],萍鄉醴陵之役[4],潮州黄岡之役[5],欽廉之役[6],鎮南關之役[7],欽廉上思之役[8],雲南河口之役[9],廣州新軍起事之役[10],數年之間,起義八次,殺身成仁,前仆後繼,直到辛亥(1911)3月再起義於廣州,死難者甚衆,都是革命的精華,國家的俊良。後來收葬在城北黄花崗的有七十二人,當世因有"黄花崗七十二烈士"之稱。這是中山先生領導下的第十次起義。事雖未成,而死事之烈,震動了全世界。全國革命的形勢,到此已經造成。同年10月10日武昌起義,各地隨即響應,旬日之間,光復了十五省。遂在南京組織臨時政府,公舉孫中山先生爲臨時大總統。清廷命袁世凱與臨時政府議和,清帝退位,建立了民國。辛亥革命所得的結果：一是推翻了清代二百六十多年的統治,承認國内各民族的地位平等；二是結束了兩千多年的封建帝制,君主專制從此一去不復返了。

【注】

[1] 廖仲愷(1877—1925),原名恩煦,又名夷白,廣東惠陽人。早年奉孫中山之命籌設革命機關,1905年加入同盟會,是國民黨左派領袖,1925年8月在廣州被國民黨右派暗殺。朱執信(1885—1920),名大符,廣東番禺人。1905年加入同盟會,爲《民報》撰文,思想激進,堅持革命,後被桂系軍隊殺害於虎門。有《朱執信集》。

[2] 廣州起義,1895年10月26日孫中山、陸皓東等發動的起義。

〔3〕惠州之役,又稱"惠州三洲田起義"、"庚子惠州之役",由孫中山派鄭士良於 1900 年 10 月初發動。

〔4〕萍鄉醴陵之役,又稱"萍瀏醴起義"、"丙午萍瀏之役",1906 年同盟會員劉道一等人發動。

〔5〕潮州黃岡之役,又稱"黃岡起義"、"丁未黃岡之役",1907 年 5 月 22 日由同盟會員許雪秋,陳湧波等人發動。

〔6〕欽廉之役,又稱"欽廉防城起義"、"丁未防城之役",1907 年 9 月孫中山派王和順入廣東欽州三那攻克防城的起義。

〔7〕鎮南關之役,又稱"鎮南關起義"、"丁未鎮南關之役",1907 年 12 月孫中山、黃興親自領導的起義。

〔8〕欽廉上思之役,又稱"欽廉上思起義"、"戊申馬篤山之役",1908 年 3 月孫中山派黃興攻欽州、馬篤山的戰役。

〔9〕雲南河口之役,又稱"雲南河口起義"、"戊申河口之役",1908 年 4 月孫中山派黃明堂等攻克雲南河口的戰役。

〔10〕廣州新軍之役,又稱"廣州新軍起義"、"庚戌廣州新軍之役",1910 年 2 月 12 日同盟會倪映典利用新軍與清廣州警察的衝突機會而發動的起義。

二

1912 年 1 月 1 日中山先生在南京宣誓就臨時大總統職,改元爲中華民國元年。清帝於 2 月 12 日宣佈退位,中山先生亦即向參議院辭職,並薦袁世凱以自代;於 3 月 11 日公佈了中華民國臨時約法後,於 4 月 1 日正式解任。中山先生的辭職,雖說是羈縻袁氏[1],促進統一,而主要是因爲他平素所主張的革命方略不能實行的緣故。當時黨內右派人很多,以爲民國建立,目的已達,對於三民主義、五權憲法,及革命方略所定的種種規劃,認爲理想太高,都不願付諸實施,以致中山先生的主張無法實行。所以他說:"辛亥之役,以不行革命方略,遂致革命主義,無由貫徹。……余於袁世凱之繼任爲臨時大總統也,固嘗以小康期之,乃倡率同志,退爲在野黨,並自任經營鐵路事業。蓋以爲但使國無大故,則社會進步,亦足以間接使政治基礎臻於完固;如此,則民國之建設,雖稍爲遲滯,猶無礙也。"這是中山先生在艱難環境中,忠誠謀國的苦心。

【注】

〔1〕羈縻,束縛。

同年秋間,同盟會宋教仁等未得中山先生的同意[1],就聯合了統一共和黨、國民共進會、共和實進會及國民公黨合組爲國民黨[2]。同盟會蜕化爲國民黨,放棄革命手段,採用議會政策,把原有的民生主義政策、土地國有政策及男女平等的主張全部放棄。中山先生雖被推爲理事長,但始終沒有過問黨務。

【注】

〔1〕宋教仁(1882—1913),近代民主革命家,字遯初,號漁父,湖南桃源人。1904年與黃興等組織華興會,在長沙起義未成,1905年參加同盟會,任《民報》撰述。1912年任南京臨時政府法制院總裁,參與南北議和。他企圖成立政黨内閣,1913年被袁世凱派人刺死於上海。著作有《宋教仁集》。

〔2〕統一共和黨,民國初年由谷鍾秀、吴景濂等組成,提出"釐定行政區域,以期中央統一"等口號。國民共進會,1912年在上海成立,由伍廷芳任會長,提出"完成健全共和政體"的宗旨,反對袁世凱的獨裁專制。國民公黨,1912年1月在上海成立,主要人物有温宗堯、王人文等。國民黨,1912年8月以同盟會爲基礎,聯合幾個小黨派所組成,推孫中山爲理事長,黄興、宋教仁等爲副理事長,主張實行政黨政治,成立責任內閣,修改了同盟會的革命綱領。1913年宋案發生後,被袁世凱强行解散,1919年10月改名爲中國國民黨,1924年與中國共産黨合作,實行三大政策。1925年後變爲大地主大資産階級的專政工具,先後以胡漢民、汪精衛、蔣介石爲首領。

1913年袁世凱解散了國民黨,1914年停止了國會職務,取消中華民國臨時約法,公佈了他的僞約法。中山先生那時在日本東京集合同志,組織中華革命黨,於7月8日正式成立。重立誓約,增訂新章,擯斥政客官僚,淘汰僞革命黨,革命陣營,重新爲之一振,當時袁氏叛國的形迹已露,1913年起,中山先生先後命李烈鈞舉兵於江西湖口[1],鄧鏗舉兵於廣東[2],1914年命范鴻仙、夏爾璵起義於江浙以討袁,事均未成,范、夏殉國,然各地同志此仆彼繼,再接再厲。後來袁氏稱帝,蔡鍔在雲南起義討袁[3],不及百日,撲滅了帝制,這是與中山先生討袁的號召有密切關聯的。

【注】

〔1〕李烈鈞(1882—1946),字協和,江西武寧人。

〔2〕鄧鏗(1885—1922),字仲元,廣東梅縣(一説惠陽)人。
〔3〕蔡鍔(1882—1916),原名艮寅,字松坡,湖南邵陽人。早年入時務學堂,從梁啓超學習,1915年與梁啓超策劃反袁復辟,於雲南組織護國軍討袁起義而著名。有《蔡松坡先生遺集》。

中山先生在中國革命史中説道:"自民國二年(1913)至五年(1916),國内之革命戰事,可統名之曰討袁之役。自五年至於今(1923)國内之革命戰事,可統名之曰護法之役。袁世凱雖死,而袁世凱所遺留之制度不隨以俱死,則民國之變亂,正無已時,已爲常人意料所及。果也,曾不期年,而毁棄約法解散國會之禍再發;馴至廢帝復辟[1],民國不絶如縷,復辟之變,雖旬餘而定,而毁法之變,則愈演愈烈,余乃不得不以護法號召天下。""臨時約法者,南北統一之條件,而民國所由構成也。袁世凱毁棄臨時約法,即爲違背誓言,取消其服從民國之證據,不必待其帝制自爲,已爲民國所不容。袁世凱死,而其所部將士,襲其故智,以取消其服從民國之證據,則其罪與袁世凱等,亦爲民國所必不容。故擁護約法,即所以擁護民國,使國人對於民國無有異志也。余爲民國前途計,一方面甚望有更進步更適宜之憲法,以代臨時約法;一方面則務擁護臨時約法之尊嚴,俾國本不因以摇撼,故余自六年(1917)至今,奮然以一身荷護法之大任而不少撓。"

【注】
〔1〕廢帝復辟,廢帝指清宣統皇帝溥儀,1917年6月北洋軍閥張勳

率兵入京,解散國會,支持康有爲等重新扶持溥儀復辟稱帝。

中山先生爲了護法大業,於1917年偕同國會議員率領海軍到廣東。國會議員開非常會議,議決組織護法軍政府,舉中山先生爲大元帥。但當時西南局勢,非常複雜和混亂。桂系首領和北洋軍閥直系素有勾結,桂系將領陸榮廷、莫榮新等更驕悍萬狀,莫榮新並遣人刺殺了海軍總長程璧光。中山先生憤恨桂系的兇橫,遂於1918年向非常國會辭職,由廣州再到上海。發表宣言,詳述護法經過及辭職始末。

與討袁、護法同時,中山先生堅決反對日本帝國主義同袁世凱訂立的密約二十一條和日本在第一次世界大戰爆發後趁機侵佔山東的權利[1],以及帝國主義國家脅迫中國參戰[2]。中山先生不但向北方政府和日、英、美方面表示態度,並在1917年以"中國存亡問題"爲題著文,沉痛地指出中國被迫參戰的可恥。他説:"協商國家豈非有強權無公理者乎!""譬如日美兩國,即以經濟上之活動,乘兹戰争,各博飽利者也。"中山先生認識到這次戰争的非正義性質。關於美國的參戰,他深刻地分析説:"夫歐戰以前,美國在奧國暨丹麥、挪威、瑞典等地商業正盛,自英國封鎖德國海口,美國遂失其銷場之一部分。幸以英、法、意、俄之需要,補之有餘,故但見其戰争之樂,不知其苦。……若使美國爲宣戰而備軍費,則以前所欲供之外國者,今可移供本國擴張軍備之用,即無資本誤投生産過剩之患。……彼資本家固可高枕無憂,此所以美國全國主戰不休也。"這一段話指出美國資本家和戰爭的關係,洞察帝國主義國家從事戰爭的肺腑。最後中山先生列舉中國參戰的危險,主張"以獨立不撓之精神,維持嚴正之獨立"。

【注】

〔1〕二十一條,日本帝國主義向袁世凱政府提出的旨在獨佔全中國的秘密條款。1915年1月18日提出,5月7日日本發出最後通牒,5月9日袁世凱除極小部分"容日後協商"外,都加以承認,激起全國人民大規模的反日愛國運動。

〔2〕脅迫中國參戰,指第一次世界大戰期間,日本帝國主義支持北洋政府國務總理段祺瑞,於1917年3月對德斷交,8月對德宣戰。

中山先生於1918年和1919年在上海時又從事著作,完成了《建國方略》之一的《心理建設》(即知難行易的學說)和《建國方略》之二的《物質建設》(即實業計劃)。這兩種著作都是中山先生多年苦心研究實際問題所得的成果。

三

1919年我國廣大的知識界反對北京政府簽訂喪權辱國的巴黎條約[1],展開了波瀾壯闊的"五四運動",同時我國工人階級也參加了政治鬥爭,走上了歷史舞臺。這一運動導致我國反帝反封建的人民革命鬥爭進入了一個嶄新的階段。

【注】

〔1〕巴黎條約,又稱"凡爾賽和約"。第一次世界大戰結束後,自1919年1月18日到6月28日在法國巴黎舉行和會而簽訂的對德和約,有英、法、美等二十七國參加,實際是帝國主義重新瓜分世界和企圖推翻俄國蘇維埃政權的密約,又因漠視中國主權和戰勝國的地位,而引起中國發生"五四"愛國運動。

震驚世界的俄國十月社會主義革命,給中國送來了馬克思列寧主義;而我國"五四運動"這一時代巨潮,更進一步激發了人民羣衆的反帝愛國的思想。這些具有關鍵性的劃時代事件的發展,使中山先生在迂迴艱巨的革命進程中找尋到了明確的方向。

爲了穩定革命後方,繼續護法運動,中山先生於1920年命陳炯明率師聲討桂系,驅除了岑春煊、陸榮廷、莫榮新等。中山先生被粵省軍民歡迎回到廣東,國會開非常會議,重建軍政府,選舉先生爲大總統。在很短時間內統一了兩廣,組織大本營,由桂林而韶關,積極籌備北伐。

同年11月,改中華革命黨爲中國國民黨。加上"中國"兩字,以表示有別於1912年的國民黨。中山先生曾對黨員演講:"諸君第一要明白中國國民黨不是政黨,是一種純粹的革命黨。……所以今日這個中國國民黨,實在就是中華革命黨。無論名目上是有甚麼變化,實質上總是一樣的。"

1922年陳炯明叛變[1],中山先生脫險,間道赴滬。迨至1923年2月,叛軍陳炯明敗退惠州時,復返粵重組大本營,被舉爲大元帥。當時正是北方直系軍閥曹錕利用國會進行賄選以後,中山先生認爲革命事業又進入一個新的階段,不宜再以護法號召,所以他說:"今次本總理再回廣州,不是再拿護法問題來做工夫。現在的政府,爲革命政府,爲軍事時期的政府。……北伐亦已籌備,克日前進。"護法之役,到此結束,此後便是北伐時期。

【注】

〔1〕陳炯明(1875—1933),字競存,廣東海豐人。1911年參加辛亥革命,1917年任援閩粵軍總司令,後驅逐桂系軍閥莫榮新,而任廣東省長兼粵軍總司令,1922年6月勾結英國帝國主義和直系軍閥,背叛孫中山。

中山先生的北伐大計,由於内部牽掣等種種原因而一再受阻,可是他永不懈怠地部署軍事,有時還親臨前綫,鼓勵士氣。爲了打擊主要敵人直系軍閥,中山先生曾聯合張作霖、段祺瑞進攻直系[1]。這次作戰的目的正如孫中山先生在北伐宣言中所說:"此戰之目的,不僅在推倒軍閥,尤在推倒軍閥所賴以生存的帝國主義。"

【注】

〔1〕張作霖(1875—1928),字雨亭,奉天海城(今屬遼寧)人,北洋奉系軍閥首領。在日本帝國主義支持下,長期盤踞東北,1927年4月殺害李大釗,1928年6月同蔣介石作戰失敗,後因與日本帝國主義發生矛盾而被炸死。段祺瑞(1865—1936),字芝泉,安徽合肥人,北洋軍閥皖系首領。1912年起歷任北京政府陸軍總

長、國務總理等職,1924年被軍閥推爲北京臨時政府執政,1925年召開善後會議,抵制國民會議,1926年屠殺北京愛國羣衆,造成"三一八"慘案,同年被馮玉祥趕下臺。

中山先生不但在言論上一貫揭示反對帝國主義的主張,要爲爭取中國民族獨立而奮鬭;同時在實際行動上永不屈服於帝國主義者的威力,並給以堅定的回擊。1923年廣東政府扣留關餘稅款,英美帝國主義者調集兵艦於省河,進行威脅,中山先生又從容鎮定,嚴重抗議帝國主義的侵略行爲。1924年廣東商團叛變[1],英帝國主義代理人陳廉伯以武力暴亂,中山先生下令堅決鎮壓,事先並對英國麥唐納政府提出嚴重抗議。

【注】
[1] 廣東商團叛變,以英國匯豐銀行買辦陳廉伯和佛山大地主陳恭受爲首領,於1924年10月10日利用商團殺害工團軍和市民,進而勾結陳炯明的叛亂活動,企圖建立反革命的商團政府,以反對中國共產黨和廣東革命政府。

中山先生向往蘇聯,他的聯俄主張,通過與蘇聯代表和使節的通函懇談而益加堅定。1921年答復了蘇聯外交委員長齊契林的信函,同年冬季又約請蘇聯專使馬林到桂林懇談。1923年在滬接見蘇聯特使越飛,并發表孫文越飛聯合宣言。同年,復派出"孫逸仙博士代表團"赴蘇聯報聘。

中山先生非常贊譽列寧的偉大人格，他稱列寧爲"革命的聖人"。1924年召開中國國民黨第一次全國代表大會的時候，驚聞列寧逝世，特休會三天致哀，舉行追悼大會，並親書"國友人師"的挽詞。

就在這年，中山先生創設黃埔軍官學校，聘請蘇聯顧問，仿照蘇聯的軍事制度，訓練革命武裝。中山先生說："蓋今日革命非學俄國不可。……我黨今後之革命，非以俄爲師，斷無成就。"

中山先生接受中國共產黨的建議，堅決采取聯合共產黨的政策，改組中國國民黨，結成革命階級的統一戰綫。1922年在滬與共產黨員李大釗商談，肯定了大計。1923年開始改組中國國民黨的籌備工作，發表改組宣言，確立了聯俄、聯共、扶助農工的三大政策。接著於1924年1月號召開中國國民黨第一次全國代表大會於廣州，發出宣言，根據三大政策的革命精神重新解釋三民主義，正面揭出反帝反封建的政綱。制定並手書建國大綱。他對聯共的主張是既誠懇又堅定的。他曾嚴厲批判了黨內的右傾頑固分子，並把反對聯共政策的分子開除出黨。

中山先生當時還提出廢除不平等條約和召集國民會議的兩項具體主張。1924年在直系軍閥潰敗之後，應段祺瑞、馮玉祥、胡景翼等人的約請，力疾北上。由上海取道日本到天津，沿途屢次發表反對帝國主義的重要言論。到達津、京，得知段祺瑞政府有"外崇國信"的致使團書，又召集軍閥分臟的"善後會議"，這些都與中山先生反帝愛國的主張背道而馳。中山先生憂憤疾發，以至一病不起，竟於 1925 年 3 月 12 日在北京逝世。彌留之際，留下"必須喚起民眾及聯合世界上以平等待我之民族，共同奮鬥"的遺囑，並在致蘇聯遺書中表示"希望即將破曉，斯時蘇聯以良友及盟國而歡迎強盛獨立之中國，兩國在爭取世界被壓迫民族自由之大戰中，攜手並進，以取得勝利。"

"和平……奮鬥……救中國！"是這位革命巨人最後的遺言！

當中山先生逝世的時候，蘇共中央委員會唁電中寫着："孫中山的偉大事業是不會隨着孫中山一同死去的，孫中山的事業將活在中國工人與農民心中，使中國人民的敵人望而生畏。"

今天，中國人民沒有辜負中山先生的希望，他遠大的抱負和崇高的理想，通過中國共產黨和毛澤東主席英明的領導，已經逐步實現了。

中山先生將永遠留在人們的心中，垂爲不朽的典範！

選自 1956 年 11 月 9 日《人民日報》
所刊《孫中山先生傳略》

康 有 爲 (1858—1927)

康有爲[1]，字廣廈，號更生，原名祖詒，廣東南海人[2]。光緒二十一年進士，用工部主事。少從朱次琦遊[3]，博通經史，好公羊家言，言孔子改制，倡以孔子紀年，尊孔保教，先聚徒講學。入都上萬言書，議變法，給事中余聯沅劾以惑世誣民，非聖無法，請焚所著書。中日議款，有爲集各省公車上書，請拒和、遷都、變法，格不達。復獨上書，由都察院代遞，上覽而善之，命錄存備省覽。再請誓羣臣以定國是，開制度局以議新制，別設法律等局以行新政，均下總署議。

【注】

[1] 康有爲，近代思想家、政治家，以領導戊戌變法而著稱。其生平傳記很多，如《康南海自編年譜》、《康南海先生傳》、《南海先生學案》、《康長素先生年譜》等，均可參閱。
[2] 南海，今屬廣東省。
[3] 朱次琦，字子襄，號稚圭，廣東南海人。咸豐年間以進士治理襄陵縣，有政績，後以病辭歸，一意講學。著作有《五史實證錄》、《性學源流》、《大雅堂詩集》等。

二十四年，有爲立保國會於京師，尚書李端棻，學士徐致靖、張百熙，給事中高燮曾等，先後疏薦有爲才，至是始召對。有爲極陳："四夷交侵,覆亡無日,非維新變舊,不能自强。變法須統籌全局而行之,遍及用人行政。"上嘆曰："奈掣肘何?"有爲曰："就皇上現有之權,行可變之事,扼要以圖,亦足救國。唯大臣守舊,當廣召小臣,破格擢用;並請下哀痛之詔,收拾人心。"上皆韙之。自辰入,至日昃始退[1],命在總理衙門章京上行走,特許專摺言事。旋召侍讀楊鋭、中書林旭、主事劉光第、知府譚嗣同參預新政。有爲連條議以進,於是詔定科舉新章,罷《四書》文,改試策論,立京師大學堂、譯書局,興農學,獎新書新器,改各省書院爲學校,許士民上書言事,諭變法。裁詹事府、通政司、大理、光禄、太僕、鴻臚諸寺,及各省與總督同城之巡撫,河南總督、糧道、鹽道,並議開懋勤殿,定制度,改元易服,南巡遷都。未及行,以抑格言路,首違詔旨,盡奪禮部尚書、侍郎職。舊臣疑懼,羣起指責有爲,御史文悌復痛劾之。上先命有爲督辦官報,復促出京。

【注】

[1] 日昃,太陽開始偏西,大約下午二時左右。

上雖親政,遇事仍承太后意旨,久感外侮,思變法圖强,用有爲言,三月維新,中外震仰。唯新進驟起,機事不密,遂致害成。時傳將以兵圍頤和園劫太后,人心惶惑。上硃諭鋭等籌議調和,有"朕位且不能保"之語,語具《鋭傳》。

於是太后復垂簾,盡罷新政。以有爲結黨營私,莠言亂政,褫職逮捕。有爲先走免,逮其弟廣仁及楊鋭等下獄,並處斬。復以有爲大逆不道,構煽陰謀,頒硃諭宣示,並籍其家,懸賞購捕。有爲已星夜出都航海南下,英國兵艦迎至吳淞。時傳上已幽廢,且被弑,有爲草遺言,誓以身殉,將蹈海。英人告以訛傳,有爲始脫走,亡命日本,流轉南洋,遍遊歐、美各國。所至以尊皇保國相號召,設會辦報,集貲謀再舉,屢遇艱險不少阻。嘗結富有會,起事江漢,皆爲官兵破獲,誅其黨。連詔大索,毀所著書,閱其報章者並罪之。初,太后議廢帝,稱病徵醫,久閉瀛台,旦夕不測。有爲聞之,首發其謀,清議爭阻,外人亦起責言,兩江總督劉坤一言:"君臣之分已定,中外之口難防。"始罷廢立。拳匪起,以滅洋人、殺新黨爲號,太后思用以立威,遂肇大亂,凡與有爲往還者,輒以康黨得奇禍。

宣統三年[1],鄂變作[2],始開黨禁,戊戌政變獲咎者悉原之,於是有爲出亡十餘年矣,始謀歸國。時民軍決行共和,廷議主立憲,而有爲創虛君共和之議,以"中國帝制行已數千年,不可驟變,而大清得國最正,歷朝德澤淪浹人心[3],存帝號以統五族,弭亂息爭,莫順於此。"內閣總理大臣袁世凱徇民軍請,決改共和,遂下遜位之詔。有爲知空言不足挽阻,思結握兵柄者以自重,頗遊說當局,數年無所就。丁巳,張勳復辟,以有爲爲弼德院副院長。勳議行君主立憲,有爲仍主虛君共和。事變,有爲避美國使館,旋脫歸上海。

【注】

〔1〕宣統三年,1911年。

〔2〕鄂變,指武昌起義。
〔3〕淪浹,深入,滲透。

甲子,移宮事起[1],修改優待條件,有爲馳電以争,略曰:"優待條件,係大清皇帝與民國臨時政府議定,永久有效,由英使保證,並用正式公文通告各國,以昭大信,無異國際條約。今政府擅改條文,強令簽認,復敢挾兵搜宮,侵犯皇帝,侮逐后妃,抄没寶器,不顧國信,倉卒要盟[2],則内而憲法,外而條約,皆可立廢,尚能立國乎? 皇上天下爲公,中外共仰,豈屑與争,實爲民國羞也!"明年,移蹕天津,有爲來觀謁,以進德、修業、親賢、遠佞爲言。丁卯,有爲年七十,賜"壽",手疏泣謝,歷敍恩遇及一生艱險狀,悲憤動人。時有爲懷今感舊,傷痛已甚,哭笑無端。自知將不起,遂草遺書,病卒於青島。

【注】

〔1〕移宫事,1924年10月,馮玉祥在北京發動政變,囚禁賄選總統曹錕。11月派武裝人員進入紫禁城,修改優待清室條件,廢除溥儀皇帝稱號,將原皇室人員遷出紫禁城。
〔2〕要盟,強迫結盟或達成協議。

有爲天資瑰異,古今學術無所不通,堅於自信,每有創論,常開風氣之先。初言改制,次論大同,謂太平世必可坐致,終悟天人一體之理。述作甚多,其著者有《孔子改制考》、《新學僞經考》、《春秋董氏學》、《春秋筆削大義微言考》、《大同書》、《物質救國論》、《電通》,及《康子内外篇》、《長興學舍》、《萬木草堂》、《天遊廬講學記》,各國遊記,暨文詩集。

選自《清史稿》四七三

梁 啓 超 (1873—1929)

梁啓超字卓如,號任公,廣東新會人,1873年2月23日(清同治十二年正月二十六日)生在一個大鄉紳的家庭裏。他的祖父梁維清,太平天國時在鄉中組織"保良會",與農民軍對抗;其父梁寶瑛,也曾長期主持鄉政,在當地頗有勢力。

梁啓超幼時在家讀書,1887年進廣州學海堂就學,1889年考中舉人。次年入京會試,但沒有考中。在南歸途中,於上海見到《瀛環志略》以及若干古書[1],他從此開始接觸西學。回到廣州後,他拜康有爲爲師,對康的維新思想異常傾倒。他曾參與協助康有爲編撰《新學僞經考》、《孔子改制考》等重要著作,是"萬木草堂"弟子中最傑出的一個[2]。後來,他與康有爲一起成爲資產階級改良運動的領袖。

【注】

[1]《瀛環志略》,清徐繼畬編著,十卷,1848年刊行。對世界各地,尤其是東南亞及南亞各國風土人情、史地沿革備加載述。與魏源的《海國圖志》同爲中國近代較早介紹外國概況的專著,且都傳入日本,產生很大影響。

[2] 萬木草堂,康有爲宣傳變法、聚徒講學之所。1891年創設於廣州長興里,後遷府學宮。學生中著名者有梁啓超、麥孟華、徐

勤等。

　1894年,梁启超旅遊京師,恰逢甲午戰敗,"惋憤時局,時有所吐露"[1]。第二年入京會試時,又適值中日議和,清政府割地賠款,激起了愛國知識分子的憤慨。康有爲、梁启超發動一千三百多在京會試的各省舉人,向光緒帝上萬言書,提出拒和、遷都、變法的主張,這就是歷史上有名的"公車上書",梁启超說這是"清朝二百餘年未有之大舉"[2]。

【注】
[1] 此句見梁启超《三十自序》,《飲冰室合集·文集》之十一,第16頁。以下《飲冰室合集》之引文,皆簡注《文集》或《專集》。
[2] 此句見梁启超《戊戌政變記》,《專集》之一,第114頁。

　這次上書雖沒有被接受,但起到了激勵士氣、開新輿論的作用。是年8月間,梁受康指示,主辦《萬國公報》(不久改稱《中外紀聞》)。該報專主議論時政,鼓吹變法,每期印千份左右,分送朝貴,冀得其同情。在這同時,梁又協助康有爲組織強學會,並擔任該會書記。梁启超後來回顧說:"強學會之性質,實兼學校與政黨而一之[1]。"強學會的活動遭到頑固派的彈劾,沒有多久即被封禁,《中外紀聞》亦隨之停刊。

【注】
[1] 此句見梁启超《莅北京大學校歡迎會演說辭》,《專集》之二十

九,第38頁。

是年,梁啓超在京師結識了許多同情變法的志士,其中最重要的是譚嗣同。梁對他非常敬佩,稱譽他"才識明達,魄力絕倫,所見未有其比"[1]。

【注】
[1] 此句見梁啓超《致康有爲書》,《梁任公年譜長編》上册,第28頁。

1896年4—5月間,梁啓超離北京到上海。8月,他會同汪康年、黃遵憲等創辦《時務報》(旬刊),擔任主筆。他所發表的《變法通議》洋洋數萬言,批評頑固派和洋務派,力倡維新變法;由於他思想明快,議論暢達,對全國思想界產生了很大影響。《時務報》成了宣傳維新變法的主要陣地,而梁啓超則成爲維新運動中最著名的宣傳鼓動家。後來,梁的言論漸爲資助《時務報》的湖廣總督張之洞所不容,遂不得已離開報館,於1897年11月前往湖南長沙,就任時務學堂總教習。

甲午戰敗後,湖南的一批略通西學、傾向變法的志士如譚嗣同、熊希齡、唐才常、黃遵憲等,即積極謀畫先在本省籌辦新政。到1897年秋冬至1898年春間,在湖南巡撫陳寶箴的實力贊助下,湖南新政已粗具規模:《湘學報》、《湘報》作輿論的鼓吹;南學會類似省議會,可供諮詢;而梁啓超主講的時務學堂,則一意培植維新人才。梁在學堂中極力宣傳變法救亡的思想,批評清廷失政,並不時發表贊譽民權的言論。這引起了守舊勢力的反對。頑固劣紳王先謙、葉德輝等羣起攻擊維新派,甚至提出了驅梁出境的要求,新舊黨爭遂日漸激烈起來,為以後的戊戌政變預埋了一條伏綫。

1898年1月,梁啟超離湖南到上海,不久北上入京。當時,俄國強租旅大,梁隨同康有為奔走呼籲,力圖阻止清政府答應俄國的無理要求。梁還同麥孟華一起聯絡數省在京會試的舉人,聯名上書請拒俄變法。但此書沒有上達。隨後,他協助康有為發起和組織保國會,在會中發表過動人的救國演説。他説:"使我國四萬萬人者,命知我國處必亡之勢,而必欲厝之於不亡之域[1],各竭聰明才力之所能及者,以行其分内所得行之事,人人如是而國之亡猶不救者,吾未之聞也。"[2] 這篇演説反映出了當時維新志士們的愛國熱情和對人民羣衆懷着某種朦朧的希望。

【注】

[1] 厝,通"措",置放。
[2] 此句見天津《國聞報》光緒二十四年四月十二日。

5月間,梁啟超聯合應試者百餘人,上書請廢除八股取士制度。

6月11日,光緒帝發佈"定國是詔",開始變法。當時有侍讀學士徐致靖奏薦康有為、梁啟超等人。光緒帝繼6月16日召見了康有為之後,於7月3日召見梁啟超,賜六品銜，命他"辦理譯書局事務"。他還曾受軍機大臣及總署的委派，仿照日本學校制度，草定大學堂規則，但却受到頑固派的嫉視。

由於以西太后爲首的頑固派極力抵制，雖變法之詔屢下，而新政之實效却無所表現。"帝黨"與"后黨"之間的鬥爭日益表面化。9月21日，西太后猝然發動政變，囚禁光緒帝，逮捕併殺害維新志士，重行聽政，撤廢維新詔令，變法全歸失敗。康有爲於政變前夕出京，得英人救護經香港逃日本；梁啓超則在日人救助之下也逃到了日本。

戊戌變法的失敗，表明中國資產階級過於幼稚，過於軟弱，根本無力將政治改革堅持到底；在內外反動力量相當强大的情況下，企圖靠改良的辦法，實現中國社會制度的改革是根本行不通的。但是康有爲、梁啓超却始終不認識這一點，逐漸成爲時代的落伍者。

康、梁逃日本後，正在日本進行革命活動的孫中山，主動提出與康、梁聯合反清的誠懇建議。但康有爲以"受皇帝知遇"爲辭，拒絕合作。次年3月，康離日本去加拿大，隨後在那裏開始組織保皇會，同孫中山爲首的革命黨相對抗。梁啓超仍留在日本，辦起《清議報》，鼓吹"斥后保皇"。該報於1898年12月創刊，十日一出，共出一百號，至1901年12月停刊。

康有爲離日本後，梁啓超與孫中山續有往來。當時孫中山對康、梁保皇派的本質尚缺乏認識，對巧舌如簧的梁啓超不存戒心。1899年12月，梁持孫中山的介紹信前往檀香山，在取得當地興中會骨幹分子的信任的情況下，積極開展活動。他以"名為保皇,實則革命"的詭辯,淆惑視聽,幾乎使孫中山親手建立起來的革命組織為之瓦解,給興中會的革命活動造成了很大損失。

梁啓超在檀島活動半年多,一面竭力擴大保皇會的組織,一面為國內的"自立軍勤王"運動籌款。1900年8月,臨近預定的"自立軍"起事日期,梁離檀香山回國。但他剛到上海,"自立軍"首領唐才常等以事洩被殺,勤王計劃失敗。於是梁啓超轉赴南洋與澳洲,繼續從事保皇會的募捐活動。次年5—6月間,復去日本。

1902年2月,梁啓超在橫濱創辦《新民叢報》(半月刊)。這時,梁啓超放棄"斥后保皇"的口號,改以"稍從灌輸常識入手[1]",繼續鼓吹改良主義。他宣稱:"本報以教育為主腦,以政論為附從,……故於目前政府一二事之得失不暇沾沾詞費也",並保證"不為危險激烈之言論"[2]。

【注】

[1] 此句見梁啓超《鄙人對於言論界之過去及將來》,《文集》之二十九,第3頁。
[2] 此句見梁啓超《本報告白》,《新民叢報》創刊號。

《新民叢報》早期,梁啓超曾着力介紹過一些資產階級的思想學說,對國內青年不無啓蒙的作用。而且由於對清廷腐敗、改革無希望而產生的憤懣,還曾一度高談"破壞主義"。但其基本的改良主義思想立場從未改變。《新民叢報》是梁自認一生辦報最得意的時期,曾自詡"其文條理明晰,筆端常帶情感"[1]。時人譽之爲"新文體",國內士子爭相仿傚,差不多影響了一代文風。

【注】
[1] 此句見梁啓超《清代學術概論》,《專集》之三十四,第62頁。

1905年8月,孫中山在日本創立同盟會,隨後發刊《民報》,宣傳資產階級民主革命的綱領,批評康、梁保皇派和其他立憲派。這時,梁啓超以全力同《民報》展開論戰,使早已開始的兩黨的思想鬥爭達到高潮。梁在《新民叢報》上所發表的論戰文字將近百萬言。如果説梁啓超在逃居日本最初數年,他抨擊清政府,怒斥西太后,以及介紹資產階級思想學説的言論,還曾起過相當的進步作用;那麽,到他與《民報》論戰時期,他的反動性一面就暴露得更清楚了。他宣揚,中國人民"非有可以爲共和國國民之資格"[1],因此,"與其共和,不如君主立憲;與其君主立憲,又不如開明專制"[2]。這種反對革命的論調,理所當然地受到革命派的批判。

【注】
[1] 此句見梁啓超《開明專制論》,《文集》之十七,第38頁。
[2] 此句見梁啓超《開明專制論》,《文集》之十七,第53頁。

爲了緩和人民的不滿情緒,抵制革命勢力的發展,清政府於1906年9月1日下詔宣佈所謂"預備立憲"。梁啓超馬上響應，宣稱："從此政治革命問題可告一段落，此後所當研究者，即在此過渡時代之條理何如。"[1]不久，他便與康有爲決定，將他們慘淡經營的保皇會改名爲憲政會，緊密配合清政府的步調。梁啓超積極展開活動，與當時在日本的楊度、蔣智由、徐佛蘇等聯絡，籌劃建立政黨式的團體。後因楊度與蔣智由互不相能，且在策略上也略有分歧，楊遂別創憲政公會，梁啓超則主使蔣智由、徐佛蘇等出面做發起人，於1907年10月正式成立政聞社，並發刊《政論》雜誌。在《政聞社宣言書》中，梁啓超特別聲明"其對於皇室絕無干犯尊嚴之心，其對於國家，絕無擾紊治安之舉"[2]，企圖求得清廷的容納。對於以孫中山爲首的革命黨，他明確提出了鬥爭的方針。梁在給康有爲的信中說："今者我黨與政府死戰，猶是第二義，與革黨死戰，乃是第一義；有彼則無我，有我則無彼。"[3]這既反映了改良與革命兩條道路的對立，同時也反映了，同以海外爲基地，同以華僑爲經濟後援的這兩黨之間激烈爭奪的情況。

【注】

[1] 此句見梁啓超《致蔣觀雲先生書》，《梁任公先生年譜》上册，第212—213頁。
[2] 此句見《文集》之二十，第28頁。
[3] 此句見梁啓超《致康有爲書》，《梁任公先生年譜》上册，第218頁。

1908年初，政聞社本部內遷到上海，梁啓超把徐佛蘇、湯覺頓等許多重要骨幹都派回國內，與各地立憲派聯絡,參與策動國會請願運動。有些政聞社社員則竭力鑽營幕府,爭取官僚的同情。

儘管梁啓超向朝廷做了忠順的表示,但統治集團對康、梁的活動却始終懷有疑忌。特別是戊戌政變以來,與康、梁結怨甚深的袁世凱,對康、梁的活動尤有戒心。1908年夏,曾出現一次國會請願的高潮,當時政聞社員、法部主事陳景仁上朝廷一電,不但奏請定三年召集國會,而且要求把主張緩行立憲的赴德國考察憲政大臣于式枚革職以謝天下。這激怒了朝廷及所有守舊大臣。袁世凱乘機進言,陳景仁背後有康、梁操縱,要求對政聞社采取嚴厲措施。當時,清廷正苦於無計應付請願運動,遂即下令將陳景仁革職,查禁政聞社。這一打擊大出梁啓超意外,他曾力謀挽救,終無效果,政聞社宣告解散。

但康、梁及其徒黨並未就此停止活動。他們在繼續參與國會請願運動的同時,特別加緊進行倒袁和謀求開放黨禁(即赦還康、梁)的活動。爲此,梁啓超曾決定以重金賄賂滿人貴族和某些軍機大臣,他還爲某些朝廷大員代擬立憲奏摺與説帖,藉以加強同上層的聯絡。1910年2月,《國風報》創刊,梁啓超又得以發揮其影響輿論的特殊作用。1910年秋,梁委派他最得力的助手湯覺頓以日本華僑商界國會請願代表的名義進京,活動開放黨禁。但直至清朝滅亡,梁啓超的"乞赦"要求,始終未得清廷的許可。而袁世凱的一度被罷斥,也只是當時統治集團內部鬥爭的結果,非只康、梁活動之力。

1911年10月10日,武昌起義爆發。梁啓超在日本聞訊,惶惶然不可終日,亟謀阻止革命軍的進展。他與康有爲拋出所謂"虛君共和"的主張,企圖要革命黨與清廷妥協,保住清廷的地位。他指使黨徒在南北兩方面進行活動,他本人也於11月間潛赴瀋陽,窺伺時機,準備入京。後因時局對他不利,又折返日本,在一段時間裏,陷入進退維谷的窘境。

1912年2月,南北議和後,清帝退位,袁世凱取得了臨時大總統的地位。這時,亟謀"出山"的梁啓超,看到十幾年前出賣維新運動的讎敵已成了控制時局的中心人物,遂不計宿怨,極力與之聯絡。2月23日,他致書袁世凱,稱頌他"功在社稷,名在天壤","率土歸仁,羣生託命";表示"以逋越餘生[1],感非常知遇,又安敢徒作諛頌之辭,而不竭其恲恲[2],以圖報稱[3]"。信中詳陳關於理財、治政、組黨等項建議,並極力爲其黨徒謀取地位。但那時同盟會的政治力量仍很大,許多革命黨人反對梁啓超回國搞政治投機。梁啓超的黨徒們有所畏懼,寫信勸他暫緩回國。後來,同盟會的勢力日趨散漫,而有一部分清末官僚政客和立憲派團體所組成的黨派,紛紛出現,它們雖然互有矛盾,但在對付同盟會的問題上卻有相當的一致性。在這種情況下,梁啓超的黨徒們加緊活動,爭取到各黨派首腦對梁的同情,袁世凱也想利用這一情況來提高自己的政治聲望,表示歡迎梁啓超回國。

【注】

[1] 逋越,流亡。

〔2〕罨罨,誠心。
〔3〕此句見梁啓超《致袁項城書》,《梁任公先生年譜》上册,第380頁。

1912年10月,梁啓超結束了十四年的流亡生活,從日本回國。到京後,曾受到官僚政客及各種黨派和社會團體的相當熱烈的歡迎,袁世凱也以優禮相待,梁啓超十分得意。他積極着手組黨,爲袁政府效力,得到袁的慷慨資助。12月,梁在天津創辦《庸言報》,發表過許多關於行政、理財、司法等方面的文章,實際很像給政府上的條陳。

梁啓超在歸國前,曾列名於湯化龍、林長民等人組織的共和建設的討論會。回國後,他於1913年2月,又加入了以黎元洪、張謇等爲首的共和黨。5月,共和黨與章炳麟的統一黨、湯化龍的民主黨合併成進步黨,推黎元洪爲理事長,梁啓超、張謇等爲理事。實際上,梁是該黨的精神領袖。他直言不諱地以孫中山領導的國民黨爲敵黨,特別讎視其左派,詆爲"亂暴派",時時加以攻擊。

1913年7月,孫中山領導一部分革命黨人,發動了反袁的"二次革命"。這時,梁啓超發表《革命相續之原理及其惡果》一文,激烈地加以攻擊。隨後,就在鎮壓二次革命的硝烟未散之際,進步黨人熊希齡爲首的内閣出現了,梁當上了司法總長,從此更加頻繁地出入總統府,爲袁世凱出謀劃策。10月,在進步黨支持下,袁壓迫國會舉他爲正式總統。11月,袁下令解散國民黨,取消國民黨員議員資格。這時,袁自覺獨裁總統的位置已經坐穩,接着便於1914年1月悍然下令解散了國會,梁啓超及其進步黨也就形同敝屣,被抛到一邊了。2月,梁辭去司法總長職務,袁世凱改任他爲幣制局總裁,至12月也辭掉,於次年1月避居天津。

1915年初,袁世凱開始陰謀復辟帝制。5月,袁爲換取日本帝國主義的支持,竟承認其滅亡中國的"二十一條",激起了全國人民的反對。梁啓超一方面不贊成變更國體,一方面對袁仍存幻想。7月間,梁還參加了袁所指派的憲法起草委員會,對帝制活動態度頗不明朗。到8月間,復辟帝制的醜劇由隱蔽而公開,各地反袁活動更加深入發展。這時,梁啓超看到袁世凱已經如坐火山口上,再不能持以曖昧態度。他在致其同黨的一封信中說:"當此普天同憤之時,我若不自樹立,恐將有煽而用之,假以張義聲者,我爲牛後[1],何以自存?"[2]於是他趕緊發表《異哉所謂國體問題者》一文,搶過反袁的旗幟。緊接着,他邀蔡鍔到天津密商反袁計劃,決定借重蔡在雲南舊部的勢力,組織武力討袁。梁啓超打算在討袁鬥爭中造成自己的武力和地盤,以便謀取更大的政治利益。在蔡鍔潛回雲南時,梁啓超也於12月離天津赴上海。12月25日,蔡鍔在雲南宣告獨立,揭櫫護國的旗幟,發兵討袁。隨後,貴州、廣西等省相繼響應。梁應廣西都督陸榮廷的邀請,於1916年3月離開上海,在日本人幫助下繞道越南進入廣西,在陸的"兩廣護國軍都司令部"中任總參謀。廣東"獨立"後,5月1日于肇慶成立"兩廣都司令部",梁任都參謀。在此期間,他協助陸榮廷與假獨立的廣東龍濟光達成妥協。5月6日,西南各省聯合組織的軍務院在肇慶成立,梁任撫軍兼政務委員長。軍務院初期所發的各種布告、文電等,大抵皆出梁啓超之手。

【注】

〔1〕牛後,從屬於他人。
〔2〕此句見梁啓超《致籍亮儕、陳幼蘇、熊鐵厓、劉希陶書》,《專集》之三十三,第28頁。

5月中旬,梁啓超離廣東去上海,隨即到南京與馮國璋協商迫袁退位等問題。不久,他以居父喪為名,辭去軍務院本兼各職,留居上海,等待時機。

是年6月,袁世凱帝制破產,憂憤而死,段祺瑞成了北洋軍閥最有實力的首領。梁啓超於袁死的第二天,就致電南方討袁的各都督司令,聲稱:"收拾北方,唯段是賴,南方似宜力予援助,毋使勢孤,更不可懷彼我成見,致生惡感。即對袁,似不妨表相當之哀悼而攬同情。"[1]這進一步暴露了他反袁的投機性質,同時表明他繼續投靠北洋軍閥的打算。為了討好段祺瑞,他極力勸促西南軍閥的首領唐繼堯盡早解散軍務院,免與北京國務院對立。

【注】

〔1〕此句見梁啓超《致各都督司令電》,《專集》之三十三,第54頁。

8月,舊國會在北京復會。這時進步黨的政客林長民等組織憲法研究會，隨後與湯化龍等人的憲法討論會合併，結成了以梁啓超爲首的所謂"研究系"政客集團，依附北洋軍閥，從事政治投機活動。

1917年1月，梁啓超到北京。當時，任國務院總理的段祺瑞，與總統黎元洪之間，正圍遶着"參戰"問題展開權力之爭。梁啓超積極支持段祺瑞，要挾黎元洪和國會批准對德宣戰。在黎、段矛盾日益尖銳的情況下，5月23日黎元洪下令解除段祺瑞的總理職務，引起段派督軍的激烈反對。6月，長江巡閱使張勳，借"調停"的名義，率領"辮子軍"進北京，一手導演了清室復辟的醜劇。梁啓超遂又支持段祺瑞討伐張勳，爲他起草討張檄文。在驅逐了張勳之後，馮國璋就任總統，段祺瑞重行組閣，擁段有功的梁啓超乃出任財政總長兼任鹽務總署督辦。梁在財政總長任内兩度嚮日本帝國主義乞得有損主權的借款，爲段祺瑞充實軍備，實行武力統一的反動政策效勞。同時，他還獻策，拒絶恢復在張勳武力脅迫下解散的舊國會，而召集便於段祺瑞控制的臨時參議院，以便排斥國民黨，爲研究系謀取有利的地位。但後來在四川内戰問題上，梁啓超支持原蔡鍔的部下戴戡，與段祺瑞的武力統一政策發生矛盾。當戴戡被段所支持的川軍打敗身死之後，梁啓超便已完全失去了段的歡心，遂於是年11月辭職回天津私寓，深居不出。

1918年底，梁啓超與張君勱、蔣百里等，以半官方的身份（名義爲巴黎和會中國代表團的會外顧問）去歐洲旅游，歷時一年多，於1920年3月回國。那時，中國歷史已開始了新的一頁，進入新民主主義革命時期，以"五四"運動爲標誌的新文化運動方興未艾。在這種情況下,梁啓超決心放棄實際政治活動,改而致力於文化教育事業。他在《歐游心影録》中宣稱,歐洲文明已經破產,人類的前途要靠發揚中國的"固有文明"來拯救。這顯然是反對"五四"新文化運動,反對馬克思主義在中國的傳播。

梁啓超回國後,立即與張君勱、蔣百里等着手組織以編譯出書爲主要業務的共學社,改組《解放與改造》雜誌(1919年9月創刊,改組後,從1920年9月第三卷起改名爲《改造》),又派人接辦中國公學,並設法向南開大學等校推薦人員,梁本人則不遺餘力地撰文著書和到處講學,全力以赴地爭奪文化教育陣地。1921年,他發表《復張東蓀論社會主義運動》一文,反對無產階級革命,挑起了一次有關社會主義問題的論戰;1922年10月至是年底,他在東南大學講述《先秦政治思想史》,借題發揮,反對馬克思主義學説。以後幾年,他又先後在南開大學、清華學校等處講學,并發表了許多鼓吹尊孔讀經的文章。但在這期間,他也寫出了《清代學術概論》、《墨經校釋》、《中國近三百年學術史》以及《中國歷史研究法》等幾本頗有價值的學術著作。

梁啓超晚年,正值中國革命的高潮時期。1926年國民革命軍開始北伐,在中國共產黨領導下,工農革命運動空前高漲。梁啓超既恐懼又雠視,在給他子女的信中抑制不住地咒駡中國共產黨和工農革命羣衆。

1925年9月,梁啓超就任清華研究院導師;同年12月,就任京師圖書館館長;次年春,又就任以美國退還庚款籌立的北京圖書館館長；秋間，就任司法儲才館館長。1927年6月，在北洋軍閥行將覆滅的關頭，梁啓超倉惶出京，跑到天津匿居。1928年11月，以重病入北平協和醫院，1929年1月19日病死。

梁啓超生平著述極多。他死後，其友人林志鈞編輯出版了《飲冰室合集》，共一百四十八卷。

選自《民國人物傳》卷二

廖　平 (1852—1932)

　　廖平，字季平，1852年2月29日（清咸豐二年二月初九）生，四川井研人。家貧，其父曾爲人牧牛、傭力，後稍自給，在鹽井灣設一磨坊，廖平始能讀書並勤於學。1873年（清同治十二年），張之洞放四川學政[1]，次年院試[2]，張對廖平很是賞識，拔爲第一，補爲縣學生。1876年（清光緒二年），調尊經書院肄業。不久，王闓運到四川[3]，主講尊經書院，授《春秋公羊學》，談今文經說，廖平受其影響，稱"高第弟子"，與綿竹楊銳、漢川張祥齡齊名[4]。1879年鄉試考中第二十四名舉人。1890年成進士，以知縣用。廖平考慮親老，不願到遠處做官，請求改就教職，選授龍安府學教授。歷署射洪訓導、綏定府學教授、尊經書院襄校[5]，及嘉定九峰書院、資州藝風書院、安岳鳳山書院山長等職[6]。

【注】

[1] 學政，"提督學政"的簡稱，亦稱"督學使者"。清代中葉以後，派往各省，按期至所屬各府、廳考試童生及生員；均由侍郎、京堂、翰林、科道及部屬等官由進士出身者簡派，三年一任。不問本人官階大小，在充任學政期間，與督、撫平行。光緒三十二年（1906）改提學使，辛亥革命後廢。

[2] 院試，清代由各省學政主持的考試，經府試録取的士子可參加

院試。以學政稱提督學院,故亦名院試,又以舊制稱提學道,故亦沿稱道考。

〔3〕王闓運(1833—1916),字壬秋,湖南湘潭人。咸豐舉人,太平軍起義時,曾入曾國藩幕。後講學四川、湖南、江西等地。清末授翰林院檢討,加侍講銜。辛亥革命後,任清史館館長。所著除經子箋注外,有《湘軍志》、《湘綺樓日記》等。後門人輯其著作爲《綺樓湘全集》。

〔4〕楊鋭(1857—1898),字叔嶠,又字純叔,四川綿竹人。初爲張之洞弟子,後以舉人授內閣中書。1895年(光緒二十一年)參加強學會,後參預新政,戊戌政變時遇害。爲"戊戌六君子"之一。

〔5〕襄校,猶書院山長的助理。

〔6〕山長,五代蔣維東隱居衡岳講學,受業者稱蔣爲山長。元代書院設山長,在講學之外,並總領院務。清乾隆時改名院長,清末仍名山長。

　　廖平早年研求宋學[1],後來逐漸專門分析經學中的今文、古文[2]。他的學説以善變稱,大體説來,從1883年到1902年的二十年間,學凡四變。第一變講"今古"。初持古文爲周公所創、今文爲孔子所創之説,認爲今文學崇奉的《王制》和古文學尊崇的《周禮》可"同治中國"[3],分別周公和孔子的異同。這時雖平分今古,但已説"《左傳》出於今學方盛之時,故雖有簡編,無人誦習,僅存秘府而已。至於哀、平之際,今學已盛而將微,古學方興而未艾,劉歆目爲此編,遂據以爲今學之敵,倡言求立。至於東漢,遂古盛而今微,此風氣盛衰迭變之所由也"[4]。已對古文經學的創始人劉歆表示不滿。代表作是《今古學考》。

【注】

〔1〕宋學，宋儒的理學，後世把注重義理的學問叫做宋學，以別於漢學。
〔2〕今文，今文經學，指漢代學者所傳述的儒家經典，用當時通行的文字（隸書）記錄。大都沒有先秦的古文舊本，而由戰國以後學者在師徒父子間傳授，到漢代才一一寫成定本。古文，古文經學，指秦以前用古文（籀文、蝌蚪文、大篆）書寫而由漢代學者加以訓釋的儒家經典。
〔3〕《王制》，《禮記》篇名。漢文帝命博士諸生雜採六經古制，比較系統地記述有關封國、爵祿、朝覲、喪祭、巡狩、刑政、學校等典章制度。内容同真實的商、周禮制不盡相符，與《周禮》亦多不合，今文經學家每據以排詆古文經學。可以考見中國古代的政治制度和儒家的政治思想。《周禮》，亦稱《周官》或《周官經》，儒家經典之一。搜集周王室官制和戰國時代各國制度，添附儒家政治理想，增減排比而成的匯編。古文經學家認為周公所作，今文經學家認爲出於戰國，也有人指爲西漢末年劉歆所偽造。近人曾從周、秦銅器銘文所載官制，參證該書中的政治、經濟制度和學術思想，定爲戰國時代的作品。
〔4〕此句見廖平《今古學考》卷一《經話》。

第二變講"尊今抑古"。1884年廖以為今文是孔子的真學，古文是劉歆的偽品。自稱："當時分教尊經，與同學二、三百人朝夕研究，析羣言而定一尊，於是考究古文學淵源，則皆出許、鄭以後之偽撰[1]，所有古文家師説，則全出劉歆以後據《周禮》、《左氏》之推衍。又考西漢以前言經學者皆主孔子,並無周公。六藝皆爲新經,並非舊史。於是以尊今者作爲《知聖篇》、辟古者爲《辟劉篇》。"[2] 代表作是《知聖篇》、《辟劉篇》。這一時期,他尊奉孔子之"聖",攻擊劉歆之"篡",爲康有爲《新學僞經考》、《孔子改制考》所本。

【注】

〔1〕許,許慎;鄭,鄭玄。
〔2〕此句見廖平《經學四變記·二變記》。

第三變講"小大"。1898年說什麽《周禮》是皇帝書,與《王制》大小不同,"一内一外,兩得其所"。代表作是《地球新義》、《王制集說》、《皇帝疆域圖》。

第四變講"天人"。1902年廖以《尚書》爲"人學",而《詩》、《易》則"遨遊六合以外",是"天學"。他把過去寫的《詩》、《易》舊稿加以改正,專門講天人之說的演進。代表作是《孔經哲學發微》。

戊戌政變後,因康有爲援引今文經說,推演變法維新,受到廖平啓發,於是廖平被劾爲"離經叛道"、"逞臆說經",被革職。1909年,四川提學使趙啓霖又以廖平講左丘明實無其事,《春秋》三傳都出於子夏,說是"穿鑿附會",命四川各學堂不得再延廖平講學。1911年,辛亥革命起。次年,劉師培任四川國學館館長[1],聘廖講經學。接著,出席全國讀音統一會,爲四川代表。1914年,任四川國學學校(後改爲公立四川國學專門學校)校長,後并兼高等師範、華西大學教授,至 1922 年辭退。

【注】

〔1〕劉師培(1884—1920),字申叔,號左盦,江蘇儀徵人。1903 年在上海結識章炳麟、蔡元培等愛國學社成員,遂贊成革命,改名光漢,1904 年加入光復會。後赴日入同盟會,與張繼在東京舉辦"社會主義講習會",並與其妻何震創辦《天義》等刊物,宣傳無政府主義,反對民族革命。1909 年爲兩江總督端方收買,入其幕。1911 年後,在四川國學院講學。1915 年追隨楊度,參加發起"籌安會",擁護袁世凱稱帝。1917 年被蔡元培聘爲北京大學教授。其家世傳漢學,對經學、小學及漢魏詩文皆有深邃研究,撰述甚富。近人輯爲《劉申叔先生遺書》,凡七十四種。

民國以後,廖平的學說又有改變,先把"小大"融合在"天人"之内,講"人學、天學"(第五變,1918 年),以六經皆孔子所作,各有領域,《禮》、《春秋》、《尚書》三經爲"人學",《周禮》、《王制》爲之傳;《易》、《詩》、《樂》三經爲"天學",以《靈素》、《山海經》、《莊子》、《列子》、《楚辭》爲之傳,"各有皇帝、五伯四等"。後來又想再變一下,但愈變越離奇,終於没有變出來。

1932 年 6 月 5 日,廖平由嘉定返里的途中病逝。廖平著書甚多,除經學著作外,兼及醫術、堪輿,撰有《四益館經學叢書》,後又增益爲《六譯館叢書》。

選自《中華民國史資料叢稿》第十五輯

章　炳　麟（1869—1936）

　　章炳麟[1]，字枚叔，初名學乘，浙江餘杭人。因慕顧炎武之爲人，改名絳，別號太炎。幼從外祖朱有虔讀經，偶讀蔣氏《東華錄》曾静案[2]，朱謂"夷夏之防，同於君臣之義"，暇以明、清遺事及王夫之、顧炎武著述大旨相曉，"輒言有清代明，寧與張、李也"[3]，"排滿之思想，遂醖釀於胸中"。年十六，當應縣試，病來往，任意瀏覽《史》、《漢》。"冥志覃思，然後學有途徑，一以荀子、太史公、劉子政爲權度[4]。持此三子以觀古今中外之册籍，有旁皇周浹者日知之矣"。十八歲，"壹意治經，文必法古"。逾年，得《明季稗史》十七種[5]，排滿思想始盛。光緒十六年，年二十三矣，肄業詁經精舍[6]，時俞樾主教，言稽古之學，出入八年，相得也。課藝多文字餖飣、經義詮解[7]，宗漢學而略取宋學，崇古文而未摒今文。又考釋經子，匯爲札記，始專治《左氏傳》[8]。

【注】

〔1〕章炳麟，近代民主革命家、思想家。其生平傳記很多，如《太炎先生自定年譜》、《自述學術次第》、陳獨秀《章炳麟與民國》、魯迅《關於太炎先生二三事》、高京成《章太炎年譜》、湯志鈞《章太炎年譜長編》、王有爲《章太炎傳》等數十種。

〔2〕蔣氏《東華錄》,清蔣良驥等摘鈔《清實錄》而成的編年體史料長編,經王先謙等增補,凡一百卷,改稱《十一朝東華錄》。內記述曾靜因讀呂留良遺著而反對清朝統治,結果曾靜被殺,呂留良被剖棺戮屍、焚燬著述的史實。
〔3〕張,張獻忠;李,李自成。
〔4〕荀子,荀況;太史公,司馬遷;劉子政,劉向。爲權度,作爲標準。
〔5〕《明季稗史》,清留雲居氏輯。
〔6〕詁經精舍,清代書院,在杭州西湖孤山,嘉慶六年(1801)阮元爲浙江巡撫時創建,祀許慎、鄭玄,延聘王昶、孫星衍、俞樾等先後主講。
〔7〕餖飣,食品堆疊貌,用以比喻文辭的羅列堆砌。
〔8〕《左氏傳》,《春秋左傳》。

　　二十一年,馬關訂約,康有爲以公車上書得名,集強學會,募人贊助,章納會費十六元,報名入會。次年,與夏曾佑交〔1〕,曾佑時張《公羊》、《齊詩》之説〔2〕,炳麟以爲詭誕,專慕劉歆〔3〕,刻印自言私淑。初,康有爲著《新學僞經考》〔4〕,時人多稱道之,炳麟以爲"恣肆",嘗擬"駁議"數十條,撰《駁箴膏肓評》、《砭後證》難劉逢祿以申鄭玄。秋七月,《時務報》在滬創刊,炳麟與經理汪康年有舊〔5〕,貽書商討〔6〕:"大著宗旨,不欲臧否人物,韙非教令,斯誠定、哀微辭,言者無罪。抑商権法制,無過十端,數冊以往,語欲屈竭,則繡其鞶帨矣。芻蕘之見,謂宜馳騁百家,掎摭子史,旁及西史,近在百年,引古鑒今,推見至隱。昔太冲《待訪錄》原君論學,議若誕謾,金版之驗,乃在今日。斯固瑋琦幼眇，作世模式者乎？如鄙見可採，尚有數首，即當寫奉，證今則不爲巵言，陳古則不觸時忌。昔人以《三百五篇》諫者，其是謂歟？"十二月，離詁經精舍，任職《時務報》。

【注】

〔1〕夏曾佑(1863—1924)，字穗生，號穗卿，浙江杭州人。光緒進士，1897年在天津創辦《國聞報》，宣傳新學，鼓吹變法。著作有《中國古代史》。

〔2〕《公羊》，《春秋公羊傳》。《齊詩》，《詩》今文學派之一，漢初齊人轅固生所傳，喜引讖緯，以陰陽災異推論時政。

〔3〕劉歆，西漢古文經學派的開創者，本書有傳。

〔4〕《新學僞經考》，是康有爲主張託古改制的重要著作之一，斷定東漢以來的古文經學多出自劉歆爲助王莽"新朝"而作僞的經學。此書清光緒十七年(1891)刊行，今有1956年古籍出版社本。

〔5〕汪康年(1860—1911)，字穰卿，清末浙江錢塘(今杭州)人。曾入張之洞幕，1895年參加上海强學會，次年與夏曾佑辦《時務報》，後又辦《中外日報》、《京報》、《芻言報》等。

〔6〕貽書商討，指奉致汪康年書，商討問題。原手迹見《汪穰卿先生師友手札》，上海圖書館藏。

二十三年春，因閱西報，知倫敦使館有逮捕孫逸仙事[1]，因問梁啓超："孫逸仙何人？"梁云："此人蓄志傾覆滿洲政府。"章心甚壯之。爲《時務報》撰論二：《論亞洲宜自爲脣齒》曰[2]："爲今之計，既修內政，莫若外昵日本[3]，以禦俄羅斯。兩國斥候[4],迄遘於東海[5],勢若橄榜[6],無相負棄,庶黃人有援,而亞洲可以無躓[7]。""夫發憤爲天下雄,則百年而不仆,怠惰苟安,則不及十年而亦仆。吾所議者,爲發憤者言也,非爲怠惰苟安者言也。夫苟怠惰苟安,雖有形勢,若旅順之厄、馬尾之險,可以失之;發憤而爲雄,而後以鄰國犄角爲可恃也。不然,則一飯之頃,已潰敗決裂矣,安能十祀[8]?"《論學會大有益於黃人亟宜保護》[9],曰:"政府不能任而士民任之,於是奔走展轉,搜徒索偶,以立學會。推其用意,凡民有喪,匍匐救之,所謂以繩墨自矯,而備世之急者,此誠豪俊成學之任,而非童龀彪蒙所與能也[10]。宜有以紏之合之禮之養之宣之布之,使比於賓萌[11],上説下教,以昌吾教,以強吾類。是而不行,人終以科舉爲清望[12],而以他途爲卑污庳下,則仍驅高材捷足以從學究矣。"繼陳外患日迫,內政孔憂,"然則如之何而可?曰:以教衛民,以民衛國,使自爲守而已。變郊號,柴社稷,謂之革命,禮秀民,聚俊材,謂之革政。今之亟務,曰:以革政挽革命。"

【注】

〔1〕逮捕孫逸仙事,指 1896 年 10 月 11 日清政府駐英倫敦大使館人員綁架孫中山,擬偷運回殺害的事情。

〔2〕《論亞洲宜自爲唇齒》,原文刊於《時務報》十八册,光緒二十三年正月二十一日出版。

〔3〕昵,親近。

〔4〕斥候,偵察。

〔5〕迭道，即"交錯"，東西爲交，斜行爲錯。
〔6〕檠，同"櫄"；檃、榜，皆是正弩的工具。這裏喻相互矯直的意思。
〔7〕躓，跌倒。
〔8〕祀，年。
〔9〕《論學會大有益於黄人亟宜保護》，原文刊《時務報》第十九册，光緒二十三年二月初一出版。
〔10〕童齔，剛换齒的兒童；彪蒙，小虎仔。
〔11〕賓萌，又稱"賓孟"，游士説客。
〔12〕清望，指動仗名義有清流雅望的人。

　　康門視有爲"教皇"、"南海聖人"，炳麟哂爲"病狂語，不值一欪[1]"，"始終不能與彼合也"，"論及學派，輒如冰炭"，共事不永，遂告分離。另在杭州編報。七月初五日，《經世報》創刊[2]，撰《變法箴言》，曰："學堂未建，不可以設議院；議院未設，不可以立民主。事變之決塞，必有先後，皆出於幾[3]。自有地球三十九期以來，石刀銅刀鐵刀之變，非由政令發徵，而民靡然從之，其幾迫也。聖人者，因其幾而導之人，故舉無不起，廢無不墜。今也，駿特儇黨之士[4]，丁時未至，盱衡屬色[5]，悍然而爲之，志固不遂，且危其身矣。""民不知變，而欲其速化，必合中西之言以喻之。喻人之術，横説之則以《詩》、《書》、《禮》、《樂》，縱説之則以金版六弢[6]，其一曰宙極之史，其一曰六合之成事。人莫信其覿髣閬略之聲而信其目睹[7]。是故陳古而閔，不如道今；有獨喜其覿髣閬略之聲音，與道今而不信，則又與之委蛇以道古。故合中西之言以喻民,斯猶慈石之引鐵[8],與樹之相近而靡也。"

【注】

〔1〕欨,戲笑的聲音。
〔2〕《經世報》,戊戌變法運動期間浙江維新派的報刊,由章炳麟、陳虬、宋恕等主編。1897年8月在杭州出版,出刊十餘期即止。
〔3〕幾,事物内部的一種契機和朕兆,意近"必然性"。
〔4〕駿,通"峻",高大;駿特,高大奇特。俶儻,即"倜儻",卓異、豪爽。
〔5〕盱衡,舉眉揚目。
〔6〕金版、六弢,相傳爲古代言兵的謀略著作。
〔7〕覭,同"冥";覭髳,昏闇。闊略,空疏。
〔8〕慈,通"磁"。慈石之引鐵,磁石吸鐵。

又有《平等論》,謂"平等之説,非撥亂之要也"。"雖然,吾嘗有取矣,取夫君臣之權非平等,而其褒貶則可以平等也。昔者埃及之王稱法老,死,大行至窆所,或頌其德,或指其郵,以得失相庚償,過多則不得入墓,其王亦深自飭厲[1],懼罹罪辟,莫敢縱欲,是即中國稱天下以誅天王之義[2],是即《春秋》有罪不書葬之義。"讀《管子書後》謂"管子之言,與時化者,莫善於《侈靡》,斯可謂知天地之際會,而爲《輕重》諸篇之本,亦泰西商務所自出矣。"睹泰西"貿易攻人而有餘",亦言"工藝"云。

【注】

〔1〕飭厲,同"敕厲",告誡勉勵。
〔2〕誄,表彰死者德行並致哀的文辭。

八月,王斯源、王仁俊創《實學報》於滬[1],炳麟撰《序》以應之,曰:"夫報章者,誠史官之支與餘裔也。劉子駿有言:'墨家者流,蓋出於清廟之守。'其在周初曰史佚,其後曰史角,然則墨翟學於史氏。故其聲光熱重之學,奭然爲諸子最[2]。今爲《實學報》,其必念夫墨子而後二千餘年,旁魄熔凝以有是篇,必奭然爲紀事之書最。"

【注】

〔1〕《實學報》,1897年8月在上海創刊,旬刊,經理爲王仁俊,總編輯爲章炳麟。該報按天、地、人、物四綱編纂,但多有反對維新的文字,被頑固派視爲同道,出十餘册而止。
〔2〕奭然,自然而然,無阻礙。

十月,主筆《譯書公會報》,"乃取夫東西朔方之報章,譯以華文,冠之簡端,使學者由唐陳而識宦奥[1]。蓋自輶車使者之職以溯秘書[2],其陳義略備矣"。"嗟夫!五十年以往,士大夫不治國聞,而沾沾於聲病分隸[3],戎士視簡閲僅若木熙[4],無一卷之書以教戰者,懷安飾譽,其禍遂立見於今日。……泰西政藝,各往往取諸希臘、羅馬,而文明遠過其本。然則是譯書會者,安知不如微蟲之爲珊瑚,與蠃蛤之積而爲巨石也[5]。烏呼!斯又夸父、精衛之志也[6]。"

【注】

〔1〕唐陳,唐人之説,即漢語。陳,猶説。宦奥,入室門徑。
〔2〕輶車,輕車;輶車使者,指奉命的使者。
〔3〕聲病,音韻錯誤。分隸,泛指書體。
〔4〕簡閲,檢閲隊伍。木熙,指雜技。
〔5〕蠃,通"螺";螺蛤,皆軟體動物。
〔6〕夸父,古代神話人物,指夸父追日影未至,口渴而死;精衛,古代神話中的鳥名,以西山的木石,想填平東海。

　　冬,割膠事起〔1〕,瓜分之形,曒如泰山,於二十四年正月,上書李鴻章,企求"轉旋逆流"。謁張之洞於武昌,辦《正學報》,"蓋使孤陋者不囿於見聞以阻新政,而穎異之士亦由是可以無遯於邪也"。之洞方草《勸學篇》〔2〕,出以示章,"見其上篇所説,多效忠清室語,因答曰:下篇爲翔實矣。"未幾,謝歸。七月初一日,主上海《昌言報》〔3〕,八月政變起,"六君子"遇難,炳麟祭之:"彼握璽者,政君是悦。一髮之懸,宗周未滅。王母虎尾,孰云敢履?惟我六賢,直言以抵。寧不懼咥,固忘生死。上相秉威,狼弧枉失。以翼文母,機深結閉。大黄擬之,泰阿抵之,長星既出,燒之薙之。係古亡徵,黨人先罹。斷鰲之足,實惟女媧。匪喪陳寶,喪我支那。孰不有死,天柱峨峨。上爲赤燥,下爲大波。洞庭之濤,與君共殂。"鈎黨令下〔4〕,避地臺灣,任職《臺灣日日新報》。十二月,輯論政論學文字爲《訄書》〔5〕。

【注】

〔1〕割膠事起,指1897年11月德國借口教士被殺,派艦隊占膠州灣,次年強迫清政府訂立租借膠州灣的條約。

〔2〕《勸學篇》,清張之洞著,1898年刊行。爲闡述"中體西用",宣傳洋務思想的代表作,故深得清廷賞識,光緒帝曾下旨頒行各省。十日之間,三易其版,但亦遭到維新派的反駁。

〔3〕《昌言報》,戊戌時維新派刊物,1898年8月17日由原《時務報》改名續辦,旬刊,汪康年爲總理。分載譯論、諭旨等,共出十册即停刊。

〔4〕鈎黨,相牽連的同黨。

〔5〕《訄書》,爲章炳麟在戊戌變法前後所寫論文的結集,表示作者對甲午戰後民族危亡情勢的激憤心情。初刊本刻於清光緒二十五年(1899),共五十篇。後隨作者的思想變化,幾次修訂、增删,1914年又更名《檢論》出版。

二十五年春,寓居臺灣,以爲梁啓超近作"稍遜於前",而康有爲"移檄數四,亦卒無應者"。"謂與日本社會相合,而政府未必肯聽其請。此亦恒情,原不足詫。"然至此亦曉無兵枋者之不能變政矣[1]。撰《客帝論》[2],謂"支那之共主,自漢以來,二千餘年而未嘗易其姓也"。以滿族之主中國係"客帝",中國之"共主"則爲"仲尼之世胄"。尚"與尊清者游","棄本崇教","違於形勢"。

【注】

〔1〕枋,通"柄",兵枋,兵權。

〔2〕《客帝論》,原文刊《清議報》第十五册,光緒二十五年四月

(1899年5月)出版。1906年9月章炳麟作《客帝匡謬》,糾正《客帝論》的觀點。

五月,渡日本,因梁啓超始識孫中山於横濱旅次,相與談論排滿方略,極爲相得。自稱:"興公亦在横濱,自署中山樵,嘗一見之,聆其議論,謂不瓜分不足以恢復,斯言即浴血之意,可謂卓識。惜其人閃爍不恒,非有實際,蓋不能爲張角、王仙芝者也[1]。"七月,返至上海,與宋恕商變法立憲[2],炳麟云:"不可苟效憲法以迎致之,莫若理其本。理其本者,當除胡虜而自植。"八月,由滬轉浙,子處湖上,草《翼教叢編書後》[3],與湘中腐儒駁難,謂"是書駁康氏經說,未嘗不中窾要[4],而必牽涉政變以爲言,則自成其瘢宥而已[5]"。"詆其説經而並及其行事,此一孔之儒之迂論,猶可説也。乃必大書垂簾逐捕之詔以泄私憤,則吾所不解也。""苟執是非以相争,亦奚不可,而必借權奸之僞嗣以爲炳,則何異逆閹之陷東林乎[6]?""今之言君權者,則痛詆康氏之張民權;言婦道無成者,則痛詆康氏之主男女平等。清談坐論,自以孟、荀不能絶也。及朝局一變,則幡然獻符命,舐癰痔惟恐不亟,並其所謂君權婦道者而亦忘之矣。夫康氏平日之言民權與男女平等,汲汲焉如鳴建鼓,以求亡子,至行事則惟崇乾斷,肅宫闈,雖不能自持其義,猶不失爲忠於所事。彼與康氏反唇者,其處心果何如耶?"冬,《訄書》木刻本付梓。

【注】

〔1〕張角,東漢黃巾起義首領;王仙芝,唐末農民起義領袖。
〔2〕宋恕(1862—1910),原名存禮,改名恕,後改名衡,字平子,號六齋,浙江平陽人。曾在上海龍門書院任教,抨擊程朱理學,主張變法維新。晚年思想保守,宣傳"專制改進"之說。
〔3〕《翼教叢編書後》,原文刊《五洲時事匯編》第三册,1899年10月出版。此文是針對封建頑固派蘇輿輯《翼教叢編》而發。
〔4〕窾要,中心,核心。
〔5〕宥,通"囿";瘢宥,瘡疤。
〔6〕逆閹之陷東林,指明熹宗時閹宦魏忠賢專權,陷害黃尊素等,並使人造作《東林點將錄》,企圖徹底消滅東林黨人。

　　二十六年,義和團運動展開,八國聯軍入侵,炳麟上書李鴻章,"明絕僞詔,更建政府,養賢致民,以全半壁"。七月,參與唐才常上海"國會"〔1〕,因唐才常主張"一面排滿,一面勤王,既不承認滿清政府,又稱擁護光緒皇帝",實屬大相矛盾,"因宣言脱社,割辮與絶"〔2〕,尋以鉤黨甚急,歸鄉里度歲。

【注】

〔1〕上海"國會",清末維新派唐才常等人於1900年在上海成立政治組織自立會,並召集維新人士開"國會"於張園,推容閎、嚴復爲正副會長,唐才常任總幹事,提出擁護光緒帝當政的政綱,創造"新自立國"。
〔2〕割辮與絶,剪掉髮辮,決心與改良派決裂。

二十七年,赴蘇州東吳大學任教,往謁俞樾,樾"督敕甚厲",責以"不忠不孝",炳麟"謝本師"而退[1]。時梁啓超"迫於忠愛之念,不及擇音,而忘理勢之所趣",擁帝反后,悲痛革命,炳麟撰《正仇滿論》以辟之[2],曰:"然則滿洲弗逐,而欲士之爭自濯磨[3],民之敵愾效死,以期至乎獨立不羈之域,此必不可得之數也。浸微浸衰[4],亦終爲歐、美之奴隸而已矣。"

【注】

〔1〕謝,辭絕;謝本師,與老師斷絕關係的聲明。俞樾是清末經學大師,講求古言古制,通聖人之遺經,反對學生關心民族危亡,所以與章炳麟的意見不合。《謝本師》刊於1906年11月出版的《民報》第九號。
〔2〕《正仇滿論》,原文發表於1901年8月10日《國民報》第四期。辟,批駁。
〔3〕濯,洗滌;磨,磨煉。
〔4〕浸,漸漸;浸微浸衰,漸漸地衰微下去。

二十八年正月,以在東吳大學"言論恣肆",遭尋問,乘輪東渡,與孫中山"定交",而視聽始變。定期舉行支那亡國二百四十二年紀念會[1],親擬宣言書。六月返國,爲上海廣智書局"藻飾譯文",潛心乙部[2],曰:"所貴乎通史者,固有二方面:一方以發明社會政治進化衰微之原理爲主,則於典志見之;一方以鼓舞民氣、啓導方來爲主,則亦必於紀傳見之","有修《中國通史》之志",欲"熔冶哲理,以祛逐末之陋[3];鈎汲賾深[4],以振墨守之惑"。而《訄書》亦多修治,"復爲刪革傳於世"。

【注】

〔1〕支那亡國二百四十二年紀念會,1902年4月由章炳麟、秦力山等在日本東京發起,定於4月26日紀念明永曆帝覆亡二百四十二週年,號召留日學生"雪涕來會,以志亡國",因受阻,會議改在横濱補行紀念式。
〔2〕潛心,專心從事。乙部,史部。
〔3〕祛,除去。
〔4〕鈎汲,探求。賾,賾井,枯竭。深,深沉。

二十九年二月,在上海愛國學社任教。四月爲鄒容《革命軍》作序[1]。康有爲騰書主君主立憲,力護清帝,炳麟作書駁之[2]:"公理之未明,即以革命明之;舊俗之俱在,即以革命去之。革命非天雄、大黄之猛劑,而實補瀉兼備之良藥矣。"浸尋聞於清廷,《蘇報》案發[3],羈繋租界。獄中宣言"不認野蠻政府",組光復會[4]。

【注】

〔1〕《革命軍》,見本書《鄒容》傳。
〔2〕作書駁之,指《駁康有爲論革命書》,採取公開信的形式,先於1903年6月29日《蘇報》上發表摘録,同月在上海出版全文單行本。
〔3〕《蘇報》案發,創刊於上海的《蘇報》,於1903年發表推薦鄒容《革命軍》和章炳麟駁斥康有爲改良主義政見的論文,鼓吹革命,清政府勾結上海公共租界工部局於6月底逮捕章炳麟、鄒

容,《蘇報》被封。
〔4〕光復會,清末資產階級革命團體,1904年冬在上海成立,蔡元培任會長,以反對滿族貴族的封建專制,建立共和國為宗旨,後與興中會、華興會聯合成立中國同盟會。

三十二年五月,三年期滿,出獄東渡,主持《民報》[1],揭露改良派之污邪詐偽、志在干祿,斥責獻策者之自慕虛榮、私心曖昧,闡揚推翻清朝,建立民國之旨意,針鋒相對,所向披靡。

【注】
[1]《民報》,中國同盟會機關報,月刊,後為不定期刊。清光緒三十一年(1905年11月26日)創刊於日本東京,主編先後有張繼、胡漢民等,章炳麟於1906年8月間出任主編。

三十四年,日本封禁《民報》,炳麟親至警署,慷慨陳詞。嗣與同盟會齟齬日深,重組光復會。又授徒講學,撰成《小學答問》、《新方言》、《文始》、《齊物論釋》、《國故論衡》,於文史哲學多所創獲。

宣統三年,武昌首義[1],由日返國,不"欲以一黨組織政府",稱"革命軍興,革命黨消,天下為公,乃克有濟"。組中華民國聯合會於上海,旋改為統一黨[2]。主建都北京,任東三省籌邊使。

【注】
[1] 武昌首義,指1911年(宣統三年,辛亥)10月10日武昌起義。

〔2〕統一黨，1912年1月由原立憲派操縱的中華民國聯合會組成，以張謇、章炳麟、程德全、熊希齡等爲理事，實際上擁護袁世凱統一全國。

一九一三年，袁世凱攘竊國柄之迹日露，炳麟"以大勳章爲扇墜，臨大總統府之門，大詬袁世凱之飽藏禍心[1]"，被幽禁三年。

【注】
〔1〕詬，罵。

一九一六年被釋，參與護法。未幾，漫遊川、滇，遄返滬、蘇，退居寧靜學者，"粹然成爲儒宗[1]"。惟值帝國主義蹂躪，民族災難深重，猶譴責國民黨"怯於禦敵而勇於內爭"，呼吁抗日，保持愛國主義晚節焉。

【注】
〔1〕粹然成爲儒宗，純粹成爲儒家的宗師。語出魯迅《關於太炎先生二三事》一文，因章炳麟晚年脫離民衆，漸入頹唐，反對新文化運動，主張尊孔讀經，設章氏國學講習會，落後於時代而言。

選自湯志鈞《戊戌人物傳稿》上册

參考書目

《史記》〔漢〕司馬遷撰 〔南朝宋〕裴駰集解 〔唐〕司馬貞索隱 〔唐〕張守節正義 中華書局 2013 年

《史記會註考證》〔日〕瀧川資言撰 文學古籍刊行社 1955 年

《漢書》〔漢〕班固撰 〔唐〕顏師古注 北宋刻遞修本

《漢書補注》〔清〕王先謙撰 清光緒二十六年王氏虛受堂刻本

《後漢書》〔南朝宋〕范曄撰 〔唐〕李賢注 宋紹興江南東路轉運司刻宋元遞修本

《三國志》〔晉〕陳壽撰 〔南朝宋〕裴松之注 宋刻本

《三國志集解》盧弼撰 中華書局 1982 年

《晉書》〔唐〕房玄齡等撰 中華書局 1974 年

《宋書》〔梁〕沈約撰 中華書局 2018 年

《梁書》〔唐〕姚思廉撰 中華書局 2020 年

《南史》〔唐〕李延壽撰 中華書局 1975 年

《魏書》〔北齊〕魏收撰 中華書局 2017 年

《北齊書》〔唐〕李百藥撰 中華書局 1972 年

《北史》〔唐〕李延壽撰 中華書局 1974 年

《舊唐書》〔五代〕劉昫撰 中華書局 1975 年

《新唐書》〔宋〕歐陽修、宋祁撰 中華書局 1975 年

《宋史》〔元〕脫脫撰 中華書局 1978 年

《明史》〔清〕張廷玉等撰 中華書局 1974 年

《清史稿》 趙爾巽等撰 中華書局 1977年

《清史列傳》 中華書局 1987年

《國語》〔三國吳〕韋昭注 清士禮居叢書景宋本

《世説新語》〔南朝宋〕劉義慶撰 〔南朝梁〕劉孝標注 宋刻本

《十國春秋》〔清〕吳任臣撰 清《文淵閣四庫全書》本

《尚史》〔清〕李鍇撰 清《文淵閣四庫全書》本

《高僧傳》〔南朝梁〕慧皎撰 中華書局 1992年

《續高僧傳》〔唐〕道宣撰 中華書局 2014年

《宋高僧傳》〔宋〕贊寧撰 中華書局 1987年

《宋元學案》〔清〕黄宗羲撰 〔清〕全祖望補修 中華書局 1986年

《明儒學案》〔清〕黄宗羲撰 中華書局 2008年

《皇明詞林人物考》〔明〕王兆雲撰 明萬曆刻本

《正德姑蘇志》 明正德元年刻本

《四庫全書總目》 清武英殿刻本

《中國近三百年學術史》 梁啓超撰 《飲冰室合集》本 中華書局 2015年

《太平天國史稿》(增訂本) 羅爾綱撰 中華書局 1957年

《中國國民黨史稿》第五册 鄒魯編著 上海書店出版社 1989年

《墨子後語》〔清〕孫詒讓撰 清光緒三十三年刻本

《抱朴子》〔晉〕葛洪撰 《平津館叢書》本

《玄珠録》〔唐〕王玄覽口訣 王太霄録 明正統道藏本

《雲笈七籤》〔宋〕張君房編 明正統道藏本

《焚書》〔明〕李贄撰 明刻本

《乾初先生遺集》〔清〕陳確撰 清餐霞軒鈔本